会计信息化原理与应用：
用友 U8+V15.0
（微课版）

毛华扬　邓茗丹　编著

清华大学出版社

北　京

内 容 简 介

本书参考 1+X "业财一体信息化应用"职业技能等级证书考试大纲,结合企业实际岗位的具体工作内容编写。本书主要讲述会计信息化概论、会计信息系统的建立与运行管理,以及会计软件应用方法;采用用友新道 U8+V15.0 作为教学软件,讲述了系统管理与基础设置、总账业务、固定资产业务、薪资业务、采购与应付业务、销售与应收业务、库存与存货核算业务、期末业务与报表编制的相关知识和操作方法。章末设置"即测即评"模块,读者可以通过扫描二维码,轻松完成在线测试;完成测试后,可立即查看测试成绩和答案解析等。本书根据实验资料按照业务类型进行设计编写,业务的处理有详细的操作过程讲解,同时在一些主要环节配有操作指导视频资料(读者可扫描书中二维码获取)。

本书适合用作高等院校会计、财务管理、审计、会计信息化等专业的教材,也可供在职会计人员学习参考。

本书封面贴有清华大学出版社防伪标签,无标签者不得销售。

版权所有,侵权必究。举报:010-62782989,beiqinquan@tup.tsinghua.edu.cn。

图书在版编目(CIP)数据

会计信息化原理与应用:用友 U8+ V15.0:微课版 /毛华扬,邓茗丹编著. —北京:清华大学出版社,2024.3
(2025.1重印)
ISBN 978-7-302-65634-0

I. ①会… II. ①毛… ②邓… III. ①会计信息—财务管理系统 IV. ①F232

中国国家版本馆 CIP 数据核字(2024)第 048608 号

责任编辑:	高 屾
封面设计:	周晓亮
版式设计:	孔祥峰
责任校对:	马遥遥
责任印制:	杨 艳

出版发行:清华大学出版社
    网　　址:https://www.tup.com.cn,https://www.wqxuetang.com
    地　　址:北京清华大学学研大厦 A 座　　邮　编:100084
    社 总 机:010-83470000　　邮　购:010-62786544
    投稿与读者服务:010-62776969,c-service@tup.tsinghua.edu.cn
    质 量 反 馈:010-62772015,zhiliang@tup.tsinghua.edu.cn

印 装 者:三河市科茂嘉荣印务有限公司
经　　销:全国新华书店
开　　本:185mm×260mm　　印　张:21.25　　字　数:615 千字
版　　次:2024 年 4 月第 1 版　　印　次:2025 年 1 月第 2 次印刷
定　　价:79.00 元

产品编号:099645-01

前言

本书主要讲述会计信息化的一般原理，会计信息系统的建立及运行管理，会计软件的应用方法，以及会计信息化的新技术和新趋势。本书参考 1+X"业财一体信息化应用"职业技能等级证书考试大纲，结合企业实际岗位的具体工作内容编写。

本书基于 Windows 10 专业版环境，在用友新道 U8+V15.0 软件上实现业务应用，主要涉及基础设置、总账业务、固定资产业务、薪资业务、采购与应付业务、销售与应收业务、库存与存货核算业务、期末业务与报表编制等业务。通过本书的学习，读者能了解我国会计信息化的发展过程，掌握会计信息系统的构成和建立方法，懂得会计信息化的一般原理和管理方法，熟练掌握用友新道 U8+V15.0 的应用方法，为实际工作和进一步的学习打下良好基础。

在会计软件应用部分，本书按照财务和业务一体化的统一案例进行分模块、按步骤的业务操作，在关键环节和阶段配有操作视频二维码，帮助学习者独立完成操作并掌握主要方法。教师在讲解本部分时，主要对流程、各类业务处理方法、模块之间的联系等进行深度讲解，以提升学习者对会计信息系统架构、数据流、业务处理方法、外部接口数据的进一步分析利用等内容的理解。

本书提供每个阶段的实验账套，如果某些部分不安排实验，则可以直接导入该阶段的账套，然后在此基础上继续处理下一阶段的业务。章末设置"即测即评"模块，读者可以通过扫描二维码，轻松完成在线测试；完成测试后，可立即查看测试成绩和答案解析等。

本书主要用作会计、财务管理、审计、会计信息化等专业方向的会计信息化课程教学和实验用书。

本书由毛华扬(重庆理工大学，编写第 1 至 3 章)、邓茗丹(重庆机电职业技术大学，编写第 4 至 10 章)编著。

本书参考了一些资料，在此对文献作者表示感谢；在写作中，特别参考了用友 U8+的相关技术资料、培训资料及帮助信息，在此向用友公司表示由衷的感谢；同时，得到了新道科技股份有限公司的大力支持和帮助，在此深表感谢。

限于时间，本书内容还存在不少不足，欢迎业界同仁和读者指正，有任何意见和建议请反馈至作者邮箱，以便在下一版中修改。

为服务读者，专门建立了 QQ 群，需要本书实验账套、教学 PPT、教学软件、习题及答案等的教师可在群中提出需求或发邮件联系，教学资源及具体联系方式可通过扫描二维码获取。

本书所使用或涉及的相关软件、资料、商标和著作权归所属公司，在实验中使用的人名、公司名均为虚构。

教学资源

编 者
2024 年 3 月

目 录

第1章 会计信息化概论 ... 1
1.1 会计信息系统基础 ... 1
- 1.1.1 会计信息系统 ... 1
- 1.1.2 会计电算化与会计信息化 ... 2
- 1.1.3 会计信息系统的基本目标 ... 3
- 1.1.4 现代信息技术对会计工作的影响 ... 4
- 1.1.5 对会计信息化工作的正确认识 ... 6
- 1.1.6 我国会计信息化的发展过程 ... 7

1.2 会计信息化的基本内容 ... 9
- 1.2.1 开展会计信息化工作的基本条件 ... 9
- 1.2.2 开展会计信息化工作的基本内容 ... 10

1.3 会计信息系统的构成 ... 11
- 1.3.1 会计信息系统概述 ... 11
- 1.3.2 会计信息系统中各个子系统的功能 ... 12
- 1.3.3 会计信息系统各子系统之间的关系 ... 15

1.4 会计信息系统的模式 ... 16
1.5 会计信息化下的会计核算方法 ... 17
- 1.5.1 建立账套 ... 17
- 1.5.2 基础设置 ... 17
- 1.5.3 业务初始化 ... 18
- 1.5.4 填制凭证与登记账簿 ... 18
- 1.5.5 期末结账 ... 19
- 1.5.6 编制会计报表 ... 19

1.6 会计信息化的新技术和新趋势 ... 19
- 1.6.1 会计信息化的新技术 ... 19
- 1.6.2 会计信息化未来发展和趋势展望 ... 19

第2章 会计信息系统的建立与运行管理 ... 24
2.1 会计软件的开发方法 ... 24
2.2 会计信息化工作的基本要求 ... 24
- 2.2.1 规范的会计信息化工作是会计工作的基本保证 ... 24
- 2.2.2 会计软件和服务 ... 25
- 2.2.3 企业会计信息化工作管理 ... 26
- 2.2.4 会计信息化工作监督 ... 28

2.3 商品化会计软件的选择 ... 28
- 2.3.1 实现会计信息系统的途径 ... 28
- 2.3.2 商品化会计软件选择的步骤 ... 28
- 2.3.3 对商品化会计软件的评价 ... 29

2.4 会计信息系统实施 ... 30
2.5 会计信息化组织及岗位 ... 30
- 2.5.1 会计信息化工作组织的要求 ... 30
- 2.5.2 会计信息化后会计部门的组织形式 ... 31
- 2.5.3 会计信息化人员管理 ... 31

2.6 会计信息化后的使用管理 ... 33
- 2.6.1 会计信息化后的使用管理的意义 ... 33
- 2.6.2 机房管理 ... 33
- 2.6.3 操作管理 ... 34
- 2.6.4 计算机替代手工记账 ... 34

2.7 会计信息化后的维护管理 ... 35
2.8 会计信息化档案管理 ... 35

第3章 系统管理与基础设置 ... 36
3.1 会计信息系统应用前的准备工作 ... 36
- 3.1.1 确定会计核算规则 ... 36
- 3.1.2 会计基础数据的准备 ... 36
- 3.1.3 准备软件应用环境 ... 36
- 3.1.4 安装的一般流程 ... 36
- 3.1.5 用友新道 U8+V15.0 介绍 ... 37

3.2 安装 ... 37
- 3.2.1 安装注意事项 ... 37
- 3.2.2 安装环境的准备 ... 37
- 3.2.3 安装数据库 ... 39
- 3.2.4 安装用友新道 U8+V15.0 ... 41

3.3 系统管理 ... 42
- 3.3.1 系统管理功能概述 ... 42

		3.3.2	建立账套	43
		3.3.3	账套备份方法	45
		3.3.4	恢复实验账套的方法	46
		3.3.5	财务分工、账套信息修改	47
	3.4	基础设置		51
		3.4.1	基础设置概述	51
		3.4.2	系统启用	51
		3.4.3	系统出错处理方法	52
		3.4.4	部门和人员档案设置	52
		3.4.5	客户和供应商档案设置	55
		3.4.6	费用项目	59
		3.4.7	预警与通知设置	60
		3.4.8	付款条件设置	61
		3.4.9	合同管理设置	62
		3.4.10	发票管理设置	63
		3.4.11	售后服务管理设置	64

第4章 总账业务 66

	4.1	总账业务处理		66
	4.2	总账设置		66
		4.2.1	设置总账参数	66
		4.2.2	外币设置	68
		4.2.3	设置会计科目	69
		4.2.4	设置凭证类别	73
		4.2.5	设置结算方式	74
		4.2.6	设置项目目录	75
		4.2.7	录入会计科目期初余额	76
	4.3	日常总账业务处理		83
	4.4	出纳管理		91
		4.4.1	出纳管理概述	91
		4.4.2	期初设置	92
		4.4.3	出纳日常业务处理	93
		4.4.4	信息查询	95
	4.5	网上银行		96
		4.5.1	网上银行概述	96
		4.5.2	网上银行设置	96
		4.5.3	普通支付业务处理	98
		4.5.4	对私支付业务处理	99
		4.5.5	凭证查询	101
		4.5.6	网上银行交易查询	101
		4.5.7	交易明细与付款单据对账	101
	4.6	网上报销		101

		4.6.1	网上报销概述	101
		4.6.2	网上报销设置	102
		4.6.3	网上报销期初借款数据录入	105
		4.6.4	费用申请、借款业务处理	106
		4.6.5	办公费报销业务处理	108
		4.6.6	差旅费报销业务处理	110
		4.6.7	报销冲借款业务处理	111
		4.6.8	收付款业务处理	111
		4.6.9	还款业务处理	112
		4.6.10	网上报销业务查询	113
	4.7	总账查询		114
		4.7.1	余额表查询	114
		4.7.2	明细账查询	115
		4.7.3	多栏账查询	115

第5章 固定资产业务 116

	5.1	固定资产业务处理		116
		5.1.1	固定资产管理的内容及业务处理流程	116
		5.1.2	系统初始设置和日常应用	117
	5.2	固定资产初始设置		117
		5.2.1	控制参数	117
		5.2.2	部门对应折旧科目	118
		5.2.3	固定资产类别	119
		5.2.4	固定资产增减方式的对应入账科目	119
		5.2.5	固定资产卡片	120
	5.3	固定资产日常业务处理		122
		5.3.1	资产增加	122
		5.3.2	资产原值变动	122
		5.3.3	资产部门转移	123
		5.3.4	计提减值准备	123
		5.3.5	计提当月折旧	124
		5.3.6	固定资产减少	125
		5.3.7	固定资产盘点	126
	5.4	固定资产查询		128
	5.5	月末对账与结账		129

第6章 薪资业务 130

	6.1	工资业务处理		130
	6.2	工资基础设置		130
		6.2.1	初始化建账	130
		6.2.2	建立工资类别	131

	6.2.3	公共工资项目设置	132
	6.2.4	人员档案设置	133
	6.2.5	计时人员工资项目设置	135
	6.2.6	计件人员工资项目设置	137
6.3	计时人员工资类别日常工资处理		139
	6.3.1	计时人员工资数据设置	139
	6.3.2	计时人员工资分摊	142
	6.3.3	计时人员应付职工福利费分摊	143
	6.3.4	计时人员应付工会经费分摊	144
	6.3.5	计时人员应付职工教育经费分摊	145
6.4	计件人员工资类别日常工资处理		146
	6.4.1	计件人员工资数据设置	146
	6.4.2	计件人员应付工资分摊	147
	6.4.3	计件人员应付职工福利费分摊	148
	6.4.4	计件人员应付工会经费分摊	149
	6.4.5	计件人员应付职工教育经费分摊	150
6.5	工资汇总		151
6.6	工资信息查询		152
6.7	薪金发放-银行代发		152
6.8	月末处理		152

第7章 采购与应付业务 154

7.1	采购业务处理		154
	7.1.1	供应链管理及其与其他系统的关系	154
	7.1.2	采购模块	154
	7.1.3	设置基础信息	154
	7.1.4	设置基础科目	162
	7.1.5	设置期初数据	165
7.2	采购管理		169
	7.2.1	采购管理概述	169
	7.2.2	受托代销	170
	7.2.3	代管业务	170
	7.2.4	请购比价	172
	7.2.5	常规采购业务	175
	7.2.6	采购现结业务	181
	7.2.7	采购运费处理	184
	7.2.8	暂估入库报销处理	187
	7.2.9	采购结算前退货	189
	7.2.10	采购结算后退货	192
	7.2.11	暂估入库处理	194
	7.2.12	采购业务月末结账	195
	7.2.13	采购查询	196
7.3	应付款管理		197
	7.3.1	应付款管理概述	197
	7.3.2	带票据的常规付款业务	197
	7.3.3	现金折扣付款业务	200
	7.3.4	商业折扣付款业务	202
	7.3.5	应付款查询	202
	7.3.6	期末处理	203
7.4	合同管理		203
	7.4.1	合同管理概述	203
	7.4.2	合同管理期初设置	203
	7.4.3	采购合同业务	204
	7.4.4	销售合同业务	205
	7.4.5	咨询服务类合同业务	205
	7.4.6	广告合同业务	208
	7.4.7	合同执行分析	211

第8章 销售与应收业务 212

8.1	销售管理		212
	8.1.1	销售管理概述	212
	8.1.2	销售业务的基本功能	212
	8.1.3	常规销售业务	213
	8.1.4	签订销售合同	217
	8.1.5	商业折扣的处理	224
	8.1.6	现结业务	226
	8.1.7	补开上月发票业务	228
	8.1.8	汇总开票业务	229
	8.1.9	分次开票业务	231
	8.1.10	开票直接发货	233
	8.1.11	设置价格策略	235
	8.1.12	分期收款发出商品	236
	8.1.13	允限销设置	239
	8.1.14	代垫费用业务	239
	8.1.15	超发货单出库	240
	8.1.16	零售日报业务	243
	8.1.17	委托代销业务	244
	8.1.18	一次销售分次出库	249
	8.1.19	开票前退货业务	252

8.1.20 开票后退货业务 ············254
8.1.21 委托代销退货业务 ··········256
8.1.22 直运销售业务 ··············257
8.1.23 收取定金 ··················260
8.1.24 销售查询 ··················264
8.1.25 月末结账 ··················265
8.2 应收款管理 ························265
8.2.1 应收款管理概述 ············265
8.2.2 预收款处理 ················265
8.2.3 转账支票收款处理 ··········266
8.2.4 电子账户收款处理 ··········267
8.2.5 商业汇票收款处理 ··········271
8.2.6 商业汇票贴现及背书 ········272
8.2.7 收款核销 ··················275
8.2.8 预收冲应收 ················276
8.2.9 应收应付对冲 ··············277
8.2.10 计提坏账准备 ·············278
8.2.11 往来核销 ·················279
8.2.12 往来账的查询 ·············279
8.2.13 期末处理 ·················280
8.3 售后服务管理 ······················280
8.3.1 售后服务管理概述 ··········280
8.3.2 常规售后服务 ··············280

第9章 库存与存货核算业务 ············284
9.1 库存管理 ··························284
9.1.1 库存管理业务处理 ··········284
9.1.2 库存管理初始化设置 ········285
9.1.3 产成品入库业务 ············285
9.1.4 物料领用业务 ··············287
9.1.5 调拨业务 ··················288
9.1.6 借入借出业务 ··············290
9.1.7 产品形态转换业务 ··········292
9.1.8 组装业务 ··················293
9.1.9 盘点业务 ··················295

9.1.10 其他出库业务 ·············296
9.1.11 假退料业务 ···············297
9.1.12 计提存货跌价准备业务 ····298
9.1.13 月末结账 ·················299
9.2 存货核算 ··························299
9.2.1 存货核算功能概述 ··········299
9.2.2 调整存货入库成本 ··········300
9.2.3 调整存货出库成本 ··········301
9.2.4 核算资料查询 ··············302
9.2.5 期末处理 ··················302

第10章 期末业务与报表编制 ··········307
10.1 期末业务 ·························307
10.1.1 期末业务处理 ·············307
10.1.2 处理未审核和未记账凭证 ···307
10.1.3 社会保险费自动计提 ·······308
10.1.4 住房公积金自动计提 ·······310
10.1.5 增值税及各项附加税结转 ···311
10.1.6 汇兑损益 ·················313
10.1.7 销售成本结转 ·············315
10.1.8 损益结转 ·················315
10.2 报表编制 ·························316
10.2.1 报表编制的一般方法 ·······316
10.2.2 用友新道U8+V15.0报表管理功能概述 ················316
10.2.3 制作常规报表 ·············318
10.2.4 自定义报表制作 ···········326
10.2.5 期末调账 ·················329
10.3 期末结账 ·························329
10.3.1 供应链期末处理 ···········329
10.3.2 期末对账 ·················329
10.3.3 月末结账 ·················329

参考文献 ·······························331

第1章 会计信息化概论

1.1 会计信息系统基础

1.1.1 会计信息系统

会计信息系统(accounting information system)是企业信息系统中的一个重要子系统,它是以提供会计信息为目的,采用现代信息处理技术,对会计信息进行采集、存储、处理及传送,完成会计反映、控制职能的系统。

在整个会计信息系统中,会计信息处于核心地位,从会计信息的收集、处理到会计信息的输出,最终传递给决策者和使用者,都是一个信息流动的过程。在这个过程中,伴随着对会计活动的管理与控制。

1. 会计信息的收集

会计数据是指在会计工作中,从不同来源和渠道获得、记录在"单、证、账、表"上的各种原始会计资料。会计数据的来源广泛,既有企业内部生产经营活动产生的,也有企业外部与企业相关的各种经济活动产生的诸多资料。会计数据的数量庞大,不仅是指每个会计期间需要处理的数据量大,更重要的是会计数据是一种随着企业生产经营活动的持续进行,而源源不断产生并需要进行处理的数据。

会计信息是指会计数据经过加工处理后产生,为会计管理和企业管理所需要的经济信息。它包括:反映过去所发生事项的财务信息,即有关资金的取得、分配与使用的信息,如各种账、资产负债表、利润表等;管理所需要的定向信息,如各种财务分析报表;对未来具有预测作用的决策信息,如年度计划、规划、资金预算等。会计通过信息的提供与使用来反映过去的经济活动,控制目前的经济活动,预测未来的经济活动。

会计信息的收集,实际上是根据会计工作的目的汇集原始会计数据的过程。随着信息技术的发展,现代的会计信息收集已成为管理信息系统的一部分,会计信息收集不再局限于会计核算方面,而更多地趋向于会计管理、决策等多个方面。

2. 会计信息的处理

会计信息处理从手工处理发展到利用计算机、网络等信息技术进行处理是一个重大变革。这种变革对会计理论和会计实务提出了一系列新课题,在推动会计自身发展和变革的同时,也促进会计信息化的进一步完善和发展。

现代会计信息处理是指应用信息技术对会计数据进行输入、处理和输出的过程,主要表现为用计算机代替人工记账、算账和报账,以及替代部分在手工环境下由人脑完成的对会计数据的分析、判断。现代会计数据处理不仅引起了会计系统内在的变化，强化了系统的能力，也提高了会计工作和会计信息输出的质量。

现代会计信息处理的特点如下：以计算机为计算工具，数据处理代码化，速度快、精度高；数据处理人机结合，系统内部控制程序化、复杂化；数据处理自动化，账务和业务处理一体化；数据处理规范化，会计档案存储电子化；增强系统的预测和辅助决策功能。

3. 会计信息的输出

一个完整的会计处理系统，不仅需要有灵活、方便、正确的输入方式和功能齐全的数据处理功能，还必须提供一个完善的输出系统。

会计信息系统的主要输出方式包括显示输出、打印输出和数据文件输出。显示输出的特点是速度快、成本低，但输出的会计信息的应用者局限在会计信息系统内部，不易交流。打印输出的特点是速度慢、成本高，适用于输出必须打印的情况。数据文件输出的特点是速度快、成本较低，易于转换，但不直观，存储介质易受损坏，安全性较差。

随着多媒体技术的应用，会计数据的表现形式将越来越丰富。同时，随着会计信息系统数据接口的标准化，数据文件输出将越来越重要。如记账凭证、会计账簿等，可以数据文件的形式存储在存储介质中，需要时调用会计软件的显示输出功能进行查询或打印。

1.1.2　会计电算化与会计信息化

1. 会计电算化

"会计电算化"一词是 1981 年中国会计学会在长春市召开的"财务、会计、成本应用电子计算机专题讨论会"上提出来的。它是指将电子计算机技术应用到会计业务处理工作中，用计算机来辅助会计核算和管理，通过会计软件指挥计算机替代手工完成或手工很难完成的会计工作，是电子计算机在会计应用中的代名词。

广义的会计电算化包括与实现会计工作电算化有关的所有工作，如会计软件的开发、应用和维护，会计电算化人才的培训，会计电算化的规划，会计电算化的制度建设，政府对会计电算化软件的使用、市场培育、监管等。

会计电算化工作在我国从 1979 年起步到现在，已经走过了 40 余年的历程，取得了很大成效。实施会计电算化的企业数量逐步上升，形成了商品化通用会计软件产业，同时政府的管理和调控作用也得到加强，这些都体现了会计电算化带来的新思想、新方法和新作用，使会计工作的作用和地位得到很大的提升。

2. 会计信息化

1999 年 4 月在深圳举行的"会计信息化理论专家座谈会"上，根据当时会计电算化的发展状况，会计理论界的专家提出了"从会计电算化到会计信息化"的发展方向，首次明确提出"会计信息化"这一概念。

会计信息化是指采用现代信息技术，对传统的会计模型进行重构，建立信息技术与会计学科高度融合的、充分开放的现代会计信息系统。这种会计信息系统将全面运用现代信息技术，通过网络系统，使业务处理高度自动化、信息高度共享，能够主动进行和实时报告会计信息。它不仅仅是信息技术运用于会计上的变革，它更代表的是一种与现代信息技术环境相适应的新兴的会计思想。

3. 会计电算化与会计信息化的主要区别

会计电算化与会计信息化主要有如下几方面区别。

(1) 目标。会计电算化是立足于会计核算业务的计算机处理；会计信息化的目的是实现会计业务全面信息化，充分发挥会计在企业管理中的核心作用。

(2) 理论基础。会计电算化是以传统会计理论和计算机技术为基础的；会计信息化的理论基础还包含信息技术、系统论和信息论等现代技术手段和管理思想。

(3) 功能范围。会计电算化以实现业务核算为主；会计信息化不仅进行业务核算，还进行会计信息管理和决策分析，并能够根据信息管理的原理和信息技术重组会计信息处理的流程，与ERP、电子商务等构成一体化的信息管理系统。

(4) 信息输入输出方式。在信息输入方面，会计电算化强调由会计部门自己输入，而在会计信息化下，大量的数据可以从企业内外其他系统中直接获取；在信息输出方面，会计电算化强调由财务部门自己打印输出，并且报送其他机构，而在会计信息化下，企业内外的各个机构、部门都可以根据授权直接从系统当中或从互联网上获取财务信息。

1.1.3　会计信息系统的基本目标

会计信息系统的目标，就是通过信息化的手段，提高工作效率，提供更加全面、准确的信息，为管理决策服务，从而促进管理水平的提高，最终获取更高的经济效益。其基本目标主要有以下几个方面。

1. 减轻会计人员工作强度，提高工作效率

利用计算机技术，把繁杂的记账、算账、结账工作交给高速的计算机处理，从而减轻会计人员的工作强度。同时，会计软件具有很高的精确性和逻辑判断能力，可以避免手工操作产生的误差，通过高速的数据处理达到提高工作效率的目的。

2. 促进会计职能的转变

在手工情况下，会计人员长期处于繁重的手工核算工作中，没有时间和精力来更好地参与管理、决策。实现会计信息化后，会计人员可以从繁重的手工操作中解放出来，有时间和精力，也就有条件参与企业管理与决策，为提高企业现代化管理水平和提高经济效益服务。

3. 准确、及时地提供会计信息

手工条件下，由于大量会计数据需要进行记录、加工、整理，会计信息的提供速度较慢，也难以全面提供管理所需要的信息，一定程度上影响了经营决策工作。实施会计信息系统后，大量的信息都可以及时记录、汇总、分析，甚至实现实时跨地域传送，向企业管理者、股东等有关方面提供准确、及时的会计信息。

4. 提高人员素质，提升会计管理水平

会计工作的信息化给会计工作增添了新内容，从而要求会计人员提高自身素质，更新知识结构，提升参与管理的能力。第一是必须掌握会计信息系统的有关知识；第二是为了参与企业管理，要更多地学习经营管理知识；第三是实现会计信息化后，会计工作由会计软件系统和会计人员共同完成，这样就强化了会计规范化工作，从而提升了会计工作的管理水平。

5. 实现企业管理信息化，提高企业经济效益

会计是价值管理的主要手段，实施会计信息系统的根本目的则是通过核算手段和会计管理决策手段的现代化，提高会计数据搜集、整理、传输、反馈的及时性和准确度，提高会计的分析决策能力，更好地满足管理的需要。

会计信息化是企业管理信息化的重要组成部分。企业管理信息化的目标和任务，就是要用现代化的方法去管理企业，以提高经济效益。因而，实施会计信息系统不仅要使会计工作本身现代化，最终目标是要使企业管理信息化，达到提高企业经济效益的目的。

1.1.4　现代信息技术对会计工作的影响

现代信息技术包括感测技术、通信技术和计算机技术。感测技术扩展了人的感觉器官的功能，主要指信息的识别、检测、提取、变换，其目的是高精度、高效率地实时采集各种形式的数据。通信技术延伸了信息传输系统的功能，主要指信息的发送、传输及接收的技术，其目的是高效、不失真地传递和交换各种形式的信息。计算机技术扩展了思维器官的功能，主要用于信息的数字化输入、存储、处理、分析、检索和输出。

现代信息技术在会计领域的应用及其迅速发展，使得会计系统成为一个全新的对会计数据进行收集、加工、处理和存储的会计信息系统，这样许多在手工业务中无法解决或者相当烦琐的会计问题在计算机环境中就可迎刃而解，同时信息技术也给会计学科带来深刻的影响，不仅表现在数据处理工具和信息载体的巨大变革上，还表现在对会计核算方法、会计理论等方面的巨大冲击与挑战上。

1. 会计行业面临的重大挑战

社会的发展、市场竞争的加剧，信息技术在非会计领域的成功应用，企业数据库的不断完善，使得会计行业面临重大挑战。目前，会计工作的流程与数据处理主要基于手工处理环境，会计数据量偏少、反映面窄，传统会计报表简单，详尽性和及时性差，会计系统所提供的信息质量远远不能满足管理的需要。手工会计系统如果不能根据企业管理发展的需要重新整合，那么会计工作将无法满足现代企业管理提出的要求。

会计信息系统的应用，财务共享服务模式的实践成功，人工智能的引入，电子结算、电子发票等的成熟应用，不仅提高了数据处理效率，还逐步替代了部分原有的人工工作内容，必然减少对会计人员的需求量。

2. 会计职能的发展与变革

会计职能是会计目标的具体化，会计的基本职能是反映和控制。现代信息技术对会计的这两大基本职能将产生重大的影响。

从会计的反映职能上看，在现代信息技术条件下，由于计算机处理环境的网络化和电子交易形式的出现，基于计算机网络的会计信息处理系统已经成熟。在这种会计信息处理系统中，企业发生的各项经济业务都能通过企业的内部和外部采集相关的会计核算资料进行实时反映，并通过处理形成各种账和表满足内部和外部的需要。

从会计的控制职能上看，由于会计信息系统实现了实时自动处理，会计的监督和参与经营决策职能将显得更为重要。会计监督职能主要是监督自动处理系统的过程和结果，监督国家财经法规和国家统一会计制度的执行情况，通过网络对企业经济活动进行远程和实时监控。会计参与经营决策职能主要通过建立一个完善的、功能强大的预测决策支持系统来实现。

3. 对会计理论体系及方法的影响

现代信息技术的发展，使传统的企业组织形式、会计基础理论体系等都遭受了前所未有的冲击和挑战，具体表现在以下几个方面。

(1) 对会计理论基础的挑战。其主要包括以下两方面。

❑ 会计分期假设：会计信息的实时性可以及时产生所需的数据(如"产品日成本""日报表")，

不受会计期间的任何限制。从技术角度来看，其可以同时实现动态分期或多种分期并存，满足实际业务的管理需要。
- 货币计量：随着经济社会日益一体化、数字化、网络化，以及电子货币、虚拟货币的出现，会计职能开始从"核算型"转变为"管理型"，使会计系统能够采集和提供货币与相关非货币形态的信息，官方货币计量仅仅是一种计量方式，多种计量方式并存是一个趋势。

(2) 收集会计信息的变化。其可以通过以下几种方式进行：手工编制的凭证；其他业务子系统(如生产部门、人力资源部门)对业务(入库单、工资表)处理后，自动编制的机制凭证；账务处理子系统定期(月、年)对固定业务(如计提折旧、结转损益)产生的机制凭证。由于收集信息的内容不同，可以通过对各个部门的信息接口转换和接收信息；现代化工具(如扫描仪、电子笔、传感器、脉冲信号式数据采集装置)的应用使系统收集信息的深度和广度都大大提高。其内容包括货币形态的与非货币形态的信息、历史的或预测未来的信息。

(3) 记账规则的变化。利用同一基础数据便可实现会计信息的多元重组，消除信息处理过程中诸多分类与再分类的技术环节。在手工条件下的所谓总账、日记账、明细账、辅助账的配置已失去其存在的意义，与其采用的根据记账凭证汇总表登记总账、平行登记、错账更正(划线更正法、红字更正法)、结账、对账、试算平衡等记账规则(技术方法)的重要性也将逐渐降低，或被新方法所替代。

(4) 会计核算形式的变化。会计信息系统可以根据需要从数据库中生成各种形式和内容的账簿和不同的报表、分析表，传统会计为减少登账工作量而建立的各种会计核算形式的作用将减弱。在会计信息化下，多种模式均可实现。

(5) 会计核算方法的变化。可以充分利用计算机的运算和存储能力，在执行主体认定计算方法的同时，根据需要选用其他备选方法进行运算，从而比较和分析不同核算方法的差异，或根据业务的需要来进行选择。

(6) 账簿体系的变化。其主要表现为以下两点。
- 账簿组织过程不同：账簿只不过是根据记账凭证数据库，按会计科目进行归类、统计的中间结果。
- 账簿外观形式不同：突破了传统会计的分类界限。根据需要，任何一个会计科目均可以生成日记账、三栏账或多栏账、虚拟账，也可以生成各种各样的组合账簿或图表一体化的账簿。受打印限制，不能打印订本式账簿，因而所有账页均采用活页式。

(7) 财务会计报告的变化。不同的报表使用者对会计信息的关注点不同。投资人关注企业目前的财务状况和经营成果；潜在投资人更关心企业未来的投资收益；经营者侧重的是政府的有关政策和同行业其他企业的收入、成本等相关信息。这便对传统财务会计报告模式提出了挑战，对财务会计报告有以下新的要求。
- 提供分部报告。对于一个大型企业或跨国公司而言，由于不同地区、不同行业的分公司、子公司所面临的机会和风险不同，要求提供分部报告。
- 提供多元计价报告，满足企业同时提供现行成本和历史成本信息的要求。
- 提供定期与实时相结合的报告。在一个产品生命周期不断缩短、竞争日趋激烈、创新不断加速、经营活动不确定性日益显著的时代，如果我们还按月、按年编制月报、年报，则不能满足企业决策的需要，必须建立一套能提供实时信息的财务报告制度。一方面，定期的报告仍将存在，作为财务成果分配的依据；另一方面，随时提供实时报告，作为决策的依据。

(8) 企业内部控制的变化。计算机信息处理的集中性、自动性，使传统职权分割的控制作用近乎消失，信息载体的改变及其共享程度的提高，又使手工系统以记账规则为核心的控制体系失效。企业内部控制的主要方法有以下几个。
- 制度控制。其包括组织控制、计划控制、硬件控制、软件维护控制、文档控制等。

❏ 操作人员使用权限的控制。对进入系统的操作人员按其不同职能,通过设置相应的密码,进行分级控制管理。

❏ 程序控制。其包括会计信息处理过程中的输入控制、处理控制、输出控制、预留审计线索等。

(9) 会计工作组织的变化。在手工会计中,会计工作组织体制以会计事务的不同性质作为主要依据,划分为材料组、成本组、工资组、资金组、综合组等,它们之间通过信息资料传递交换、建立联系,相互稽核牵制,使会计工作正常运行。操作方式是对数据分散收集、分散处理、重复记录。会计信息化后,会计工作的组织体制以数据的不同形式作为主要依据。操作方式是集中收集、统一处理、数据共享,使会计信息的提取、应用更适应现代化管理要求。

(10) 会计职能的变化。会计工作由传统的事后核算向事中控制、事前预测决策的方向发展,会计职能由核算型向管理型转移。

(11) 会计人员素质的变化。会计人员不仅要具有会计、管理和决策方面的知识,还应具有较强的计算机应用能力,能利用信息技术实现对信息系统及其资源的分析和评价。

4. 对会计实务的变革

现代信息技术的应用改变了会计人员的处理工具和手段。会计人员的工作重点将从事中记账算账、事后报账转向事先预测、规划,事中监督控制,事后分析、决策的管理模式。

传统的会计语言和企业会计文化将发生质的变化。会计语言中的一些核心词汇(记账凭证、账簿、报表等)的作用将逐渐淡化。

由于企业管理全面信息化的实现,会计信息源和信息表示结构将由一元化走向多元化,即会计工作中的最终信息将直接来源于各种业务过程,记账凭证作为手工环境下重要实体的作用将逐步减小。

网络和数据库技术的发展和应用,使各级管理者和投资者可以实时地通过企业网站访问存储于会计信息系统中的共享信息。因此,代替凭证、账簿、报表的将是原始信息、分析决策信息等;而信息的收集、存储、传递、处理、加工、打印等,将代替传统会计中制作凭证、记账、结账、出报表等环节。

会计实务的重点将由原来的编制凭证、记账、结账、编制报表等,转向收集更广泛的数据、通过系统存储和加工数据、执行和控制传递信息、查询信息等。

1.1.5 对会计信息化工作的正确认识

1. 会计核算是会计信息化工作的基础

会计信息化工作的最终目标是为管理、决策服务,达到这个目标的手段无外乎以下几个方面:一是利用计算机计算准确、处理数据量大的特点,处理会计业务,从而更全面、更准确地提供管理、决策所需的财务信息;二是利用计算机处理数据速度快的特点处理会计业务,从而更快捷地提供各种管理、决策所需的财务信息;三是利用计算机能快速分类整理数据的优势,按管理的需要,对会计核算数据进行各种加工、处理,从而筛选出管理所需的信息;四是使会计人员从繁杂的手工核算工作中解脱出来,利用他们懂财务、了解情况的优势,参与分析、参与管理、参与决策。要达到这4个方面的要求,就要先实现会计核算工作的信息化。会计核算工作的信息化是实现会计信息化工作的基础。

2. 开展会计信息化是一项循序渐进的工作

会计信息化是一项系统工程。在开展这项工作之前,就需要做好各种规划工作,考虑到问题的方方面面,做好各项安排,为会计信息化工作的全面开展,为实现全面信息化打下基础。会计信息化是一个波浪式阶段发展的过程,我们一步步实现从会计电算化到会计信息化的转变;从会计信息化到会计智能化,我们刚刚起步,还需要很多年的发展才会逐步成熟;从会计智能化到会计智慧化,需要更长的时间,目前还仅仅是一种展望。

3. 实施会计信息系统是一项系统工程

实施会计信息系统,涉及具体的会计管理工作、会计软件、计算机和操作使用人员,它是涉及方方面面的一项系统工程,必须在每一个阶段中探索迭代,逐渐完善。

4. 实施会计信息系统后,重要的是系统的应用工作

实施会计信息系统的最终目的是利用计算机更好地完成会计工作,提高会计信息搜集、整理、反馈的灵敏度与准确度,更好地发挥会计参与管理的职能,为提高管理水平和经济效益服务。因此会计信息系统的建立仅仅是会计信息化工作的开始,更重要的是在系统建立后做好组织管理、系统运行和维护等工作。这些工作是为达到会计信息化目标服务的,是长期实现会计信息化目标的保证,是实现会计信息化后会计的本职工作。

1.1.6 我国会计信息化的发展过程

在历史上,随着生产的发展和生产规模的逐步社会化,会计也随之发展变化。经过人们的长期实践,会计由简单到复杂,经历了手工操作、机械化和信息化几个阶段,逐步形成了一门独立的新兴科学,在会计工作中发挥着重要作用。

我国会计信息化的发展主要分为以下几个阶段。

1. 探索发展阶段(1979—1988年)

1979年财政部拨款500万元,用于长春第一汽车制造厂进行会计电算化试点工作。1981年8月在中华人民共和国财政部、中华人民共和国第一机械工业部、中国会计学会的支持下,中国人民大学和长春第一汽车制造厂联合召开了"财务、会计、成本应用电子计算机专题讨论会"。以此为标志,1979年是中国会计电算化的起点。

1979—1988年期间,会计电算化从无到有,在中国开始生根发芽。政府部门包括当时的中华人民共和国财政部、中华人民共和国机械工业部、中华人民共和国铁道部(现更名为国家铁路局)、中华人民共和国兵器工业部等,纷纷在全国各地做探索性的试点,全国高等院校也加入研究的行列,这个阶段属于探索阶段。但从整个国家来讲,基本上是各自为政,国家各职能部门都在摸着石头过河,摸索能够适应自身需要的解决方案。这个阶段的中国会计电算化,水平不高,功能单一且不通用,还没有形成大规模的商品化会计软件公司与市场。

1988年,中国会计学会首届会计电算化学术讨论会在吉林召开。在这次会议上,与会专家形成共识:发展通用会计软件和引入市场机制是中国会计电算化发展的出路。同年,财政部在上海召开会议,对制订各省计算机应用规划、实施对会计核算软件的评审工作做了统一部署。

2. 政府推动发展阶段(1989—1998年)

1989—1998年期间,会计软件逐步实现了通用化、商品化,市场上成立了数百家财务软件公司。这个时期的中国会计电算化,发展非常迅速,会计软件依托DOS平台,在功能上基本属于核算型。从1994年开始,基于Windows的会计软件才逐步引起重视,但真正普及是在1998年后。

在这10年中,在财政部及各省财政厅(局)的推动下,商品化会计软件逐步走向成熟,市场竞争机制逐步完善,通过市场竞争机制使会计软件生产厂家从几百家逐渐向十余家集中,会计电算化产业也在这个时期形成。

3. 市场化发展阶段(1999年以来)

1998年，财政部撤销了全国性的会计电算化管理部门——会计电算化处，这是我国会计电算化发展第三阶段即市场化阶段开始的标志。当时的大背景是，国家机关进行机构改革，部分地转变职能，将属于市场的交给市场，行业性的管理逐步转交给行业协会。在财政部强有力的推动与管理下，中国会计电算化开始不断发展壮大并走向成熟，会计电算化应用已经逐渐普及，行政推广已经没有必要，会计软件评审等工作已经失去意义。会计电算化的发展，市场机制的自发调节已经趋于完善，会计电算化管理开始由政府管理转向行业协会自律。这个时期的会计软件逐步转向管理型，大型的财务软件公司开始向ERP转型，由此从会计电算化走向会计信息化。

1998年后，行业协会开始逐步发挥作用。在理论研究方面，中国会计学会会计信息化专业委员会成了组织者和实施者。在市场方面，中国软件行业协会财务及企业管理软件分会也在逐步发挥作用。财政部继续发挥着宏观管理会计信息化的作用。在会计核算软件数据接口方面，通过中华人民共和国审计署、国家标准化管理委员会的推动，整个管理更加宏观和长远化。

2008年11月，财政部牵头，会同工业和信息化部、人民银行、审计署、国资委、国家税务总局、银监会[①]、证监会、保监会[②]等共同成立会计信息化委员会，旨在为推进我国会计信息化建设提供组织保障、协调机制和智力支持。

2009年，财政部发布了《关于全面推进我国会计信息化工作的指导意见》(财会〔2009〕6号)，对2006—2020年的会计信息化工作进行了规划和部署。

2010年和2011年，GB/T 24589—2010《财经信息技术 会计核算软件数据接口》系列国家标准发布，包括"第1部分：企业""第2部分：行政事业单位""第3部分：总预算会计"和"第4部分：商业银行"，后续相继发布了有关ERP的数据接口标准，并持续不断地演进。

2010年10月，国家标准化管理委员会和财政部发布可扩展商业报告语言(XBRL)技术规范系列国家标准和企业会计准则通用分类标准。XBRL有效增强了信息的准确性和及时性，有利于从不同角度和不同层次对信息进行深加工和精细化处理，大幅提高了信息利用的广度、深度和精度，不仅在财会领域单一应用，更可以不断拓展到财政管理、税务管理、金融监管、国有资产管理、企业风险管理与内部控制的众多方面。

2013年，财政部重新修订发布了《企业会计信息化工作规范》(财会〔2013〕20号)，规范了信息化环境下的会计工作。

会计信息化建设是一个持续的过程，2015年财政部发布了新版企业会计准则通用分类标准(财会〔2015〕6号)；2018年财政部、海关总署发布了《企业会计准则通用分类标准海关专用缴款书扩展分类标准》(财会〔2018〕27号)。

2021年，财政部发布了《会计信息化发展规划(2021—2025年)》(财会〔2021〕36号)，确定近几年我国会计信息化工作的总体目标是服务我国经济社会发展大局和财政管理工作全局，以信息化支撑会计职能拓展为主线，以标准化为基础，以数字化为突破口，引导和规范我国会计信息化数据标准、管理制度、信息系统、人才建设等持续健康发展，积极推动会计数字化转型，构建符合新时代要求的国家会计信息化发展体系。

其主要包括：会计数据标准体系基本建立；会计信息化制度规范持续完善；会计数字化转型升级加快推进；会计数据价值得到有效发挥；会计监管信息实现互通共享；会计信息化人才队伍不断壮大。

---

①② 2018年改为中国银行保险监督管理委员会。2023年5月18日，国家金融监督管理总局正式揭牌，自此银保监会正式退出历史舞台。

1.2 会计信息化的基本内容

1.2.1 开展会计信息化工作的基本条件

1. 转变思想观念

转变思想观念主要是指单位的领导、会计人员、计算机应用人员对会计信息化的含义、必要性要有正确的理解，不应对会计信息化有片面与错误的认识。只有相关人员对会计信息化有了正确的认识，建立会计信息系统工作才能顺利健康地发展；只有单位领导对会计信息化的含义、必要性有了正确的认识，他们才会积极主动地支持和参与这项工作，正确地领导这项工作的开展。正确的思想认识是建立会计信息系统的前提。

2. 搞好基础工作

搞好基础工作主要是指会计工作的规范化、标准化、制度化。对基础工作较差的单位应先进行基础工作的整顿，同时应认识到会计信息化工作的开展也将促进基础工作的加强。推进会计工作的规范化、标准化、制度化，是一个改进管理的过程。对会计信息化工作来说，良好的基础工作一般表现在以下几个方面。

(1) 健全的岗位责任制和内部稽核制度。
(2) 会计人员的业务素质与其工作相适应。
(3) 主要原材料、能源消耗和工时耗用有定额，费用开支有标准或预算，并认真执行。
(4) 各种原始记录的格式、内容、填制方法、签署、传递、汇集、反馈等，有统一要求和规范，做到真实、完整、正确、清晰、及时。
(5) 物资出入库经过计量、检验，手续齐备。
(6) 发生的经济业务都取得或填制合法的原始凭证。
(7) 记账凭证及其填制符合国家统一会计制度所规定的内容和要求，并经有关责任人员复核和审核。
(8) 会计科目和核算内容符合国家统一会计制度所规定的内容和要求，并经有关责任人员签章。
(9) 固定资产归口分级管理，做到账、卡、物三相符，固定资产及折旧核算正确。
(10) 成本、销售、材料、产成品等的核算符合国家有关规定，核算正确。
(11) 应制定财产清查制度，并严格执行。

除此以外，在建立会计信息系统工作时，还应注意以下几点最基本的要求。

- 对会计科目、往来单位、人员、部门、产成品、材料等应进行编码。编码应齐全、标准、规范，便于计算机处理。在手工核算下，主要是重视名称，不太重视编码，而实行会计信息化后，处理信息、查询信息主要通过编码进行，所以编码工作非常重要。各种编码将构成一个编码体系，在编码时要统一考虑，才能充分发挥编码的作用。
- 应按国家统一会计制度设计单位的会计制度。
- 各种账簿的设置应规范，易于计算机处理。

3. 人才储备

人才储备主要是指单位有开展会计信息化所需的人才。单位不同，实现会计信息化的方式不同，对人才的需求就不一样。这里仅介绍选用商品化会计软件单位的人才需求。由于商品化会计软件厂家对客户提供的服务较多，目前会计软件已经较为成熟，所以，选用商品化会计软件的单位对人才技术的要求并不高。具备较好的日常维护能力的人才，是应用会计信息系统的重要保障。

4. 资金准备

开展任何一项工作都需要一定的资金，建立会计信息系统也不例外。但是，单位大小不同，实现会计信息化的方式不同，开展信息化业务的规模大小、项目多少不同，对资金的需求也就不同。

建立会计信息系统的费用一般包括硬件费用、软件费用、准备费用、运行维护费用等，详情如表 1-1 所示。

表 1-1　建立会计信息系统的费用项目

费用类型	项目	备注
硬件费用	主机	网络服务器等
	终端机	工作站或其他兼容机
	外围设备	打印机、不间断电源(UPS)、路由器等
	环境成本	房屋、地毯、空调等
软件费用	软件成本	系统软件、会计软件(购置或二次开发)
准备费用	机房建设、改造	装修、建设等
	安装及调试成本	主机、空调、电源、UPS、软件
	培训费用	使用人员培训、维护人员培训
运行维护费用	维护费用	维护人员的工资、所用工具、材料等
	使用成本	操作人员的工资、消耗材料、网络费用等

5. 与时俱进，跟上信息技术的发展

随着信息技术的进步，无论是技术设备还是软件平台都在不断地发展，与会计业务有关的软件也在不断改进和提升，企业应顺应信息化浪潮，关注相关的技术进步，适时更新系统软件，确保会计信息化的水平适应发展的需要。

1.2.2　开展会计信息化工作的基本内容

建立会计信息系统是一项系统工程，应按系统工程的方法来开展。即按下述步骤进行：可行性研究，规划，编制实施计划，建立会计信息系统，构建信息化后的组织与管理体系。

1. 可行性研究

可行性研究是指分析研究开展信息化工作的可能性和经济性，主要包括组织、技术、经济三方面。组织可行性是指单位内外环境是否为建立会计信息系统创造了必要的条件；技术可行性是指单位所能组织和拥有的技术力量能否保证会计信息系统工作的正常开展；经济可行性是指开展信息化工作所带来的有形效益与无形效益，与耗用成本的对比情况。

可行性研究一般按下述步骤进行：①进行初步调查；②确定目标和所要解决的问题；③确定约束因素，包括经济上、技术上、组织上的制约因素；④确定各种可选方案；⑤对各种可选方案进行可行性评价，主要是研究各种方案在经济上、技术上、组织上的可行性；⑥确定方案，明确实施计划。

2. 规划

会计信息系统规划(或是升级规划)是对近几年单位会计信息化工作所要达到的目标，以及如何有效地分步骤实现这个目标而做的规划。它实质上是单位开展会计信息化工作的中长期规划，是对单位开展会计信息化工作所做的一个总体可行性研究。规划期一般以 5 年为宜，第一年的计划应该相当可靠，第二年的计划应比较可靠，第三年以后的计划可以粗略和概括一些，计划至少要根据每

年的情况变化调整一次，以使计划符合实际。

规划一般按下述步骤进行：①研究确定单位的总体目标和会计部门的局部目标；②综合考察建立会计信息系统的外部环境制约，包括经济、技术、组织等单位内部制约与上级主管部门、国家的有关政策法令等外部制约；③确定会计信息系统的总体目标，明确近几年内建立一个什么样的会计信息系统；④分析确定单位的会计信息需求，即确定输入、输出什么信息，对外提供哪些数据接口；⑤确定所要建立系统的总体结构，可用数据流程图、功能图、层次图、数据结构图等工具来表示；⑥确定所要建立系统的资源需求，包括硬件、软件、人力和其他日常支出等；⑦制订会计信息系统总体目标的分步骤实施规划，即将总体目标结合单位现有的条件，确定分步实施计划；⑧选择实现的途径；⑨确定实施计划，即最后确定当前所要建立的会计信息系统、实现途径、具体实施计划等。

3. 编制实施计划

编制实施计划是根据目标和规划，确定人力、物力、财力的具体安排和工作时间表。

4. 建立会计信息系统

建立或升级会计信息系统主要是组织人力、财力、物力来实现，这是会计信息化规划与实施计划的具体落实。

5. 构建信息化后的组织与管理体系

会计信息系统的建立仅仅是整个会计信息化工程的第一步，更重要的是如何有效地对会计部门的人、财、物等各要素进行计划、组织、协调和控制，有效地运行会计信息系统，使得信息化后的会计工作水平有根本性的提高，会计部门参与分析、参与控制、参与管理、参与决策的职能和作用得以充分地发挥。

这就要求构建信息化后的组织与管理体系。信息化后会计部门的组织主要是指信息化后单位组织机构的调整，以及各项职能、职责的重新划分。信息化后会计工作的管理，一方面是指怎样更好地运行已建立的会计信息系统和保证会计信息系统安全、正常地执行的一系列制度和控制措施；另一方面是指信息化后，会计部门如何积极参与单位的预测、决策、控制等管理活动，当好领导的参谋。

1.3 会计信息系统的构成

1.3.1 会计信息系统概述

按单位的类型划分，会计信息系统可以分为工业企业会计信息系统、商业企业会计信息系统等。在每类会计信息系统中，又分为三个层次，即核算型、管理型和决策支持型。

- 核算型会计信息系统。一般由账务处理、销售及应收、采购及应付、存货核算、工资核算、固定资产核算、会计报表等子系统构成，它注重对经济业务的事后反映。
- 管理型会计信息系统。这种系统主要注重预算管理、制订计划，在执行过程中进行控制，对执行情况进行检查、对数据进行分析等，扩展了会计信息系统的职能，使其从简单的事后核算，转变为事前计划、事中控制、事后核算和分析。
- 决策支持型会计信息系统。它是在管理型会计信息系统的基础上，进一步为经营决策者提供帮助，帮助其做出科学的决策。

通常所说的会计信息系统一般指核算型会计信息系统和管理型会计信息系统，决策支持型会计信息系统通常归入企业决策支持系统。

1. 工业企业会计信息系统

工业企业的特点是它要对购进的商品(原材料)进行加工，使之成为产成品，然后进行销售。工业企业的特点决定了工业企业的会计信息系统主要对其供、产、销过程进行核算、反映和控制。因此，必然需要建立与生产过程有关的会计系统。尽管不同的生产特点要求不同的核算方法，但其核算的内容却大同小异。因此，其子系统划分的方法基本一致。工业企业会计信息系统的结构如图1-1所示。

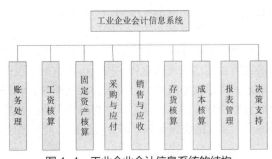

图1-1 工业企业会计信息系统的结构

这种子系统的划分方法也有一些差异，如有的会计软件将账务处理系统中有关现金银行的功能独立出来，专门设立现金银行或出纳管理子系统，以加强对现金和银行存款的管理。报表子系统是为适应软件通用化和商品化的要求而设计的，报表的主要数据一般来自账务处理、成本核算和产成品及销售核算等子系统。

2. 商业企业会计信息系统

商业企业主要从事商品的销售活动，因此有关材料、原料方面的核算很少甚至没有，固定资产管理要求比较简单，成本计算方法单纯，工作量少，但商品采购业务、存货管理、销售业务等方面的工作量较大。

对不同定位的会计信息系统来说，它们之间有一定的差别，但基本模块大体是一致的，不同之处主要体现在管理的要求、模块的复杂程度上。一般来说，账务、工资、固定资产、报表等模块是可以通用的，差异不是很大。专用性最强的是成本核算模块和其他一些根据管理特点设计的专用业务模块。

会计信息化的发展最开始是按照项目进行定制，然后发展到通用，通用会计软件对普及会计信息化起到了巨大的推动作用。但当会计信息化应用逐渐深入的时候，通用会计软件不能满足某些行业需求的缺陷逐渐显露出来，因此基于行业的专用会计软件又发展起来，将会计信息化的应用深度提升到一个新的水平。

1.3.2 会计信息系统中各个子系统的功能

会计软件是指企业使用的，专门用于会计核算、财务管理的计算机软件、软件系统或者其功能模块。会计软件具有以下功能：为会计核算、财务管理直接采集数据；生成会计凭证、账簿、报表等会计资料；对会计数据进行转换、输出、分析、利用。

会计软件的基本结构可以从系统的功能层次结构反映出来。功能结构是指系统按其功能分层分块的结构形式，即模块化的结构。一个系统可以划分为若干个子系统，每个子系统可划分为几个功能模块，每个功能模块再划分为若干个层次，每个层次沿横向分为若干个模块，每个模块都有相对独立的功能。一个子系统对应一个独立完整的管理职能，在系统中有较强的独立性；一个功能模块完成某一管理业务，是组成子系统的基本单位；一个程序模块则实现某一具体的加工处理，是组成功能模块的基本要素。各层之间、各模块之间也有一定的联系。通过这种联系，将各层、各模块组成一个有机的整体，去实现系统目标。

大部分会计软件按会计业务功能划分为若干个相对独立的子系统,由于系统每一部分的功能简单明了且相对独立,各子系统的会计信息相互传递与交流,从而形成完整的会计信息系统。会计软件中能够相对独立地完成会计数据输入、处理和输出功能的各个部分,称为会计软件的子系统。

一个典型的会计软件主要有账务处理、工资核算、固定资产核算、存货核算、成本核算、销售核算、应收及应付账款、会计报表、财务分析等子系统。根据行业的特点,也可以将一些模块扩展深入或简化合并,形成不同定位差异的会计信息系统。这些模块之间的关系及流程如图1-2所示。

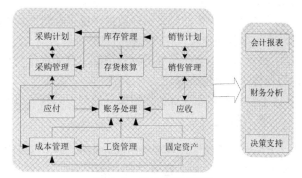

图1-2 模块关系及流程

1. 账务处理子系统

账务处理子系统是会计软件的核心系统,它以会计凭证为原始数据,按会计科目、统计指标体系对记账凭证所载的经济内容,进行记录、分类、计算、加工、汇总,输出总分类账、明细分类账、日记账及其他辅助账簿、凭证和报表。

账务处理子系统的主要功能有初始建账(包括凭证类型及格式设置、会计科目编码的设置、期初科目余额设置等各种初始化数据输入),凭证的输入、修改、审核、记账、查询及汇总,日记账、总分类账及明细分类账的生成、查询及打印,期末结账、出纳管理、银行对账、往来账(应收应付)管理、部门核算、项目核算等。

账务处理子系统在会计软件中也称为总账管理系统。

2. 工资核算子系统

工资核算子系统完成工资数据的修改、计算、发放,费用的汇总和分摊,生成工资结算单、职员工资发放条、工资结算汇总表、工资费用分配汇总表等,并自动编制工资转账凭证传递给账务处理子系统。部分工资子系统还有人事基本信息、考勤信息、工资历史信息等基本信息管理、工资代储、个人所得税计算、养老保险及个人收入台账等处理功能。

工资核算子系统的主要功能有工资初始设置(包括工资类型设置、工资项目定义、工资项目计算公式定义、工资分配凭证定义、工资表打印格式定义等),职工工资基础资料编辑,工资增减变动及工资数据编辑,工资计算汇总,工资转账凭证生成,各种工资单、工资汇总表及发放表的查询、打印等。

某些管理软件也将工资作为人力资源中的一个模块,相关工作在人力资源中完成,财务部门直接根据人力资源提供的数据发放工资和制作相关凭证。

3. 固定资产核算子系统

固定资产核算子系统主要用于固定资产明细核算、固定资产增减管理、计提折旧等管理。

固定资产核算子系统实现固定资产卡片管理、固定资产增减变动核算、折旧的计提与分配等工作,生成固定资产卡片、固定资产统计信息表、固定资产登记簿、固定资产增减变动表、固定资产折旧计提表,并自动生成折旧等转账凭证传递给账务处理子系统。

4. 存货核算子系统

存货核算子系统可分为存货核算、存货库存管理、物料采购管理。

存货核算子系统有如下主要功能。

(1) 及时准确地反映采购业务的发生、货款的支付及存货的入库情况。在按计划成本计价的情况下，自动计算和分配存货成本差异，生成采购明细账、成本差异明细账、在途材料明细表和暂估材料明细账。

(2) 正确反映存货的收发结存数据，提供存货的库存动态状况，及时反馈各种积压和短缺存货信息，生成存货明细账、存货库存信息账表等。

(3) 根据各部门各产品领用物料情况，自动进行物料费用的分配，生成物料费用分配表。对供销售的存货计算销售成本。

(4) 自动编制转账凭证传递给账务处理子系统和成本核算子系统。

5．成本核算子系统

成本核算子系统实现各种费用的归集和分配，及时准确地计算出产品的总成本和单位成本，并自动编制转账凭证供账务处理子系统使用。

成本核算子系统的主要功能包括：产品目录结构设置，在产品的成本初始化，产品产量等统计数据输入，与成本有关的子系统费用数据归集、费用汇总分配、成本计算，产品成本汇总表、商品产品成本表及主要产品单位成本表的生成，成本转账凭证生成等。

6．销售核算子系统

销售核算子系统一般要和存货核算子系统中的库存商品成本核算相联系，实现对销售收入、销售费用、销售税金、销售利润的核算。

销售核算子系统的主要功能包括：合同录入、查询、修改和管理，往来单位编码管理，商品代码管理，人员编码管理，未核销业务初始录入，发票录入、修改及记账，收款单录入、修改及记账，应收账款自动及手动核销，应收账款总账及各种销售明细账、账龄分析表的查询，销售转账凭证定义、生成等。

7．应收、应付账款子系统

(1) 应收账款子系统完成各应收账款的登记、冲销工作，动态反映各客户信息及应收账款信息，并可进行账龄分析和坏账估计。应收账款子系统主要有如下基本功能。

- 客户管理：提供有关客户的信息，如使用币种、付款条件、付款方式、付款银行、信用状态、联系人、地址等。此外，还有各类交易信息。
- 发票管理：具有将订单信息传递到发票，并按订单查询发票的功能，列出需要审核的发票进行审核，生成相关的应收款凭证，提供发票调整的审计线索，查询历史资料等。
- 账龄分析：建立应收账款客户的付款到期期限，以及为客户发送结算单、对账单、催收单等。

(2) 应付账款子系统完成各应付账款的登记、冲销及应付账款的分析预测工作，及时反映各流动负债的数额及偿还流动负债所需的资金。应付账款模块与采购模块、库存模块完全集成。应付账款模块有如下主要功能。

- 供应商管理：提供物料的供应商信息。如使用币种、付款条件、付款方式、付款银行、信用状态、联系人、地址等。此外，还有各类交易信息。
- 发票管理：将发票输入之后，可以验证发票上所列物料的入库情况，核对采购订单物料，核对查看指定发票的所有采购订单的入库情况，列出指定发票的有关支票付出情况和指定供应商的所有发票和发票调整情况。
- 支票管理：处理多个付款银行与多种付款方式，进行支票验证，将开出支票与银行核对，查询指定银行开出的支票，作废支票和打印支票。

❑ 账龄分析：根据指定的过期天数和未来天数计算账龄，也可以按照账龄列出应付款的余额。

8. 会计报表子系统

会计报表子系统按国家统一的会计制度规定，根据会计资料编制会计报表，向公司管理者和相关部门提供财务报告。会计报表子系统实现各种会计报表的定义和编制，并可进行报表分析和报表汇总。该系统生成的会计报表包括对外会计报表(资产负债表、利润表、现金流量表)和管理需要的其他报表。

会计报表子系统的主要功能有新表登记、表格格式定义、报表变动单元数据来源及计算公式定义、报表编制及公式校验，报表合并、汇总、查询及报表输出等功能。

9. 财务分析子系统

财务分析是在核算的基础上对财务数据进行综合分析，不同的会计软件其分析的内容也有所不同，一般功能有预算分析、前后期对比分析、图形分析等。

1.3.3 会计信息系统各子系统之间的关系

会计信息系统的各个子系统中存在着多种复杂的数据关系，其基本关系如图1-3所示。

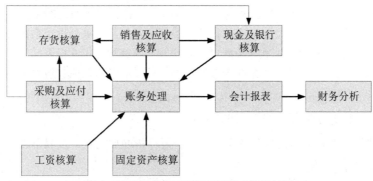

图 1-3　会计信息系统各子系统之间的关系

1. 账务处理子系统与其他子系统之间的关系

账务处理子系统是会计信息系统的核心，其主要作用是管理账簿和有关按科目分类的指标。其他子系统一般是核算和业务管理模块，这种关系流程如图1-4所示。

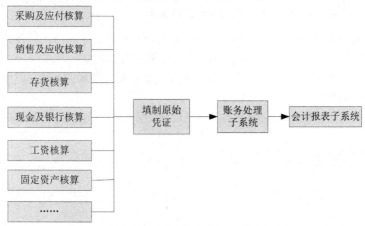

图 1-4　账务处理子系统与其他子系统之间的关系

(1) 账务处理子系统与工资核算子系统间的数据联系。工资核算子系统的主要任务是计算职工的应发工资、实发工资，计算有关费用、代扣款项，并将工资费用进行分配。工资核算涉及银行存款、应付工资、生产成本、制造费用、管理费用、销售费用、在建工程等科目。核算的结果通常以凭证的形式传递给账务处理子系统。

(2) 账务处理子系统与固定资产核算子系统间的数据联系。固定资产核算子系统的主要任务是管理固定资产卡片，反映固定资产增减变动，计提折旧，分配折旧费用等。固定资产核算涉及固定资产、累计折旧、在建工程、固定资产清理、制造费用、管理费用等科目。核算的结果通常以凭证的形式传递给账务处理子系统。

(3) 账务处理子系统与存货核算子系统间的数据联系。存货核算子系统的主要任务是反映存货的收、发、结存情况，归集材料成本差异、商品进销差价等，计算成本，结转各种发出商品的成本及差异。存货核算涉及原材料、材料采购、应付账款、生产成本、制造费用、管理费用、材料成本差异、商品进销差价等科目。核算的结果通常以凭证的形式传递给账务处理子系统。

(4) 账务处理子系统与销售及应收核算子系统间的数据联系。销售及应收核算子系统主要是核算销售收入、应交的税金及应收款项。在核算过程中，都要生成记账凭证传递到总账系统。同时销售及应收核算子系统还与现金及银行核算子系统传递数据，现金及银行核算子系统在收到款项后会核销对应的款项。因此，业务核算模块不但与账务处理子系统相联系，业务系统彼此之间也存在联系。

(5) 账务处理子系统与会计报表子系统的数据联系。会计报表子系统的主要任务是编制上报的会计报表和内部管理用的报表。上报的会计报表的数据基本能从账务处理子系统各科目的余额、本期发生额、累计发生额、实际发生额等数据项目中获取。内部管理用的报表比较复杂，可以从账务处理子系统中取数，也可以从其他子系统中取数，例如可以从销售及应收核算子系统中取数，以编制销售明细表等。

2. 存货核算子系统与其他子系统之间的关系

(1) 存货核算子系统从采购及应付核算子系统获得存货增加的数量及取得成本，以反映存货数量的增加数和购进存货的成本。

(2) 存货核算子系统从销售及应付核算子系统获得存货发出的数量，以反映存货减少的数量。

存货核算子系统取得了存货增加和减少的数量，才能得出期末存货的数量；取得了购进存货的成本，才能正确地算出已销售出库存货的成本和期末存货的成本。

(3) 存货核算子系统要将售出商品(或者因其他原因出库的商品)的成本以凭证的形式传递到账务处理子系统。

3. 销售及应收核算子系统和其他子系统之间的关系

(1) 销售及应收核算子系统要将销售商品的数量转给存货核算子系统，以便存货核算子系统实时或期末正确计算销售成本并进行成本结转(具体与计价方法有关)。

(2) 销售及应收核算子系统将应收款项数据传入现金及银行核算子系统，以便在收到款项后对相应的应收款项进行核销。

(3) 销售及应收核算子系统要将销售收入及应交税费数据以凭证形式传给账务处理子系统进行核算。

1.4 会计信息系统的模式

会计信息系统模式的相关内容，可扫描二维码阅读。

会计信息系统在组织上的差别　　实施会计信息系统的几个层次　　会计信息系统的物理组织模式　　网络体系架构

软件层次结构　　集团会计信息系统模式　　ERP 与会计信息系统的关系

1.5 会计信息化下的会计核算方法

会计核算方法是对经济业务进行完整、连续和系统的记录和计算，为经营管理提供必要的信息所应用的方法。会计信息化后，由于计算工具和运行模式的不同，为完成会计核算任务而采用的方法已产生较大的变化。它们之间相互结合应用，形成了新的方法。

1.5.1 建立账套

在会计信息系统中，应用会计软件开展会计核算工作，先要在系统中建立当前会计主体独立使用的账套。所谓账套就是会计核算单位记录一套账务数据所用的计算机电子文件的集合，它是通过会计软件进行会计核算生成的，并存储在计算机中。建立账套时，一般至少需要以下参数：①账套编号，编号便于计算机进行数据处理，以区别不同的账套；②账套名称，一般为核算单位的名称；③行业和采用的会计制度，通过本项能够确定具体的会计科目体系；④起始会计期间，即在会计信息系统中进行会计核算的开始期间；⑤会计科目编码结构，可以用来确定科目级数、每级的位数；⑥编码规则方案，即有关部门编码、人员编码、往来单位编码、物料编码等的规则，形成本账套的编码方案。在一个会计软件中，通过建立多个账套，就可以为多个会计主体完成会计核算任务。

1.5.2 基础设置

基础设置就是在账套建立的基础上，全面地构建会计的核算体系，主要包括以下两个方面。

(1) 操作人员设置：将会计人员的职责分工在系统中加以明确，同时使系统具有了合法的使用者。

(2) 编码体系设置：在系统中建立用于进行会计核算的会计科目体系、往来单位代码体系、部门代码体系、人员代码体系、物料代码体系等。

会计科目体系在编码体系中是最重要的，通过会计科目，分别对会计对象的不同内容进行反映和监督，是会计核算的主要形式。在大部分会计资料中(如凭证、账簿、报表等)，都要以会计科目作为直接对象来加以反映，通过会计科目建立一个完整的核算体系。

往来单位代码等也要按照核算单位的要求，建立相应的编码体系。

1.5.3 业务初始化

业务初始化就是输入初始余额,将原来已经存在于手工系统的业务初始数据转入信息化系统(如果是升级系统,就是从原来系统迁移过来),如固定资产余额、应收应付余额、物料余额等,以便进行信息化后的会计核算。

初始设置完成后,需要启用账套。启用账套后即进入日常业务处理阶段,一般不能再修改初始余额和编码规则等参数。

1.5.4 填制凭证与登记账簿

填制凭证和登记账簿这两种传统会计方法目前仍然是会计信息系统业务处理的核心。会计信息系统与手工会计系统形式上的一个差别就是会计档案的存在形式不同,这就决定了"填制凭证"与"登记账簿"等方法有着明显的区别。在会计信息系统中,"填制凭证"有两种方式,一种是直接在系统中填制或自动生成凭证,另一种是手工制好凭证后再输入凭证,两种方式都体现为会计软件的一个较为重要的输入功能。

与传统会计方法相比,会计信息系统中的"填制凭证"及"登记账簿"主要有以下几个方面的特点。①凭证中各数据项根据类型、范围和勾稽关系进行有效控制。如会计分录中的会计科目必须在设置的会计科目表中已经存在,并且是最底层的明细科目;根据当前科目的属性确定是否具有某些项目,如往来单位、结算单据号码等;借贷方金额必须相等;事先要确定借方或贷方、必有或必无科目、非法对应科目等;编号可以自动连续;日期可以限制顺序等。②键盘操作较之手工处理更容易导致错误发生,因而凭证填制在操作功能上分为"填制""修改""删除"等步骤,以进行正确性控制。③填好的凭证同样需要复核、审核,信息化系统的审核可在程序中再次检验凭证的正确性。④登记账簿之前可以汇总,而不是必须汇总;信息化系统可根据需要随时对任意范围的凭证进行汇总;计算机不会因疏漏出现总账与明细账登记结果不一致的情况,当然在记账之前则不必进行"试算平衡"。⑤登记账簿主要是更新相关科目的发生额和余额,真正的账簿一般是在账簿查询时生成。

还有一种特殊的填制凭证的方法是自动转账凭证。自动转账凭证的设置是一次定义、多次反复应用的一劳永逸的初始化工作。凭证模板建立以后,相关参数可不必调整,或只在业务变化及会计核算方法变更时做少量修改即可。具体是由用户对凭证的全部要素项目进行定义,并保存为转账凭证模板,由系统根据模板自动生成记账凭证。自定义转账凭证中的凭证类型、摘要、会计科目、借贷方向、金额来源公式等都必须由用户自己来定义,其中金额来源公式的设置涉及对各种账簿与凭证的金额关系,以及需要掌握不同会计软件所约定的语法规范。自动转账的意义在于多次重复应用,只有对于不同会计期间须重复多次处理的业务,才能在反复应用中体现出简便、快捷的优势。税金计提、成本结转、损益结转等业务都具有一定的时间性,也有一定的规律性,这类在不同会计期间重复发生又基本稳定的业务,最能体现软件自动处理的优势。

自动转账有两种情形:一种是直接从账务数据中取数生成记账凭证,如结转期间损益;另一种是要通过函数进行较为复杂的运算才能得到凭证上所需的数值,如计算并分配企业应当承担的养老保险、住房公积金等费用。自动转账又分为两个层次:一个层次是在总账系统(或称账务处理子系统)中定义并使用自动转账;另一个层次是在各个子系统中定义和使用自动转账,如工资系统中的工资费用分配、固定资产系统中的折旧费用分配等。自动转账一旦完成定义,即可在不同会计期间重复使用,大大提高了系统的效率。

1.5.5 期末结账

期末结账分为月结账和年结账两种。

月结账每月月底都需要进行，结账不仅要结转各账户的本期发生额和期末余额，还要进行一系列处理。如检查会计凭证是否全部审核、记账；科目之间有关数据是否平衡；相关辅助账是否进行了处理；其他业务处理系统是否结账等。与手工结账相比，信息化后结账工作全部是由计算机自动完成，更加规范。

年结账是指系统自动产生下一年度的初始数据文件(如凭证库文件、科目余额和发生额文件等)，并结转年度余额，同时自动对"固定资产"等相关数据进行跨年度连续使用的处理。

1.5.6 编制会计报表

在会计软件中，编制会计报表分为两个步骤。第一步是设计阶段，即设计会计报表格式，定义数据来源计算公式；第二步是使用阶段，在具体会计期间，自动生成当期会计报表的结果。设计完成的会计报表可以长期使用，一般每年会根据新的科目设置、业务变化及报表内容的改变做相应的变动。

1.6 会计信息化的新技术和新趋势

1.6.1 会计信息化的新技术

会计信息化新技术的相关内容，可扫描二维码阅读。

大数据及云计算

人工智能

区块链技术

物联网

1.6.2 会计信息化未来发展和趋势展望

1. 会计信息化未来几年的发展展望

在今后的几年，我国会计信息化工作的总体目标是服务我国经济社会发展大局和财政管理工作全局，以信息化支撑会计职能拓展为主线，以标准化为基础，以数字化为突破口，引导和规范我国会计信息化数据标准、管理制度、信息系统、人才建设等持续健康发展，积极推动会计数字化转型，构建符合新时代要求的国家会计信息化发展体系。其具体包括会计数据标准体系基本建立、会计信息化制度规范持续完善、会计数字化转型升级加快推进、会计数据价值得到有效发挥、会计监管信息息实现互通共享、会计信息化人才队伍不断壮大等6个子目标，以及加快建立会计数据标准体系等9项主要任务。这9项主要任务如下所述。

第一，加快建立会计数据标准体系，推动会计数据治理能力建设。

统筹规划、制定和实施覆盖会计信息系统输入、处理和输出等环节的会计数据标准，为会计数字化转型奠定基础。

(1) 制定和实施输入环节的会计数据标准。在输入环节，加快制定、试点和推广电子凭证会计数据标准,统筹解决电子票据接收、入账和归档全流程的自动化、无纸化问题。目前,税务发票、财政票据、铁路客票等各类原始凭证数据已在各自领域实现数据标准化,但尚未建立国内广泛电子凭证的会计数据标准。财政部将联合有关部门,在统一电子凭证数据标准的前提下,解决电子票据在企事业单位实现接收、入账和归档全流程的自动化、无纸化。

(2) 制定和实施处理环节的会计数据标准。在处理环节,探索制定财务会计软件底层会计数据标准,规范会计核算系统的业务规则和技术标准,并在一定范围对有关企事业单位进行试点,满足各单位对会计信息标准化的需求和相关监管部门穿透式获取会计数据系统底层数据的需求。

(3) 制定和实施输出环节的会计数据标准。在输出环节,推广实施基于企业会计准则通用分类标准的企业财务报表会计数据标准,推动企业向不同监管部门报送的各种报表中的会计数据口径尽可能实现统一,降低编制及报送成本、提高报表信息质量,增强会计数据共享水平,提升监管效能。

第二,制定会计信息化工作规范和软件功能规范,进一步完善配套制度机制。

财政部将全面系统地梳理现有各类会计信息化相关的法规、规范、制度,及时清理已实质失效或不再适用的会计信息化工作标准文件,确定会计信息化工作制度体系整体框架及各类制度之间的协调机制,确保各类会计信息化制度目标明确、功能清晰、内容完整、执行统一、相互协调。

(1) 推动修订《中华人民共和国会计法》(以下简称《会计法》)。《会计法》明确提出了会计核算工作可以借助于电子计算机完成,使用电子计算机进行会计核算的,其软件及其生成的会计凭证、会计账簿、财务会计报告和其他会计资料,必须符合国家统一的会计制度的规定。"十四五"期间,财政部将加快推进《会计法》修订工作,进一步明确单位使用会计核算信息系统开展会计核算工作应当遵循会计信息化工作规范和统一的会计数据标准,为单位开展会计信息化建设、推动会计数字化转型提供法治保障。

(2) 制定完善会计信息化工作规范和软件功能规范。现行的《企业会计信息化工作规范》明确了企业使用的会计软件应当具备的基本功能,但未针对数字化环境下的会计工作实务进行更有针对性的规范。此外,目前很多会计软件的功能集中在会计核算工作领域,并未对管理会计等会计职能拓展领域做出原则性规定,适用范围也仅限于企业。"十四五"期间,财政部将在制定实施统一的会计数据标准的同时,完善会计信息化工作规范,制定软件功能规范,夯实规范信息化环境下的会计基础工作,提高财务软件质量,为会计数字化转型提供制度支撑。

(3) 探索建立会计信息化工作分级分类评估制度和财务软件功能第三方认证制度。财政部将根据会计信息化工作的特点,综合运用顶层设计、系统建设、应用实践等多维指标,探索建立企事业单位会计信息化工作分级分类评估制度。同时,探索建立由财政部门牵头的财务软件功能第三方认证制度,指导和帮助企事业单位执行财务软件功能规范或选择符合功能规范的财务软件,督促单位提升会计信息化水平,推动会计数据标准全面实施。

第三,深入推动单位业财融合和会计职能拓展,加快推进单位会计工作数字化转型。

(1) 深入推动单位业财融合建设。通过会计信息的标准化和数字化建设,推动企事业单位深入开展业财融合,充分运用各类信息技术,探索形成可扩展、可聚合、可比对的会计数据要素,提升数据治理水平。

(2) 深入推动单位会计职能拓展。积极引导单位借助会计信息化手段夯实应用管理会计的数据基础,推动单位开展个性化、有针对性的管理会计活动,探索数字经济和新技术赋能单位管理会计的可行性,加强绩效管理,增强价值创造能力。完善新技术影响下的内部控制信息化配套建设,推动内部控制制度有效实施。推动乡镇街道等基层单位运用信息化手段,提升内部控制水平。

(3) 发挥会计信息化在可持续报告编报中的作用。积极推动企事业单位使用信息化手段开展可持续报告编报工作,提升单位可持续发展能力,加强社会责任管理,同时为可持续视角下的企业估值提供支撑,促进资源合理配置。

第四，加强函证数字化和注册会计师审计报告防伪等系统建设，积极推进审计工作数字化转型。

(1) 加快构建注册会计师行业数据标准体系。围绕注册会计师行业审计数据采集、审计报告电子化、行业管理服务数据、电子签章与证照等领域，构建注册会计师行业数据标准体系，发挥数据要素对注册会计师行业的创新引领作用。

(2) 鼓励会计师事务所进行数字化转型，积极探索注册会计师审计工作数字化转型。在大数据、人工智能、区块链等新技术的影响下，推动审计工作信息系统数字化，鼓励会计师事务所积极探索全流程的审计作业数字化、智能化。

(3) 推进审计函证数字化工作。制定、完善审计函证业务规范和数据标准，鼓励指导会计师事务所审计函证集中处理系统的建设，通过积极开展审计函证数字化试点工作，鼓励行业审计函证电子化平台发展和规范、有序、安全地运行。

(4) 建立审计报告单一来源制度。建立健全审计报告单一来源制度，积极推动实现全国范围"一码通"，相关监管部门可以获取单一来源的审计报告，从源头上治理虚假审计报告问题。

第五，优化整合各类会计管理服务平台，切实推动会计管理工作数字化转型。

(1) 优化全国统一的会计人员管理服务平台。我国会计人员众多，会计人员信息是重要的数据资产。在全国会计人员管理服务平台及各省会计人员管理服务平台的现有基础上，财政部将进一步优化全国统一的会计人员管理服务平台，健全机制，继续做好会计人员信息的采集、管理、维护和使用，有效发挥平台的监督管理和社会服务作用。

(2) 构建注册会计师行业统一监管信息平台。借助于新技术，结合信息化和数字化手段，构建注册会计师行业统一监管信息平台，通过业务报备、电子证照和签章等手段，加强日常监测，提升监管效率和水平。此外，进一步加大会计师事务所信息披露力度，确保单位选聘会计师事务所所需信息的真实性和可靠性。

(3) 升级全国代理记账机构管理系统。基于会计数字化转型，借助大数据、人工智能、知识图谱等新技术，升级全国代理记账机构管理系统，实现全国会计管理部门对行业发展的态势感知，确保各地会计管理部门对本地行业发展的实时掌握。同时，健全完善代理记账机构的信用信息公示制度，进一步提升代理记账行业事中事后监管效能。

(4) 系统重塑会计管理服务平台。会计管理服务平台是服务会计机构、会计人员的重要手段。"十四五"期间，财政部将在现有基础上系统地重塑会计管理服务平台，稳步推进会计行业管理信息化建设，运用会计行业管理大数据，为国家治理体系和治理能力现代化提供数据支撑。

第六，加速会计数据要素流通和利用，有效发挥会计信息在资源配置和宏观经济管理中的作用。

(1) 发挥会计信息在资源配置中的支撑作用。会计数据作为重要数据要素，在资源配置中发挥了重要作用。财政部以会计数据标准为抓手，支持各类票据电子化改革，解决会计数字化转型的输入数据瓶颈问题。同时，推进企业财务报表数字化，推动企业会计信息系统数据架构趋于一致，制定实施小微企业会计数据增信标准，助力缓解融资难、融资贵问题，促进会计数据要素的流通和利用，发挥会计信息在资源配置中的支撑作用。

(2) 发挥会计信息对宏观经济管理的服务作用。利用大数据等技术手段，加强会计数据与相关数据的整合分析，及时准确地反映宏观经济总体运行状况及发展趋势，为财政政策、产业发展政策及宏观经济管理决策提供参考，发挥会计信息对宏观经济管理的服务作用。

第七，探索建立会计数据共享平台和协同机制，推动会计监管信息的互通共享。

财政部将联合有关部门积极推动会计数据标准的实施工作，在安全可控的前提下，探索建立跨部门的会计信息交换机制和共享平台，初步实现会计监管信息在不同监管部门之间形成互通共享，消除部门间的会计信息孤岛。到"十四五"时期末，初步实现各监管部门在财务报表数据层面和关键数据交换层面上的数据共享和互认，基本实现财务报表数据的标准化、结构化和单一来源，有效降低各监管部门间数据交换和比对核实的成本,提升监管效能。

第八,健全会计信息安全管理制度和安全技术标准,加强跨境会计信息监管。

(1) 健全会计信息安全管理制度和安全技术标准。会计信息是企事业单位重要的数据资源,其安全可靠至关重要。坚持积极防御、综合防范的方针,财政部将联合相关部门在全面提高单位会计信息安全防护能力的同时,重点保障各部门监管系统中会计信息的安全。同时,针对不同类型的单位,积极建立健全会计信息分级分类安全管理制度、安全技术标准和监控体系,加强对会计信息系统的审计,建立信息安全的有效保障机制和应急处理机制。

(2) 加强跨境会计信息监管。积极探索跨境会计信息监管标准,努力寻求跨境会计信息监管方法和技术,研究可行的跨境会计信息监管路径,从制度上防止境内外有关机构和个人通过违法违规和不当手段获取、传输会计信息,切实保障国家信息安全。

第九,加强会计信息化人才培养,繁荣会计信息化理论研究。

(1) 加强会计信息化人才培养。会计数字化转型离不开高水平人才的支持。财政部将加大会计信息化人才培养力度,推动各单位加强复合型会计信息化人才培养,高等院校适当增加会计信息化课程内容的比重,在会计人员能力框架、会计专业技术资格考试大纲、会计专业高等和职业教育大纲中增加对会计信息化和会计数字化转型的能力要求的比重。

(2) 繁荣会计信息化理论研究。理论与实践的相互融合发展是推动会计数字化转型的重要动力。财政部将推动理论界研究会计数字化转型的理论与实践、机遇与挑战、安全与伦理等基础问题,研究国家会计数据管理体系、国家会计信息化发展体系等重大课题,同时联合理论界和实务界开展会计信息化应用案例编写、交流、推广,形成一批能引领时代发展的会计信息化前沿研究成果。

2. 会计信息化的发展趋势

1) 大数据会计

传统会计主要是基于货币价值角度通过记录、计算来体现业务管理的过程和结果,随着影响企业的外在因素和内在因素越来越多,基于单一的货币维度来反映业务过程和结果,以及对未来进行预测,就越来越受到限制,甚至可能会得出错误的结论。大数据技术通过对海量数据的处理,从而得到数据之间存在的潜在关系,进而通过已有的数据对未来数据的发展方向进行预测。基于大数据的预测数据,能够对企业的经济发展提供多维度的方向指引,从而对决策产生指导作用。

要从传统会计走向大数据会计,要解决以下问题。

(1) 采集数据源。基本的思路是以原始数据采集为基础,将关联数据统一纳入会计原始数据库,除了传统会计的数据处理模型外,再通过建立相关的模型进行处理,得到多维度分析信息供决策使用。其一是采集与企业相关对象的内部数据。对于会计管理业务的每个对象、事务,除了它本身的数据,还有关联数据、前端数据等。从大数据的角度来看,数据能采则采,有了数据才能挖掘数据中隐含的潜在规律。其二是采集外部行业及公开渠道的数据,通过将企业本身的数据与公共数据关联,探索影响企业发展的因素和分析行业的趋势。一个企业置身于市场,与市场的数据息息相关,就像一个印钞厂,它的生产量似乎与货币的磨损、发行量相关,但由于新的电子支付方式的普及,人们使用的现金量大大减少,从而导致印钞厂的生产量大幅减少,这实际是另外的关联因素影响了货币的使用量。类似的还有如公共汽车售票员、收银员、ATM 机等,随着电子支付方式的普及慢慢地减少,甚至消失。

(2) 建立多维度数据源与价值的评价模型。会计的特点是从价值角度去评价和分析经济活动,在传统会计中是直接的价值数据,对于间接的、相关的非货币价值数据基本是没有纳入计量范围的,但这些因素客观上在影响着企业的经济活动。因此在保留传统精确货币价值评估的基础上,引入关联数据元素的相关价值评估、相对价值评估、隐含价值评估,对判断企业的经济活动的趋势十分重要。应根据不同的数据类型、数据链建立价值评估模型和综合价值评估模型,以大大提高分析的准确性。会计要在保留货币精确核算的基础上建立新体系,基于大数据的非精确核算模型探索建立非货币数据的价值计量方法,使数据成为有价值资产。这样就能将大数据价值化,从而依此进行企业经济活动分析、与企业相关的行业经济趋势分析、与企业相关的社会经济分析,实现非货币数据的价值化应用。

(3) 构建大数据会计的新理论、新方法。传统会计建立了系统的理论和方法,经历了历史的检验而延续至今。目前,会计信息化仍然基于传统会计,会计本身并没有因为信息化而发生实质性的改变。基于大数据会计,会计需要建立新的理论和方法才能真正适应大数据会计的发展,内容包括:会计数据的定义和范围;非货币数据的价值化理论和方法;主要数据处理模型理论;大数据会计报告内容等。

2) 智能会计

智能会计是指通过应用人工智能技术和大数据分析等技术,实现财务数据自动化处理、数据挖掘和分析、预测分析等智能化功能的会计工作。智能会计通过自动化处理重复性、规律性的财务业务流程,提高会计工作效率和准确性,同时通过数据分析和预测,为企业决策提供更加精准的信息。

智能会计可以应用的技术包括以下几种。

(1) 自然语言处理技术:通过自然语言处理技术,智能会计可以将财务数据转化为可读的语言,为会计人员提供更加直观的数据分析和报告。

(2) 人工智能技术:通过人工智能技术,智能会计可以模拟人类的思维方式,处理大量的财务数据,预测未来的财务趋势,发现潜在的风险和机会等。

(3) 大数据分析技术:通过大数据分析技术,智能会计可以快速处理海量的财务数据,挖掘数据背后的价值,为企业提供更加精准的决策支持。

(4) 区块链技术:通过区块链技术,智能会计可以实现财务数据的去中心化存储和管理,提高数据的安全性和可靠性。

(5) 云计算技术:通过云计算技术,智能会计可以实现财务数据的在线存储和共享,提高数据的可访问性和便捷性,同时可以实现跨地域、跨部门的协同办公。

智能会计的应用可以帮助企业提高财务数据的处理效率和准确性,同时为企业提供更加精准的数据分析和预测,帮助企业做出更加明智的决策。

3) 智慧会计

人工智能的发展,会产生越来越多的新技术(比如基于量子计算技术实现和应用等),或将通过几十年或者更长的时间,形成会计大脑,从而更多地替代人脑,提升会计的工作效率和实现会计智能化,逐步进入智慧会计时代。就像现阶段的某些先进的股票投资系统,已经基本实现快速的分析响应,甚至直接决定投资还是退出。

当然,会计大脑是受人控制或影响的,只是较多地承担了知识获取、分析工作和部分决策工作。它并不能取代人的大脑,因为人是有思想的,具有无限的创新能力,在不断地进化和进步。

即测即评

请扫描二维码进行在线测试。

本章测评

第 2 章 会计信息系统的建立与运行管理

2.1 会计软件的开发方法

会计软件是由一系列指挥计算机执行会计工作的程序代码、存储会计数据或信息的文件(库)及有关的文档技术资料组成的。会计软件的开发方法很多,当前比较流行和实用的方法为软件工程法,即采用生命周期方法和各种结构设计技术来开发会计软件。会计软件开发的阶段主要分为系统分析、系统设计、系统实施和系统维护 4 个阶段,需要经过问题定义、可行性研究、需求分析、一般设计、详细设计、编码和单元测试、综合测试和系统维护等 8 个步骤。

会计软件的开发方法的相关内容,可扫描二维码阅读。

会计软件开发的阶段

生命周期法

会计信息系统的总体分析与设计

会计信息系统软件设计的通用技术

2.2 会计信息化工作的基本要求

2.2.1 规范的会计信息化工作是会计工作的基本保证

会计核算必须执行一系列的规章、制度和方法,这在手工方式下靠会计人员来具体执行,由上级部门、审计部门、税务部门等进行检查。实施会计信息化后,原来进行数据处理的环节由计算机代替,而且由程序自动处理。我国经过多年的探索,建立了会计软件的基本评估体系,以确认会计软件是否满足有关要求。

会计信息系统是一个数据处理系统,从会计软件的整个运行过程来看,可分为输入、处理和输出 3 个阶段。在输入阶段,操作人员将经过审核的原始凭证或记账凭证输入电子计算机。在处理阶段,计算机对输入的数据自动进行处理,登记机内账簿,生成相应的报表和资料。在输出阶段,计算机将会计账簿、报表等会计信息通过打印机、显示器等设备输出。会计软件和相应数据的安全、可靠是软件运行的基本保证,贯穿于从输入到输出的全过程。财政部曾在财会字〔1989〕65 号文件《会计核算软件管理的几项规定(试行)》中对上述 4 个方面提出了 10 条基本要求。1994 年 6 月,财政部又发布了《会计电算化管理办法》《商品化会计核算软件评审规则》和《会计核算软件基本功能规范》三个文件,对会计电算化工作的管理进行了严格的规范。2013 年,财政部又发布了《企业会计信息化工作规范》,对会计信息化工作进行了系统的规范。

2.2.2 会计软件和服务

1. 对会计软件的要求

1) 合法性要求

会计软件应当遵循以下合法性要求。

(1) 会计软件应当保障企业按照国家统一会计准则制度开展会计核算,不得有违背国家统一会计准则制度的功能设计。

(2) 会计软件的界面应当使用中文并且提供对中文处理的支持,可以同时提供外国或者少数民族文字界面对照和处理支持。

(3) 会计软件应当提供符合国家统一会计准则制度的会计科目分类和编码功能。

(4) 会计软件应当提供符合国家统一会计准则制度的会计凭证、账簿和报表的显示和打印功能。

2) 标准化要求

(1) 会计软件应当支持相关的国家标准。软件供应商在会计软件中集成可扩展商业报告语言(XBRL)功能,便于企业生成符合国家统一标准的 XBRL 财务报告。

(2) 会计软件应当具有符合国家统一标准的数据接口,满足外部会计监督需要。

3) 会计信息可追溯性要求

(1) 会计软件要确保数据的可信赖性,不得提供非正常手段变更数据。

会计软件应当提供不可逆的记账功能,确保对同类已记账凭证的连续编号,不得提供对已记账凭证的删除和插入功能,不得提供对已记账凭证日期、金额、科目和操作人的修改功能。

信息化条件下,对数据的增、删、改等操作前所未有的便利。但便利性是把双刃剑,它能提高会计工作的效率,同时也对会计核算过程的可信赖、可追溯造成威胁。如会计软件提供反审核、反记账、反结账等各种逆向操作功能,将导致会计核算过程失去严肃性,核算结果随意可变。这种变更数据的情况不符合会计信息化的要求。

(2) 会计软件应当记录生成用户操作日志,确保日志的安全、完整,提供按操作人员、操作时间和操作内容查询日志的功能,并能以简单易懂的形式输出,以满足企业内部监督的需要。

操作日志应当满足以下要求。

- 完整性。会计软件必须能保证日志记录的完整,将所有对会计核算结果可能形成影响的用户操作记录下来,包括对核算结果有直接影响的数据录入、修改、插入、删除,对核算工作所依赖的基础数据(如会计科目表、银行账户信息、辅助核算项目信息、人员信息)的维护。
- 安全性。会计软件应当采取技术手段,保证用户操作日志中的任何信息不被用户以任何手段修改和删除。
- 可查询性。用户操作日志必须提供对各类操作的查询,以便会计监督人员筛选出想要的信息。否则,庞大的记录数据就是信息垃圾,没有实用价值。查询应当可以按照操作人员姓名或者用户名、操作的时间范围、操作内容等各种条件分别或者组合进行。这里的操作,是业务层面的概念,例如,记账凭证的录入、修改,记账会计期间的打开、关闭,会计科目的增加,尚未记账凭证的删除,对凭证审核的取消,等等。

日志功能应当记录具体操作内容、操作人,以及精确到分秒的操作时间。对于不同的操作,需要记录的操作内容是不一样的。例如,对于科目的增加,系统应当记录增加的科目名称、代码及属性;对于记账凭证的修改,应当记录修改的项目及修改前后的内容;对于已结账期间的重新开启,应当记录开启期间的起止日期。

2. 对会计软件服务的要求

(1) 以远程访问、云计算等方式提供会计软件的供应商，应当在技术上保证客户会计资料的安全、完整。对于因供应商原因造成客户会计资料泄露、毁损的，客户可以要求供应商承担赔偿责任。

(2) 客户以远程访问、云计算等方式使用会计软件生成的电子会计资料归客户所有。

(3) 软件供应商应当提供符合国家统一标准的数据接口供客户导出电子会计资料，不得以任何理由拒绝客户导出电子会计资料的请求。

(4) 以远程访问、云计算等方式提供会计软件的供应商，应当做好本厂商不能维持服务的情况下，保障企业电子会计资料安全及企业会计工作持续进行的预案，并在相关服务合同中与客户就该预案做出约定。

(5) 软件供应商应当努力提高会计软件相关服务质量，按照合同约定及时解决用户使用中的故障问题。

(6) 会计软件存在影响客户按照国家统一会计准则制度进行会计核算问题的，软件供应商应当为用户免费提供更正程序。

(7) 鼓励软件供应商采用呼叫中心、在线客服等方式为用户提供实时技术支持。

(8) 软件供应商应当就如何通过会计软件开展会计监督工作，提供专门教程和相关资料。

2.2.3 企业会计信息化工作管理

1. 会计信息化工作的组织和管理

企业应当充分重视会计信息化工作，加强组织领导和人才培养，不断推进会计信息化在本企业的应用。企业开展会计信息化工作，应当根据发展目标和实际需要，合理确定建设内容，避免投资浪费。应当注重整体规划，统一技术标准、编码规则和系统参数，实现各系统的有机整合，消除信息孤岛。

企业应当指定专门机构或者岗位负责会计信息化工作。未设置会计机构和配备会计人员的企业，由其委托的代理记账机构开展会计信息化工作。

企业开展会计信息化工作，应当注重信息系统与经营环境的契合，通过信息化推动管理模式、组织架构、业务流程的优化与革新，建立健全适应信息化工作环境的制度体系。

2. 企业会计信息化的实现方式

企业配备会计软件，应当根据自身技术力量及业务需求，考虑软件功能、安全性、稳定性、响应速度、可扩展性等要求，合理选择购买、定制开发、购买与开发相结合等方式。定制开发包括企业自行开发、委托外部单位开发、企业与外部单位联合开发。

企业通过委托外部单位开发、购买等方式配备会计软件，应当在有关合同中约定操作培训、软件升级、故障解决等服务事项，以及软件供应商对企业信息安全的责任。

3. 会计信息系统应用

企业应当促进会计信息系统与业务信息系统的一体化，通过业务的处理直接驱动会计记账，减少人工操作，提高业务数据与会计数据的一致性，实现企业内部信息资源共享。

企业应当根据实际情况，开展本企业信息系统与银行、供应商、客户等外部单位信息系统的互联，实现外部交易信息的集中自动处理。在进行前端系统的建设和改造时，应当安排负责会计信息化工作的专门机构或者岗位参与，充分考虑会计信息系统的数据需求。

企业应当遵循企业内部控制规范体系要求，加强对会计信息系统规划、设计、开发、运行、维护全过程的控制，将控制过程和控制规则融入会计信息系统，实现对违反控制规则情况的自动防范和监控，提高内部控制水平。

对于信息系统自动生成且具有明晰审核规则的会计凭证，可以将审核规则嵌入会计软件，由计算机自动审核。未经自动审核的会计凭证，应当先经人工审核再进行后续处理。

处于会计核算信息化阶段的企业，应当结合自身情况，逐步实现资金管理、资产管理、预算控制、成本管理等财务管理信息化，并逐步实现财务分析、全面预算管理、风险控制、绩效考核等决策支持信息化。

分公司、子公司数量多、分布广的大型企业、企业集团，应当探索利用信息技术促进会计工作的集中，逐步建立财务共享服务中心。实行会计工作集中的企业及企业分支机构，应当为外部会计监督机构及时查询和调阅异地储存的会计资料提供必要条件。

企业会计信息系统数据服务器的部署应当符合国家有关规定。数据服务器部署在境外的，应当在境内保存会计资料备份，备份频率不得低于每月一次。境内备份的会计资料应当能够在境外服务器不能正常工作时，独立满足企业开展会计工作的需要及外部会计监督的需要。

企业会计资料中对经济业务事项的描述应当使用中文，可以同时使用外国或者少数民族文字对照。

4. 会计信息的使用与管理

1) 企业内部资料

会计软件应当具有会计资料归档功能，提供导出会计档案的接口，在会计档案存储格式、元数据采集、真实性与完整性保障方面，符合国家有关电子文件归档与电子档案管理的要求。

无纸化管理下内部生成的会计资料有会计凭证、账簿和辅助性会计资料。这里的会计凭证包括原始凭证和记账凭证；会计账簿包括总账、明细账和日记账；辅助性会计资料则含义宽泛，包括固定资产卡片、项目辅助账、银行存款余额调节表等各种会计资料。

企业应当建立电子会计资料备份管理制度，确保会计资料的安全、完整和会计信息系统的持续、稳定运行。

企业不得在非涉密信息系统中存储、处理和传输涉及国家秘密，关系国家经济信息安全的电子会计资料；未经有关主管部门批准，不得将其携带、寄运或者传输至境外。

企业内部生成的会计凭证、账簿和辅助性会计资料，同时满足下列条件的，可以不输出纸面资料：

所记载的事项属于本企业重复发生的日常业务；由企业信息系统自动生成；可及时在企业信息系统中以可读形式查询和输出；企业信息系统具有防止相关数据被篡改的有效机制；企业对相关数据建立了电子备份制度，能有效防范自然灾害、意外事故和人为破坏的影响；企业对电子和纸面会计资料建立了完善的索引体系。

2) 外部资料

外部获取会计资料是指所记载内容需要企业外部人员或者机构认可的会计资料。这类资料的范围比较广，主要是原始凭证，如发票、银行回单等。此外，还包括银行对账单、购销合同等其他外部获取资料。需要注意的是，外部获取资料不等于外部制作的资料，一份会计资料由本企业制作，但经过了外部认可，也属于这里所说的外部获取会计资料。

企业获得的需要外部单位或者个人证明的原始凭证和其他会计资料，同时满足下列条件的，可以不输出纸面资料：

会计资料附有外部单位或者个人的、符合《中华人民共和国电子签名法》的可靠的电子签名；电子签名经符合《中华人民共和国电子签名法》的第三方认证；实施企业会计准则通用分类标准的企业，应当按照有关要求向财政部报送 XBRL 财务报告。

2.2.4 会计信息化工作监督

企业使用会计软件具体由财政部门监督。财政部采取组织同行评议，向用户企业征求意见等方式对软件供应商提供的会计软件情况进行检查。软件供应商提供的会计软件不符合要求的，财政部可以约谈该供应商主要负责人，责令限期改正。限期内未改正的，由财政部予以公示，并将有关情况通报相关部门。

2.3 商品化会计软件的选择

2.3.1 实现会计信息系统的途径

会计信息化的实现就是指建立会计信息系统及相应的组织管理体系。由于会计信息系统的建立不仅需要高素质的会计业务人员，而且还需要高水平的计算机人才，所以，一般以建立起会计信息系统为实现会计信息化的标志。

当前我国实现会计信息化的主要途径有 3 种。

1. 购买商品化会计软件

购买商品化会计软件建立会计信息系统，主要是指购置商品化软件厂家的通用会计软件，经过实施过程，完成会计信息系统的建立。该方式有见效快、费用省、维护有保障、安全可靠性强等优点。

2. 自行开发与购买商品化会计软件相结合

自行开发与购买商品化会计软件相结合建立会计信息系统，主要是指结合商品化会计软件的优势，增加或补充商品化软件满足不了或不太符合本单位的功能，建立更为完善的、有一定针对性的会计信息系统。

3. 自行开发会计软件

自行开发会计软件建立会计信息系统，主要依靠本单位的力量，或与外单位联合开发本单位使用的会计软件。该方式有适应本单位需求、有利于培养本单位的开发使用人员等优点。也有周期长、对本单位人员技术水平要求高、开发成本高、维护频繁等缺点。一些特殊行业，如部分银行就采用这种方式。

2.3.2 商品化会计软件选择的步骤

商品化会计软件的选择方法本质上与会计软件的开发方法是一致的，因为其要达到的目标相同。一般采用下述步骤。

（1）进行初步的需求分析，确定对软件的功能、安全性、可靠性及其他性能的要求。如账务模块应有建账、科目及编码增删改、记账凭证录入及复核、记账、结账、年终结账、账簿查询、数据备份与恢复、凭证及账簿打印等功能。

（2）对商品化软件供应商进行调查。了解有关商品化软件供应商有哪些定位的会计软件品种和功能模块，以及这些软件对设备和系统环境的要求及使用情况、维护情况。

（3）选择几家商品化软件供应商进行考察。首先通过网站初步了解相关情况。然后通过阅读产品简介、观看产品演示，观察其是否满足本单位的需求，如对会计业务岗位的设置、会计科目的编码方案、业务处理模式等。

(4) 确定 1~3 家的产品，最好能到其用户单位参观，详细了解产品的使用情况、对客户的服务情况、本地代理的维护能力等。

(5) 了解具体的招标或谈判方式，确定选择的对象。具体确定软件模块、价格、付款方式，试用条件，后续维护，人员培训等问题。

2.3.3 对商品化会计软件的评价

虽然对商品化会计软件的评价没有固定的指标，是一项比较复杂的工作，但其需要了解的问题、范围及要求是相对固定的，是可以考察的，主要包括以下几方面。

1. 会计软件符合国家有关法规、制度要求的情况

会计工作要遵循国家统一会计制度和其他财经法规中的有关规定，会计信息系统作为其重要组成部分也不例外。同时，作为一种技术产品，会计软件还应满足国家相关部门对会计软件的管理规定。

2. 适用性

适用性主要是指会计软件适于本单位会计业务处理的性能。是否适用主要应根据所做的需求分析来确定。一般主要应评价：软件的功能是否满足本单位的要求；软件输出的信息是否满足本单位的要求；软件需输入的信息本单位是否能提供，是否方便；软件提供的接口是否能满足本单位会计信息化工作进一步开展的要求，软件提供的数据接口是否满足会计软件数据接口国家标准的要求，是否满足我国 XBRL 标准的要求。

3. 通用性

通用性是指会计软件满足不同的企事业单位、不同的会计工作需要及单位会计工作不同时期需要的性能，其包括纵向与横向两方面的通用性。纵向的通用性指会计软件适应单位不同时期会计工作需要；横向的通用性是指会计软件适应不同单位会计工作需要。在通用方面主要应考察以下几个方面。

(1) 各种自定义功能是否能满足使用单位的要求。对于会计工作中不十分规范、变化较多的处理，通用软件一般都是通过自定义功能来实现通用的。例如，通用报表生成中，就应由使用人员定义数据来源、报表项目的算法、打印格式等。

(2) 各种编码方案是否有由使用人员自定义的功能，即编码规则定义和增删改等维护功能。例如，会计科目的分级数和每级科目的长度及编号就应由使用人员按有关会计制度的规定自行设置，且对会计科目及其编码应有增删改功能，以保证适应核算内容的变化。

(3) 对一些无法直接实现通用的功能是否设有可选功能，是否满足通用要求。在一些功能无法直接实现通用的情况下，应增加可选功能，由使用单位选择合适的方式来满足使用的具体要求。例如，成本核算就可设置定额核算法、平行结转法、分步法等各种成本核算的可选方法。

(4) 对一些变化较多的算法可由使用人员进行自定义。例如，由使用人员自定义成本核算中的产品费用归集公式。

(5) 软件的初始设置及维护功能是否能充分设置本单位所需的各种初始数据。如建账的科目余额，是否能适应单位不同时期的要求进行各种非程序性的维护。

(6) 会计软件是否提供了对外符合有关标准的数据接口。如哪些数据提供了数据输出和输入接口，提供了哪些形式的接口等。

4. 安全可靠性

安全性是指会计软件防止会计信息被泄露和破坏的能力。可靠性是指软件防错、查错、纠错的

能力。评价会计软件的安全可靠性主要考察以下内容：软件提供的各种可靠性保证措施，是否能有效地防止差错的发生，在错误发生时是否能及时查出并能进行修改；安全性保证措施是否能有效地防止会计信息的泄露和破坏。主要应从以下几方面进行考察。

(1) 是否有数据备份与恢复功能，并能有效地备份与恢复各种历史数据。
(2) 是否有权限设置功能，并能最大限度地保证各有关人员只能执行其权限范围内的工作。
(3) 软件中是否采用了各种容错技术，保证会计人员操作失误时，及时发现和纠正错误。
(4) 是否将会计业务存在各种勾稽关系的特点融于软件中，随时检查各种生成数据的正确性。
(5) 对各种上机操作是否留有记录，以便随时追踪查询各种失误与安全隐患。

5. 易使用性

易使用性是指会计软件易学、易操作的性能。对它的评价主要从以下几个方面着手：用户操作手册内容是否完整，通俗易懂；联机帮助是否充分；软件操作是否简便易学；软件操作过程中的难点是否有实时的帮助功能；软件提供的界面是否清晰，并符合会计人员的习惯；对操作的关键环节是否具有特别控制，如结账、删除往年数据等。

6. 先进性

先进性是指该软件在同类产品中的先进程度，包括安全性、可靠性、功能的完备性、通用性、运行效率、软件技术平台的先进性和软件设计的优良性等。先进性是单位选择商品化会计软件的因素之一，但对于会计工作，主要应考虑其实用性，即前 5 个评价标准。

2.4 会计信息系统实施

会计信息系统的实施是非常重要的工作，它关系到系统应用的成败。

在项目实施前，需要明确实施目标，制定实施策略，注意实施的关键因素。

在项目实施中，可通过项目组织、系统定义、项目准备、项目培训、系统试运行、系统切换、项目验收等 7 个步骤完成项目实施工作。

在项目实施后，软件实施方要通过如下手段实现从软件实施方的咨询实施到用户的知识转移：
❏ 贯穿实施全过程的培训工作；
❏ 针对不同角色(从公司领导到操作员)的培训；
❏ 多种形式的培训，如课堂培训、实战培训、方法培训等；
❏ 软件实施后，软件实施方形成模板，在用户的下属机构或相关机构进行推广。

会计信息系统实施的相关内容，可扫描二维码阅读。

会计信息
系统实施

2.5 会计信息化组织及岗位

2.5.1 会计信息化工作组织的要求

会计信息化后，会计人员的分工和职能有所变化。正确组织会计信息化工作，对于完成会计任务、发挥会计在管理中的作用，具有重要的意义。会计信息化总的职能未变，由于会计数据处理工作由计算机完成，会计人员的主要工作是收集会计数据，参与经营管理与经营决策。会计系统是一个人机系统，从使用角度讲，需要录入数据、引入数据和进行设备的维护与管理；从软件维护角度讲，需要系统维护方面的人员。因此，根据会计信息化工作的特点，要做好会计工作，必须根据本单位实际情况建立专门的会计信息化机构或有关岗位从事会计信息化工作，使会计信息化工作得以顺利开展。

对基层单位来说，除了要按国家对会计工作的统一要求来组织会计工作外，还应注意以下要求。

(1) 既要考虑会计信息化工作的特点，又要按单位经营管理的特点来组织会计工作。对会计信息化人员、会计业务人员的配备，都必须结合本单位业务的特点和经营规模的大小等情况进行合理的安排。

(2) 对会计机构的设置、会计业务人员和会计信息化人员的配备，应力求精简、合理，节约人力，降低费用。

2.5.2 会计信息化后会计部门的组织形式

会计信息化部门如何组织，应根据各单位的实际情况来设置。大中型企事业单位，一般都有信息中心，因此在进行会计信息化工作的组织时要统一考虑。组织过程中要注意两个问题：一是怎样处理与信息中心的关系，二是怎样处理会计部门内部的关系。

会计信息化工作的组织，对每一个单位来说都有自己的特殊情况，还与会计信息化的发展程度有关。所以，应根据每一个阶段的需要来建立或调整相应的机构，做到既满足会计信息化工作需要，又节省人力物力。因此，根据实际需要，可以在财务部门设置会计信息化的维护部门或小组、岗位，以确保会计信息化工作的顺利运行。

2.5.3 会计信息化人员管理

1. 会计信息化人员构成

在应用会计软件中，会计信息化人员由以下岗位构成：系统管理人员、业务操作员、数据审核员、系统维护人员、业务审查人员、财务分析人员、档案管理人员，他们统称为系统应用人员。在整个会计系统的岗位中，不同的人员有不同的分工与职责，在不同的岗位上发挥不同的作用。

对于自行开发会计软件的单位，有系统分析人员，系统设计人员，系统编程、调试人员，他们统称为开发人员。

对会计信息化人员管理的基本方法是按照责、权、利相结合的基本管理原则，明确系统内各类人员的职责、权限并尽量将之与各类人员的利益挂钩，即建立、健全岗位责任制。这样一方面可以加强内部控制，保护资金财产的安全；另一方面可以提高工作效率，充分发挥系统的运行效率。

2. 会计信息化岗位职责

会计信息化后，根据单位规模的大小和实际情况设置具体管理岗位，在岗位设置上要与时俱进，根据信息化的发展来调整。在会计软件应用中，基本岗位的职责如下。

(1) 系统管理人员：负责协调计算机及会计信息系统的运行工作。此岗位要求具备会计和计算机知识，以及相关的会计信息化组织管理的经验，可由会计主管兼任。采用大型、中型、小型计算机和计算机网络会计软件的单位，应该设立此岗位。系统管理人员的权限很大，一般可调用所有的功能和程序，但不能调用系统的源程序及详细的技术资料。系统管理人员不能由软件的开发人员担任。根据实际情况，也可以将部分职能分配给其他的人员负责。其主要职责包括：

- ❑ 负责会计信息系统的日常管理工作，监督并保证系统的有效、安全、正常运行，在系统发生故障时，应及时到场，监督与组织有关人员恢复系统正常运行；
- ❑ 协调系统各类人员之间的工作关系；

- 负责组织和监督系统运行环境的建立，以及系统建立时的各项初始化工作；
- 负责系统各有关资源(包括设备、软件、数据及文档资料等)的调用、修改和更新的审批，与服务商联系解决有关系统和应用中出现的问题；
- 负责系统操作运行的安全性、正确性、及时性检查；
- 负责计算机输出的账表、凭证数据的正确性和及时性的检查与审批；
- 负责做好系统运行情况的总结，提出更新软件或修改软件的需求报告；
- 负责规定系统内各使用人员的权限等级；
- 负责系统内各类人员的工作质量考评，以及提出任免意见。

(2) 业务操作员：也称软件操作员，负责输入记账凭证和原始凭证等会计数据，输出记账凭证、会计账簿、报表和进行部分会计数据处理工作。此岗位要求具备会计软件操作知识和常用软件的操作能力。一般由基本会计岗位(原手工会计业务岗位)的会计人员兼任软件操作岗位的工作。操作员是系统运行中的关键人员，其不能由系统开发人员担任，不能调用非自己权限内的功能。其主要职责包括：

- 负责本岗位业务的录入、处理与输出；
- 严格按照系统操作说明进行操作；
- 系统操作过程中发现故障，应及时报告系统管理员，并做好故障记录及必要的上机记录等事项；
- 做到当日账当日清；
- 按规定打印系统的日记账、明细账、总分类账和会计报表，以及自动转账凭证。

(3) 数据审核员：也称审核记账员，负责对输入计算机的记账凭证和原始凭证等进行审核，操作会计软件登记机内账簿，对打印输出的账簿、报表进行确认。此岗位要求具备会计和计算机知识，可由主管会计兼任。其主要职责包括：

- 负责输入数据凭证的审核工作，包括各类代码的合法性、摘要的规范性和数据的正确性；
- 负责输出数据正确性的审核工作；
- 对不真实、不合法、不完整、不规范的凭证或票据退还各有关人员更正、补齐，再行审核；
- 对于不符合要求的凭证和不正确的输出账表数据，不予审核确认。

(4) 系统维护人员：负责保证计算机硬件、软件的正常运行，管理机内会计数据。此岗位要求具备计算机和会计知识，采用大型、中型、小型计算机和计算机网络会计软件的单位，应该设立此岗位。此岗位在大中型企业中应由专职人员担任。系统维护人员深度了解所用的会计软件和相关软件，所以其不能从事系统的业务操作工作。其主要职责包括：

- 定期检查软件、硬件设备的运行情况；
- 负责系统运行中的软件、硬件故障的排除工作；
- 负责系统的安装和调试工作；
- 负责与有关会计人员，利用软件提供的通用功能，生成满足新需求的维护工作。

(5) 业务审查人员：业务审查人员负责监督计算机及会计软件系统的运行，防止利用计算机进行舞弊。此岗位要求具备计算机和会计知识，可由会计稽核人员或内部审计人员兼任。采用大型、中型、小型计算机和大型会计软件的单位，可设立此岗位。其主要职责包括：

- 协助制定有关的内部控制措施和制度；
- 对有关数据及现象进行分析，发现线索；
- 进行日常审查。

(6) 财务分析人员：负责对计算机内的会计数据进行分析，提交有关分析报告。此岗位要求具备计算机和会计知识。采用大型、中型、小型计算机和计算机网络会计软件的单位，可设立此岗位，也可由主管会计兼任。其主要职责包括：
- 协助建立日常的分析制度和规范；
- 提交有关的常规分析报告；
- 完成领导下达的有关分析任务。

(7) 档案管理人员：负责保管各类数据和会计档案，应具备计算机常识，如U盘、硬盘、固态硬盘、光盘等的使用与保护，一般应由能做好安全保密的人员担任。其主要职责包括：
- 负责系统的各种开发文档、系统操作手册、各类数据存储介质及各类账表、凭证、资料的备份和存档保密工作；
- 做好各类数据、资料、账表、凭证的安全保密工作，不得擅自借出；
- 按规定时间，向各类有关人员催交备份数据及存档数据。

2.6 会计信息化后的使用管理

2.6.1 会计信息化后的使用管理的意义

会计信息化后的使用管理主要是通过对系统运行的管理，保证系统正常运行，完成预定任务，保证系统内各类资源的安全与完整。虽然会计系统的使用管理主要体现为日常管理工作，却是系统正常、安全、有效运行的关键。如果单位的操作管理制度不健全或执行不得力，都会给各种非法舞弊行为以可乘之机；如果操作不正确就会造成系统内数据的破坏或丢失，影响系统的正常运行，也会造成录入数据的不正确，影响系统的运行效率，直至输出不正确的账表；如果各种数据不能及时备份，则有可能在系统发生故障时，使得会计工作不能正常进行恢复；如果各种差错不能及时记录下来，则有可能使系统错误运行，输出不正确、不真实的会计信息。对于会计信息化后的使用管理主要包括机房的管理与上机操作的管理。

2.6.2 机房管理

设立机房主要有两个目的，一是给计算机设备创造一个良好的运行环境，保护计算机设备，使其稳定地运行；二是防止各种非法人员进入机房，保护机房内的设备，机内的程序与数据的安全。一般是将服务器等重要设备放置在机房，其终端设备放置在办公室里，以便于日常工作。具体管理是通过制定与贯彻执行机房管理制度来实施的。机房管理的主要内容包括以下几点。
- 有权进入机房人员的资格审查。
- 机房内的环境要求。例如，机房的卫生要求、温度湿度要求、防火要求。
- 机房内各种设备的管理要求。
- 机房中禁止的活动或行为。如严禁吸烟、喝水等。
- 设备和材料进出机房的管理要求。
- 监控设备及相关数据的管理要求。

如果机房只放置服务器等重要设备，则机房一般只能允许系统管理员和维护人员进入，相应的制度要根据实际管理需要制定。

2.6.3 操作管理

操作管理是指对计算机及系统操作运行的管理工作，其主要体现在建立与实施各项操作管理制度上。操作管理的任务是建立会计系统的运行环境，按规定录入数据，执行各子模块的运行操作，输出各类信息，做好系统内有关数据的备份及故障后的恢复工作，确保计算机系统的安全、有效、正常运行。操作管理制度主要包括以下内容。

(1) 上机运行系统的规定。上机运行系统的规定主要是指明哪些人员能上机运行指定的系统。其内容包括：

- 系统管理人员、业务操作员、系统维护人员、数据审核员及其他经系统管理人员批准的有关人员，有权上机运行指定系统并遵循运行约束条件；
- 非指定人员不能上机运行系统；
- 业务操作员、数据审核员由系统管理人员根据业务需要确定；
- 与业务无关人员不得上机运行系统；
- 系统操作运行人员须经培训合格后方可上机运行系统。

(2) 操作权限。操作权限是指系统的各种操作人员所能运行的操作权限，主要包括：

- 业务操作员应严格按照凭证或单据输入数据，不得擅自修改已复核的凭证数据，如发现差错，应在复核前及时修改或向系统管理人员反映，已输入计算机的数据，在登账前发现差错，可由业务操作员进行改正，如在登账之后发现差错，必须另制作凭证，采用红字冲销或补充登记法录入计算机；
- 严格管理数据库密码，除了系统维护人员之外，其他人员不得直接打开数据库进行操作，不允许随意增删和修改数据、源程序和数据库结构；
- 出纳人员、软件开发人员不允许进行系统性的操作；
- 系统软件、系统开发的文档资料，均由系统管理人员负责并指定专人保管，未经系统管理人员许可，其他人员不得擅自复制、修改和借出；
- 存档的数据如光盘、移动硬盘、纸质账表和凭证及各文档资料等，由档案管理人员按规定统一复制、核对、保管；
- 系统维护人员必须按有关的维护规定进行操作。

(3) 操作规程。操作规程主要指操作运行系统中应注意的事项和操作流程，它们是保证系统正确、安全运行，防止各种差错的有力措施。其主要包括：

- 各操作使用人员在上机操作前后，应进行上机操作登记，填写姓名、上机时间和下机时间、操作内容，供系统管理人员检查核实。如果会计软件中有自动记录上机日志的，也可以用上机日志代替，但系统维护人员进行的有关维护性操作必须进行记录；
- 操作人员的操作密码，应注意保密；
- 操作人员必须严格按操作权限操作，不得越权或擅自上机操作；
- 每次上机完毕，应及时做好所需的各项备份工作，以防发生意外事故；
- 未经批准，不得使用格式化、删除等命令或功能，更不允许使用系统级工具对系统进行分析或修改系统参数；
- 不能使用来历不明的存储介质和进行各种非法拷贝工作，以防止计算机病毒的传入。

2.6.4 计算机替代手工记账

采用计算机替代手工记账，是指应用会计软件输入会计数据，由计算机对会计数据进行处理，并打印输出会计账簿和报表。计算机替代手工记账是会计信息化的目标之一。

采用计算机替代手工记账的单位,应当具备的基本条件如下。

(1) 配有适用的会计软件,并且计算机与手工进行会计核算一般要双轨运行三个月以上,计算机与手工核算的数据相一致,且软件运行安全可靠。

(2) 配有专用的或主要用于会计工作的计算机或计算机终端。

(3) 配有与会计信息化工作需要相适应的专职人员,其中上机操作人员已经过相关知识和操作技能的培训。

(4) 已建立健全内部管理制度,包括岗位分工制度、操作管理制度、机房管理制度、会计档案管理制度、会计数据与软件管理制度等。

计算机替代手工记账的过程是会计工作从手工核算向信息化的过渡阶段,由于计算机与手工并行工作,会计人员的工作强度比较大,需要合理安排会计部门的工作,提高工作效率。

计算机与手工并行工作期间,可采用计算机打印输出的记账凭证替代手工填制的记账凭证,根据有关规定进行审核并装订成册,并据以登记手工账簿。如果计算机与手工核算结果不一致,要由专人查明原因。

在实施计算机替代手工记账后,应该加强运行中的管理工作,使系统达到会计工作管理的需要。

2.7 会计信息化后的维护管理

系统在设计中必然存在考虑不周的情况,在运行过程中必然出现各种问题,要使会计系统正常、稳定、高效地运行,就要不断地维护和优化核算系统。会计信息化后的维护管理的相关内容,可扫描二维码阅读。

会计信息化后的
维护管理

2.8 会计信息化档案管理

会计系统的档案管理在整个会计信息化工作中起着重要的作用。会计信息化档案管理的相关内容,可扫描二维码阅读。

会计信息化
档案管理

即测即评

请扫描二维码进行在线测试。

本章测评

第 3 章 系统管理与基础设置

3.1 会计信息系统应用前的准备工作

3.1.1 确定会计核算规则

会计信息系统与本单位手工核算方法之间,不可避免地有一定差别。要消除这些差别,必须对单位会计核算业务进行整理、调整,确定其信息化后的核算规则,使之满足会计核算软件的要求。确定会计核算规则包括确定会计核算的输入数据源及会计档案形式,确定记账程序,确定科目编码方案,对凭证、账簿进行规范化,以及使固定资产、材料、工资、成本、销售核算业务规范化。确定会计核算规则的相关内容,可扫描二维码阅读。

确定会计核算规则

3.1.2 会计基础数据的准备

一个单位应用会计信息系统,将手工账搬到计算机电子账上,这就需要把会计岗位分工、会计科目、期初余额等数据录入会计信息系统中,在录入前,应准备好相关的会计资料,包括:确定信息化会计岗位及其岗位的具体操作任务,规范手工会计科目及科目性质,整理会计科目的期初余额及累计发生额,以及其他辅助会计资料。会计基础数据的准备的相关内容,可扫描二维码阅读。

会计基础数据的准备

3.1.3 准备软件应用环境

任何一个应用软件系统都必须在一定的环境下才能使用,本书主要讲解 Windows 操作系统下运行的会计信息系统的应用环境。在准备软件的环境时,必须与软件供应商联系,明确软件的运行环境,特别是在什么样的环境下更为稳定,稳定性对于会计信息系统至关重要。软件应用环境主要包括:
- ❑ 网络服务器及网络操作系统的安装及配置;
- ❑ 服务器端网络数据库系统软件的安装及配置;
- ❑ 应用端数据库软件的安装及配置。

如果使用单用户版本会计信息系统,可以不安装网络服务器部分软件。会计信息系统的品牌不同,其支撑环境要求也不同,具体应用时可参考其使用说明。

3.1.4 安装的一般流程

安装的流程具体如下。

(1) 将会计信息系统存储介质连接主机读取。
(2) 选择存储介质驱动器目录,在目录中双击 **Setup** 或者 **Install** 应用程序图标运行安装程序。
(3) 根据安装向导提示选择安装目录和应用系统内容进行安装。
(4) 安装完毕后使用鼠标左键单击窗口上的系统图标运行软件。
不同品牌的会计信息系统的安装方法上可能有所差异,应参考其使用说明。

3.1.5 用友新道 U8+V15.0 介绍

用友新道 U8+V15.0 是以用友 U8+为基础,结合最新的企业和个人税收等新政策,专门打造的一个教学用版本,在相应模块功能上是基本相同的。

用友新道 U8+是一个面向中型企业的管理软件,可帮助企业实现人财物、供产销的管理;可提供财务管理、供应链管理、生产制造管理、客户关系管理、人力资源管理、办公自动化和商业智能等集成化功能,具体可根据实际需要选用。

本实验采用用友新道 U8+V15.0 版本,主要内容包括基础设置、总账、采购与应付、销售与应收、库存管理、存货核算、固定资产、薪资、网上银行、网上报销等模块的实际应用,操作系统采用 Windows 10 专业版,数据库为 SQL Server 2016 Express SP2。

本书重点讲解供应链业务与财务的一体化处理方法。如需要学习生产管理等模块,请参考其他资料。

3.2 安装

3.2.1 安装注意事项

在单机上安装用友新道 U8+V15.0,需要注意以下问题。
(1) 操作系统:Windows 10 专业版。用友新道 U8+V15.0 软件卸载后,如需重新安装该软件,该软件会提示不能安装在原安装硬盘分区中。为避免重新安装操作系统,建议在安装操作系统时,对硬盘分配多个区域。
(2) 数据库:SQL Server 2016 Express SP2。
(3) Windows 10 安装的权限:管理员或超级用户。
(4) Windows 10 用户权限控制:设置为最低,即对安装控制不做限制。
(5) 安全管理软件:安全卫士、杀毒软件之类在安装过程中必须停止运行。最好先卸载,安装成功后再安装安全管理软件。
(6) 其他软件:可以安装 Office、输入方法、浏览器、即时通信类软件。由于管理软件之间容易产生冲突,所以不能在同一环境下安装其他品牌的管理软件。

3.2.2 安装环境的准备

1. 安装 IIS

Internet Information Services(IIS,互联网信息服务),是由微软公司提供的基于运行 Windows 的互联网基本服务。IIS 的默认安装不完全,需要手动添加进行安装。

打开"开始"菜单,进入所有应用菜单里的"控制面板"。

(1) 进入"控制面板"后,选择"程序"|"程序和功能"中的"启用或关闭 Windows 功能",如图 3-1 所示。

(2) 选择"Internet Information Services",然后单击"确定"按钮,系统会自动安装(需要联网)。

注:选择"Internet Information Services"后,要把加号都点开,简单的做法是选取可选的全部项目,如图 3-2 所示。

图 3-1 Windows 功能

图 3-2 Internet 信息服务设置

(3) 选择"Internet Information Services"可承载的 Web 核心,单击"确定"按钮。

完成相关设置后,单击"确定"按钮,系统会自动完成 IIS 的安装(需要在联网状态下下载有关更新程序),然后重新启动。

2. 安装.NET FRAMEWORK 3.5

选择".NET FRAMEWORK 3.5(包括.NET2.0 和 3.0)",单击"确定"按钮后,系统会从网络上下载相关程序进行安装。

3. 更改用户账户控制设置

为安全起见,Windows 10 对用户的权限进行控制,以防止非法软件被安装,但在安装一些软件的时候需要设置为最高权限,不然表面上似乎安装完成,但由于安装人员的权限不够,会导致在修改有关系统参数时不成功,从而导致安装后无法使用。这种问题是程序在安装过程中发生的,不一定进行提示,出现错误的时候很难寻找原因和解决办法。

选择"控制面板"|"用户账户"|"更改用户账户控制设置",然后设为最低。

4. 更改计算机名称

选择"控制面板"|"系统和安全"|"系统",在用友新道 U8+ V15.0 系统中,计算机名不能使用"-"特殊字符,如需要更改,可单击"重命名这台电脑"按钮,将计算机名称改为"BIGDATA"(也可更改为其他名字),然后根据系统提示重启电脑后完成。

5. 设置日期分隔符

在用友新道 U8+ V15.0 系统中,要求日期分隔符设置为"-",设置的方法如下。

进入 Windows10 "控制面板",先选择"时钟、语言和区域",再选择"更改日期、时间或数字格式",设置短日期格式为"yyyy-MM-dd"。

6. 设置应用程序池

用友新道 U8+V15.0 系统对应用程序池中的.NET CLR 版本(C)要求为 4.0 版本,因此需在此进行应用程序池设置,如果在此处忽略应用程序池的设置,会导致应用网上报销模块时,出现 U8WebAPI 应用程序中的服务器错误提示。

在桌面右键单击"此电脑"按钮,选择"管理",进入"计算机管理"窗口,双击左侧的"服务和应用程序"按钮,选择"Internet Information Services(IIS)管理器",双击"BIGDATA(BIGDATA\admin)"下的"应用程序池",选择"DefaultAppPool",如图 3-3 所示。

图 3-3　查看应用程序池

选择.NET CLR 版本(C)为".NET CLR 版本 v4.0.30319",单击"确定"按钮,如图 3-4 所示。

图 3-4　编辑应用程序池

3.2.3　安装数据库

1. 下载 SQL Server 2016 Express SP2

用友新道 U8+V15.0 使用微软的 SQL Server 数据库,这里使用 SQL Server 2016 Express SP2 版本(免费版)。作为学习使用,功能已经能满足需要。

可以在互联网上搜索"SQL Server 2016 Express SP2",选择从微软网站下载,X64 位版本选择"SQLEXPR_x64_CHS.EXE"。

2. 安装 SQL Server 2016 Express SP2

在安装之前,一定要停用杀毒软件、360 安全卫士等安全管理软件。

安装方法:选择"SQLEXPR_x64_CHS.EXE",单击右键选择"以管理员身份运行"。进入后选择"安装"。

选择"全新 SQL Server 独立安装或向现有安装添加功能",进入下一步"许可条款",选择"我接受许可条款",在"Microsoft 更新"窗口勾选使用更新,再进入下一步"安装安装程序文件",首先完成安装程序支持规则的检测,然后进入下一步"功能选择",如图 3-5 所示。

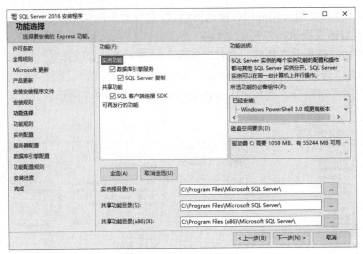

图 3-5 功能选择

进入下一步"实例配置",选择"默认实例"。

进入下一步"服务器配置",账户名选择"NT AUTHORITY\NETWORK SERVICE",密码为空,如图 3-6 所示。

图 3-6 服务器配置

进入下一步"数据库引擎配置",身份认证模式选择"混合模式(SQL Sever 身份验证和 Windows 身份验证)",密码设置为"bigdata"(记住设置的密码,后面连接数据库时要使用),指定 SQL Server 管理员,单击"添加当前用户"按钮,如图 3-7 所示。

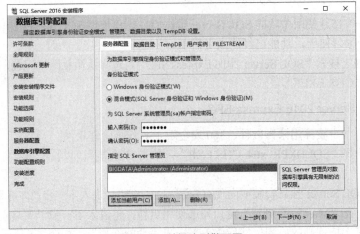

图 3-7 数据库引擎配置

进入后面的步骤进行安装,直至安装完成,然后重新启动系统。

重新启动后，在 Windows 开始的应用程序中选择"Microsoft SQL Server 2016"|"SQL Server 配置管理器"，可以看到该服务正在运行，如图 3-8 所示。

图 3-8　SQL Server 配置管理器

如果服务没有启动，可以单击右键，选择"启动"就会启动 SQL Server。

3. 安装向后兼容包

进入"新道 U8+V15.0"中新道 U8+V15.0 SETUP 目录中的"3rdProgram"子目录，执行 SQLServer2005_BC_X64 程序(向后兼容程序)进行安装。

3.2.4　安装用友新道 U8+V15.0

1. 系统环境检查

先进入新道 U8+V15.0 目录(如果是压缩包，需要先解压)，选择 Setup.exe 安装程序。单击右键选择"以管理员方式运行"，单击"下一步"按钮，在"许可证协议"窗口选择接受协议，再单击"下一步"按钮进入客户信息设置，输入公司名称，这里输入的公司名称对后面的实际应用没有影响，可自行输入。继续单击"下一步"按钮后进入"选择目的地位置"，一般按照默认选择，也可以更改。

单击"下一步"按钮，在"安装类型"窗口，选择"经典应用模式"，在所需的安装类型中选择"全产品"，即全部组件在同一台机器安装。

单击"下一步"按钮，进入"系统环境检查"窗口，单击"检测"按钮，如图 3-9 所示。

如果"基础环境"中存在不满足安装环境的项目，可以在安装目录的"3rdProgram"子目录中找到相应的软件进行安装，然后重新进行系统环境检查。

若是"缺省组件"中也存在不满足安装环境的项目，则可以单击"安装缺省组件"按钮，完成相关缺省组件的安装。在安装时如果出现提示已经安装了更新的版本，这时候需要卸载新的版本，然后再安装自带版本。若"安装缺省组件"为灰色，则需返回重新设置 IIS。

可选组件作为教学用可以不安装。

2. 运行安装程序

系统环境检查通过后，单击"确定"按钮，进入"可以安装该程序了"窗口，选择"安装"按钮进行具体的安装。

图 3-9　系统环境检查

安装将持续较长时间，具体与所用机器性能有关。安装完毕，需要重新启动计算机。

重新启动后，系统提示进行数据源配置，在数据库处输入"bigdata"，在 SA 口令处输入"bigdata"。数据库名就是本机机器名，SA 口令就是安装数据库时设置的密码，这需要按自己设置的密码来输入。单击"测试连接"按钮，应显示"测试成功"，否则说明数据库没有连接上，注意检查数据库名和密码，如图 3-10 所示。

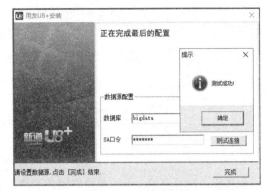

图 3-10　测试连接

之后还会提示"是否初始化数据库"。这里不选择初始化，留待在系统管理中来完成。

3.3　系统管理

3.3.1　系统管理功能概述

系统管理负责对整个系统的公共任务进行统一管理，包括账套管理、操作员及其权限的设置等。

系统管理功能的基本流程，一般是以系统管理员注册的方式进入用友新道 U8+V15.0 的系统管理，然后建立账套，添加新的操作员并设置新操作员权限、指定该账套的账套主管，最后以账套主管身份重新注册系统管理功能，进行账套启用的设置。

1．新建账套

用友新道 U8+V15.0 软件属于通用型商品化管理软件，系统中并没有任何与使用单位相关的信息，因此要使用计算机进行会计处理工作，必须先进行账套文件设置，以存放企业或单位开展会计工作的信息。账套中存放的内容包括会计科目、记账凭证、账簿、会计报表等。建立账套是在建账向导指引下进行的，主要确定账套号、账套名称、企业所属行业、记账本位币、会计科目体系结构、会计期间划分和设置账套启用期间等。

2．年度账管理

在用友新道 U8+V15.0 系统中，每个账套都存放企业不同年度的财务数据，称为年度账。在一个新的会计年度开始时，都应在系统中设置新的年度账套，并将上年度账套的期末余额结转到新的年度账套中，开始新一年的业务核算工作。

需要注意的是，只有账套主管才有权限进行有关年度账的操作。

3．恢复和备份

恢复账套功能是指将以前备份的账套数据引入本系统中。该功能不仅方便企业将备份数据恢复，而且有利于集团公司将子公司的账套数据定期地引入母公司系统中，方便账套数据的分析和合并工作。备份账套功能是指将所选的账套数据进行备份。

恢复和备份功能，只能由系统管理员进行操作。

年度账的恢复和备份操作方法与一般账套的操作方法相同，不同的是年度账的恢复与备份是针对账套中的某一年度数据，而不是整个账套的数据，并且年度账的恢复与备份只能由账套主管进行操作。

4．系统管理员与账套主管

"系统管理"功能只允许系统管理员和账套主管两种用户登录。系统管理员负责整个系统的运行维护工作，包括进行账套建立、恢复、备份，为账套设置操作员及其权限，指定账套的账套主管等。账套主管负责所指定账套的维护工作，包括对账套参数的修改、年度账的建立、清空、恢复、备份、结转，以及该账套的操作员权限设置。

3.3.2 建立账套

实验资料

重庆两江科技有限公司生产的主产品是创智 X 号收银称重一体机及配合使用的手持扫描器、桌面扫描器，主要应用于各种超市，同时公司代理与创智 X 号相关的配套用品(如服务器、专用数据备份器等)。一车间主要生产创智 X 号产品，二车间主要生产手持扫描器、桌面扫描器。

1．账套信息

账套号：999(具体实验中用学员号代替)。账套名称：重庆两江科技有限公司。启用会计期：2023 年 4 月。会计期间：默认。

2．单位信息

单位名称：重庆两江科技有限公司。单位简称：两江科技。单位地址：重庆市两江新区新光大道 9999 号。法人代表：孙正。邮政编码：401147。联系电话及传真：02312345678。税号：110 119 120 130 999。企业类型：工业。行业性质：2007 年新会计准则科目。有外币核算。

3．分类编码方案

科目编码级次：4222。客户和供应商分类编码级次：2。存货分类编码级次：122。部门编码级次：12。地区分类编码级次：2。结算方式编码级次：2。收发类别编码级次：12。其余使用默认。

4．数据精度

该企业对存货数量、单价小数位定为 2，均为默认。

5．系统启用

总账系统启用时间为 2023-04-01。

实验过程

视频：建立账套

在建账过程中，务必停止安全管理软件的运行，否则它将拦截建账过程，使建账不成功。

选择 Windows10 应用的"新道 U8+"|"系统管理"，进入"新道 U8[系统管理]"窗口。

选择"系统"|"初始化数据库"，进入"初始化数据库实例"窗口，输入 SA 口令为 bigdata，如图 3-11 所示。

单击"确认"按钮，系统提示"确定初始化数据库实例[BIGDATA]吗"，选择"是"，等待一会时间，出现登录界面。输入预置的系统管理员"admin"，单击"账套"按钮，选择"(default)"下拉列表，如图 3-12 所示。

图 3-11 初始化数据库实例

如果在登录过程中，账套中不显示"(default)"，可以选择"新道 U8+"|"应用服务器配置"，

打开"U8 应用服务器配置工具"界面。选择"数据源配置",对数据源进行修改,如图 3-13 所示。

图 3-12 登录

图 3-13 修改数据源

如果数据库服务器名称是错误的,可以在这里更改。

操作提示

服务器是指 C/S 结构下的服务器名,如果用友新道 U8+V15.0 系统是安装在单机上运行,则是指本计算机名。第一次运行时,系统管理员密码为空,为安全考虑,应在第一次运行时单击"修改密码"按钮,对系统管理员密码进行设置。

登录系统,自动弹出"创建账套"窗口,选择"新建空白账套",单击"下一步"按钮创建账套,输入账套信息,如图 3-14 所示。

操作提示

"已存账套"是系统已经建立并使用的账套,在这里不能更改。
"账套号"一般是 000~999 之间的三位数字,账套号唯一,不能重复。
"账套名称"是能够标识该账套的信息,根据企业情况输入。
"账套路径"是存放账套数据的位置,一般用系统默认的路径即可,也可以自行确定。
"启用会计期"用来输入新建账套将被启用的时间,具体到"月",用户可根据实际情况,单击"会计期间设置"按钮进行设置。

取消"适用 UU""启用智能输入"的勾选。单击"下一步"按钮,输入有关单位信息,如图 3-15 所示。

图 3-14 设置账套信息

图 3-15 输入单位信息

完成后单击"下一步"按钮,进入核算类型设置。本币代码为 RMB;本币名称为人民币;企业类型为工业;行业性质为 2007 年新会计准则科目;其他按照默认值设置。

单击"下一步"按钮,设置基础信息,选中"存货是否分类""客户是否分类""供应商是否分类""有无外币核算"复选框,依次单击"下一步""完成"按钮,系统提示"可以创建账套了吗",单击"是"按钮,进入"编码方案"窗口,如图3-16所示。

设置完成后先单击"确定"按钮,手动关闭窗口(不关闭窗口,会一直停留在此处)。随后设置数据精度,各项目均设置为 2。设置完成后单击"确定"按钮,当出现如图3-17所示的提示时就表明建账完成。

单击"是"按钮进入"系统启用"窗口,如图3-18所示。可以在系统编码项目上单击某系统(如 GL 代表总账),然后设置启用的日期,这里按照实验资料设置为2023-04-01。

图3-16 编码方案

图3-17 创建账套完成

图3-18 系统启用

启用总账后退出建账过程,完成建账。

当系统提示"请进入企业应用平台进行业务操作!"时退出,返回系统管理,进行其他设置工作。

3.3.3 账套备份方法

选择 "新道 U8+"|"系统管理",启动新道 U8+系统管理,如图 3-19 所示。

(1) 选择"系统"|"注册",以系统管理员 admin 的身份注册系统管理。

(2) 选择"账套"|"输出",在"账套输出"窗口中选择需要备份的账套号,勾选"选择"复选框进入"账套备份路径选择"窗口,假设以 C 盘新建的 TEMP 文件夹作为备份账套的保存目录;如果备份后源账套需要删除,则勾选"删除当前输出的账套"复选框,备份完成后,系统中将不存在当前账套数据(此功能谨慎使用)。

选择输出账套的备份位置,可以自由选定。账套输出备份信息如图 3-20 所示。

图 3-19 新道 U8+系统管理

图 3-20 账套输出备份信息

单击"确认"按钮,等待片刻后系统会提示输出成功。

备份的文件为 UFDATA.BAK 和 UfErpAct.Lst 两个文件,文件的大小为 2.2G 左右。

3.3.4 恢复实验账套的方法

> **实验资料**

通过初始化数据库恢复实验账套，也可以通过引入账套的方式恢复自己备份的账套。

> **实验过程**

1. 初始化数据库

选择 "新道 U8+" | "系统管理"，启动新道 U8+系统管理。

> **操作提示**

初始化数据库将清除以前已有的账套数据，如果有以前的账套数据需要保留，登录后选择"账套" | "输出"功能备份以前的账套，备份完毕后进行初始化数据库。

选择"系统" | "初始化数据库"，进入"初始化数据库实例"窗口，输入口令"bigdata"(这是建立数据库时设置的，具体按照自己设置的密码输入)，如图 3-21 所示。

图 3-21 输入口令

单击"确认"按钮后，系统提示"确定初始化数据库实例吗？"，单击"是"按钮(如果曾经建过账，则会提示已经存在系统数据库，询问是否覆盖，均选择"是"按钮)。初始化数据库完成后出现登录界面，此处不登录，单击"取消"按钮，返回"系统管理"窗口，如图 3-22 所示。

图 3-22 系统管理

2. 引入账套

> **操作提示**

如果提供的实验账套是压缩后的文件，需要 WinRAR5.0 以上版本的解压工具才能解压。

恢复后的账套文件名字分别为 UFDATA.BAK、UfErpAct.Lst。

选择某一阶段的账套文件，假如销售业务的账套文件是"销售 UFDATA.BAK"和"销售 UfErpAct.Lst"，必须将文件改名为"UFDATA.BAK"和"UfErpAct.Lst"才能引入。在"系统管理"窗口，选择"账套" | "引入"，如图 3-23 所示。

图 3-23 账套管理功能

选择要恢复的账套文件目录和账套文件(选择 UfErpAct.Lst 文件)，具体目录自行选择。如果系统出现提示选择账套引入目录，选择默认即可。

引入完毕，系统提示引入成功。重新启动企业应用平台，进行登录操作。具体要恢复的阶段业务，需根据对应的账套来确定。

如果引入的账套号与以前相同，会覆盖以前账套的数据。

3.3.5 财务分工、账套信息修改

> **实验资料**

进行财务分工，首先应对角色的权限进行设置，角色权限如表3-1所示。

表3-1 角色权限

角色代码	角色名称	角色权限
DATA-MANAGER	账套主管	系统的全部模块权限
91	出纳业务	财务会计：总账-出纳；总账-凭证-出纳签字；网上银行；出纳管理；网上报销-单据查询；网上报销-报表查询
92	日常业务	财务会计：总账；发票管理；应收款管理；应付款管理；固定资产；网上银行；UFO报表；出纳管理；网上报销 供应链：合同管理；销售管理；采购管理；库存管理；存货核算；售后服务 人力资源：薪资管理；计件工资管理
93	采购业务	基本信息：公共单据；公共目录 财务会计：应付款管理；总账-账表-供应商往来辅助账 供应链：采购管理；库存管理；存货核算；合同管理
94	仓库业务	供应链：库存管理
95	销售业务	基本信息：公共单据；公共目录 财务会计：应收款管理；总账-账表-客户往来辅助账 供应链：合同管理；销售管理；库存管理；存货核算；售后服务

角色权限可根据业务变化需要进行调整。

选择销售管理权限时，系统会自动勾选生产制造下销售订单转生产权限，保持默认即可。

设置角色权限后可进行财务分工，具体情况如表3-2所示，初始密码均设置为"123"。

表3-2 财务分工

编号	姓名	角色	主要业务权限	所属部门
01	何沙	账套主管	负责财务业务一体化管理和业务处理工作，具有系统所有模块的全部权限	财务部
02	赵小兵	出纳业务	负责现金、银行账管理工作	财务部
03	孙胜业	日常业务	负责日常业务处理工作	财务部
04	李天华	采购业务	负责采购业务处理工作	采购部
05	刘一江	销售业务	负责销售业务处理工作	销售部
06	陈瓜瓜	仓库业务	负责仓库管理工作	仓储部

在实验中，主要由何沙(即操作者本人)来完成各项业务处理工作，需要出纳签字的由赵小兵完成，审核、记账的工作由孙胜业完成。

为孙胜业设置级别二的金额权限。科目：库存现金、银行存款。金额级别设置：级别一为5万元，级别二为10万元。

实际工作中则具体按照岗位完成相关业务处理工作。

实验过程

1. 设置角色权限

选择"新道 U8+"|"系统管理",选择"系统"|"注册",操作员输入"admin",密码为空,然后登录。在"系统管理"窗口,选择"权限"|"角色",进入"角色管理"窗口,如图 3-24 所示。

视频:财务分工

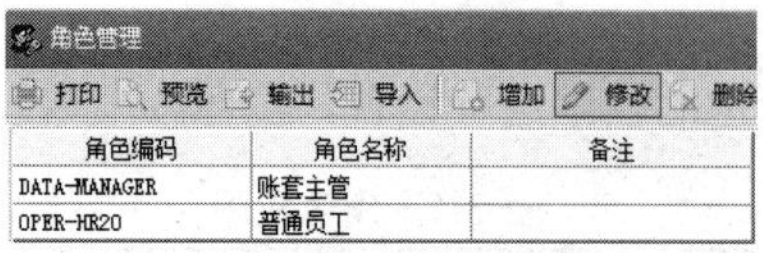

图 3-24 角色管理

操作提示

1) 角色和用户

角色是指拥有某个身份的一类人员,相当于一个做某类工作的用户组。

用户是指一个个具体的业务操作员。

一个用户可以归属于不同的角色,一个角色可以包含多个不同的用户。

已经赋予某角色的权限,归属于该角色的每个用户均享有相同的权限,也可以单独为某个用户增加指定其所属角色未拥有的某些权限。

2) 账套主管

账套主管拥有包括总账在内所有子系统模块的处理权限,还包括修改账套、备份账套、管理年度账、设置操作员等系统管理权限。

角色编码可以自定,如果先设置了各操作员,在这里设置的时候可同时把某角色赋予具体的某个操作员。账套主管角色系统已经设置,可保留使用。已经存在的角色也可进行修改。单击"添加>"按钮,添加新的角色,单击"增加"按钮完成输入,如图 3-25 所示。

角色编码设置完成后,开始设置角色权限。角色相当于一个组,一个组里面可以拥有多个业务操作人员,给角色授权相当于给这个组的所有人统一授权。

在"系统管理"窗口,选择"权限"|"权限",进入"操作员权限"窗口,选择角色,如"出纳业务",先单击"修改"按钮,按表 3-1 所示的角色权限进行设置,如图 3-26 所示。

具体设置方法是根据该角色拥有哪些功能权限,逐一增加。设置后,

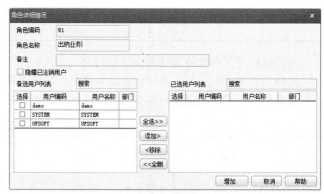

图 3-25 添加角色

图 3-26 出纳角色权限设置

单击"保存"按钮完成保存。其他角色按照同样的方法设置,在实际的业务操作过程中,可根据需要随时调整。

2. 设置用户权限

在"系统管理"窗口,选择"权限"|"用户",进入"用户管理"窗口,单击"增加"按钮,输入操作员的具体信息,口令为123,如图3-27所示。

在设置用户时,可以分配角色。分配角色后,该用户就具有了这个角色所拥有的权限。一位操作员设置完成后,单击"增加"按钮,继续设置下一位操作员。输入时注意角色和用户编号不能重复,用户设置完成后,如图3-28所示。

图 3-27 用户设置

图 3-28 用户设置完成

操作提示

系统管理员与账套主管的区别,如表3-3所示。

表3-3 系统管理员与账套主管的区别

系统管理员(admin)	账套主管(DATA-MANAGER)
建立账套	修改本账套信息
删除账套	删除本账套年度账
账套全部的数据备份和恢复	本账套年度账的数据备份和恢复
设置操作员	为本账套操作员赋权
赋权	新建本账套年度账
清除异常任务	结转本账套上年数据
清除所有锁定	清空本账套年度数据

3. 设置操作员权限

在"系统管理"窗口,选择"权限"|"权限",进入"操作员权限"窗口,选择具体要设置操作权限的人员,如赵小兵,如图3-29所示。

勾选"显示所属角色权限",再选中"仅显示选中条目",则会显示该角色已经分配的权限,如图3-30所示。

图 3-29　操作员权限

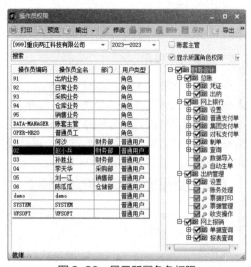
图 3-30　显示所属角色权限

这时还可以根据需要，在所分配角色权限的基础上，再增加其他权限。设置方法：单击"修改"按钮，选择需要增加的权限，然后单击"保存"按钮完成设置。

4. 设置金额权限

在用友新道 U8+V15.0 系统中，可对采购订单的金额审核额度、科目的制单金额额度两种业务提供金额权限设置。

以 01 何沙身份登录系统，日期选择 2023 年 4 月 1 日。选择"系统服务"|"权限"|"金额权限分配"，进入"金额权限设置"窗口，勾选右上方的"科目级别"复选框，单击工具栏的"增加"按钮，输入实验资料信息，如图 3-31 所示。然后，单击工具栏的"级别"按钮，进入"金额级别设置"窗口，单击工具栏的"增加"按钮，输入实验资料信息，如图 3-32 所示。

图 3-31　金额权限设置　　　　　　　　图 3-32　金额级别设置

分别单击"保存"按钮后退出即可。

注：设置金额权限之前须先设定对应的金额级别。

5. 修改账套信息

在系统管理下，以 01 何沙身份重新注册系统管理功能，日期选择 2023 年 4 月 1 日，账套选择重庆两江科技有限公司，如图 3-33 所示。

选择"账套"|"修改"，进行账套参数的修改，其方式与建账时输入信息的方式是相同的，若有变化，在此完成修改(有些部分已经锁定，不能修改)。

图 3-33　以 01 身份登录系统管理

3.4 基础设置

3.4.1 基础设置概述

1. 准备工作

用友新道 U8+V15.0 软件在正式应用前,还须做一些准备工作,主要包括确定会计核算规则、准备所需的初始基础数据,这些工作将直接影响后续的使用效果。

2. 基础设置操作方法

用友新道 U8+V15.0 软件的基础信息设置包括三部分:一是与总账有关的基础信息,如设置会计科目、设置凭证类型等;二是与供应链业务有关的信息,如设置采购类型和销售类型、设置收发类别、设置仓库档案等;三是总账与供应链业务共同需要的基础信息,如部门职员的设置、外币种类设置、存货分类设置等。业务系统的部分基础数据可以在使用该业务系统时设置。

登录用友新道 U8+V15.0 企业应用平台后,选择"基础设置"模块,设置相关基础数据。

基础设置中的信息,可以集中设置,也可以分散设置。集中设置是将基础信息全部设置完成后再使用业务系统。分散设置是先设置部门、人员、客户、供应商等基本信息,其他信息可在使用相关业务模块时设置。

3.4.2 系统启用

> 实验资料

按照业务需要,启动的模块如表 3-4 所示。

表 3-4 启动模块

系统编码	系统名称	启用会计期间	启用自然日期
GL	总账	2023-04	2023-04-01
AR	应收款管理	2023-04	2023-04-01
TI	发票管理	2023-04	2023-04-01
AP	应付款管理	2023-04	2023-04-01
FA	固定资产	2023-04	2023-04-01
NE	网上报销	2023-04	2023-04-01
NB	网上银行	2023-04	2023-04-01
SC	出纳管理	2023-04	2023-04-01
CC	系统配置	2023-04	2023-04-01
CM	合同管理	2023-04	2023-04-01
SA	销售管理	2023-04	2023-04-01
PU	采购管理	2023-04	2023-04-01
ST	库存管理	2023-04	2023-04-01
IA	存货核算	2023-04	2023-04-01
SR	售后服务	2023-04	2023-04-01
WA	薪资管理	2023-04	2023-04-01
PR	计件工资管理	2023-04	2023-04-01

实验过程

新道 U8+系统中的各子系统，只有启用，才能登录进行业务处理。系统启用方法主要有两种：①创建账套时启用；②在企业应用平台中启用。

用 01 操作员身份(或有权限的人)登录企业应用平台，日期选择 2023 年 4 月 1 日。选择"基础设置"|"基本信息"|"系统启用"，按照实验资料逐一启用，共 17 个子系统。

视频：系统启用

3.4.3 系统出错处理方法

在应用新道 U8+过程中，有时候因为非正常关机或非正常退出等原因而出现系统错误。处理的方法是，用系统管理员身份登录系统管理，选择"视图"|"清除异常任务"，再选择"视图"|"清除所有任务"，清除系统的出错问题，如图 3-34 所示。具体可根据出错情况选择。

对于单据类操作锁定的问题，如提示"科目(100201)正被机器(BIGDATA@5)上的用户(何沙)进行(支票登记簿)操作锁定，请稍后再试…"信息，可以先登录用友新道 U8+V15.0 企业应用平台，进入出错的上级功能，然后从企业应用平台进入系统管理，登录后先选择"视图"|"清除单据锁定"，再选择"清除所有任务"，完成错误清除。

图 3-34 清除任务

3.4.4 部门和人员档案设置

实验资料

重庆两江科技有限公司分类档案资料如下所示。

1. 部门档案

部门档案如表 3-5 所示。

表 3-5 部门档案

部门编码	部门名称	部门属性	部门编码	部门名称	部门属性
1	管理中心	管理部门	3	制造中心	生产管理
101	行政部	综合管理	301	一车间	生产制造
102	财务部	财务管理	302	二车间	生产制造
2	供应中心	供应管理	4	营销中心	营销管理
201	仓储部	库存管理	401	销售部	销售管理
202	采购部	采购管理	402	服务部	售后服务

2. 人员类别

101：管理   102：经营   103：车间管理   104：车间工人

3. 人员档案

人员档案如表 3-6 所示。

表 3-6 人员档案

人员编码	姓名	性别	人员类别	部门	业务员	操作员	对应操作员编码	银行账号
101	孙正	男	管理	行政部	是			1111
102	宋嘉	女	管理	行政部	是			1112
201	何沙	男	管理	财务部	是	是	01	1113
202	赵小兵	女	管理	财务部	是	是	02	1114
203	孙胜业	女	管理	财务部	是	是	03	1115
301	李天华	女	管理	采购部	是	是	04	1116
302	杨真	男	管理	采购部	是			1117
401	陈瓜瓜	男	管理	仓储部	是	是	06	1118
501	刘一江	男	经营	销售部	是	是	05	1119
502	朱小明	女	经营	销售部	是			1120
601	罗忠	男	经营	服务部	是			1121
701	向璐宇	男	车间管理	一车间				1180
702	秦地久	女	车间管理	一车间				1181
703	天河飞	男	车间工人	一车间				1190
704	秦半岛	女	车间工人	一车间				1191
801	万思维	男	车间管理	二车间				1182
802	东方魂	男	车间管理	二车间				1183
803	叶海甸	男	车间工人	二车间				1192
804	万银大	女	车间工人	二车间				1193
805	朱海风	男	车间工人	二车间				1194
806	温琼海	女	车间工人	二车间				1195

操作提示

具体操作时,将实验中的"何沙"改为实际操作者的名字。

人员均为在职人员。凡业务人员的费用归属其所在部门,生效日期从 2023 年 4 月 1 日起计算。银行账号对应的银行是中国工商银行。

实验过程

1. 修改单位信息

用 01 何沙身份登录企业应用平台,日期选择 2023 年 4 月 1 日。选择"基础设置"|"基础档案"|"机构人员"|"机构"|"本单位信息",可以修改本单位信息。单位信息在建账时输入过,如果有错误或需补充的信息,可以在这里更正或补充。

视频:部门和人员
档案设置

2. 设置部门档案

选择"基础设置"|"基础档案"|"机构人员"|"机构"|"部门档案",单击工具栏"增加"按钮,在窗口右侧输入部门编码、部门名称等信息,如图 3-35 所示。

输入完一个部门的信息后,先保存,然后再次单击"增加"按钮,继续输入其他部门的信息。也可单击"修改"按钮修改已经输入的信息,如图 3-36 所示。

图 3-35 输入部门信息

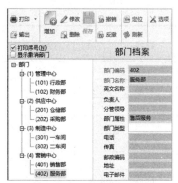

图 3-36 修改部门档案

│操作提示│

部门档案信息录入错误,应先选中需修改的部门,单击"修改"按钮,改正后单击"保存"按钮。

部门编码不能修改,只能删除该部门后重新增加。

在部门信息录入栏的下面,若编码原则显示为"* **",表示部门编码级次为 2 级,其中第一级 1 位,第二级 2 位。其他档案信息的设置窗口也有编码规则提示,并且必须先录入上级部门,然后录入下一级部门档案。

如果实际编码与系统编码规则不符,可选择"基础设置"|"基本信息"|"编码方案",重新设置编码规则。

3. 设置人员类别

选择"基础设置"|"基础档案"|"机构人员"|"人员"|"人员类别",先删除系统预置的人员类别,然后单击"增加"按钮,录入档案编码、档案名称等信息,如图 3-37 所示。

4. 设置人员档案

选择"基础设置"|"基础档案"|"机构人员"|

图 3-37 人员类别

"人员"|"人员档案",单击"增加"按钮,录入人员档案信息,如图 3-38 所示。

对于操作员的人员档案的信息录入,要先勾选"操作员"复选框,然后单击对应操作员名称后的 按钮重新选择操作员,以保证对应的操作员编码是正确的。

操作员的人员档案保存后,系统弹出"人员信息已改,是否同步修改操作员的相关信息?"提示,本实验选择"是"按钮。实务工作中根据需要选择。

人员信息输入完毕后,单击"保存"按钮完成设置,设置后的人员档案列表如图 3-39 所示。

│操作提示│

具体内容可以单击工具栏中的"栏目"按钮,根据需要进行调整。

业务员在会计科目辅助核算和业务单据中可以被选到,而操作员不能被选到。因为业务员是在业务单据中要使用系统的人员,如领料人等需签字的人员;操作员一般只是负责录入、查看数据。

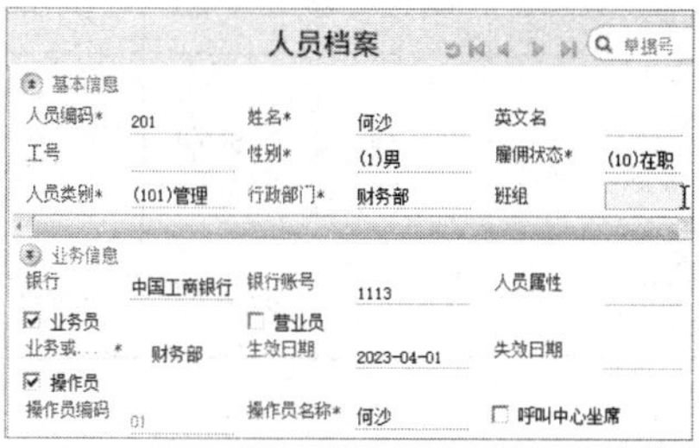

图 3-38　人员档案

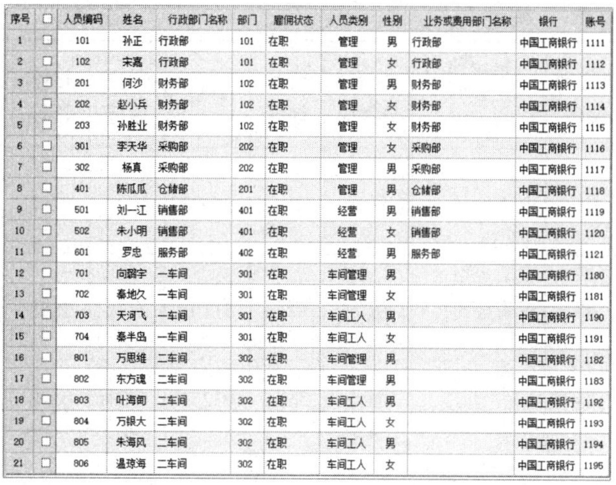

序号	□	人员编码	姓名	行政部门名称	部门	雇佣状态	人员类别	性别	业务或费用部门名称	银行	账号
1	□	101	孙正	行政部	101	在职	管理	男	行政部	中国工商银行	1111
2	□	102	宋嘉	行政部	101	在职	管理	女	行政部	中国工商银行	1112
3	□	201	何沙	财务部	102	在职	管理	男	财务部	中国工商银行	1113
4	□	202	赵小兵	财务部	102	在职	管理	女	财务部	中国工商银行	1114
5	□	203	孙胜业	财务部	102	在职	管理	女	财务部	中国工商银行	1115
6	□	301	李天华	采购部	202	在职	管理	女	采购部	中国工商银行	1116
7	□	302	杨真	采购部	202	在职	管理	男	采购部	中国工商银行	1117
8	□	401	陈瓜瓜	仓储部	201	在职	管理	男	仓储部	中国工商银行	1118
9	□	501	刘一江	销售部	401	在职	经营	男	销售部	中国工商银行	1119
10	□	502	朱小明	销售部	401	在职	经营	女	销售部	中国工商银行	1120
11	□	601	罗忠	服务部	402	在职	经营	男	服务部	中国工商银行	1121
12	□	701	向翱宇	一车间	301	在职	车间管理	男		中国工商银行	1180
13	□	702	秦地久	一车间	301	在职	车间管理	女		中国工商银行	1181
14	□	703	天河飞	一车间	301	在职	车间工人	男		中国工商银行	1190
15	□	704	秦半岛	一车间	301	在职	车间工人	女		中国工商银行	1191
16	□	801	万思维	二车间	302	在职	车间管理	男		中国工商银行	1182
17	□	802	东方魂	二车间	302	在职	车间管理	男		中国工商银行	1183
18	□	803	叶海甸	二车间	302	在职	车间工人	男		中国工商银行	1192
19	□	804	万银大	二车间	302	在职	车间工人	女		中国工商银行	1193
20	□	805	朱海风	二车间	302	在职	车间工人	男		中国工商银行	1194
21	□	806	温琼海	二车间	302	在职	车间工人	女		中国工商银行	1195

图 3-39　人员档案列表

3.4.5 客户和供应商档案设置

实验资料

1. 地区分类

01：东北　02：华北　03：华东　04：华南　05：西北　06：西南　07：华中

2. 供应商分类

01：原料　02：成品　03：配套　04：代管　05：服务

3. 客户分类

01：批发　02：零售　03：代销　04：专柜

4. 供应商档案

供应商档案如表 3-7 所示。

表 3-7　供应商档案

供应商编号	供应商名称及简称	所属分类码	所属地区	税号	开户银行	银行账号	地址	邮编	分管部门	专管业务员
01	重庆大江公司(大江)	原料	西南	98462	中行	3367	重庆市巴南区大江路 1 号	410001	采购部	李天华
02	成都大成公司(大成)	原料	西南	67583	中行	3293	成都市青羊区大成路 1 号	610001	采购部	李天华
03	南京天华公司(天华)	成品	华东	72657	工行	1278	南京市重庆路 22 号	230187	采购部	杨真
04	上海大坤公司(大坤)	成品	华东	31012	工行	5076	上海市浦东新区广州路 6 号	200232	采购部	杨真
05	重庆大方咨询公司(大方)	服务	西南	83411	工行	8217	重庆市两江新区黄山大道 886 号	401100	服务部	罗忠

(续表)

供应商编号	供应商名称及简称	所属分类码	所属地区	税号	开户银行	银行账号	地址	邮编	分管部门	专管业务员
06	重庆问之电子公司(问之)	代管	西南	51023	建行	7707	重庆市高新区学智路717号	401331	采购部	李天华
07	重庆千里广告公司(千里)	服务	西南	51105	农行	7891	重庆市高新区城南路818号	401331	服务部	罗忠
08	辽宁飞鸽公司(飞鸽)	服务	东北	03251	中行	0548	沈阳和平区三好路88号	110008	销售部	朱小明

5. 客户档案

客户档案如表3-8所示。

表3-8 客户档案

客户编号	客户名称及简称	所属分类码	所属地区	税号	开户银行(默认值)	银行账号	地址	邮编	分管部门	专管业务员
01	重庆嘉陵公司(嘉陵)	批发	西南	32788	工行双碑支行	3654	重庆市沙坪坝区双碑路9号	400077	销售部	刘一江
02	天津大华公司(大华)	批发	华北	32310	工行东风支行	5581	天津市滨海区东风路8号	300010	销售部	刘一江
03	上海长江公司(长江)	专柜	华东	65432	工行海东支行	2234	上海市徐汇区海东路1号	200032	销售部	朱小明
04	辽宁飞鸽公司(飞鸽)	代销	东北	03251	中行三好支行	0548	沈阳和平区三好路88号	110008	销售部	朱小明
05	湖北朝华公司(朝华)	零售	华中	01121	中行宜昌支行	1717	宜昌市大坝路77号	443000	销售部	朱小明
06	重庆大江公司(大江)	批发	西南	98462	中行	3367	重庆市巴南区大江路1号	410001	销售部	刘一江
99	零散客户(零散客户)	零售	西南	—	—	—	—	—	—	—

6. 交易单位信息

通过引入供应商和客户信息,建立交易单位信息。额外补充交易单位信息,如表3-9所示。

表3-9 交易单位信息补充表

交易单位编码	交易单位名称	所属分类	银行账号	账户名称	所属银行	开户行
01	孙正	个人	4567 4567 4567	孙正	中国工商银行	中国工商银行重庆分行两江支行
02	杨真	个人	2345 2345 2345	杨真	中国工商银行	中国工商银行重庆分行两江支行

实验过程

1. 地区分类

选择"基础设置"|"基础档案"|"客商信息"|"地区分类",单击"增加"按钮,录入地区分类的相关信息,如图 3-40 所示。

2. 供应商分类

选择"基础设置"|"基础档案"|"客商信息"|"供应商分类",单击"增加"按钮,录入供应商分类的相关信息,如图 3-41 所示。

视频:客户和供应商档案设置

3. 客户分类

选择"基础设置"|"基础档案"|"客商信息"|"客户分类",单击"增加"按钮,录入客户分类的相关信息,如图 3-42 所示。

图 3-40　地区分类

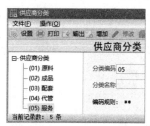

图 3-41　供应商分类

图 3-42　客户分类

4. 供应商档案设置

选择"基础设置"|"基础档案"|"客商信息"|"供应商档案",单击"增加"按钮,录入供应商的相关信息。如在"基本"选项卡中输入供应商基本档案,如图 3-43 所示;在"联系"选项卡中输入联系方式等信息,如图 3-44 所示。

图 3-43　供应商档案(基本)

图 3-44　供应商档案(联系)

一个供应商的信息输入完成后,单击"保存"按钮完成,然后输入其他供应商信息。设置完成后,单击"栏目设置"按钮,根据需要选择显示内容,结果如图 3-45 所示。

注:所属分类为"服务"时,在"基本"选项卡中勾选"服务"复选框。

序号	选择	供应商编码	供应商名称	供应商简称	供应商分类名称	地区名称	纳税人登记号	开户银行	银行账号	专营业务员名称	分管部门名称
1		01	重庆大江公司	大江	原料	西南	98462	中行	3367	李天华	采购部
2		02	成都大成公司	大成	原料	西南	67583	中行	3293	李天华	采购部
3		03	南京天华公司	天华	成品	华东	72657	工行	1278	杨真	采购部
4		04	上海大坤公司	大坤	成品	华东	31012	工行	5076	杨真	采购部
5		05	重庆大方咨询公司	大方	服务	西南	83411	工行	8217	罗忠	服务部
6		06	重庆问之电子公司	问之	代管	西南	51023	建行	7707	李天华	采购部
7		07	重庆千里广告公司	千里	服务	西南	51105	农行	7891	罗忠	服务部
8		08	辽宁飞鸽公司	飞鸽	服务	东北	03251	中行	0548	朱小明	销售部

图 3-45 供应商档案

5. 客户档案设置

选择"基础设置"|"基础档案"|"客商信息"|"客户档案"，单击"增加"按钮，输入客户的相关信息。如在"基本"选项卡中输入客户基本档案，如图 3-46 所示。

图 3-46 客户档案(基本)

单击"银行"按钮，输入客户银行信息，如图 3-47 所示。

序号	所属银行	开户银行	银行账号	账户名称	默认值	所属客户
1	中国工商银行	工行双碑支行	3654	重庆嘉陵公司	是	重庆嘉陵公司

图 3-47 客户银行档案

在"联系"选项卡中输入具体信息，如图 3-48 所示。

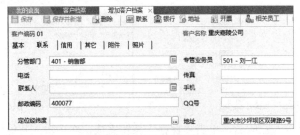

图 3-48 客户档案(联系)

选择"基础设置"|"基础档案"|"客商信息"|"客户档案"，打开客户档案列表，可以查看客户信息，如图 3-49 所示。

客户档案

序号	选择	客户编码	客户名称	客户简称	地区名称	纳税人登记号	开户银行	银行账号	专营业务员名称
1		01	重庆嘉陵公司	嘉陵	西南	32788	工行双碑支行	3654	刘一江
2		02	天津大华公司	大华	华北	32310	工行东风支行	5581	刘一江
3		03	上海长江公司	长江	华东	65432	工行海东支行	2234	朱小明
4		04	辽宁飞鸽公司	飞鸽	东北	03251	中行三好支行	0548	朱小明
5		05	湖北朝华公司	朝华	华中	01121	中行宜昌支行	1717	朱小明
6		06	重庆大江公司	大江	西南	98462	中行	3367	刘一江
7		99	零散客户	零散客户	西南				

图 3-49 客户档案列表

6. 交易单位信息设置

(1) 选择“基础设置”|“基础档案”|“客商信息”|“交易单位分类”，可设置交易单位的分类。系统预设有客户、供应商、个人三类，本实验采用此设置。

(2) 交易单位信息可通过两种方式进行增加：一是选择“基础设置”|“基础档案”|“客商信息”|“交易单位”，单击“引入”按钮，导入已经设置的供应商、客户等相关信息。二是选择“基础设置”|“基础档案”|“客商信息”|“交易单位”，单击“增加”按钮，输入相关信息后保存完成。

- 导入交易单位信息后，根据需要对单位数量、内容等信息进行增减，如图 3-50 所示。

交易单位

打印 预览 输出 增加 修改 删除 刷新 引入 过滤

交易单位信息

全部
- 客户
- 供应商
- 个人

单位编码	单位简称	账户名称	银行账号	开户行名称
C01	嘉陵	重庆嘉陵公司	3654	工行双碑支行
C02	大华	天津大华公司	5581	工行东风支行
C03	长江	上海长江公司	2234	工行海东支行
C04	飞鸽	辽宁飞鸽公司	0548	中行三好支行
C05	朝华	湖北朝华公司	1717	中行宜昌支行
C06	大江	重庆大江公司	3367	中行
C99	零散客户			
S01	大江		3367	中行
S02	大成		3293	中行
S03	天华		1278	工行
S04	大坤		5076	工行
S05	大方		8217	工行
S06	问之		7707	建行
S07	千里		7891	农行
S08	飞鸽		0548	中行

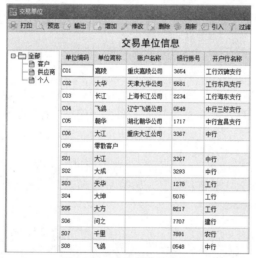

图 3-50 交易单位信息(1)

- 额外补充交易单位信息。选择“基础设置”|“基础档案”|“客商信息”|“交易单位”，左侧选择“个人”，单击“增加”按钮，输入实验资料相关信息，依次单击“保存”“退出”按钮，结果如图 3-51 所示。

交易单位信息

全部
- 客户
- 供应商
- 个人

单位编码	账户名称	银行账号	开户行名称
01	孙正	4567 4567 4567	中国工商银行重庆分行两江支行
02	杨真	2345 2345 2345	中国工商银行重庆分行两江支行

图 3-51 交易单位信息(2)

3.4.6 费用项目

1. 费用项目分类

费用项目分类是将同一类属性的费用归集成一类，以便进行统计和分析。根据出口和销售等系统要求,增加费用项目分类档案,在业务数据中进行分析汇总。可先将本公司所用到的费用进行划分,在编码方案中设置费用项目分类的编码方案,然后设置相应的费用项目分类,设置好后,选择费用项目分类,并录入其所包含的费用档案。

2. 费用项目

用户在处理销售业务中的代垫费用、销售支出费用时,应先行在本功能中设定这些费用项目。完成对费用项目的设置和管理后,用户可以根据业务的需要进行增加、修改、删除、查询、打印等操作。

▶ **实验资料**

重庆两江科技有限公司的费用项目信息如表 3-10 所示。

表 3-10 费用项目信息

费用项目分类编码	费用项目分类名称	费用项目编码	费用项目名称	方向
1	代垫费用	01	代垫运输费	支出
		02	代垫安装费	支出
		03	设备服务费	支出
2	报销费用	99	报销费用	支出

▶ **实验过程**

1. 费用项目分类设置

选择"基础设置"|"基础档案"|"业务"|"费用项目分类",进入后单击"增加"按钮,输入实验资料信息,如图 3-52 所示。单击"保存"按钮退出。

视频:费用项目

2. 费用项目设置

选择"基础设置"|"基础档案"|"业务"|"费用项目",进入后选择窗口左侧的费用项目分类,单击"增加"按钮,输入实验资料信息,如图 3-53 所示。单击"保存"按钮退出。

图 3-52 费用项目分类

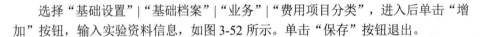

图 3-53 费用项目

3.4.7 预警与通知设置

▶ **实验资料**

根据公司财务制度规定,对应收信用额度、合同执行情况、采购订单临近进行每周一次的预警。

▶ **实验过程**

预警设置须同业务参数相结合才能实现相关预警。

选择"基础设置"|"预警与通知"|"预警和定时任务",进入"预警和定时任务"窗口,根据不同类别,实验步骤分别如下。

视频:预警与通知设置

1. 应收信用预警

应收信用预警须先在应收参数中设置信用额度报警方式。在"预警和定时任务"窗口，单击左侧目录区内"预警源"|"应收款管理"|"应收信用预警"，单击"增加"按钮，进入"预警定时任务"窗口，执行频率为每周执行一次，勾选启用执行时间段，其余按默认条件设置，输入实验资料信息，如图3-54所示。

2. 合同执行预警

在"预警和定时任务"窗口，单击左侧目录区内"预警源"|"合同管理"|"合同执行预警"，单击"增加"按钮，进入"预警定时任务"窗口，执行频率为每周执行一次，勾选启用执行时间段，其余按默认条件设置，输入实验资料信息，如图3-55所示。

图3-54 应收信用预警

图3-55 合同执行预警

3. 采购订单临近预警

在"预警和定时任务"窗口，单击左侧目录区内"预警源"|"采购管理"|"采购订单临近预警"，单击"增加"按钮，进入"预警定时任务"窗口，执行频率为每周执行一次，勾选启用执行时间段，其余按默认条件设置，输入实验资料信息，如图3-56所示。

图3-56 采购订单临近预警

完成后的预警任务列表如图3-57所示。单击"保存"按钮完成。

图3-57 预警任务列表

3.4.8 付款条件设置

▶ 实验资料

根据公司财务制度规定，用户为尽早收回货款而提供的价格优惠称为现金折扣。如需使用现金折扣回款，应对付款条件进行设置。

公司为客户提供的付款条件如表 3-11 所示。

表 3-11 付款条件

付款条件编码	付款条件名称	信用天数	优惠天数1	优惠率1	优惠天数2	优惠率2	优惠天数3	优惠率3
01	2/10,1/20,n/30	30	10	2	20	1	30	0

实验过程

选择"基础设置"|"基础档案"|"收付结算"|"付款条件",单击"增加"按钮,输入信用天数、优惠天数等信息,单击"保存"按钮,付款条件名称自动生成,结果如图 3-58 所示。

视频:付款条件设置

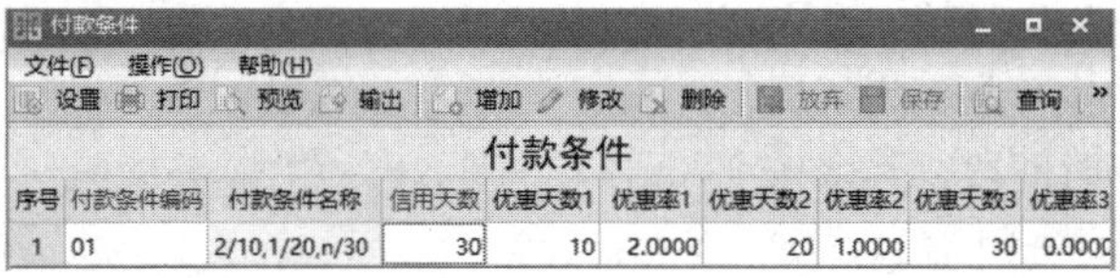

图 3-58 付款条件

3.4.9 合同管理设置

合同管理系统可以设置期初合同、执行单、结算单、合同变更单等信息;可进行合同录入、合同执行、结算合同等操作。

实验资料

重庆两江科技有限公司针对合同管理的规定如下。
(1) 合同分组设置:001 购销合同;002 劳务合同。
(2) 合同类型设置,详情如表 3-12 所示。

表 3-12 合同类型设置

类型编码	类型名称	合同性质
01	销售合同	销售类合同
02	委托代销合同	销售类合同
03	采购合同	采购类合同
04	广告合同	应付类合同
05	运输合同	应付类合同
06	咨询服务类合同	应付类合同
07	技术服务类合同	应收类合同

(3) 合同阶段设置:01 第一阶段;02 第二阶段;03 第三阶段。"是否质保金阶段"栏设置为"否"。
(4) 合同阶段组设置:"01""分批发货"为默认阶段组。

实验过程

1. 合同分组设置

选择"业务工作"|"供应链"|"合同管理"|"设置"|"合同分组",单击"增

视频:合同管理设置

加"按钮,输入合同分组信息,如图3-59所示。

2. 合同类型设置

选择"供应链"|"合同管理"|"设置"|"合同类型"|"合同类型设置",单击"增加"按钮,输入合同类型信息,结果如图3-60所示。

图3-59 合同分组

图3-60 合同类型设置

系统默认无分类,在无分类下增加合同类型。如需修改,直接双击合同类型,进入"修改合同类型"窗口,直接修改即可。如系统启用受托代销业务,可增加"受托代销合同"类型。

3. 合同阶段设置

选择"供应链"|"合同管理"|"设置"|"合同阶段"|"阶段设置",单击"增加"按钮,输入合同阶段信息,单击"保存"按钮,结果如图3-61所示。

4. 合同阶段组设置

选择"供应链"|"合同管理"|"设置"|"合同阶段"|"阶段组设置",单击"增加"按钮,输入合同阶段组信息,单击"保存"按钮,结果如图3-62所示。

图3-61 合同阶段设置

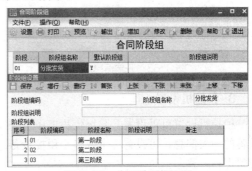

图3-62 合同阶段组设置

3.4.10 发票管理设置

▶ 实验资料

(1) 开票信息如下所示。

企业名称:重庆两江科技有限公司

企业纳税人识别号:1101 1912 0130 999

企业地址、电话:重庆市两江新区新光大道9999号;02312345678

开户行及账号:中国工商银行重庆分行两江支行;7879 7879 7879

(2) 进行发票对照设置,将"销项电票开具""销项普票开具""销项专票开具"三个选项卡中的"通知邮箱"修改为"电子邮箱"。

视频:发票管理设置

(3) 其余选项，保持默认。

请根据上述信息完成发票管理初始化设置。

本实验仅介绍发票管理的设置，不进行发票管理具体业务的操作。

实验过程

1. 开票信息录入

选择"财务会计"|"发票管理"|"设置"|"选项"，进入后单击"编辑"按钮，输入实验资料信息，如图3-63所示。

销项开票参数保持默认设置，单击"确定"按钮退出。

2. 发票对照设置

选择"财务会计"|"发票管理"|"设置"|"发票对照设置"，单击"修改"按钮，在"销项电票开具""销项普票开具""销项专票开具"三个选项卡中分别将"通知邮箱"修改为"电子邮箱"，单击"保存"按钮，如图3-64所示。

图 3-63 开票信息录入

图 3-64 发票对照设置

3. 税控机设置

税控机设置可以设置开具增值税电子普通发票、增值税电子发票、增值税专用发票所需的税控设备的相关信息，可设置一个或多个税控设备。设置的税控设备编号、开票组织应与用友电子发票设置保持一致。

税控机设置功能在此处仅做介绍，不进行操作。

3.4.11 售后服务管理设置

售后服务管理设置可完成选项、模板组设置、服务用户分类、服务类型、服务协议类型、故障分类、故障档案、回访要素等内容的设置。本实验仅介绍部分功能。

实验资料

重庆两江科技有限公司售后服务模块的期初信息如下所示。

(1) 主动服务设置来源为全部；售后服务投诉提醒天数、投诉处理提醒天数均为1天；支持个人用户；用户对应结算客户为零散客户。

(2) 按"(01)企业用户""(02)个人用户"进行服务用户分类。

(3) 售后服务类型分类如表3-13所示。

表 3-13　售后服务类型分类

编码	名称	付款属性
01	上门安装	免费
02	上门维修	收费
03	以旧换新	收费
04	返厂维修	收费
05	售后咨询	免费

(4) 售后服务协议类型有按年付费、按次付费两种。

实验过程

1. 售后服务选项设置

选择"供应链"|"售后服务"|"设置"|"选项",来源选择"全部",其余保持默认设置。

视频:售后服务管理设置

2. 服务用户分类设置

选择"供应链"|"售后服务"|"设置"|"服务用户分类",单击"增加"按钮,输入服务用户分类信息,如图 3-65 所示。

3. 服务类型设置

选择"供应链"|"售后服务"|"设置"|"服务类型",单击"增加"按钮,输入服务类型信息,如图 3-66 所示。

4. 服务协议类型设置

选择"供应链"|"售后服务"|"设置"|"服务协议类型",单击"增加"按钮,输入服务协议类型信息,如图 3-67 所示。

图 3-65　服务用户分类设置

图 3-66　服务类型设置

图 3-67　服务协议类型设置

即测即评

请扫描二维码进行在线测试。

本章测评

第 4 章 总账业务

4.1 总账业务处理

信息化条件下,数据处理工作可借助于计算机设备集中、快速完成,所以不再考虑各种手工流程,而是结合计算机的特点,以记账凭证处理程序为主,采用一种全新的核算处理流程,如图 4-1 所示。总账与其他子系统之间的数据关系的相关内容,可扫描二维码阅读。

日常总账处理主要是围绕凭证进行的总账处理工作。它是总账处理系统中使用最频繁的功能,主要功能模块有会计凭证的录入修改、会计凭证的审核(复核)、会计凭证的记账(过账)、会计凭证的查询打印及会计凭证的汇总等。日常总账处理的相关内容,可扫描二维码阅读。

总账与其他子系统之间的数据关系

日常总账处理

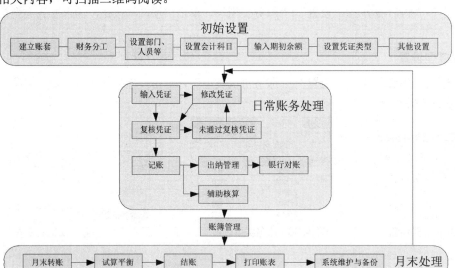

图 4-1 总账处理流程

4.2 总账设置

4.2.1 设置总账参数

▶ **实验资料**

总账控制参数如表 4-1 所示。

表 4-1 总账控制参数

选项卡	参数设置
凭证	不选择"制单序时控制";选择"可以使用应收、应付、存货受控科目"; 选择"自动填补凭证断号";选择"银行科目结算方式必录";其他使用默认设置
账簿	按照默认设置
凭证打印	按照默认设置
预算控制	按照默认设置
权限	选择"出纳凭证必须经由出纳签字";其他使用默认设置
其他	部门、个人、项目排序方式为按编码排序;其他使用默认设置

视频：设置
总账参数

▶ 实验过程

选择"业务工作"|"财务会计"|"总账"|"设置"|"选项",进入后进行总账控制参数设置,单击"编辑"按钮,分别在各选项卡中进行参数设置,部分结果如图 4-2 所示。

单击"确定"按钮,保存即可。

▶ 操作提示

1. 制单控制

主要设置在填制凭证时,系统应对哪些内容进行控制。

"制单序时控制"选项:此项和"系统编号"选项联用,制单时凭证编号必须按日期顺序排列,如 4 月 25 日编制到 27 号凭证,则 4 月 26 日只能开始编制 28 号凭证,即制单序时;如果有特殊需要,可以将其改为不序时制单。

图 4-2 总账(凭证)控制参数设置

"支票控制"选项:在使用银行科目编制凭证时,系统针对票据管理的结算方式进行登记,如果录入的支票号在支票登记簿中已存在,系统提供登记支票报销的功能;否则,系统提供登记支票登记簿的功能。

"赤字控制方式":在制单时,当"资金及往来科目"或"全部科目"的最新余额出现负数时,系统将予以提示。该选项提供"提示""严格"两种方式,可根据需要进行选择。

"可以使用应收受控科目"选项:若科目为应收款管理系统的受控科目,为防止重复制单,只允许应收系统使用此科目进行制单,总账系统是不能使用此科目制单的。如果要在总账系统中使用这些科目填制凭证,则应选择此项。注意:总账和其他业务系统使用了受控科目会引起应收系统与总账对账不平。

以此类推,"可以使用应付受控科目""可以使用存货受控科目"的含义和作用参见"可以使用应收受控科目"。

2. 凭证控制

"现金流量科目必录现金流量项目"选项:在录入凭证时,如果使用现金流量科目,则必须输入现金流量项目及金额。

"自动填补凭证断号"选项:如果选择凭证编号方式为系统编号,则在新增凭证时,系统按凭证类别自动查询本月的第一个断号,默认为本次新增凭证的凭证号;如无断号,则为新号,与原编号规则一致。

"批量审核凭证进行合法性校验"选项：批量审核凭证时针对凭证进行二次审核，提高凭证输入的正确率，此时的合法性校验与保存凭证时的合法性校验相同。

"银行科目结算方式必录"选项：填制凭证时结算方式和票据必须录入。

"往来科目票据号必录"选项：填制凭证时往来科目必须录入票据号。

"主管签字以后不可以取消审核和出纳签字"选项：要求主管签字后，不可取消审核和出纳签字，如需取消审核和取消出纳签字，须先执行取消主管签字。

"同步删除业务系统凭证"选项：在总账删除与业务相关的凭证时同步删除业务系统的凭证，否则只删除总账系统的凭证。

"制单人审核人允许为同一人"选项：进行审核操作时允许审核人和制单人为同一人。

3. 权限控制

"出纳凭证必须经由出纳签字"选项：要求现金、银行科目凭证必须由出纳人员核对签字后才能记账。

"凭证必须经主管会计签字"选项：要求所有凭证必执行主管会计签字。

4. 凭证编号方式

在使用填制凭证时，一般按照凭证类别按月自动编制凭证编号，即"系统编号"；在需要人工编号时，选择"手工编号"。

5. 现金流量参照科目

"现金流量科目"选项：用来设置现金流量录入界面的参照内容和方式。当选中该项时，系统只参照凭证中的现金流量科目。

"对方科目"选项：当选中该项时，系统只显示凭证中的非现金流量科目。

"自动显示"选项：当选中该项时，系统依据前两个选项将现金流量科目或对方科目自动显示在指定现金流量项目界面中，否则需要手工参照选择。

4.2.2 外币设置

↘ 实验资料

外币及汇率：币符为 USD；币名为美元；固定汇率为 1：7.00。

↘ 实验过程

选择"基础设置"|"基础档案"|"财务"|"外币设置"，进入后在右侧录入币符"USD"，币名"美元"，单击"增加"按钮，选择左侧"美元"，系统显示月份、记账汇率等具体信息，勾选"固定汇率"，在"记账汇率"列输入期初汇率，如图 4-3 所示。

视频：外币设置

图 4-3 外币设置

4.2.3 设置会计科目

→ 实验资料

企业使用的会计科目如表 4-2 所示。

表 4-2　会计科目

科目代码	科目名称	辅助核算	方向	币别计量
1001	库存现金	日记账	借	
1002	银行存款		借	
100201	工行	日记账/银行账	借	
100202	中行	日记账/银行账 外币核算	借	美元，账页格式为外币金额式
1012	其他货币资金		借	
101201	支付宝		借	
101202	微信		借	
101299	其他		借	
1121	应收票据		借	
112101	银行承兑汇票	客户往来	借	
112102	商业承兑汇票	客户往来	借	
1122	应收账款	客户往来	借	
1123	预付账款	供应商往来	借	
1221	其他应收款		借	
122101	应收单位款	客户往来	借	
122102	应收个人款	个人往来	借	
1403	原材料		借	
140301	生产用原材料		借	
140399	其他用原材料		借	
1604	在建工程		借	
160401	人工费	项目核算	借	
160402	材料费	项目核算	借	
160499	其他	项目核算	借	
1901	待处理财产损溢		借	
190101	待处理流动资产损溢		借	
190102	待处理固定资产损溢		借	
2201	应付票据		贷	
220101	银行承兑汇票	供应商往来	贷	
220102	商业承兑汇票	供应商往来	贷	
2202	应付账款	供应商往来	贷	
2203	预收账款	客户往来	贷	
2204	合同负债	客户往来	贷	
2211	应付职工薪酬		贷	
221101	职工薪酬		贷	
22110101	工资		贷	
22110102	职工福利费		贷	
22110103	社会保险费		贷	

(续表)

科目代码	科目名称	辅助核算	方向	币别计量
22110104	住房公积金		贷	
22110105	工会经费		贷	
22110106	职工教育经费		贷	
221199	其他		贷	
2221	应交税费		贷	
222101	应交增值税		贷	
22210101	进项税额		贷	
22210102	已交税金		贷	
22210103	转出未交增值税		贷	
22210104	减免税款		贷	
22210105	销项税额		贷	
22210106	进项税额转出		贷	
22210107	转出多交增值税		贷	
222102	未交增值税		贷	
222103	应交所得税		贷	
222104	应交企业所得税		贷	
222105	应交个人所得税		贷	
222106	应交城市维护建设税		贷	
222107	应交教育费附加		贷	
222108	应交地方教育附加		贷	
222199	其他应交税费		贷	
2231	应付利息		贷	
223101	借款利息		贷	
4104	利润分配		贷	
410401	未分配利润		贷	
5001	生产成本		借	
500101	直接材料	项目核算	借	
500102	直接人工		借	
50010201	工资	项目核算	借	
50010202	职工福利费	项目核算	借	
50010203	社会保险费	项目核算	借	
50010204	住房公积金	项目核算	借	
50010205	工会经费	项目核算	借	
50010206	职工教育经费	项目核算	借	
500103	制造费用	项目核算	借	
500104	折旧费	项目核算	借	
500199	其他	项目核算	借	
5101	制造费用		借	
510101	职工薪酬		借	
51010101	工资	部门核算	借	
51010102	职工福利费	部门核算	借	
51010103	社会保险费	部门核算	借	
51010104	住房公积金	部门核算	借	

(续表)

科目代码	科目名称	辅助核算	方向	币别计量
51010105	工会经费	部门核算	借	
51010106	职工教育经费	部门核算	借	
510102	折旧费	部门核算	借	
510103	租赁费	部门核算	借	
510199	其他	部门核算	借	
5301	研发支出	项目核算	借	
6403	税金及附加		借	
640301	城市维护建设税		借	
640302	教育费附加		借	
640303	地方教育费附加		借	
6601	销售费用		借	
660101	职工薪酬		借	
66010101	工资	部门核算	借	
66010102	职工福利费	部门核算	借	
66010103	社会保险费	部门核算	借	
66010104	住房公积金	部门核算	借	
66010105	工会经费	部门核算	借	
66010106	职工教育经费	部门核算	借	
660102	业务招待费	部门核算	借	
660103	折旧费	部门核算	借	
660104	办公费	部门核算	借	
660105	差旅费	部门核算	借	
660106	委托代销手续费	部门核算	借	
660107	修理费	部门核算	借	
660108	仓储保管费	部门核算	借	
660199	其他	部门核算	借	
6602	管理费用		借	
660201	职工薪酬		借	
66020101	工资	部门核算	借	
66020102	职工福利费	部门核算	借	
66020103	社会保险费	部门核算	借	
66020104	住房公积金	部门核算	借	
66020105	工会经费	部门核算	借	
66020106	职工教育经费	部门核算	借	
660202	折旧费	部门核算	借	
660203	办公费	部门核算	借	
660204	水电费	部门核算	借	
660205	差旅费	部门核算	借	
660206	运输费	部门核算	借	
660207	保险费	部门核算	借	
660208	修理费	部门核算	借	
660209	咨询费	部门核算	借	
660210	业务招待费	部门核算	借	

(续表)

科目代码	科目名称	辅助核算	方向	币别计量
660211	会议费	部门核算	借	
660299	其他	部门核算	借	
6603	财务费用		借	
660301	利息支出		借	
660302	利息收入		借	
660303	汇兑损益		借	
660304	手续费		借	
660305	现金折扣		借	
660399	其他		借	

项目核算部分在后面项目目录设置时再补充。

将"库存现金 1001"科目指定为现金总账科目；将"银行存款 1002"科目指定为银行总账科目；将"库存现金1001""工行100201""中行100202"科目指定为现金流量科目。

实验过程

1. 设置会计科目

选择"基础设置"|"基础档案"|"财务"|"会计科目"，进入"会计科目"窗口，如图 4-4 所示。

单击"增加"按钮，可以新增会计科目，如图 4-5 所示。

视频：设置会计科目

图 4-4 会计科目窗口

图 4-5 新增会计科目

操作提示

在设置科目的过程中，特别要注意辅助核算的设置。

用友新道 U8+V15.0 系统预设"6403 营业税金及附加"科目，按照新规定将名称调整为"税金及附加"科目。

科目的辅助核算属性

科目的辅助核算属性，是赋予某个具体科目之上的项目，可从不同角度来反映，科目所记录的数据为决策层提供不同角度的资料。系统中科目的辅助核算可以设置为部门核算、个人往来、客户往来、供应商往来、项目核算，还可以自定义核算项目。

- "客户往来"和"供应商往来"选项：一般用于应收或应付的科目。
- "部门核算"和"个人往来"选项：二者同时选择时，如果要统计具体某个部门的费用、收入等，还可以细化到具体的职员，即某部门、某职员具体发生多少费用，或实现多少销售收入；也可以单独设置。
- "项目核算"选项：设置的科目相对比较灵活，可以按照项目进行归集核算。

如果预置的核算项目不够使用，还可以自定义其他项目。

设置辅助核算

如果不使用辅助核算，就需要在相关的科目输入具体的部门或者人员、往来单位、项目等。这样输入的工作量较大，容易出错。

如果使用辅助核算，就对相关的科目进行设置，如将销售费用的办公费设置了部门核算，那么部门的所有单位自动挂到办公费下，不用逐个输入。

辅助核算的作用

其作用主要有以下几点。

- 简化会计科目体系。进行辅助核算时，可以用相关的辅助档案代替明细科目，从而达到简化会计科目体系的作用。由于相关信息发生变动时不会影响到会计科目，会计科目体系变得相对稳定。
- 对同一数据提供多个分析入口和统计口径。如差旅费，如果设置了部门、人员、项目，就对这个数据产生了多种分析途径。
- 实现多重关系下查询和分析数据。使用传统明细科目核算时，只能进行单向查询，而使用辅助核算时，可以进行任意的组合查询。如科目、部门、人员、项目，就可以从多个维度/多种组合来查询和分析数据。

科目如果有误，也可以进行修改。在"会计科目"窗口，双击某科目，然后单击"修改"按钮，可对科目进行修改，修改完成后单击"确定"按钮保存。

在新增会计科目时，新增会计科目的下级科目可能会与某个已设置好的科目的下级明细科目类似。此时，可使用"成批复制科目"功能，将本账套或其他账套中相似的下级科目复制到某一科目。

2. 指定会计科目

选择"基础设置"|"基础档案"|"财务"|"会计科目"，进入后单击"指定科目"按钮，进行指定科目操作。

选择库存现金科目为现金科目，选择银行存款科目为银行科目；选择库存现金(1001)、工行(100201)、中行(100202)科目为现金流量科目，单击"确定"按钮退出。

4.2.4 设置凭证类别

▶ 实验资料

凭证类别如表4-3所示。

表4-3 凭证类别

凭证类别	限制类型	限制科目
收款凭证	借方必有	1001，100201，100202
付款凭证	贷方必有	1001，100201，100202
转账凭证	凭证必无	1001，100201，100202

注：公司财务制度规定，微信、支付宝和聚合收款仅作收款使用，不得对外支付。当用微信、支付宝和聚合收款码收款时制作转账凭证，待自动转账到银行卡时制作收款凭证。

实验过程

选择"基础设置"|"基础档案"|"财务"|"凭证类别",勾选"收款凭证""付款凭证""转账凭证",单击"确定"按钮,进入"凭证类别"窗口,选择具体的凭证类别,单击"修改"按钮,选择限制类型并输入限制科目,结果如图 4-6 所示。

视频:设置凭证类别、结算方式、项目目录

图 4-6 设置凭证类别

4.2.5 设置结算方式

实验资料

本单位结算方式如表 4-4 所示。

表 4-4 结算方式

结算方式编码	结算方式名称	是否票据管理
01	现金支票	否
02	转账支票	否
03	现金	否
04	支付宝	否
05	微信	否
06	网银转账	否
07	银行承兑汇票	否
08	商业承兑汇票	否
09	聚合收款	否
99	其他	否

实验过程

选择"基础设置"|"基础档案"|"收付结算"|"结算方式",单击"增加"按钮,输入结算方式信息,如图 4-7 所示。

图 4-7 设置结算方式

4.2.6 设置项目目录

↳ **实验资料**

本单位项目核算中,项目大类为研发项目和产品项目,如表 4-5 所示。

表 4-5 项目目录

项目大类	项目分类编码	项目分类名称	项目代码	项目名称
研发项目	1	软件系统	01	创智系统 N2 号
	2	主产品	02	创智 X2 号
	3	配套产品	03	手持扫描器 2 代
			04	桌面扫描器 2 代
产品项目	1	主产品	01	创智 X 号
	2	配套产品	02	手持扫描器
			03	桌面扫描器

研发项目指定 5301 科目的相关明细科目。产品项目指定 5001 科目的相关明细科目。这里只是展示一种基本项目的核算方法。

↳ **实验过程**

企业在实际业务处理中会对多种类型的项目进行核算和管理,例如在建工程、对外投资、技术改造项目、项目成本管理、合同等,可以将具有相同特性的一类项目定义成一个项目大类。一个项目大类可以核算多个项目,为了便于管理,还可以对这些项目进行分类管理,将存货、成本对象、现金流量、项目成本等作为核算的项目大类。一旦会计科目选择了项目管理,其数据也必须按照明细项目提供,因此要在仔细分析论证后再确定项目归属。

1. 设置项目大类

设置项目大类的流程是新增项目大类名称、定义项目级次、定义项目栏目。

选择"基础设置"|"基础档案"|"财务"|"项目大类",单击"增加"按钮,打开"项目大类定义_增加"窗口,输入新项目大类名称"研发项目",如图 4-8 所示。

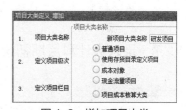

图 4-8 增加项目大类

单击"下一步"按钮,定义项目级次,本处采用默认值,即只有 1 级。再单击"下一步"按钮,定义项目栏目,本处采用默认设置。单击"完成"按钮,结束项目大类定义。

按照同样的方法建立"产品项目"大类。

2. 设置项目档案

(1) 指定核算科目。选择"基础设置"|"基础档案"|"财务"|"项目大类",进入后项目大类选择"研发项目",然后从"待选科目"中选择会计科目至"已选科目",会计科目设置时定义了项目核算的科目均会在此显示,将研发支出科目移到"已选科目"框内,单击"保存"按钮完成,如图 4-9 所示。

一个项目大类可以指定多个科目,一个科目只能属于一个项目大类。如果没有设置科目的核算项目属性和具体科目,则须先设置会计科目功能。按照同样的方法为产品项目指定科目。

(2) 定义项目分类。选择"基础设置"|"基础档案"|"财务"|"项目分类",进入后项目大类选择"研发项目",单击"增加"按钮,输入项目信息,单击"保存"按钮,如图 4-10 所示。

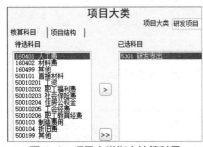

图 4-9 项目大类指定核算科目

图 4-10 增加项目分类

如果某项目分类下已经建立具体项目档案,因故需要删除项目分类时,只有先删除该分类下的项目档案,才能删除此分类。

(3) 定义项目目录。选择"基础设置"|"基础档案"|"财务"|"项目目录",设置查询条件,项目大类选择"研发项目"(单击项目大类后的),单击"确定"按钮,进入项目档案设置。单击"增加"按钮,逐一输入项目信息,如图 4-11 所示。

图 4-11 项目档案设置

"是否结算"栏若标识为"Y",则该项目将不能再使用。标识的方法是在"是否结算"栏下双击需标识的项目,再次双击则取消标识"Y"。设置完成后,退出"项目目录"窗口。

| 操作提示 |

在操作过程中,新增一行后,若不再输入,可按 Esc 键退出该行(有些行可能需要按两次 Esc 键)。

4.2.7 录入会计科目期初余额

实验资料

(1) 2023 年 4 月,本单位的会计科目期初余额如表 4-6 所示。

表 4-6 会计科目期初余额

科目代码	科目代码	方向	年初余额/元	累计借方/元	累计贷方/元	期初余额/元
1001	库存现金	借	6 756	18 889	18 860	6 785
1002	银行存款	借	1 143 786	469 251	401 980	1 211 057
100201	工行	借	443 786	469 251	401 980	511 057
100202	中行	借	700 000 美元: 100 000			700 000 美元: 100 000
1121	应收票据	借		20 000		20 000
112101	银行承兑汇票	借		10 000		10 000
112102	商业承兑汇票	借		10 000		10 000
1122	应收账款	借	297 600	40 000	200 000	137 600

(续表)

科目代码	科目代码	方向	年初余额/元	累计借方/元	累计贷方/元	期初余额/元
1221	其他应收款	借	2 100	7 000	5 300	3 800
122102	应收个人款	借	2 100	7 000	5 300	3 800
1231	坏账准备	贷	7 000	3 000	6 000	10 000
1403	原材料	借	790 820	293 180	80 000	1 004 000
140301	生产用原材料	借	790 820	293 180	80 000	1 004 000
1405	库存商品	借	3 518 858	140 142	90 000	3 569 000
1601	固定资产	借	3 690 860			3 690 860
1602	累计折旧	贷	69 484		39 511	108 995
1701	无形资产	借	117 000		58 500	58 500
2001	短期借款	贷			200 000	200 000
2201	应付票据	贷			10 000	10 000
220101	银行承兑汇票	贷			10 000	10 000
2202	应付账款	贷	367 407	150 557	50 000	266 850
2211	应付职工薪酬	贷	4 800	16 000	19 400	8 200
221101	职工薪酬	贷	4 800	16 000	19 400	8 200
22110101	工资	贷	3 350	11 100	13 450	5 700
22110102	职工福利费	贷	450	1 560	1 900	790
22110103	社会保险费	贷	256	900	1 100	456
22110104	住房公积金	贷	409	1 330	1 605	684
22110105	工会经费	贷	67	222	269	114
22110106	职工教育经费	贷	268	888	1 076	456
2221	应交税费	贷	4 400	36 781	15 581	-16 800
222101	应交增值税	贷	4 400	36 781	15 581	-16 800
22210101	进项税额	贷	2 981	36 781		-33 800
22210105	销项税额	贷	1 419		15 581	17 000
2241	其他应付款	贷			2 100	2 100
4001	实收资本	贷	7 770 444			7 770 444
4103	本年利润	贷	1 478 000			1 478 000
4104	利润分配	贷	-115 180	13 172	9 330	-119 022
410401	未分配利润	贷	-115 180	13 172	9 330	-119 022
5001	生产成本	借	18 575	8 711	10 121	17 165
500101	直接材料	借	11 171	4 800	5 971	10 000
500102	直接人工	借	5 760	1 152	1 296	5 616
50010201	工资	借	4 000	800	900	3 900
50010202	职工福利费	借	560	112	126	546
50010203	社会保险费	借	320	64	72	312
50010204	住房公积金	借	480	96	108	468
50010205	工会经费	借	80	16	18	78
50010206	职工教育经费	借	320	64	72	312
500103	制造费用	借	1 079	2 559	2 654	984
500104	折旧费	借	565	200	200	565
6001	主营业务收入	贷		350 000	350 000	
6051	其他业务收入	贷		250 000	250 000	

(续表)

科目代码	科目代码	方向	年初余额/元	累计借方/元	累计贷方/元	期初余额/元
6401	主营业务成本	借		300 000	300 000	
6402	其他业务成本	借		180 096	180 096	
6403	税金及附加	借		1 869.72	1 869.72	
640301	城市维护建设税	借		1 090.67	1 090.67	
640302	教育费附加	借		467.43	467.43	
640303	地方教育费附加	借		311.62	311.62	
6601	销售费用	借		20 080	20 080	
660101	职工薪酬	借		10 080	10 080	
66010101	工资	借		7 000	7 000	
66010102	职工福利费	借		980	980	
66010103	社会保险费	借		560	560	
66010104	住房公积金	借		840	840	
66010105	工会经费	借		140	140	
66010106	职工教育经费	借		560	560	
660103	折旧费	借		10 000	10 000	
6602	管理费用	借		25 130	25 130	
660201	职工薪酬	借		10 080	10 080	
66020101	工资	借		7 000	7 000	
66020102	职工福利费	借		980	980	
66020103	社会保险费	借		560	560	
66020104	住房公积金	借		840	840	
66020105	工会经费	借		140	140	
66020106	职工教育经费	借		560	560	
660202	折旧费	借		2 600	2 600	
660203	办公费	借		600	600	
660205	差旅费	借		5 600	5 600	
660207	保险费	借		1 600	1 600	
660210	业务招待费	借		4 600	4 600	
660299	其他	借		50	50	
6603	财务费用	借		8 000	8 000	
660301	利息支出	借		8 000	8 000	

说明：将销售费用的核算部门设为销售部，将管理费用的核算部门设为行政部。

(2) 本单位辅助账期初余额表，日期年份为2023年。

应收票据(1121)期初余额如表4-7所示。

表4-7 应收票据(期初)

票据日期	凭证号	摘要	到期日	日期	出票单位(客户)	金额/元	票据类型	承兑银行	业务员	票号	科目
03-10	收-11	收货款	09-09	03-31	天津大华公司	10 000	银行承兑汇票	工行	刘一江	YC031001	112101
03-25	收-22	收货款	09-24	03-31	重庆嘉陵公司	10 000	商业承兑汇票		刘一江	SC032501	112102
		合计				20 000					

应收票据(1121)借贷方累计如表 4-8 所示。

表4-8 应收票据累计

客户	业务员	借方累计/元	贷方累计/元
天津大华公司	刘一江	10 000	
重庆嘉陵公司	刘一江	10 000	
合计		20 000	

应收账款(1122)期初余额如表 4-9 所示。

表4-9 应收账款(期初)

日期	凭证号	客户	业务员	摘要	方向	期初余额/元	票号	票据日期
03-10	转-15	天津大华公司	刘一江	销售商品	借	48 000	Z111	03-10
03-17	转-47	重庆大江公司	刘一江	销售商品	借	10 000	Y111	03-17
03-25	转-118	重庆嘉陵公司	刘一江	销售商品	借	79 600	P111	03-25
合计					借	137 600		

应收账款(1122)借贷方累计如表 4-10 所示。

表4-10 应收账款累计

客户	业务员	借方累计/元	贷方累计/元
天津大华公司	刘一江	40 000	
重庆大江公司	刘一江		100 000
重庆嘉陵公司	刘一江		100 000
合计		40 000	200 000

其他应收款——应收个人款(122102)期初余额如表 4-11 所示。

表4-11 其他应收款——应收个人款(期初)

日期	凭证号	部门	个人	摘要	方向	期初余额/元
03-26	付-118	行政部	孙正	出差借款	借	2 000
03-27	付-156	销售部	朱小明	出差借款	借	1 800
合计					借	3 800

其他应收款——应收个人款(122102)借贷方累计如表 4-12 所示。

表4-12 其他应收款——应收个人款累计

部门	个人	借方累计/元	贷方累计/元
行政部	孙正	2 000	3 000
销售部	朱小明	5 000	2 300
合计		7 000	5 300

应付票据(2201)期初余额如表 4-13 所示。

表4-13 应付票据(期初)

票据日期	凭证号	摘要	到期日	日期	收票单位(供应商)	金额/元	票据类型	承兑银行	业务员	票号	科目
03-24	付12	付货款	09-23	03-31	重庆大江公司	10 000	银行承兑汇票	工行	李天华	YC032401	220101

应付票据(2201)借贷方累计如表 4-14 所示。

表 4-14 应付票据累计

客户	业务员	借方累计/元	贷方累计/元
重庆大江公司	李天华	0	10 000

应付账款(2202)期初余额如表 4-15 所示。

表 4-15 应付账款(期初)

日期	凭证号	供应商	业务员	摘要	方向	期初余额/元	票号	票据日期
01-20	转-45	重庆大江公司	李天华	购买原材料	贷	266 850	C123	01-20

应付账款(2202)借贷方累计如表 4-16 所示。

表 4-16 应付账款累计

供应商	业务员	累计借方/元	累计贷方/元
重庆大江公司	李天华	150 557	50 000

生产成本(5001)期初余额及借贷方累计如表 4-17 所示。

表 4-17 生产成本(期初)及累计

项目	借方累计/元	贷方累计/元	期初余额/元
1. 直接材料	4 800	5 971	10 000
手持扫描器	4 800	5 971	4 000
桌面扫描器			6 000
2. 直接人工	1 152	1 296	5 616
(1)工资	800	900	3 900
手持扫描器	800	900	1 560
桌面扫描器			2 340
(2)职工福利费	112	126	546
手持扫描器	112	126	218.40
桌面扫描器			327.60
(3)社会保险费	64	72	312
手持扫描器	64	72	124.80
桌面扫描器			187.20
(4)住房公积金	96	108	468
手持扫描器	96	108	187.20
桌面扫描器			280.80
(5)工会经费	16	18	78
手持扫描器	16	18	31.20
桌面扫描器			46.80
(6)职工教育经费	64	72	312
手持扫描器	64	72	124.80
桌面扫描器			187.20
3. 制造费用	2 559	2 654	984
手持扫描器	2 559	2 654	300
桌面扫描器			684

(续表)

项目	借方累计/元	贷方累计/元	期初余额/元
4. 折旧费	200	200	565
手持扫描器	200	200	200
桌面扫描器			365
合　计	8 711	10 121	17 165

实验过程

1. 会计科目期初余额录入

选择“财务会计”|“总账”|“期初”|“期初余额”，在白色单元格内直接录入末级科目的期初余额，灰色单元格表示有下级科目，其余额由下级科目自动汇总计算。“中行”科目涉及人民币和美元输入，在输入时分别输入人民币和美元，如图 4-12 所示。

视频：录入会计科目期初余额

期初余额录入
打印 输出 定位 刷新 开账 结转 方向 清零 试算 对账
期初余额
期初：2023年04月　□ 末级科目

科目编码	科目名称	方向	币别/计量	年初余额	累计借方	累计贷方	期初余额
1001	库存现金	借		6,756.00	18,889.00	18,860.00	6,785.00
1002	银行存款	借		1,143,786.00	469,251.00	401,980.00	1,211,057.00
100201	工行	借		443,786.00	469,251.00	401,980.00	511,057.00
100202	中行	借		700,000.00			700,000.00
		借	美元	100,000.00			100,000.00

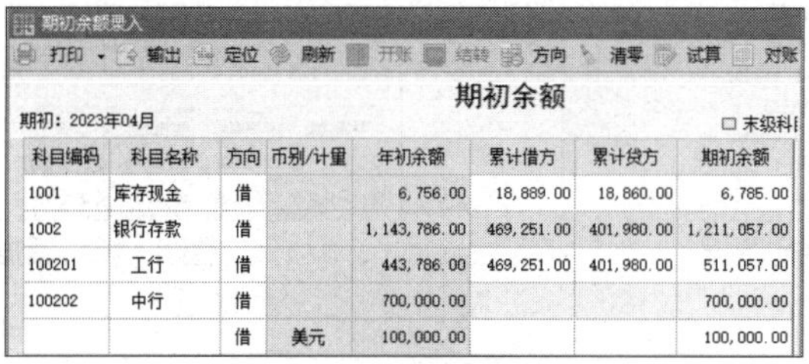

图 4-12　期初余额录入

操作提示

在输入期初余额的情况下，怎样删除明细科目：

(1) 先清除明细科目的累计借方、累计贷方、期初余额的数据。

(2) 若凭证类别已经设置，选择“基础设置”|“基础档案”|“财务”|“凭证类别”，将限制类型改为“无限制”，系统自动清除限制科目中的设置。

(3) 选择“基础设置”|“基础档案”|“财务”|“会计科目”，删除相应的明细科目。

在输入科目期初余额的时候，必须输入末级明细科目的余额，上级的余额会逐级计算。如果出现上级科目的汇总数据与下级明细汇总不一致时，需要按照前述方法删除下级科目后，才能清除数据，然后再建立明细科目、输入数据。

2. 应收票据的输入

应收票据的期初数据输入，不仅需在总账系统中输入，还需在应收款管理系统中输入。

(1) 在总账系统中输入。双击应收票据的输入单元格，进入“辅助期初余额”窗口，单击“往来明细”按钮，进入“期初往来明细”窗口，单击“增行”按钮，输入实验资料信息，如图 4-13 所示。

期初往来明细
科目名称 112101 银行承兑汇票

日期	凭证号	客户	业务员	摘要	方向	本币金额	票号	票据日期	年度
2023-03-31	收-11	大华	刘一江	收货款	借	10,000.00	YC031001	2023-03-10	2023

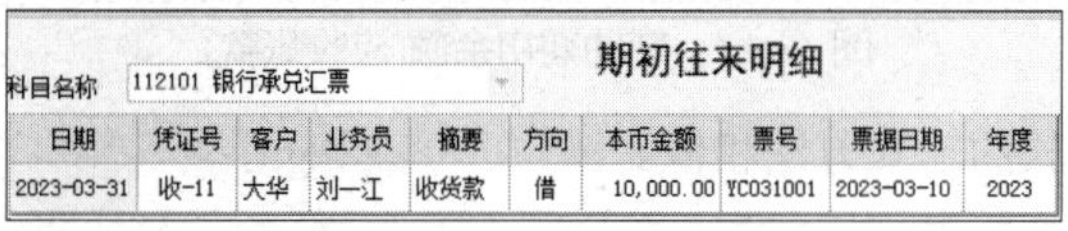

图 4-13　期初往来明细

先单击“汇总到辅助明细”按钮，系统提示“完成了往来明细到辅助期初表的汇总！”后，依次单击“确定”“退出”按钮，返回“辅助期初余额”窗口，输入累计金额，如图 4-14 所示。

图 4-14 辅助期初余额(银行承兑汇票)

用同样的方法完成商业承兑汇票的期初数据输入。

(2) 在应收款管理系统中输入。选择"财务会计"|"应收款管理"|"期初余额"|"期初余额",进入"期初余额-查询"窗口,保持默认条件设置,单击"确定"按钮,进入"期初余额"窗口,单击"增加"按钮,进入"单据类别"窗口,单据名称选择"应收票据",单据类型按实验资料选择,单击"确定"按钮,进入"期初单据录入"窗口,单击"增加"按钮,输入实验资料信息,如图 4-15 所示。

按相同的方法输入商业承兑汇票的信息,两张票据输入完成后,结果如图 4-16 所示。

图 4-15 期初票据

图 4-16 票据期初余额明细表

┃操作提示┃

期初票据中"科目"必填,否则在应收款管理模块中进行期初检查时会出现对账不成功。

3. 应收账款的输入

双击应收账款的输入单元格,进入"辅助期初余额"窗口。单击"往来明细"按钮,进入"期初往来明细"窗口,单击"增行"按钮,输入期初往来明细。然后单击"汇总到辅助明细"按钮,系统将按照单位进行汇总,系统提示"完成了往来明细到辅助期初表的汇总!",依次单击"确定""退出"按钮,返回"辅助期初余额"窗口,输入累计数,如图 4-17 所示。

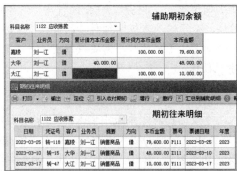

图 4-17 辅助期初余额(应收账款)

其他应收款、应付账款的输入方法相似。

┃操作提示┃

在输入人员的时候,如果看不到所选择的人,一般是由于在设置职员档案的时候没有把该人员设置为业务员,需要选择"基础设置"|"基础档案"|"机构人员"|"人员档案",设置相关人员为业务员。

4. 生产成本(5001)的输入

在"生产成本-直接材料"科目上双击,进入"辅助期初余额"窗口。单击"增行"按钮,输入实验数据,结果如图4-18所示。

图4-18 辅助期初余额(直接材料)

5. 应付票据的输入

应付票据期初数据的输入参照应收票据的方法,先在总账系统中输入,然后在应付款管理系统中输入应付票据的期初数据。

6. 试算平衡

科目初始数据全部输入后,单击"试算"按钮,进行试算平衡,结果为资产=借 9 582 607,负债=贷 470 350,成本=借 17 165,权益=贷 9 129 422,借方和贷方合计均为=9 599 772。

期初余额试算平衡的前提是数据要正确,否则后续数据会延续前面的错误。

▎操作提示▎

年初余额是根据期初余额、借方累计和贷方累计计算出来的,在试算平衡中是不检查的,因此,要注意核对借方累计和贷方累计。如果年初余额不平衡,在期末制作资产负债表的时候就会显现出来,且无法修改。

选择"业务工作"|"财务会计"|"总账"|"账表"|"科目账"|"余额表",进入"查询条件"窗口,月份为"2023.04",勾选"末级科目",其他项目根据需要选择。

查询条件是会计软件提供的一种组合型的查询方法,通过条件的组合来实现使用者不同的查询需要。可查询录入完成后的期初明细余额。

4.3 日常总账业务处理

▶ 实验资料

以下实验的单据未注明的均视为一张,有注明的按说明操作。

(1) 2023年4月2日,采购部刘一江购买了350元的办公用品,以现金支付。(现金流量:07 支付的与其他经营活动有关的现金)

借:管理费用/办公费(660203)/采购部　　　　　　　　　　　　350
　　贷：库存现金(1001)　　　　　　　　　　　　　　　　　　　　350

(2) 2023年4月2日,收到兴华集团投资资金10000美元,汇率1:7.00,中行转账支票号ZZW002。(现金流量：17 吸收投资所收到的现金)

借：银行存款/中行(100202)　　　　　　　　　　　　　　　70 000
　　贷：实收资本(4001)　　　　　　　　　　　　　　　　　　　70 000

(3) 2023年4月2日,工行账户收到天津大华公司支付的货款3 000元,转账支票号ZZ45623。(现金流量：01 销售商品、提供劳务收到的现金)

借：银行存款/工行(100201)　　　　　　　　　　　　　　　　3 000
　　贷：应收账款(1122)/大华　　　　　　　　　　　　　　　　　3 000

(4) 2023 年 4 月 2 日，收到银行通知，工行账户支付短期借款利息 2000 元。结算方式为其他；结算号：QT001。(现金流量：21 分配股利、利润或偿还利息所支付的现金)

  借：财务费用/利息支出(660301)   2 000
    贷：银行存款/工行(100201)   2 000

(5) 2023 年 4 月 2 日，采购部李天华采购手持扫描器和桌面扫描器套件各 1000 套，每套不含税价 25 元，适用增值税率 13%，套件直接送入二车间生产扫描器，货款从工行账户支付，转账支票号 ZZR002。(现金流量：04 购买商品、接受劳务支付的现金)

  借：生产成本/直接材料(500101)/手持扫描器   25 000
    生产成本/直接材料(500101)/桌面扫描器   25 000
    应交税费/应交增值税/进项税额(22210101)   6 500
    贷：银行存款/工行(100201)   56 500

(6) 2023 年 4 月 3 日，财务部赵小兵从工行提取现金 15 000 元作为备用金，现金支票号 XJ001。

  借：库存现金(1001)   15 000
    贷：银行存款/工行(100201)   15 000

(7) 2023 年 4 月 12 日，销售部刘一江收到重庆嘉陵公司交来一张转账支票，金额 49 600 元，用以偿还前欠货款，转账支票号 ZZR003。(现金流量：01 销售商品、提供劳务收到的现金)

  借：银行存款/工行(100201)   49 600
    贷：应收账款(1122)/嘉陵   49 600

(8) 2023 年 4 月 12 日，采购部李天华从重庆大江公司购入"创智 X 号使用指南"培训教材 1000 册，单价 10 元，货款和税款暂欠，发票号为 FP23135，商品已验收入库，适用税率 13%。

  借：库存商品(1405)   10 000
    应交税费/应交增值税/进项税额(22210101)   1 300
    贷：应付账款(2202)/大江   11 300

(9) 2023 年 4 月 12 日，行政部支付业务招待费 1 500 元，转账支票号 ZZR004。(现金流量：07 支付的与其他经营活动有关的现金)

  借：管理费用/业务招待费(660210)/行政部   1 500
    贷：银行存款/工行(100201)   1 500

(10) 2023 年 4 月 20 日，开具工行转账支票(支票号：ZG1226)，金额 20 000 元，用以支付本月一车间租用房屋的租赁费。(现金流量：07 支付的与其他经营活动有关的现金)

  借：制造费用/租赁费(510103)/一车间   20 000
    贷：银行存款/工行(100201)   20 000

(11) 2023 年 4 月 20 日，行政部宋嘉出差归来，报销出国考察费用 5000 美元(当时汇率 6.95)，费用从中国银行账户支付，现金支票号为 QTZ001。(现金流量：07 支付的与其他经营活动有关的现金)

  借：管理费用/差旅费(660205)/行政部   34 750
    贷：银行存款/中行(100202)   34 750(5 000×6.95)

(12) 2023 年 4 月 21 日，工行账户收到存款利息收入 3000 元，结算方式为其他，结算单号为 QT0002。(现金流量：03 收到的其他与经营活动的现金)

  借：银行存款/工行(100201)   3 000
    贷：财务费用/利息收入(660302)   3 000

(13) 2023 年 4 月 24 日,财务部支付购工行转账支票工本费 50 元,对公收费明细入账费用 200 元(企业打印各种回单等产生的费用),结算方式为其他,附单据 2 张。(现金流量:07 支付的与其他经营活动有关的现金)

  借:管理费用/其他(660299)/财务部   250
   贷:银行存款/工行(100201)   250

(14) 2023 年 4 月 25 日,摊销财务部上年 12 月购买的 ERP 软件价值(即无形资产)487 元。

  借:管理费用/其他(660299)/财务部   487
   贷:累计摊销(1702)   487

将上述凭证进行出纳签字、审核、记账。

(15) 2023 年 4 月 26 日,发现第(14)笔经济业务"摊销财务部上年 12 月购买的 ERP 软件价值 487 元"金额计算有误,应该为 487.5 元/月[即:58500 元/(10 年×12 月)],同时发现该项无形资产从购买当月起一直没有摊销 ERP 软件价值,故用红字冲销法冲销第(14)笔经济业务的凭证。

  借:管理费用/其他(660299)/财务部   487
   贷:累计摊销(1702)   487

再填一张正确的蓝字凭证,将上年 12 月至本年 4 月的 ERP 软件的摊销价值 2437.5 元一并处理[58500 元/(10 年×12 月)×5 个月]。

  借:管理费用/其他(660299)/财务部   2437.5
   贷:累计摊销(1702)   2437.5

➡ 实验过程

1. 录入业务凭证

选择"财务会计"|"总账"|"凭证"|"填制凭证",如图 4-19 所示。

在输入凭证前,可以设置凭证输入的参数。单击"选项"按钮,进入"凭证选项设置"窗口,可根据需要进行设置,如图 4-20 所示。

视频:日常总账业务处理

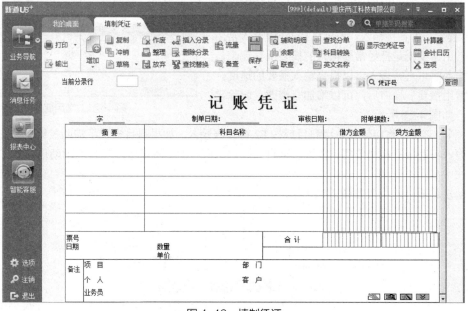

图 4-19 填制凭证

图 4-20 凭证选项设置

┃操作提示┃

当设置了"制单序时控制"时,凭证填制必须按时间顺序进行填写,新增加的凭证日期不能小于系统中已有凭证的制单日期,否则系统会弹出错误提示。修改此项错误有两种方法,一是按照时间序列重新填写制单日期,二是取消控制参数中的"制单序时控制"选择。

1) 凭证的录入过程

单击工具栏的"增加"按钮(或者按 F5 键),进入凭证录入状态。后续输入中凡在输入项目后面有"…"的,均可按 F2 键或单击"…"调出已有的代码或项目资料,供选择使用。

(1) 凭证字号。自动生成凭证号(具体看设置情况)。选择"基础设置"|"业务参数"|"财务会计"|"总账",设置凭证编号方式(系统编号或手工编号)。

(2) 制单日期。制单日期要求不能大于机器的系统日期。在"填制凭证"窗口,单击"选项"按钮时,新增凭证日期选择"登录日期"的情况下,可以通过登录日期来变更制单日期。

(3) 附单据数。直接输入单据数。当需要将某些图片、文件作为附件链接凭证时,可单击"附单据数"录入框右侧的图标,选择文件的链接地址。"附单据数"上面的两个空白项目可以自由输入内容,如凭证的分卷号等。

(4) 摘要。可直接输入,还可以按 F2 键调入常用摘要。常用摘要就是把经常要输入的摘要保存起来,这样在输入时可直接调入,以提高输入摘要的速度。进入"常用摘要"窗口后,可以增加、修改、删除常用摘要,如图 4-21 所示。

图 4-21 常用摘要

(5) 科目名称。直接输入每级科目或按 F2 键参照录入。如果科目设置了辅助核算属性,则在这里还要输入辅助信息,如部门、个人、项目、客户、供应商、数量等。输入的辅助信息将在凭证下方的备注中显示。

辅助核算项目的输入如图 4-22 所示。

图 4-22 输入辅助项

如果是多部门同时输入，可以单击"辅助明细"按钮，这时可同时输入多个部门及金额，如图 4-23 所示。

图 4-23　多部门输入

输入多个部门及金额后，会在凭证上自动生成多条分部门的分录。

如果辅助明细为灰色则不能输入多个部门。

(6) 录入借贷方金额。录入分录的借方或贷方本币发生额，金额不能为零，可以红字表示负数的形式显示。如果方向不符，可按空格键调整金额的借贷方向。在录入金额时，可按"="(等号键)，将当前凭证借贷方金额的差额填入光标所在的借方或者贷方位置。

(7) 录入现金流量。待凭证录入完成后，单击"流量"或"保存"按钮，系统均弹出"现金流量录入修改"窗口，可直接录入现金流量，如图 4-24 所示。

图 4-24　录入现金流量

单击凭证右下角的扩展界面图标"≶"，可查看现金流量信息，如图 4-25 所示。

(8) 其他操作。若想放弃当前未完成的分录的输入，可单击"删分"按钮或按 Ctrl+D 键删除当前分录。

(9) 完成。当凭证全部录入完毕后，单击"保存"按钮保存输入的凭证(也可以按 F6 键保存)。输入完成的凭证如图 4-26 所示。

图 4-25　查看现金流量

图 4-26　付款凭证

▌操作提示▐

输入凭证时的常用功能如下。

余额：可查询当前科目+辅助项+自定义项的最新余额一览表。

插分：插入一条分录，可使用快捷键 Ctrl+I。

删分：删除光标当前行分录，可使用快捷键 Ctrl+D。

流量：可查询或录入当前科目的现金流量明细。

备查：查询当前科目的备查资料。

查找和替换：在当前凭证的摘要、科目或金额列中查找内容或进行替换。

2) 外币凭证的输入

当需要输入涉及外币的凭证时，凭证格式会自动转变为外币凭证格式，对于银行科目要输入辅助信息(结算方式、票号、发生日期)，还需要输入外币的数量和汇率，如图 4-27 所示。

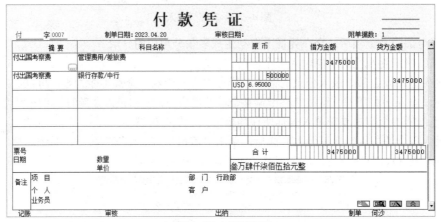

图 4-27　外币凭证

2. 查询凭证

(1) 选择"财务会计"|"总账"|"凭证"|"查询凭证"，进行查询条件设置，如图 4-28 所示。按照设置的条件查询凭证，显示结果如图 4-29 所示。

图 4-28　凭证查询条件设置　　　　　图 4-29　凭证列表

双击任一行，可调出该张凭证进行查阅，并可单击"修改"按钮对凭证进行修改。

▌操作提示

修改凭证号的方法：选择"财务会计"|"总账"|"设置"|"选项"，将凭证编号方式改为"手工编号"，这样就可以在修改凭证的时候修改凭证编号。凭证编号方式为"系统编号"时，是由系统自动生成，不能修改。

(2) 选择"财务会计"|"总账"|"账表"|"科目账"|"序时账"，进行查询条件设置。如果凭证未记账，就需勾选"包含未记账凭证"，日期选择 2023.4.1 至 2023.4.30。

单击"确定"按钮，显示结果如图 4-30 所示。

日期	凭证号数	科目编码	科目名称	摘要	币种	方向	原币	金额
2023-04-02	收-0001	100202	中行	*收到兴华集团投资_02_ZZW002_2...	美元	借	10,000.00	70,000.00
2023-04-02	收-0001	4001	实收资本	*收到兴华集团投资		贷		70,000.00
2023-04-02	收-0002	100201	工行	*收到大华公司货款_02_ZZ45623_...		借		3,000.00
2023-04-02	收-0002	1122	应收账款	*收到大华公司货款_大华_ZZ4562...		贷		3,000.00
2023-04-02	付-0001	660203	办公费	*购买办公用品_采购部		借		350.00
2023-04-02	付-0001	1001	库存现金	*购买办公用品		贷		350.00
2023-04-02	付-0002	660301	利息支出	*支付短期借款利息		借		2,000.00
2023-04-02	付-0002	100201	工行	*支付短期借款利息_99_QT001_20...		贷		2,000.00
2023-04-02	付-0003	500101	直接材料	*采购扫描器套件_手持扫描器		借		25,000.00
2023-04-02	付-0003	500101	直接材料	*采购扫描器套件_桌面扫描器		借		25,000.00
2023-04-02	付-0003	22210101	进项税额	*采购扫描器套件		借		6,500.00
2023-04-02	付-0003	100201	工行	*采购扫描器套件_02_ZZN002_202...		贷		56,500.00
2023-04-03	付-0004	1001	库存现金	*提取备用金		借		15,000.00
2023-04-03	付-0004	100201	工行	*提取备用金_01_XJ001_2023.04.03		贷		15,000.00
2023-04-12	收-0003	100201	工行	*收到嘉陵前欠货款_02_ZZR003_2...		借		49,600.00
2023-04-12	收-0003	1122	应收账款	*收到嘉陵前欠货款_嘉陵_ZZR003...		贷		49,600.00
2023-04-12	付-0005	660210	业务招待费	*支付招待费_行政部		借		1,500.00
2023-04-12	付-0005	100201	工行	*支付招待费_02_ZZR004_2023.04.12		贷		1,500.00
2023-04-12	转-0001	1405	库存商品	*购买创智使用指南		借		10,000.00
2023-04-12	转-0001	22210101	进项税额	*购买创智使用指南		借		1,300.00
2023-04-12	转-0001	2202	应付账款	*购买创智使用指南_大江_FP2313...		贷		11,300.00
2023-04-20	付-0006	510103	租赁费	*支付房屋租赁费_一车间		借		20,000.00
2023-04-20	付-0006	100201	工行	*支付房屋租赁费_02_ZG1226_202...		贷		20,000.00
2023-04-20	付-0007	660205	差旅费	*付出国考察费_行政部		借		34,750.00
2023-04-20	付-0007	100202	中行	*付出国考察费_01_QTZ001_2023....	美元	贷	5,000.00	34,750.00
2023-04-21	收-0004	100201	工行	*收款利息_99_QT0002_2023.04.21		借		3,000.00
2023-04-21	收-0004	660302	利息收入	*收存款利息		贷		3,000.00
2023-04-24	付-0008	660299	其他	*支付支票工本费等_行政部		借		250.00
2023-04-24	付-0008	100201	工行	*支付支票工本费_99_2023.04.24		贷		250.00
2023-04-25	转-0002	660299	其他	*摊销上年12月ERP软件费用_财务部		借		487.00
2023-04-25	转-0002	1702	累计摊销	*摊销上年12月ERP软件费用		贷		487.00
				合计		借		267,737.00
						贷		267,737.00

图 4-30　序时账

在序时账中,可以双击某一条记录查询对应的凭证。这种方式可以直接看到凭证中每一笔分录的情况。

3. 修改凭证

选择"财务会计"|"总账"|"凭证"|"查询凭证",可选择需修改的凭证进行修改,具体方法与输入方式相同。

> **操作提示**
>
> 未经审核的凭证可在"查询凭证"窗口直接修改;已审核的凭证应先取消审核后,再修改。
> 如果采用"制单序时控制",则单据日期不能修改为在上一张凭证的制单日期之前。
> 业务系统(如采购、销售、薪资、固定资产等)制作传过来的凭证不能在总账系统中进行修改,只能在生成凭证的系统中进行修改或重新生成。

4. 出纳签字

(1) 选择"财务会计"|"出纳管理"|"设置"|"系统设置",进入后双击"账套参数"按钮,进入"账套参数"窗口,将出纳签字功能设置为"GL-总账",其余保持默认设置。

(2) 以出纳员(02-赵小兵)身份登录,选择"财务会计"|"总账"|"凭证"|"出纳签字",进入"出纳签字"窗口,按默认条件进行查询,单击"确定"按钮,系统显示需进行出纳签字的凭证列表,如图 4-31 所示。

(3) 双击某一张需签字的凭证,进入"出纳签字"窗口,系统弹出需签字的凭证。单击"签字"|"签字"按钮,凭证底部的"出纳"处自动签上出纳员姓名。单击"下张凭证"图片按钮(显示为▶),对其他凭证签字。或者在出纳签字列表中进行全选,单击"签字"按钮,对所有凭证进行签字,系统提示本次签字成功,单击"确定"按钮,系统提示"是否重新刷新凭证列表数据",单击"是"按钮,系统刷新后,在"出纳签字列表"窗口可看到"出纳签字人"列会显示每个已经签字的名字。

> **操作提示**
>
> 出纳签字不是审核凭证的必需步骤。如果控制参数不选择"出纳凭证必须经由出纳签字",则可以不执行出纳签字功能。
>
> 凭证一经签字就不能被修改、删除,只有取消签字后才能进行修改、删除操作。
>
> 只有涉及现金、银行科目的凭证才需要出纳签字。

5. 审核凭证

(1) 以审核员(03-孙胜业)身份登录,选择"财务会计"|"总账"|"凭证"|"审核凭证",按默认条件进行查询,单击"确定"按钮,系统显示符合条件的凭证列表,如图4-32所示。

图4-31 需出纳签字的凭证列表　　　图4-32 凭证审核列表

(2) 双击需审核的凭证,进入"审核凭证"窗口。检查待审核的凭证,确认无误后,单击 "审核"|"审核"按钮,凭证底部的"审核"处自动签上审核员姓名,系统自动跳转到下一张凭证,或单击"下张凭证"图片按钮(显示为▶),对其他凭证进行审核。

或在"审核凭证"窗口,选择"审核"|"成批审核凭证",完成所有凭证的审核工作。或在"凭证审核列表"窗口,选择需审核的凭证,单击"审核"|"审核"按钮完成审核。

> **操作提示**
>
> 若凭证有错,可以单击"标错"按钮,在凭证上左上角显示"有错"字样;错误修改后,再单击"取消"按钮,将消除"有错"字样。
>
> 凭证一经审核,就不能被修改、删除、标错,只有被取消审核后才可以进行修改、删除或标错。
>
> 作废凭证不能被审核,也不能被标错。
>
> 制单人不能审核自己制作的凭证。

6. 凭证记账

(1) 以记账员(03-孙胜业)身份登录,选择"财务会计"|"总账"|"凭证"|"记账",进入后如图4-33所示。

(2) 选择要进行记账的凭证范围,可以在"记账范围"栏中自行决定要进行记账的凭证范围,也可以单击"全选"按钮,对所有凭证进行记账。单击"记账"按钮完成记账工作。

(3) 记账完成后,系统弹出"期初试算平衡表"窗口,单击"确定"按钮,系统开始登记总账、明细账、辅助账。

图4-33 选择记账的凭证范围

> **操作提示**
>
> 首次使用总账系统进行记账时,如果期初余额不平衡,则不能记账。

上月未结账，本月不能记账。

如果所选范围内的凭证有不平衡凭证，系统将列出错误凭证，并重选记账范围。

7. 冲销凭证

上述操作完成后，利用"冲销凭证"功能完成业务(15)，即冲销第(14)笔业务凭证。以账套主管(01-何沙)身份登录，找到第(14)笔业务凭证，单击工具栏的"冲销凭证"按钮，系统自动生成一张新凭证，保存即可。再按照实验资料信息填一张正确的蓝字凭证，对凭证进行审核、记账。具体操作步骤如下。

选择"财务会计"|"总账"|"凭证"|"填制凭证"，进入后单击"冲销"按钮，可以填写相关信息选择一张已记账凭证进行冲销，如图 4-34 所示。冲销凭证生成后，保存即可。

冲销凭证是制作一张与原凭证相同、金额相反的凭证，即将原凭证金额冲销为零的凭证。

图 4-34　冲销凭证

注：冲销凭证是针对已经记账的凭证，如果记账后发现凭证有误，则可以通过冲销凭证功能冲销凭证，业务(15)需用此方法操作完成。

8. 后续操作

错误凭证冲销后，按照本实验过程中业务(15)的正确凭证录入后保存。

以资金主管(03-孙胜业)身份登录继续执行上述审核、记账步骤完成操作。

9. 实验过程中可用的其他功能

1) 作废与恢复凭证

(1) 作废凭证。选择"财务会计"|"总账"|"凭证"|"填制凭证"，单击"作废"按钮，对所选凭证进行作废操作。作废凭证的左上角会显示"作废"字样，表示该凭证已作废，其凭证数据将不登记到相关账簿中。

(2) 恢复凭证。如果要恢复作废的凭证，可在"填制凭证"窗口，查询需恢复的已作废凭证，单击"恢复"按钮，凭证左上角的"作废"字样会消除，该张凭证恢复为有效凭证。

2) 整理凭证

在"填制凭证"窗口，单击"整理"按钮，系统弹出对话框，选择要进行凭证整理的会计期间。单击"确定"按钮，系统弹出"作废凭证表"窗口，选择要真正删除的凭证，单击"确定"按钮，系统将从凭证数据库中删除所选定的凭证，并对剩余凭证的凭证号重新编排，以消除凭证断号。如果系统没有作废凭证，那么凭证整理将直接对凭证编号进行重新排号整理，消除凭证断号。

凭证整理只能对未记账凭证进行整理。

4.4　出纳管理

4.4.1　出纳管理概述

出纳管理是用友新道 U8+V15.0 总账系统的一个模块，是为出纳业务提供的一套管理工具，主要功能包括查询和打印现金日记账、银行存款日记账和资金日报；登记和管理支票登记簿；输入银行对账单，进行银行对账，输出余额调节表，并可为银行长期未达账提供审计报告。出纳管理概述的相关内容，可扫描二维码阅读。

出纳管理概述

4.4.2 期初设置

📥 实验资料

1. 工行期初数据

工行人民币户企业日记账调整前余额为 511 057 元。

银行对账单调整前余额为 467 557 元。

1) 企业未达账

(1) 银行已收，企业未收：

2023 年 3 月 26 日，银行收到上海长江公司用转账支票支付的货款 3 000 元，票号 ZZ45623，企业未收到。

(2) 银行已付，企业未付：

2023 年 3 月 28 日，银行自动支付短期借款利息 2 000 元，银行付款票据企业未收到。

2) 银行未达账

(1) 企业已付，银行未付：

2023 年 3 月 28 日，企业用现金支票支付零星采购货款 2 500 元，票号 XJ445353，银行未入账，付款凭证号 27。

2023 年 3 月 29 日，企业用转账支票支付货款 3 000 元，票号 ZZ30254，银行未入账，付款凭证号 32。

(2) 企业已收，银行未收：

2023 年 3 月 30 日，收到重庆嘉陵公司用转账支票支付的货款 50 000 元，票号 ZZ8341，收款凭证号 56，银行未入账。

2. 中行期初数据

中行账户不进行银行对账。

📥 实验过程

(1) 用出纳身份登录，选择"财务会计"|"总账"|"出纳"|"银行对账"|"银行对账期初录入"，进入"银行科目选择"窗口，选择"工行(100201)"，单击"确定"按钮，进入"银行对账期初"窗口。

(2) 在"单位日记账"下的"调整前余额"栏录入工行账户期初余额 511 057 元，在"银行对账单"下的"调整前余额"栏录入对账单期初余额 467 557 元，如图 4-35 所示。单击"方向"按钮，将银行对账单余额方向调整为贷方。

视频：期初设置

系统默认的银行对账单余额方向在借方，而在现实中，银行对账单余额一般在贷方，故本实验将其调整为贷方。

(3) 单击"对账单期初未达项"按钮，进入"银行方期初"窗口，单击"增行"按钮，录入银行对账单期初未达账数据，如图 4-36 所示。单击"退出"按钮，退出"银行方期初"窗口。

图 4-35　银行对账期初

图 4-36　银行方对账单期初未达账

(4) 单击"日记账期初未达项"按钮，进入"企业方期初"窗口。单击"增行"按钮，录入企业日记账期初未达账数据，如图 4-37 所示。单击"退出"按钮，退出"企业方期初"窗口。

(5) 在"银行对账期初"窗口的下方，调整后的单位日记账余额与调整后的银行对账单余额相等，如图 4-38 所示。

图 4-37　企业方日记账期初未达账

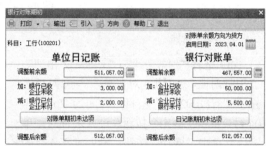

图 4-38　调整后的银行对账期初余额

4.4.3　出纳日常业务处理

▶ **实验资料**

1. 工行银行对账单

2023 年 4 月底，工行账户对账单部分资料，如表 4-18 所示。根据表中资料，进行银行对账，生成银行存款余额调节表。

表 4-18　工行账户 4 月对账单(部分)

日　　期	结算方式	票　　号	借方金额/元	贷方金额/元
04-02	现金支票	XJ445353	2 500	
04-04	转账支票	ZZ30254	3 000	
04-08	转账支票	ZZ8341		50 000
04-11	转账支票	001188		11 934
04-12	转账支票	ZZR002	50 000	
04-12	转账支票	ZZ123	33 345	
04-16	转账支票	ZZR911	50 000	
04-20	转账支票	456324	11 400	
04-20	转账支票	ZZR003		49 600
04-20	转账支票	ZS002		10 000
04-20	转账支票	ZF002	90 000	

2. 中行银行对账单

中行账户期初及期末均无未达账项，不进行银行对账。

实验过程

1. 票据管理

选择“财务会计”|“总账”|“出纳”|“支票登记簿”，进入“银行科目”选择窗口。选择“工行(100201)”科目，进入工行账户的“支票登记簿”窗口，如图 4-39 所示。单击“增行”按钮，添加支票信息即可。此处仅做功能介绍，不做操作。

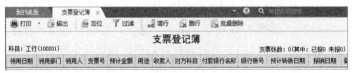

视频：出纳日常业务处理

我的桌面　支票登记簿

打印　输出　定位　过滤　增行　删行　批量删除

支票登记簿

科目：工行(100201)　　支票张数：0(其中：已报0 未报0)

领用日期	领用部门	领用人	支票号	预计金额	用途	收款人	对方科目	付款银行名称	银行账号	预计转账日期	报销日期	备

图 4-39　工行支票登记簿

2. 银行对账

(1) 选择“财务会计”|“总账”|“出纳”|“银行对账”|“银行对账单”，进入后选择“工行(100201)”科目，时间为 2023 年 04 月，单击“确定”按钮，进入银行对账单窗口。单击“增行”按钮，输入本年 4 月的部分对账单信息，如图 4-40 所示。

(2) 选择“财务会计”|“总账”|“出纳”|“银行对账”|“银行对账”，进入“银行科目选择”窗口。选择科目、月份(2023.03-2023.04)，单击“确定”按钮，进入“银行对账”窗口，如图 4-41 所示。

科目：工行(100201)　　银行对账单　　对账单账面余额:348,846.00

日期	结算方式	票号	借方金额	贷方金额	余额
2023.03.26	02	ZZ45623		3,000.00	469,557.00
2023.03.28	99		2,000.00		467,557.00
2023.04.02	01	XJ445353	2,500.00		465,057.00
2023.04.04	02	ZZ30254	3,000.00		462,057.00
2023.04.08	02	ZZ8341		50,000.00	512,057.00
2023.04.11	02	001188		11,934.00	523,991.00
2023.04.12	02	ZZR002	50,000.00		473,991.00
2023.04.12	02	ZZ123	33,345.00		440,646.00
2023.04.16	02	ZZR911	50,000.00		390,646.00
2023.04.20	02	456324	11,400.00		379,246.00
2023.04.20	02	ZZR003		49,600.00	428,846.00
2023.04.20	02	ZS002		10,000.00	438,846.00
2023.04.20	02	ZF002	90,000.00		348,846.00

图 4-40　银行对账单信息

我的桌面　银行对账

对账　取消　保存　查询　对照　检查　布局　过滤　定时设置

科目：100201(工行)

单位日记账									银行对账单							
凭证日期	票据日期	结算方式	票号	方向	金额	两清	凭证号数	摘要	日期	结算方式	票号	备注	方向	金额	两清	对账序号
2023.04.02	2023.04.02	02	ZZ45623	借	3,000.00		收-0002	收到大华公司货款	2023.03.26	02	ZZ45623		贷	3,000.00		
2023.04.12	2023.04.12	02	ZZR003	借	49,600.00		收-0003	收到嘉陵前欠货款	2023.03.28	99			借	2,000.00		
2023.04.21	2023.04.21	99	QT0002	借	3,000.00		收-0004	收存款利息	2023.04.02	01	XJ445353		借	2,500.00		
2023.04.02	2023.04.02	99	QT001	贷	2,000.00		付-0002	支付短期借款利息	2023.04.04	02	ZZ30254		借	3,000.00		
2023.04.02	2023.04.02	02	ZZR002	贷	56,500.00		付-0003	采购扫描器套件	2023.04.08	02	ZZ8341		贷	50,000.00		
2023.04.03	2023.04.03	01	XJ001	贷	15,000.00		付-0004	提取备用金	2023.04.11	02	001188		贷	11,934.00		
2023.04.12	2023.04.12	02	ZZR004	贷	1,500.00		付-0005	支付招待费	2023.04.12	02	ZZR002		借	50,000.00		
2023.04.20	2023.04.20	02	ZG1226	贷	20,000.00		付-0006	支付房屋租赁费	2023.04.12	02	ZZ123		借	33,345.00		
2023.04.24	2023.04.24	99		贷	250.00		付-0008	支付支票工本费等	2023.04.16	02	ZZR911		借	50,000.00		
2023.03.30	2023.03.30	02	ZZ8341	借	50,000.00		收-0056	收到货款	2023.04.20	02	456324		借	11,400.00		
2023.03.28	2023.03.28	01	XJ445353	贷	2,500.00		付-0027	零星采购	2023.04.20	02	ZZR003		贷	49,600.00		
2023.03.29	2023.03.29	02	ZZ30254	贷	3,000.00		付-0032	支付货款	2023.04.20	02	ZS002		贷	10,000.00		
									2023.04.20	02	ZF002		借	90,000.00		

图 4-41　银行对账

(3) 单击工具栏中的“对账”按钮，在弹出的“自动对账”窗口中勾选截止日期：“2023-04-30”，选择对账条件，如图 4-42 所示。

单击“确定”按钮，系统自动对账，完成后显示对账结果，如图 4-43 所示。

图 4-42 自动对账条件设置　　　　图 4-43 已进行自动对账的单位日记账与银行对账单

在该窗口中，可以看到自动对账两清的记录标记"O"，且背景已着色。

对账情况与已记账凭证的数量有关。

│操作提示│

自动对账条件越多，对账越准确，但如果日记账、对账单信息不全，那么能对上的记录也就越少。

"方向相反、金额相等"是系统默认条件，不能取消；如果在"银行对账期初"中定义"银行对账单余额方向"为借方，则对账默认条件为"方向、金额相同"。

使用自动对账后，可能还有一些特殊的已达账没有对出来，而被视为未达账项，为了保证对账更彻底，可用手工对账来进行调整。

手工对账通过在单位日记账与银行对账单记录的两清标志区双击鼠标左键，打上两清标志"√"来完成。本实验可手工对账勾选支付短期借款利息 2 000 元，单击"保存"按钮，标志"√"变为"Y"。

单击"取消"按钮，可取消自动对账标志；在手工对账的两清标志"√"处双击鼠标左键，可取消手工对账标志。

对账本身不会影响银行账的数据。

(4) 选择"财务会计"|"总账"|"出纳"|"银行对账"|"余额调节表查询"，进入后查看银行存款余额调节表的情况。选中银行科目"工行"，双击可查看该科目的余额调节表，如图 4-44 所示。

图 4-44 工行账户银行存款期末余额调节表

4.4.4 信息查询

1. 日记账查询

以何沙身份登录，选择"财务会计"|"总账"|"出纳"|"现金日记账"，进入后按默认条件设置。进入现金日记账后如图 4-45 所示。

在日记账中，双击某行记录，或者选中某行后单击"凭证"按钮，可查看该记录对应的凭证信息。

单击“总账”按钮，可查看现金科目总账。查看银行存款日记账的操作与查询现金日记账的操作类似。

注：本实验中出纳仅有出纳签字权限，不可对凭证、总账进行查询，若需查询凭证、总账，可重新增加相应查询权限。

2. 资金日报表

选择“财务会计”|“总账”|“出纳”|“资金日报”，科目级次选择 1~3 级，勾选“有余额无发生也显示”条件，单击“确定”按钮，显示资金日报表，如图 4-46 所示。

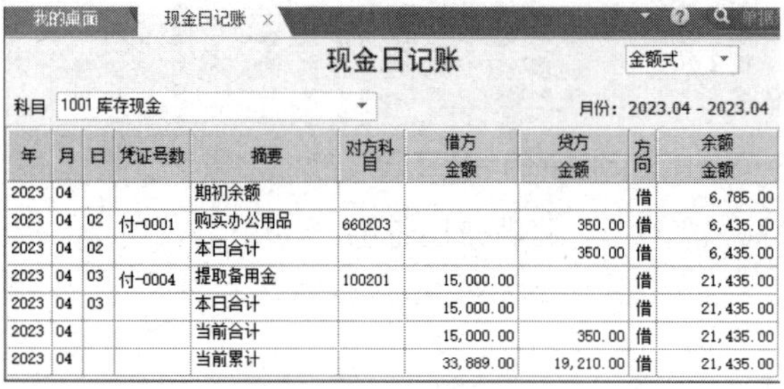

现金日记账

年	月	日	凭证号数	摘要	对方科目	借方	贷方	方向	余额
						金额	金额		金额
2023	04			期初余额				借	6,785.00
2023	04	02	付-0001	购买办公用品	660203		350.00	借	6,435.00
2023	04	02		本日合计			350.00	借	6,435.00
2023	04	03	付-0004	提取备用金	100201	15,000.00		借	21,435.00
2023	04	03		本日合计		15,000.00		借	21,435.00
2023	04			当前合计		15,000.00	350.00	借	21,435.00
2023	04			当前累计		33,889.00	19,210.00	借	21,435.00

图 4-45 现金日记账

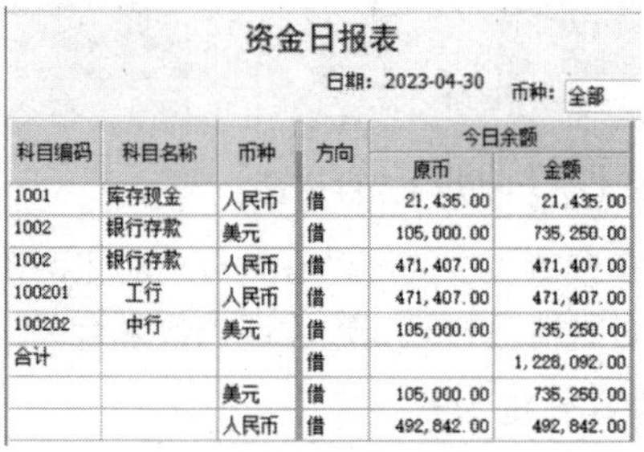

资金日报表

科目编码	科目名称	币种	方向	今日余额	
				原币	金额
1001	库存现金	人民币	借	21,435.00	21,435.00
1002	银行存款	美元	借	105,000.00	735,250.00
1002	银行存款	人民币	借	471,407.00	471,407.00
100201	工行	人民币	借	471,407.00	471,407.00
100202	中行	美元	借	105,000.00	735,250.00
合计			借		1,228,092.00
		美元	借	105,000.00	735,250.00
		人民币	借	492,842.00	492,842.00

图 4-46 资金日报表

4.5 网上银行

4.5.1 网上银行概述

企业网上银行是指银行提供给企业客户的一种网上银行服务。在这个服务中，企业可以通过网上银行进行各种金融交易和管理。通过网上银行系统，企业可以实时查询账户余额、当日交易明细、历史交易明细等信息，掌控账户资金状况。系统与网上报销、结算中心、应付管理等系统集成应用，接收这些系统发出的支付指令，经过严格的审批，将支付指令传递到银行系统，完成资金对外支付活动。

4.5.2 网上银行设置

网上银行主要业务过程是企业将收款人信息提交银行，银行按企业要求将款项由企业账户划转到收款人账户。

实验资料

(1) 开户银行信息如表 4-19 所示。

表 4-19 开户银行信息

编码	开户银行	账号	币种	机构号	联行号	4 月 1 日余额	所属银行编码
01	中国工商银行重庆分行两江支行	7879 7879 7879	人民币			511 057(元)	01
02	中国银行重庆分行两江支行	1121 1121 1121	美元	10465	86455	700 000(美元)	0002

注：账户名称均为重庆两江科技有限公司。

(2) 重庆两江科技有限公司所有人民币结算均通过基本存款账户进行。

(3) 业务种类与结算方式的对应关系是托收承付-转账支票、委托收款-转账支票、资金汇划-网银转账。

(4) 出纳员(02-赵小兵)拥有查询、制单支付权限；制单支付金额为 30 000 元。

(5) 资金主管(03-孙胜业)拥有查询、制单支付、审核权限；制单支付金额和审核金额均为 100 000 元。

▶ 实验过程

1. 设置银行账号

选择"财务会计"|"网上银行"|"设置"|"银行账号"，进入后单击"增加"按钮，弹出"增加银行账号"窗口，分别增加两个银行的账号信息，工行重庆分行两江支行的信息增加后结果如图 4-47 所示。依次单击"保存""退出"按钮完成操作。

视频：网上银行设置

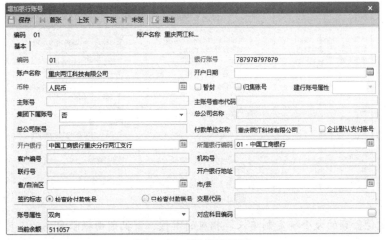

图 4-47 增加银行账号

2. 业务种类对应结算方式设置

选择"财务会计"|"网上银行"|"设置"|"业务种类"，进入后输入和补充相关信息，如图 4-48 所示。

单击"保存"按钮完成。

图 4-48 设置业务种类

3. 操作员权限设置

选择"财务会计"|"网上银行"|"设置"|"操作员管理"，进入后输入和补充相关信息，如图 4-49 所示。"[02]赵小兵"操作员管理设置完成，单击"保存"按钮后，在操作员处选择"[03]孙胜业"，按照相同的方法设置。操作员必须拥有"网上银行"的操作权限。

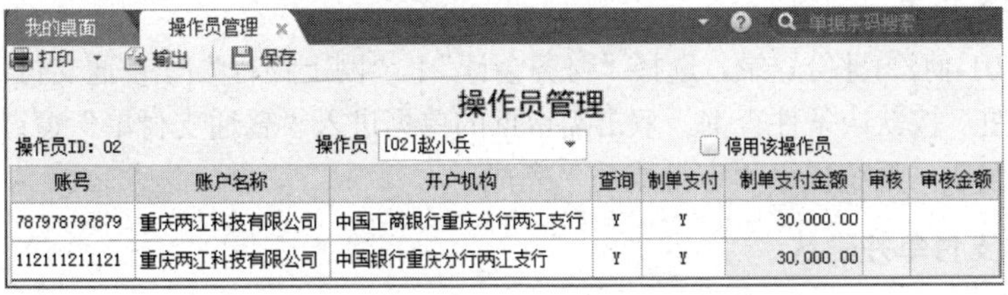

图 4-49 操作员管理

4.5.3 普通支付业务处理

▶ 实验资料

2023年4月20日，支付4月12日向重庆大江公司采购的《创智X号使用指南》的货款11 300元，以网银转账方式支付，单据号：WYPT0420。(现金流量：04 购买商品、接受劳务支付的现金)

▶ 实验过程

1. 填制普通支付单

以出纳员(02-赵小兵)身份登录，选择"财务会计"|"网上银行"|"普通支付"|"单据录入"，进入后单击"增加"按钮，进入"普通支付单"窗口，输入相关信息，单击"保存"|"保存"按钮，支付状态由空白转变为"未提交"后完成，如图4-50所示。

视频：普通支付业务处理

图4-50 普通支付单

注：根据支付金额的大小确定制单人，相应的审核、审批则由权限更高的人员执行。

2. 复核普通支付单

以资金主管(03-孙胜业)身份登录，选择"财务会计"|"网上银行"|"普通支付"|"单据复核"，进入后单击"查询"按钮，按默认条件查询，进入"普通支付单列表"窗口如图4-51所示。

序号		单据号	单据日期	支付账号	收方账号	原币金额	收款银行	收方单位	支付状态	制单人	汇款速度
1	☑	0000000001	2023-04-20	787978797879	3367	11300.00	中行	重庆大江公司	未提交	赵小兵	普通

图4-51 普通支付单列表

双击需复核的单据，进入"普通支付单"窗口，仔细核对后，单击"复核通过"按钮，系统提示"复核成功"完成。实务中若普通支付单有误，单击"复核不通过"按钮，待修改后重新提交。

3. 审批普通支付单

以账套主管(01-何沙)身份登录，选择"财务会计"|"网上银行"|"普通支付"|"单据审批"，单击"查询"按钮，按默认条件查询，双击需审批的单据进入"普通支付单"窗口，审批无误后单击"审批通过"按钮，系统提示"审批成功"完成。

4. 支付普通支付单并确认

(1) 以出纳员(02-赵小兵)身份登录，选择"财务会计"|"网上银行"|"普通支付"|"单据支

付"，进入后单击"查询"按钮，按默认条件查询，双击需支付的单据，单击"支付"按钮，此时单据左上角会显示"提交成功"字样，如图4-52所示。

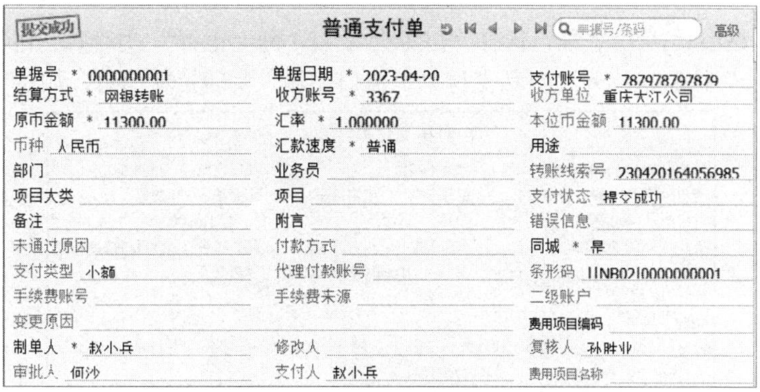

图4-52 普通支付单(提交成功)

(2) 单击"支付确认"按钮，此时单据左上角"提交成功"字样变更为"支付成功"字样。若此处未进行支付确认，可在生成凭证前进行普通支付单支付状态确认。路径为：选择"财务会计"|"网上银行"|"普通支付"|"支付状态确认"，进入后单击"查询"按钮，选中需确认的支付单，单击"确定"按钮完成。

(3) 选择"财务会计"|"网上银行"|"普通支付"|"单据查询"，可以查询支付单的相关信息。

5. 生成凭证

以账套主管(01-何沙)身份登录，选择"财务会计"|"网上银行"|"凭证处理"|"生成凭证"，进入"查询条件-批量制单"窗口，单据类型选择"普通支付单"，单击"确定"按钮，进入"生成凭证"窗口，凭证类别选择"付款凭证"，如图4-53所示。

图4-53 普通支付单生成凭证

选择该笔业务的单据，单击"制单"按钮，进入"填制凭证"窗口，补充摘要、科目、对方单位、现金流量等信息，生成的凭证分录如下。

借：应付账款(2202)/大江   11 300
     贷：银行存款/工行(100201)   11 300

单击"保存"按钮完成。

在实务工作中进行网上银行支付时，每个环节都要严格控制，防止发生错误，同时要防止各种诈骗。

普通支付单支付状态确认可在"单据支付"窗口完成，也可在"支付状态确认"窗口完成。

4.5.4 对私支付业务处理

▶ 实验资料

2023年4月7日，以网银转账方式支付行政部孙正垫付的办公费200元，单据号：WYDS0407。(现金流量：07支付的与其他经营活动有关的现金)

➥ 实验过程

1. 填制对私支付单

以出纳员(02-赵小兵)身份登录,选择"财务会计"|"网上银行"|"对私支付"|"单据录入",进入后单击"增加"按钮,打开"对私支付单"窗口,输入实验资料信息,如图 4-54 所示。

视频:对私支付业务处理

图 4-54 对私支付单

单击"保存"|"保存"按钮,对私支付单左上角出现"开立"字样完成。

2. 复核对私支付单

以资金主管(03-孙胜业)身份登录,选择"财务会计"|"网上银行"|"对私支付"|"单据复核",进入后单击"查询"按钮,按默认条件查询,进入"对私支付单列表"窗口如图 4-55 所示。

图 4-55 对私支付单列表

选择单据,单击"复核"按钮,系统弹出"您选择了1张支付单,一次复核通过吗?",单击"是"按钮,出现批量执行结果成功提示。

3. 审批对私支付单

以账套主管(01-何沙)身份登录,选择"财务会计"|"网上银行"|"对私支付"|"单据审批",进入后单击"查询"按钮,按默认条件查询,双击需审批的单据,进入"对私支付单"窗口,审批无误后,单击"审批通过"按钮,系统提示"审批成功"完成。

4. 支付对私支付单

以出纳员(02-赵小兵)身份登录,选择"财务会计"|"网上银行"|"对私支付"|"单据支付",进入后单击"查询"按钮,按默认条件查询。勾选单据,单击"支付"按钮,系统提示"提交成功",单击"确定"按钮完成。

5. 对私支付单支付状态确认并生成凭证

(1) 对私支付单支付状态确认。以出纳员(02-赵小兵)身份登录,选择"财务会计"|"网上银行"|"对私支付"|"支付状态确认",进入后单击"查询"按钮,按默认条件查询,勾选需确认的支付单,单击"确定"按钮完成。

(2) 生成凭证。以账套主管(01-何沙)身份登录,选择"财务会计"|"网上银行"|"凭证处理"|"生成凭证",进入"查询条件-批量制单"窗口,单据类型选择"对私支付单",单击"确定"按钮,进入"生成凭证"窗口,凭证类别选择"付款凭证",如图 4-56 所示。

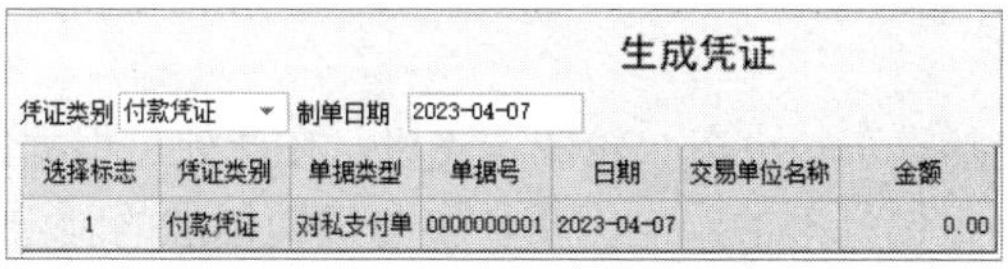

生成凭证

凭证类别 付款凭证 制单日期 2023-04-07

选择标志	凭证类别	单据类型	单据号	日期	交易单位名称	金额
1	付款凭证	对私支付单	0000000001	2023-04-07		0.00

图 4-56 对私支付单生成凭证

选择该笔业务的单据，单击“制单”按钮，进入“付款凭证”窗口，补充摘要、科目、金额、现金流量等信息，凭证分录如下。

借：管理费用/办公费(660203) /行政部　　200

　　贷：银行存款/工行(100201)　　200

4.5.5 凭证查询

选择“财务会计”|“网上银行”|“凭证处理”|“查询凭证”，进行查询条件设置，单据类型选择“对私支付单”，单击“确定”按钮，进入“查询凭证”窗口，双击支付单，可对凭证进行修改、删除、冲销等操作。

4.5.6 网上银行交易查询

选择“财务会计”|“网上银行”|“查询”|“银行账户余额查询”，进入“选择账号”窗口，选择需查询的银行及账号，可完成查询操作。根据需要，还可以选择其他查询功能。

4.5.7 交易明细与付款单据对账

选择“财务会计”|“网上银行”|“查询”|“交易明细与付款单据对账”，进入“查询条件选择”窗口，输入查询条件，单击“确定”按钮，即可查询。

4.6 网上报销

4.6.1 网上报销概述

用友新道 U8+V15.0 系统的网上报销模块可以帮助各类企业、行政事业单位处理内部员工日常借款报销业务，以及在报销时进行费用控制；可以作为单个企业费用预算的控制入口：支持异地借款、报销、审批业务，以及借款的及时核销。

1. 业务类型

业务类型是对不同单据进行的明细分类，根据不同的业务类型可对应不同的显示模板、打印模板，以及设置不同的参数。网上报销模块系统默认的单据类型有费用申请单、借款单、费用报销单、收入报销单、还款单。

2. 地区级别

地区级别主要应用在报销标准中，可在地区分类下建立不同的地区，可针对地区级别设置报表标准。

3. 交通工具

系统预置的交通工具包括汽车、火车、轮船、飞机,在此处可根据需要自定义报销单中的交通工具。交通工具也可以作为报销标准的影响因素,参与报销标准的制定。

4. 休息日

单位可按年度自定义报销时使用的休息日方案,定义的内容包括正常公休日和法定节假日,主要适用于用户对工作日、公休日或者休息日的补助计算标准不同的业务场景。

4.6.2 网上报销设置

▶ **实验资料**

重庆两江科技有限公司网上报销相关设置如下。

(1) 参数设置具体如下。
- 编码级次:2。
- 凭证设置:选中"制单时允许修改总额"。
- 其他参数为默认。

(2) 业务类型分类如表 4-20 所示。

表 4-20　业务类型分类

编码	名称	单据类型	显示模板	打印模板	备注
1001	费用申请	费用申请	费用申请单	费用申请单打印模板	勾选允许借款
1002	员工日常借款	借款	借款单	借款单打印模板	
1003	差旅费报销	费用报销	差旅费报销单	费用报销单打印模板	费用项目:报销费用
1004	归还借款	还款	还款单	还款单打印模板	
1005	办公费报销	费用报销	报销单	费用报销单打印模板	费用项目:报销费用

注:系统有费用报销模块,凡是涉及选择"费用项目"的费用申请单、费用报销、报销标准等设置时,如遇到不能正常选择"费用项目"的情况,可返回"基础设置"|"基础档案"|"业务"|"费用项目",将具体费用项目的方向设置为"支出",保存后即可在网上报销模块正常使用费用项目。

(3) 地区级别编码级次为 2,具体分类如表 4-21 所示。

表 4-21　地区级别分类

编码	名称	地区
01	发达地区	华东、华南、华北
02	欠发达地区	西南、东北、西北、华中

(4) 交通工具分类如表 4-22 所示。

表 4-22　交通工具分类

编码	名称
001	飞机
002	火车(含高铁、动车、全列软席列车)
003	轮船(不包括旅游船)
004	其他交通工具(不包括出租小汽车)

(5) 休息日设置。将周六、周日设置为正常公休日;将 1 月 1 日元旦节、4 月 5 日清明节、5 月

1日劳动节、10月1日国庆节设置为法定节假日。

(6) 报销标准设置。差旅费报销实行严格控制，公司所有部门的金额上限为固定值5 000元，发达地区超定额50%以内全额报销，欠发达地区超定额30%以内全额报销。

网上报销还可设置收支科目、应收科目、应付科目、现金银行科目。具体的路径为"业务工作"|"财务会计"|"网上报销"|"基础设置"|"科目设置"，进入具体的科目页面，依次单击"修改""增行"按钮即可进行相应设置。

实验过程

1. 参数设置

选择"财务会计"|"网上报销"|"基础设置"|"选项"，进入后在"编码级次"选项卡中，单击"修改"按钮，在"地区级别编码级次"栏内输入"2"；在"凭证设置"选项卡中，勾选"制单时允许修改总额"，其余保持默认设置，如图4-57所示。

视频：网上报销设置

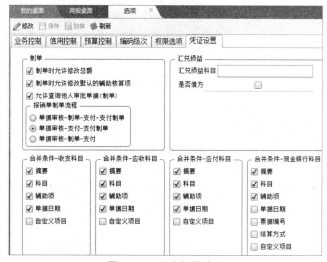

图4-57　网上报销选项

操作提示

每次进入网上报销系统时，用友新道U8+V15.0系统从企业应用平台跳转到Microsoft Edge浏览器，如出现不能正常进入网上报销模块，可先从该浏览器中复制"http://bigdata/u8sl"，打开360浏览器，在网址栏内粘贴该网址，输入企业应用平台相同的用户名和密码登录即可。登录后会出现"该页正在访问其控制范围之外的信息。这可能导致安全风险。是否继续？"，单击"是"按钮，继续操作。网上报销系统运行的过程中偶尔会出现脚本错误的提示，会提示"是否关闭脚本"，单击"否"按钮。网上报销系统运行的过程中还会出现"连接服务器失败"的提示，关闭后重新登录即可使用。

2. 业务类型设置

在用友新道U8+V15.0企业应用平台，网上报销的业务类型预设有费用申请、借款、费用报销、还款、收入报销5种类型。

选择"财务会计"|"网上报销"|"基础设置"|"业务类型"，进入后单击左侧栏内"费用申请"按钮，删除系统预设的业务类型，单击"增加"按钮，进入"业务类型"窗口，输入实验资料信息，勾选"允许借款"，如图4-58所示。

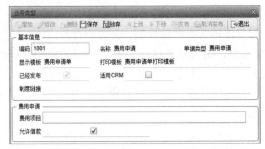

图 4-58　业务类型设置(费用申请)

单击"保存"按钮后，用同样的方法增加其他业务类型，增加完成后，如图 4-59 所示。

图 4-59　业务类型设置完成

全部选择后，单击"发布"按钮，提示"发布成功，请重新登录"，单击"确定"按钮完成。若需在业务类型使用后修改相关内容，需单击"取消发布"按钮，进行修改。

3. 地区级别设置

选择"财务会计"|"网上报销"|"基础设置"|"地区级别"，进入后单击"增加"按钮，输入实验资料信息，单击"保存"按钮，结果如图 4-60 所示。

选择"发达地区[01]"，单击"修改"按钮，在"所属地区档案"区域单击"增行"按钮，分别增加具体的地区，选择对应的区域，依次单击"确定""保存"按钮完成，结果如图 4-61 所示。

图 4-60　地区级别设置 1　　　　　　图 4-61　地区级别设置 2

4. 交通工具设置

选择"财务会计"|"网上报销"|"基础设置"|"交通工具"，进入后单击"修改"按钮，按实验资料信息修改，单击"保存"按钮，结果如图 4-62 所示。

图 4-62　交通工具设置

5. 休息日设置

选择"财务会计"|"网上报销"|"基础设置"|"休息日",进入后选择左侧的"中国大陆地区[00]",单击"修改"按钮,在"法定节假日"中单击"增行"按钮,输入实验资料信息,如图4-63所示。

图4-63 休息日设置

6. 报销标准设置

选择"财务会计"|"网上报销"|"基础设置"|"报销标准",进入后单击"增加"按钮,务必先选择"费用项目"为"报销费用",否则后续会提示"请先录入费用项目"。在"标准影响部门"选项卡中,单击"增行"按钮,选择所有部门;在"标准影响因素"选项卡中,单击"增行"按钮,在"影响因素"中仅保留一个"地区级别";在"标准设置"选项卡中,单击"增行"按钮,在"地区级别"中,输入实验资料信息,如图4-64所示。

图4-64 报销标准设置

单击"保存"按钮完成。

地区级别设置中地区档案无法参照,说明地区档案未设置,需进入客商档案的地区分类中设置。

4.6.3 网上报销期初借款数据录入

📥 **实验资料**

期初员工借款资料:2023年3月26日,行政部孙正出差借款2 000元;2023年3月27日,销售部朱小明出差借款1800元;支付方式为现金支付。

📥 **实验过程**

选择"财务会计"|"网上报销"|"期初余额"|"借款期初",进入后单击"增加"按钮,弹出"切换布局"窗口,选择业务类型为"员工日常借款",单击"确定"按钮,回到"借款期初"窗口,输入实验资料信息。孙正期初借款单-借款联,如图4-65所示。

视频:网上报销期初数据

图 4-65 期初借款单-借款联

单击"保存"按钮即可。用同样的方法完成销售部朱小明借款信息的录入。

4.6.4 费用申请、借款业务处理

实验资料

重庆两江科技有限公司于 2023 年 4 月 1 日启用网上报销系统,对费用申请、借款、报销等业务通过网上报销系统进行管理和控制。

2023 年 4 月 2 日,采购部杨真接受公司安排,前往成都出差,特向公司提交费用申请单,借支 3 000 元差旅费,申请单已审核通过。

申请单由何沙为杨真代理填报,财务部门以现金方式支付。(现金流量:07 支付的与其他经营活动有关的现金)

实验过程

1. 填制并审核费用申请单

员工借款可以通过两种方式完成,一是通过"费用申请"功能实现;二是直接通过"借款"功能实现。由于均以账套主管(01-何沙)作为操作员,所以均以代理他人方式申请。本实验介绍方式一和方式二两种方法。通过方式一介绍功能和操作步骤后,可通过资金主管(03-孙胜业)身份进行删除,再采用方式二进行实验过程及结果的呈现。

视频:费用申请、借款业务处理

方式一:通过"费用申请"功能实现

(1) 填制费用申请单。以账套主管(01-何沙)身份登录,日期选择 2023 年 4 月 2 日,选择"财务会计"|"网上报销"|"日常业务"|"费用申请"|"费用申请",进入后单击"增加"按钮,输入实验资料信息,显示的内容可通过"字段选择器"按钮选择,费用申请单如图 4-66 所示。

图 4-66 填制费用申请单

依次单击"保存""确定"按钮后,单击"审核"按钮,进入"审核意见"窗口,输入审核意

见"同意",单击"同意"按钮完成。

(2) 审核借款单。选择"财务会计"|"网上报销"|"日常业务"|"费用申请"|"费用申请",单击"末张"按钮或单击"查询"按钮,找到差旅费的费用申请单,单击"生单"|"生成借款单"按钮,系统弹出"业务类型"窗口,选择业务类型为"员工日常借款",单击"生单"按钮,进入"员工日常借款"窗口,选择支付方式为"现金支付",如图4-67所示。

图 4-67 审核借款单

依次单击"保存""审核"按钮,进入"审核意见"窗口,输入审核意见"同意",单击"同意"按钮完成。

方式二:通过"借款"功能实现

选择"财务会计"|"网上报销"|"日常业务"|"借款"|"员工日常借款",进入后单据填报选择"代理他人",支付方式选择"现金支付",其余按实验资料信息输入,如图4-68所示。

图 4-68 填制借款单

依次单击"保存""审核"按钮,进入"审核意见"窗口,输入审核意见"同意",单击"同意"按钮,单据状态显示"审批同意"字样,如图4-69所示。

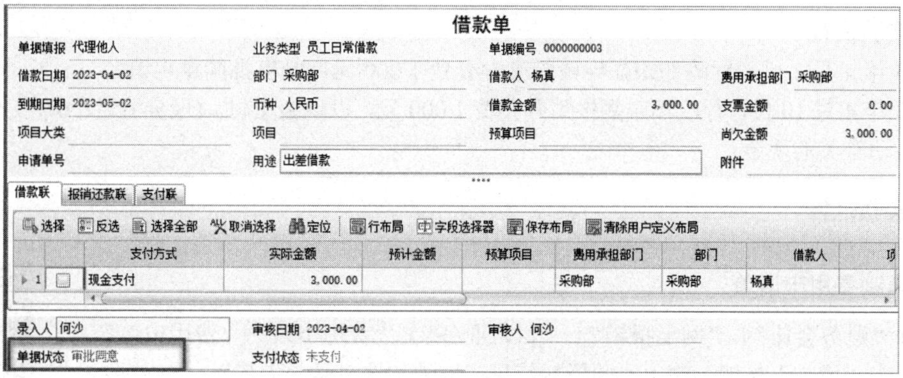

图 4-69 审批同意的借款单

▌操作提示▐

在实务工作中,每位员工均会根据具体的工作职责开通软件的部分操作权限,因此,一般采用本人填报的方式。实验中为方便操作,此处选择代理他人填报的方式。

本实验仅录入一张员工日常借款,进入"员工日常借款"窗口时,该单据在本窗口直接显示,若在实务中,因单据数量多需要通过查询功能进行查找。

2. 支付借款单

在"员工日常借款"窗口,单击"付款"|"对私支付"按钮,进入"付款"窗口,结算方式选择"现金",如图4-70所示。

图4-70 借款单付款

单击"保存"按钮,系统提示"支付成功",单击"确定"按钮,关闭页面。
在"网银转账"方式下需勾选付款行与借款单行。

3. 生成凭证

在"员工日常借款"窗口,单击"制单"按钮,类别字选择"付",按实验资料输入借贷方科目,单击"保存"按钮,录入现金流量,单击"确定"按钮,系统提示"保存成功",关闭页面。
生成的凭证分录如下。

借:其他应收款/应收个人款(1022) (采购部/杨真)　　　　3 000
　　贷:库存现金(1001)　　　　　　　　　　　　　　　　3 000

4.6.5 办公费报销业务处理

▶ 实验资料

2023年4月2日,行政部宋嘉申请借支办公费1 000元,经审批同意申请。

2023年4月10日,行政部宋嘉报销办公费1 000元,以现金支付。(现金流量:07 支付的与其他经营活动有关的现金)

▶ 实验过程

1. 填制费用申请单

选择"财务会计"|"网上报销"|"日常业务"|"费用申请"|"费用申请",进入后单击"增加"按钮,输入实验资料信息,取消勾选"是否借款",在字段选择器中选择需要显示的内容,如图4-71所示。

视频:办公费报销业务处理

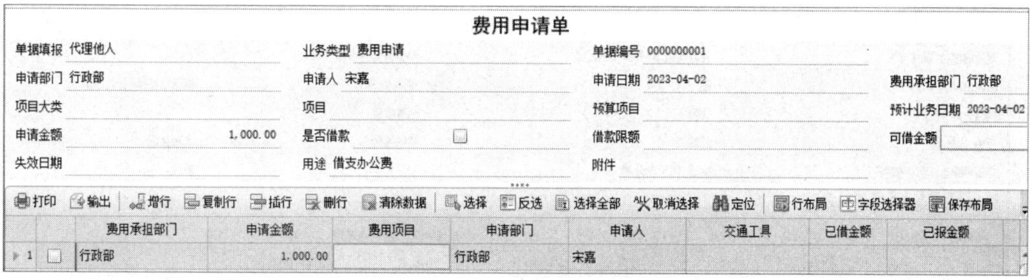

第4章 总账业务

[费用申请单表格图]

图 4-71 费用申请单

依次单击"保存""审核"按钮，根据提示输入"同意"审核意见后完成。

2. 生成办公费报销单

选择"财务会计"|"网上报销"|"日常业务"|"费用申请"|"费用申请"，单击"末张"或"查询"按钮，查询办公费的费用申请单，单击"生单"|"生成报销单"按钮，弹出"业务类型选择"窗口，选择业务类型为"办公费报销"，单击"生单"按钮，进入"办公费报销"窗口，选择费用项目，单击"字段选择器"按钮，按需要选择所需显示的内容，结果如图 4-72 所示。

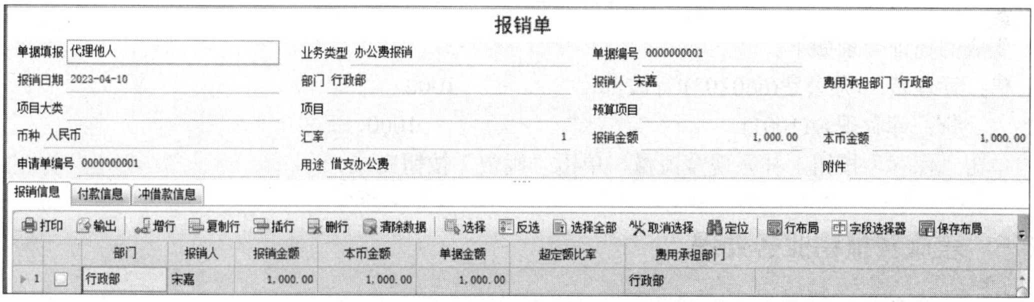

[报销单表格图]

图 4-72 生成报销单

依次单击"保存""审核"按钮，根据提示输入"同意"审核意见后完成。

单击"收付款"|"对私支付"按钮，显示如图 4-73 所示。

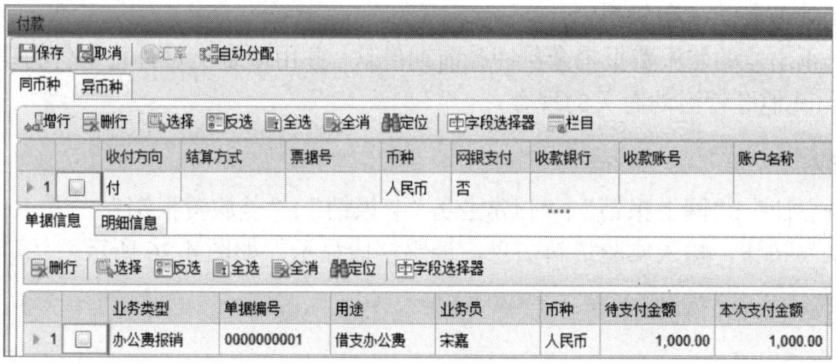

[付款窗口图]

图 4-73 付款

补充结算方式为"现金"，单击"保存"按钮，系统提示"支付成功"。关闭后返回"办公费报销"窗口，需重新进行字段选择，如图 4-74 所示。

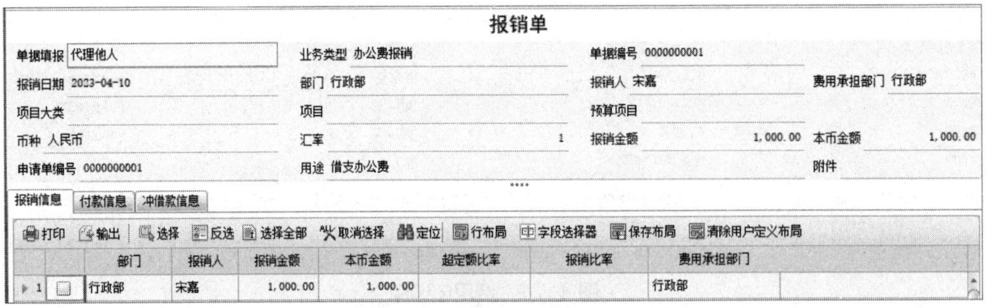

图 4-74 报销单(字段选择)

单击"制单"按钮,修改类别字为"付",补充借贷方科目,如图 4-75 所示。

图 4-75 付款凭证

生成的凭证分录如下。

借：管理费用/办公费(660203)/行政部　　　　　　1000
　　贷：库存现金(1001)　　　　　　　　　　　　　　1000

单击"保存"按钮,补充现金流量,单击"确定"按钮完成。

4.6.6 差旅费报销业务处理

➥ 实验资料

2023 年 4 月 11 日,行政部孙正从成都出差返回重庆,于当日根据差旅费相关发票填制费用报销单并提交审核,其中往返火车票 288 元,住宿费 1 440 元,市内交通费 400 元。经财务部审核符合公司费用报销管理办法,全额报销。

财务部用孙正出差的差旅费报销金额冲减前期借款,并用现金支付孙正垫付的差旅费。(现金流量：07 支付的与其他经营活动有关的现金)

➥ 实验过程

选择"财务会计"|"网上报销"|"日常业务"| 报销"|"差旅费报销",进入后单击"增加"按钮,输入实验资料信息,调整字段显示,如图 4-76 所示。

视频：差旅费报销业务处理

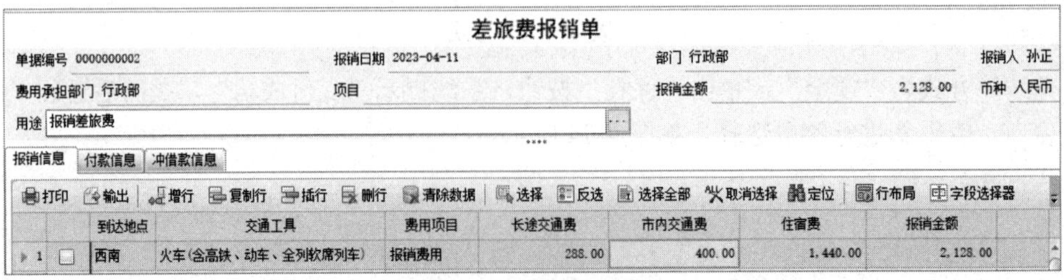

图 4-76 差旅费报销单

单击"保存"按钮,单击"冲借款"|"冲借款"按钮,进入"预冲借款信息"窗口,单击"修改"按钮,显示具体的借款信息,补充"本次冲借款金额",如图 4-77 所示。

图 4-77 预冲借款信息

单击"保存"按钮,系统提示"网上报销冲借款指定成功"。返回"差旅费报销"窗口,单击"审核"按钮,输入"同意"审核意见完成。单击"冲借款"|"冲借款"按钮,进入"冲借款信息"窗口,此时的单据中"退还/补领"选项出现"补领"字样,在后面的金额中出现补领金额。勾选单据,单击"确认"按钮,提示"冲借款成功"后完成,结果如图 4-78 所示。

图 4-78 冲借款信息

在"差旅费报销"窗口,单击"收付款"|"对私支付"按钮,进入"付款"窗口,补充结算方式为"现金",单击"保存"按钮,系统提示"支付成功"后关闭。在"差旅费报销"窗口,单击"制单"按钮,选择类别字为"付",补充科目后生成凭证分录如下。

借:管理费用/差旅费(660205)/行政部　　　　　　　　2 128
　　贷:库存现金(1001)　　　　　　　　　　　　　　　　128
　　　　其他应收款/应收个人款(122102)(行政部/孙正)　2 000

单击"保存"按钮,补充现金流量,单击"确定"按钮完成。

4.6.7　报销冲借款业务处理

报销冲借款业务是对已审核的报销单据进行冲销借款处理的操作,该业务可完成批量冲借款、单张冲借款(同/异币种)的工作。具体选择"业务工作"|"财务会计"|"网上报销"|"财务处理"|"报销冲借款"完成。

4.6.8　收付款业务处理

收付款业务可完成借款单支付、费用报销单支付、收入报销单收款等工作。具体选择"财务会计"|"网上报销"|"财务处理"|"收付款"完成。

4.6.9 还款业务处理

实验资料

2023 年 4 月 25 日,由于销售部朱小明出差事由取消,员工采用支付宝还款的方式,归还前期出差借款 1800 元。

2023 年 4 月 26 日,支付宝自动转账 1800 元到工行账户。(现金流量:03 收到的其他与经营活动的现金)

实验过程

1. 录入还款单

选择"财务会计"|"网上报销"|"日常业务"|"还款"|"归还借款",进入后单击"增加"按钮,输入实验资料信息,选择"还款联"选项卡,双击"借款单号"单元格,进入"还款单拉借款单参照"窗口,勾选对应的借款单号,如图 4-79 所示。

视频:还款业务处理

图 4-79 还款单拉借款单参照

单击"确定"按钮,系统将数据复制到"还款单"内,如图 4-80 所示。

图 4-80 还款单-还款联

选择"收款联"选项卡,结算方式选择"支付宝",输入收款金额,选择显示字段,单击"保存"按钮,如图 4-81 所示。

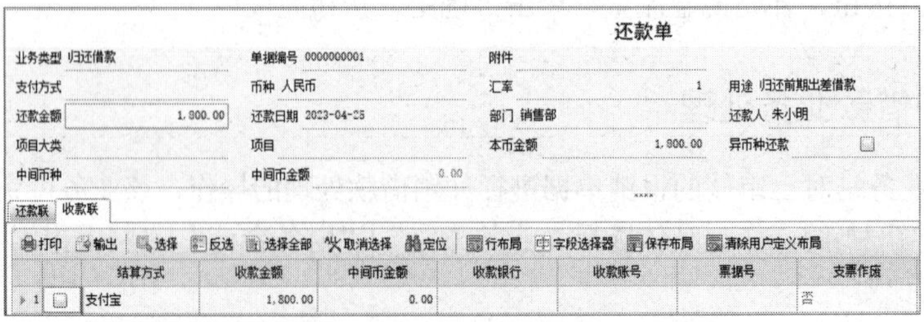

图 4-81 还款单-收款联

2. 审核还款单

在"还款单"窗口,单击"审核"按钮,输入"同意"审核意见后,单击"同意"按钮,此时工具栏的"审核"按钮为灰色时,表示审核成功。

3. 生成凭证

在审核成功的"还款单"窗口，单击"制单"按钮，类别字选择"转"，补充会计科目，生成的凭证分录如下。

借：其他货币资金/支付宝(101201)　　　　　　　　　　　　　　　　　　1800
　　贷：其他应收款/应收个人款(122102) /(销售部/朱小明)　　　　　　　1800

2023 年 4 月 26 日，在总账系统中，运用填制凭证功能录入支付宝自动转账凭证，补充现金流量。凭证分录如下。

借：银行存款/工行(100201)　　　　　　　　　　　　　　　　　　　　　1800
　　贷：其他货币资金/支付宝(101201)　　　　　　　　　　　　　　　　1800

4.6.10　网上报销业务查询

选择"财务会计"|"网上报销"|"单据查询"，可根据需要选择使用。
选择"财务会计"|"网上报销"|"报表查询"，可查询相关报表。

📌 实验资料

2023 年 4 月 30 日，根据管理需要，进行借款统计表、借款明细表、网报业务一览表查询并输出保存备查。

📌 实验过程

1. 查询借款统计表

选择"财务会计"|"网上报销"|"报表查询"|"借款统计表"，进入"查询"窗口，取消"业务日期"，单击"确定"按钮，进入"借款统计表"窗口，选中不想显示的列，单击右键，选择"隐藏当前列"，隐藏后的借款统计表如图 4-82 所示。

视频:网上报销业务查询

图 4-82　借款统计表

单击"输出"按钮，选择路径保存即可。

2. 查询借款明细表

选择"财务会计"|"网上报销"|"报表查询"|"借款明细表"，参照借款统计表方法查询，结果如图 4-83 所示。单击"输出"按钮，选择路径保存即可。

图 4-83　借款明细表

3. 查询网报业务一览表

选择"财务会计"|"网上报销"|"报表查询"|"网报业务一览表",参照借款统计表方法查询,结果如图 4-84 所示。

部门	职员	申请金额	借款金额	借款余额	支出金额 报销费用
1 采购部	杨真		3,000.00	3,000.00	
2 销售部	朱小明		1,800.00	0.00	
3 行政部	宋嘉				1,000.00
4 行政部	宋嘉	1,000.00			
5 行政部	孙正				2,128.00
6 行政部	孙正		2,000.00	0.00	
7 总计		1,000.00	6,800.00	3,000.00	3,128.00

图 4-84　网报业务一览表

4.7　总账查询

4.7.1　余额表查询

余额表可以反映总括的数据情况,在实际工作中十分有用。查看方法是,选择"财务会计"|"总账"|"账表"|"科目账"|"余额表",进入"发生额及余额表条件设置"窗口,本处勾选"包含未记账凭证",取消选择"本期无发生无余额,累计有发生显示",科目级次选到 4 级,其他保持默认设置。单击"确定"按钮后显示的发生额及余额表如图 4-85 所示。

发生额及余额表 (金额式)
月份: 2023.04 - 2023.04　币种: 全部

科目		期初余额		本期发生		期末余额	
编码	名称	借方	贷方	借方	贷方	借方	贷方
1001	库存现金	6,785.00		15,000.00	4,478.00	17,307.00	
1002	银行存款	1,211,057.00		127,400.00	141,500.00	1,196,957.00	
100201	工行	511,057.00		57,400.00	106,750.00	461,707.00	
100202	中行	700,000.00		70,000.00	34,750.00	735,250.00	
1012	其他货币资金			1,800.00	1,800.00		
101201	支付宝			1,800.00	1,800.00		
1121	应收票据	20,000.00				20,000.00	
112101	银行承兑汇票	10,000.00				10,000.00	
112102	商业承兑汇票	10,000.00				10,000.00	
1122	应收账款	137,600.00			52,600.00	85,000.00	
1221	其他应收款	3,800.00		3,000.00	3,800.00	3,000.00	
122102	应收个人款	3,800.00		3,000.00	3,800.00	3,000.00	
1231	坏账准备		10,000.00				10,000.00
1403	原材料	1,004,000.00				1,004,000.00	
140301	生产用原材料	1,004,000.00				1,004,000.00	
1405	库存商品	3,569,000.00			10,000.00	3,579,000.00	
1601	固定资产	3,690,860.00				3,690,860.00	
1602	累计折旧		108,995.00				108,995.00
1701	无形资产	58,500.00				58,500.00	
1702	累计摊销				2,437.50		2,437.50
资产小计		9,701,602.00	118,995.00	157,200.00	206,615.00	9,654,624.00	121,432.50
2001	短期借款		200,000.00				200,000.00
2201	应付票据		10,000.00				10,000.00
220101	银行承兑汇票		10,000.00				10,000.00
2202	应付账款		266,850.00	11,300.00	11,300.00		266,850.00

图 4-85　发生额及余额表(部分)

双击某科目即可直接查看该科目的明细账。

4.7.2 明细账查询

选择“财务会计”|“总账”|“账表”|“科目账”|“明细账”，进入后这里按照科目范围进行查询，科目设置为“1122 应收账款”，勾选“包含未记账凭证”，应收账款明细账如图 4-86 所示。双击任一分录即可显示其凭证。

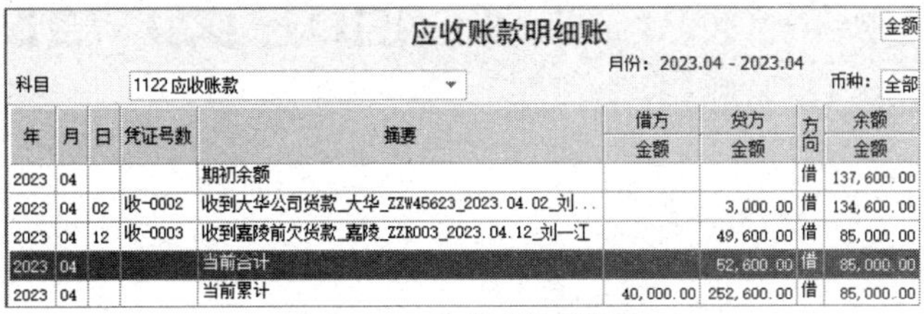
应收账款明细账

科目 1122 应收账款　月份：2023.04 - 2023.04　币种：全部

年	月	日	凭证号数	摘要	借方 金额	贷方 金额	方向	余额 金额
2023	04			期初余额			借	137,600.00
2023	04	02	收-0002	收到大华公司货款_大华_ZZW45623_2023.04.02_刘...		3,000.00	借	134,600.00
2023	04	12	收-0003	收到嘉陵前欠货款_嘉陵_ZZR003_2023.04.12_刘一江		49,600.00	借	85,000.00
2023	04			当前合计		52,600.00	借	85,000.00
2023	04			当前累计	40,000.00	252,600.00	借	85,000.00

图 4-86　应收账款明细账

4.7.3 多栏账查询

选择“财务会计”|“总账”|“账表”|“科目账”|“多栏账”，进入后单击“增加”按钮，弹出“多栏账定义”窗口。这里核算科目选择“6602 管理费用”，然后单击“自动编制”按钮，如图 4-87 所示。

单击“确定”按钮，这时便定义好了一个多栏账，如图 4-88 所示。

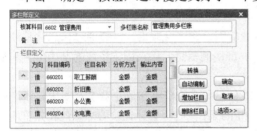

图 4-87　多栏账定义

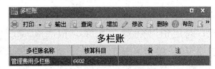

图 4-88　多栏账目录

双击“管理费用多栏账”，勾选“包含未记账凭证”，其余保持默认设置，单击“确定”按钮后显示具体的多栏账，如图 4-89 所示。

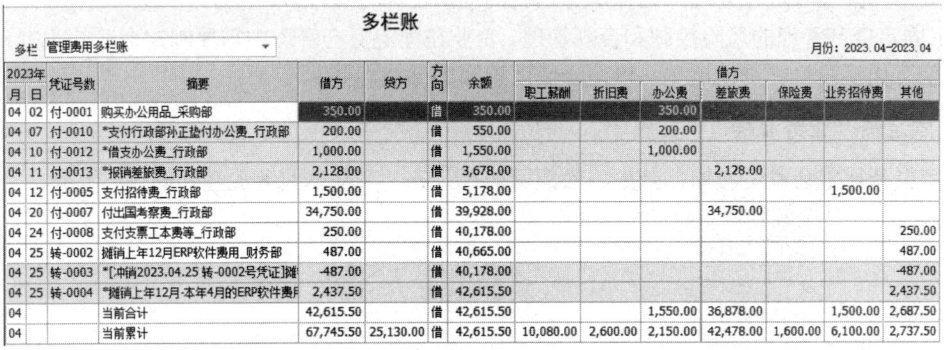
多栏账

多栏 管理费用多栏账　月份：2023.04-2023.04

2023年 月	日	凭证号数	摘要	借方	贷方	方向	余额	借方 职工薪酬	折旧费	办公费	差旅费	保险费	业务招待费	其他
04	02	付-0001	购买办公用品_采购部	350.00		借	350.00			350.00				
04	07	付-0010	*支付行政部孙正垫付办公费_行政部	200.00		借	550.00			200.00				
04	10	付-0012	*借支办公费_行政部	1,000.00		借	1,550.00			1,000.00				
04	11	付-0013	*报销差旅费_行政部	2,128.00		借	3,678.00				2,128.00			
04	12	付-0005	支付招待费_行政部	1,500.00		借	5,178.00						1,500.00	
04	20	付-0007	付出国考察费_行政部	34,750.00		借	39,928.00				34,750.00			
04	24	付-0008	支付支票工本费等_行政部	250.00		借	40,178.00							250.00
04	25	转-0002	摊销上年12月ERP软件费用_财务部	487.00		借	40,665.00							487.00
04	25	转-0003	*[冲销2023.04.25 转-0002号凭证]摊	-487.00		借	40,178.00							-487.00
04	25	转-0004	*摊销上年12月-本年4月的ERP软件费	2,437.50		借	42,615.50							2,437.50
04			当前合计	42,615.50		借	42,615.50			1,550.00	36,878.00		1,500.00	2,687.50
04			当前累计	67,745.50	25,130.00	借	42,615.50	10,080.00	2,600.00	2,150.00	42,478.00	1,600.00	6,100.00	2,737.50

图 4-89　多栏账

即测即评

请扫描二维码进行在线测试。

本章测评

第 5 章 固定资产业务

5.1 固定资产业务处理

5.1.1 固定资产管理的内容及业务处理流程

1. 固定资产管理的内容

(1) 固定资产台账的建立和日常维护。在建立企业的固定资产台账后,需要通过信息化系统实现对固定资产台账的日常维护,确保记录的是最新的、准确的信息,以及固定资产的准确价值和折旧情况。

(2) 固定资产购置、入库、报废和清理核销管理。信息化系统能够帮助企业实现对固定资产的购置、入库、报废和清理核销的管理,提高管理效率和准确性,确保会计记录的准确性和完整性。

(3) 固定资产的折旧计算和预算控制。企业需要对每个固定资产的折旧进行计算,确保符合会计准则要求,以及对资产折旧进行预算控制,确保固定资产的可持续性发展和预算控制的有效性。

(4) 固定资产的盘点和清查。通过信息化系统对企业固定资产进行盘点和清查,能够快速找到差异和异常,并及时进行处理,确保财务报表的准确性和可靠性。

(5) 固定资产管理的风险控制和合规管理。企业在固定资产管理中需要制定合适的政策和流程,并通过信息化手段将其贯彻落实,以便降低风险和确保合规性。

2. 固定资产业务流程

固定资产日常会发生增加、减少、内部调动等业务,其基本业务流程如图 5-1 所示。

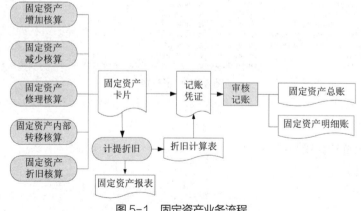

图 5-1 固定资产业务流程

5.1.2 系统初始设置和日常应用

在运用固定资产模块进行核算之前，要先完成固定资产的定义，然后基于固定资产卡片对固定资产进行日常管理。系统初始设置和日常应用的相关内容，可扫描二维码阅读。

系统初始设置和日常应用

5.2 固定资产初始设置

5.2.1 控制参数

> **实验资料**

约定及说明：我同意。
启用月份：2023.04。
折旧信息：本账套计提折旧。
主要折旧方法：平均年限法(一)。
折旧汇总分配周期：1个月，当"月初已计提月份=可使用月份-1"时，将剩余折旧全部提足。
编码方式：资产类别编码方式为 20 000 000；固定资产编码方式为手工输入。
财务接口：与账务系统进行对账。
固定资产对账科目：固定资产(1601)。累计折旧对账科目：累计折旧(1602)。
在对账不平情况下，允许固定资产月末结账。
参数设置：业务发生后立即制单；月末结账前一定要完成制单登账业务。
固定资产缺省入账科目：1601。累计折旧缺省入账科目：1602。减值准备缺省入账科目：1603。增值税进项税额缺省入账科目：22210101。固定资产清理缺省入账科目：1606。

> **实验过程**

1. 初始化账套

选择"业务工作"|"财务会计"|"固定资产"，首次使用时，系统将提示"这是第一次打开此账套，还未进行过初始化，是否进行初始化"，选择"是"。进入"初始化账套向导"窗口，按照实验资料内容，完成初始化账套向导参数设置。在"约定及说明"项目中选择"我同意"，账套"启用月份"选择"2023.04"，"折旧信息"按照实验资料设置，如图 5-2 所示。

视频：控制参数

完成后单击"下一步"按钮，在"编码方式"项目中，选择资产类别编码长度为"2"，固定资产编码方式采用"手工输入"方式。

在"账务接口"项目中，固定资产对账科目设置为"1601，固定资产"，累计折旧对账科目设置为"1602，累计折旧"，其他参数采用默认设置，结果如图 5-3 所示。

设置结束，单击"完成"按钮，系统弹出"是否确定所设置的信息完全正确并保存对新账套的所有设置"提示，选择"是"。系统初始化后弹出"已成功初始化本固定资产账套"提示，单击"确定"按钮，完成固定资产账套初始化。

图 5-2 固定资产初始化账套向导参数设置(折旧信息)　　图 5-3 固定资产初始化账套向导参数设置(完成)

2. 选项设置

选择"财务会计"|"固定资产"|"设置"|"选项",进入后单击"编辑"按钮,"与账务系统接口"的信息设置如图 5-4 所示。其他采用默认设置,单击"确定"按钮完成设置。

操作提示

如果要对初始化中设置的信息进行修改,也可在这里完成。

5.2.2 部门对应折旧科目

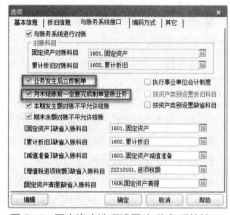

图 5-4 固定资产选项设置(与账务系统接口)

实验资料

本单位各部门对应的折旧科目如下。
管理中心、供应中心:管理费用/折旧费。
制造中心:制造费用/折旧费。
营销中心:销售费用/折旧费。

实验过程

选择"财务会计"|"固定资产"|"设置"|"部门对应折旧科目",进入后选择"固定资产部门编码目录"下的各部门,单击"修改"按钮,输入实验资料信息,如图 5-5 所示。

视频:部门对应折旧科目

图 5-5 部门对应折旧科目设置

5.2.3 固定资产类别

⮕ 实验资料

固定资产类别如表 5-1 所示。

表 5-1 固定资产类别

类别编码	类别名称	使用年限/年	净残值率/%	计提属性	折旧方法
01	通用设备	3	3	正常计提	平均年限法(一)
02	交通运输设备	8	3	正常计提	工作量法
03	电气设备	5	3	正常计提	双倍余额递减法(一)
04	仪器仪表	5	3	正常计提	年数总和法
05	家具用具及其他	5	3	正常计提	平均年限法(一)
06	房屋及建筑物	30	3	正常计提	平均年限法(一)

注：通用设备的卡片样式为含税卡片样式，其他为通用样式(二)。

⮕ 实验过程

选择"财务会计"|"固定资产"|"设置"|"资产类别"，单击"增加"按钮，按照实验资料进行输入，如图 5-6 所示。

每设置一个类别后单击"保存"按钮，然后继续输入，设置完成后，资产类别列表如图 5-7 所示。

视频：固定资产类别

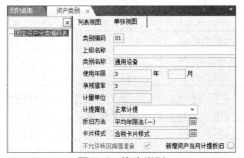

图 5-6 资产类别   图 5-7 资产类别列表

5.2.4 固定资产增减方式的对应入账科目

⮕ 实验资料

本单位固定资产增减方式的对应入账科目如下。

1. 增加方式

直接购入：工行(100201)。

2. 减少方式

出售：固定资产清理(1606)。毁损：固定资产清理(1606)。

⮕ 实验过程

选择"财务会计"|"固定资产"|"设置"|"增减方式"，进入后选定左侧的"直接购入"，单击"修改"按钮，按照实验资料输入，如图 5-8 所示。

视频：固定资产增减方式的对应入账科目

图 5-8 增减方式

5.2.5 固定资产卡片

实验资料

固定资产卡片如表 5-2 所示。

表 5-2 固定资产卡片

资产编码	固定资产名称	类别编号	所在部门	使用年限/年	开始使用日期	原值/元	累计折旧/元
01	红旗牌轿车	02	行政部	8	2022-01-01	215 470.00	42 323.70
02	复印机	01	行政部	3	2022-02-01	3 510.00	1 418.63
03	联想 T490S	01	行政部	3	2022-09-01	14 450.00	2 336.08
04	联想 T490S	01	财务部	3	2022-09-01	14 450.00	2 336.08
05	HP 计算机	01	销售部	3	2022-08-01	6 490.00	1 224.09
06	装配机 A 型	03	一车间	5	2022-12-31	200 000.00	19 400.00
07	质量检测仪	04	二车间	5	2022-08-01	6 490.00	1 224.09
08	装配机 B 型	03	二车间	5	2022-12-31	180 000.00	17 460.00
09	长安面包车	02	采购部	8	2022-10-31	50 000.00	2 425.00
10	办公楼	06	行政部 30%,其他均为 10%	30	2022-10-31	3 000 000.00	18 847.33
合计						3 690 860.00	108 995.00

补充资料:

使用状况均为在用;增加方式均为直接购入;固定资产净残值率均为 3%。

红旗轿车工作总量为 800 000 千米,累计工作量为 162 000 千米。

长安面包车工作总量为 200 000 千米,累计工作量为 40 000 千米。

除车辆外,其他的固定资产折旧方法同固定资产类别折旧方法。

实验过程

1. 输入初始卡片

选择 "财务会计" | "固定资产" | "卡片" | "录入原始卡片",进入 "固定资产类别档案"窗口,如图 5-9 所示。

选择资产类别,单击 "确定" 按钮,进入 "固定资产卡片" 窗口,输入实验

视频:固定资产卡片

资料信息，如图 5-10 所示。

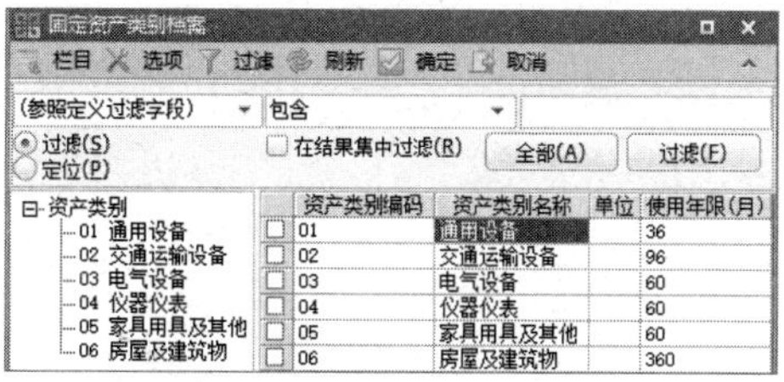

图 5-9 固定资产类别档案

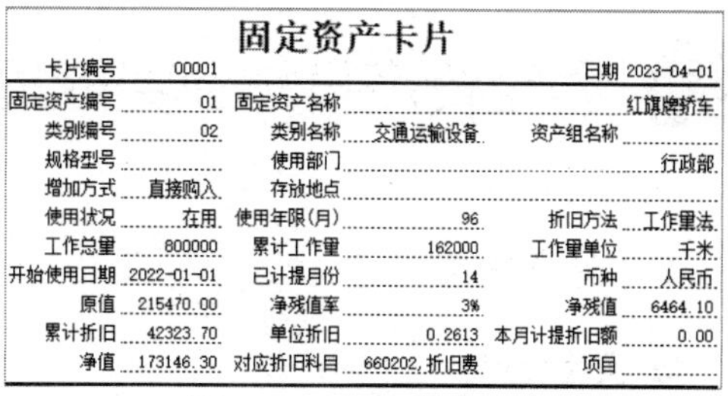

图 5-10 固定资产卡片

输入一张卡片后，单击“保存”按钮完成。逐一输入实验资料。

在输入办公楼固定资产的资料时，在输入使用部门时，单击“使用部门”按钮，选择“多部门使用”，输入分摊部门，如图 5-11 所示。

如果要查询固定资产卡片管理，可选择“财务会计”|“固定资产”|“卡片”|“卡片管理”，保持默认设置，单击“确定”按钮，进入“卡片管理”窗口，选择“按部门查询”，查看“在役资产”，如图 5-12 所示。

使用部门

使用部门有效数量范围:2 ～ 999个

序号	使用部门	使用比例%	对应折旧科目	部门编码
1	行政部	30.0000	660202,折旧费	101
2	财务部	10.0000	660202,折旧费	102
3	仓储部	10.0000	660202,折旧费	201
4	采购部	10.0000	660202,折旧费	202
5	一车间	10.0000	510102,折旧费	301
6	二车间	10.0000	510102,折旧费	302
7	销售部	10.0000	660103,折旧费	401
8	服务部	10.0000	660103,折旧费	402

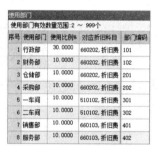

图 5-11 办公楼的使用部门

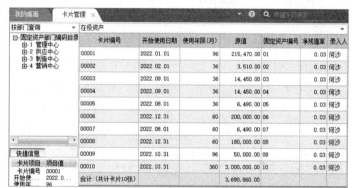

图 5-12 卡片管理

在“在役资产”中显示的项目，可选择“栏目设置”，在打开的“表头设定”窗口中调整，通过表头设定选定显示项目内容后，期初的固定资产卡片列表如图 5-13 所示。

固定资产名称	类别编号	开始使用日期	使用年限(月)	原值	累计折旧	净值	工作总量	累计工作量
红旗牌轿车	02	2022.01.01	96	215,470.00	42,323.70	173,146.30	800,000.000	162,000.000
复印机	01	2022.02.01	36	3,510.00	1,418.63	2,091.37	0.000	0.000
联想T490S	01	2022.09.01	36	14,450.00	2,336.08	12,113.92	0.000	0.000
联想T490S	01	2022.09.01	36	14,450.00	2,336.08	12,113.92	0.000	0.000
HP计算机	01	2022.08.01	36	6,490.00	1,224.09	5,265.91	0.000	0.000
装配机A型	03	2022.12.31	60	200,000.00	19,400.00	180,600.00	0.000	0.000
质量检测仪	04	2022.08.01	60	6,490.00	1,224.09	5,265.91	0.000	0.000
装配机B型	03	2022.12.31	60	180,000.00	17,460.00	162,540.00	0.000	0.000
长安面包车	02	2022.10.31	96	50,000.00	2,425.00	47,575.00	200,000.000	40,000.000
办公楼	06	2022.10.31	360	3,000,000.00	18,847.33	2,981,152.67	0.000	0.000
合计:(共...				3,690,860.00	108,995.00	3,581,865.00	1,000,000.000	202,000.000

图 5-13 固定资产卡片列表

2. 固定资产对账

选择“财务会计”|“固定资产”|“资产对账”|“对账”，系统将对固定资产原始卡片数据与总账系统期初余额的对应科目(原值和累计折旧)数据进行检查，弹出检查结果提示，如果显示“结果：平衡”，则表示数据一致。

如果固定资产账套与账务账套的数据不平衡，那么就需要检查数据的出错原因并予以改正。

5.3 固定资产日常业务处理

5.3.1 资产增加

▶ 实验资料

2023年4月10日，用工行存款购买HP计算机服务器1台，取得的增值税专用发票上的金额为20 000元，税额为2 600元(增值税率13%)，价税合计22 600元，用工行转账支票支付货款，支票号ZZ456325。(现金流量：13 购建固定资产、无形资产和其他长期资产所支付的现金)

按原值和预计使用期间计提折旧，净残值率为3%，预计使用年限为3年，详细资料如表5-3所示。

表5-3 固定资产信息

卡片编号	固资名称	固资类别	原值/元	使用状态	增加方式	使用部门
11	HP服务器	通用设备	20 000	在用	直接购入	财务部

▶ 实验过程

选择"财务会计"|"固定资产"|"卡片"|"资产增加"，进入后选择类别为"通用设备"，单击"确定"按钮，进入后按实验资料输入，如图5-14所示。

视频：资产增加

图5-14 固定资产卡片(资产增加)

单击"保存"按钮，进入"填制凭证"窗口，修改生成的凭证，凭证类别为"付款凭证"，分录按照业务进行调整，具体凭证分录如下。

借：固定资产(1601)　　　　　　　　　　　　　　　　　　　20 000
　　应交税费/应交增值税/进项税额(22210101)　　　　　　　2 600
　　贷：银行存款/工行(100201)　　　　　　　　　　　　　　22 600

5.3.2 资产原值变动

▶ 实验资料

2023年4月15日，行政部的红旗轿车添置新配件，支付10 000元。用工行账户支付，转账支票号ZZ971121。(现金流量：13 购建固定资产、无形资产和其他长期资产所支付的现金)

实验过程

选择“财务会计”|“固定资产”|“变动单”|“原值增加”，进入“固定资产变动单”窗口，输入变动资料信息，如图5-15所示。

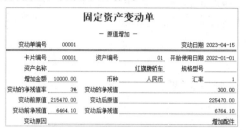

视频：资产原值变动

固定资产变动单

— 原值增加 —

变动单编号 00001 变动日期 2023-04-15

卡片编号 00001 资产编号 01 开始使用日期 2022-01-01

资产名称 红旗牌轿车 规格型号

增加金额 10000.00 币种 人民币 汇率 1

变动的净残值率 3% 变动的净残值 300.00

变动前原值 215470.00 变动后原值 225470.00

变动前净残值 6464.10 变动后净残值 6764.10

变动原因 增加配件

图5-15 固定资产原值增加

单击“保存”按钮，进入“填制凭证”窗口(没有进入凭证界面可单击“凭证”按钮进入)，凭证类别选择“付款凭证”，补充贷方科目为“100201”，补充结算方式、现金流量等信息后，凭证分录如下。

借：固定资产(1601) 10 000

　　贷：银行存款/工行(100201) 10 000

5.3.3 资产部门转移

实验资料

2023年4月20日，因财务部业务需要，将属于行政部的编号02的复印机交付给财务部使用。

实验过程

选择“财务会计”|“固定资产”|“变动单”|“部门转移”，进入“固定资产变动单”窗口，输入部门转移资料信息，如图5-16所示。

视频：资产部门转移

固定资产变动单

— 部门转移 —

变动单编号 00002 变动日期 2023-04-20

卡片编号 00002 资产编号 02 开始使用日期 2022-02-01

资产名称 复印机 规格型号

变动前部门 行政部 变动后部门 财务部

存放地点 新存放地点

保管人 新保管人

变动原因 部门转移

经手人 何沙

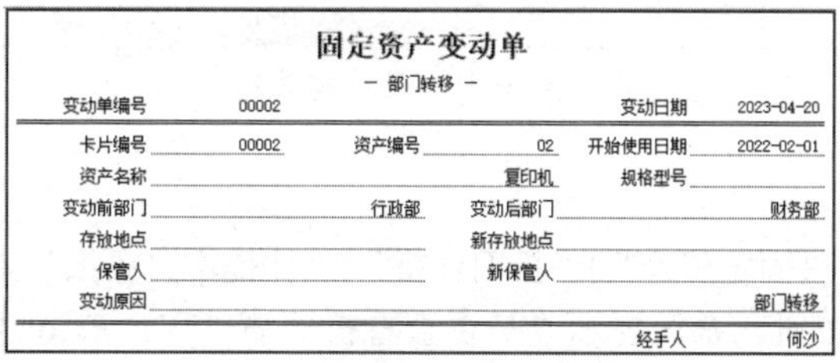

图5-16 固定资产部门转移

5.3.4 计提减值准备

实验资料

2023年4月25日，因技术进步影响，经核查决定对编号08的装配机B型计提2 500元减值准备。

实验过程

选择“财务会计”|“固定资产”|“减值准备”|“计提减值准备”，进入“固定资产变动单”窗口，输入减值准备资料信息，如图5-17所示。

视频：计提减值准备

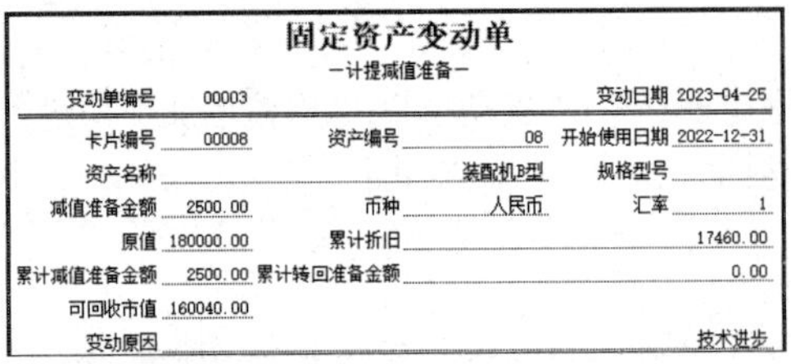

图 5-17　固定资产计提减值准备

单击"保存"按钮，进入"填制凭证"窗口，凭证类型选择"转账凭证"，补充借方科目为"6701"，凭证分录如下。

借：资产减值损失(6701)　　　　　　　　　　　　　　　　　　　2 500
　　贷：固定资产减值准备(1603)　　　　　　　　　　　　　　　　　2 500

5.3.5　计提当月折旧

▶ 实验资料

2023 年 4 月 30 日，计提本月折旧费用。其中红旗牌轿车的本月工作量为 15 000 千米，长安面包车的本月工作量为 10 000 千米。

▶ 实验过程

1. 输入工作量

选择"财务会计"|"固定资产"|"折旧计提"|"工作量输入"，输入工作量信息，如图 5-18 所示。

视频：计提当月折旧

图 5-18　工作量输入

2. 计提本月折旧

选择"财务会计"|"固定资产"|"折旧计提"|"计提本月折旧"，系统提示"是否已经录入工作量"，单击"是"按钮。系统提示"是否查看折旧清单"，单击"是"按钮。折旧计算的详细清单如图 5-19 所示。

资产名称	原值	计提原值	本月计提折旧额	累计折旧	本年计提折旧	减值准备	净值	净残值	本月工作量	累计工作量
红旗牌轿车	225,470.00	215,470.00	3,919.50	46,243.20	3,919.50	0.00	179,226.80	6,764.10	15000	177000
复印机	3,510.00	3,510.00	94.42	1,513.05	94.42	0.00	1,996.95	105.30	0	0
联想T490S	14,450.00	14,450.00	388.71	2,724.79	388.71	0.00	11,725.21	433.50	0	0
联想T490S	14,450.00	14,450.00	388.71	2,724.79	388.71	0.00	11,725.21	433.50	0	0
HP计算机	6,490.00	6,490.00	174.58	1,398.67	174.58	0.00	5,091.33	194.70	0	0
装配机A型	200,000.00	200,000.00	6,660.00	26,060.00	6,660.00	0.00	173,940.00	6,000.00	0	0
质量检测仪	6,490.00	6,490.00	175.01	1,399.10	175.01	0.00	5,090.90	194.70	0	0
装配机B型	180,000.00	180,000.00	5,994.00	23,454.00	5,994.00	2,500.00	154,046.00	5,400.00	0	0
长安面包车	50,000.00	50,000.00	2,880.00	5,305.00	2,880.00	0.00	44,695.00	1,500.00	10000	50000
办公楼	3,000,000.00	3,000,000.00	8,100.00	26,947.33	8,100.00	0.00	2,973,052.67	90,000.00	0	0
	3,700,860.00	3,690,860.00	28,774.93	137,769.93	28,774.93	2,500.00	3,560,590.07	111,025.80	25000	227000

图 5-19　折旧清单

退出"折旧清单"后显示"折旧分配表",按照部门分配的折旧分配表如图 5-20 所示;按照类别分配的折旧分配表如图 5-21 所示。

图 5-20 折旧分配表(按部门分配)	图 5-21 折旧分配表(按类别分配)

折旧凭证可按类别分配、按部门分配两种模式生成。本实验选择按部门分配模式下生成凭证,在"折旧分配表"页面勾选"按部门分配",单击"凭证"按钮,凭证类别选择"转账凭证",凭证分录如下。

借:管理费用/折旧费(660202)/行政部　　　　　　　　　　　　　6 738.21
　　管理费用/折旧费(660202)/财务部　　　　　　　　　　　　　1 293.13
　　管理费用/折旧费(660202)/仓储部　　　　　　　　　　　　　　810.00
　　管理费用/折旧费(660202)/采购部　　　　　　　　　　　　　3 690.00
　　制造费用/折旧费(510102)/一车间　　　　　　　　　　　　　7 470.00
　　制造费用/折旧费(510102)/二车间　　　　　　　　　　　　　6 979.01
　　销售费用/折旧费(660103)/销售部　　　　　　　　　　　　　　984.58
　　销售费用/折旧费(660103)/服务部　　　　　　　　　　　　　　810.00
　　贷:累计折旧(1602)　　　　　　　　　　　　　　　　　　　28 774.93

单击"保存"按钮完成。

▍操作提示▍

如果系统已经计提折旧并生成记账凭证,将数据传递到总账系统,那么必须删除该凭证后才能重新计提折旧。

5.3.6　固定资产减少

➤ 实验资料

2023 年 4 月 30 日,二车间本月毁损编号 07 的质量检测仪一台,进行报废处理,并将其作废品处置,收到现金 100 元。(现金流量:10 处置固定资产、无形资产和其他长期资产所收回的现金净额)

➤ 实验过程

选择"财务会计"|"固定资产"|"资产处置"|"资产减少",进入后输入资产编号,单击"增加"按钮,再输入减少方式,如图 5-22 所示。

图 5-22　资产减少

视频:固定资产减少

单击"确定"按钮,系统提示"固定资产减少成功",系统转入"填制凭证"窗口,凭证类别选择"收款凭证",分录如下。

借:累计折旧(1602)   1 399.10
  固定资产清理(1606)   5 090.90
   贷:固定资产(1601)   6490.00
借:库存现金(1001)   100.00
   贷:固定资产清理(1606)   100.00

单击"保存"按钮,补充现金流量,系统提示"凭证生成成功"。

如果没有生成凭证,可以选择"财务会计"|"固定资产"|"凭证处理"|"批量制单",选择需生成凭证的内容,选择制单设置页面,单击"凭证"按钮,修改凭证为"收款凭证",输入现金流量后单击"保存"按钮完成。

> **操作提示**
>
> 只有在计提折旧后,才能减少资产。
> 如果资产减少错误,且已制作凭证,只能删除凭证后才能恢复减少的固定资产。

5.3.7 固定资产盘点

▶ 实验资料

4月30日,公司进行固定资产盘点,在盘点过程中发现销售部有一台未开封的联想T480S笔记本计算机。经过查证,该笔记本计算机是有关部门的奖励所得。最后决定将该机作为销售部的工作用计算机,开始使用时间为2022年4月30日,无残值,原值估价为10 000元,使用年限3年,增加方式为盘盈,折旧方法为平均年限法(一),使用状况为在用。

▶ 实验过程

1. 资产盘点

选择"财务会计"|"固定资产"|"资产盘点"|"资产盘点",单击"增加"按钮,如图5-23所示。

视频:固定资产盘点

图5-23 新增盘点单

单击"范围"按钮,设置盘点范围,本实验对销售部盘点(部门填写"[401]销售部")。
单击"确定"按钮,系统生成资产盘点单,如图5-24所示。

图5-24 资产盘点单生成

单击“盘盈增加”按钮，输入盘盈的固定资产，单击“保存”按钮，结果如图 5-25 所示。

资产盘点

部门:[401]销售部　| 盘点日期:2023-04-30　定位　盘盈增加　盘亏删除

固定资产名称	部门编号	开始使用日期	录入日期	原值	净残值	类别名称	增加方式	使用状况	折旧方法
HP计算机	401	2022-08-01	2023-04-01	6490	194.7	通用设备	直接购入	在用	平均年限法(一)
办公楼	101/1...	2022-10-31	2023-04-01	3000000	90000	房屋及建筑物	直接购入	在用	平均年限法(一)
联想T480S笔记本	401	2023-04-30	2023-04-30	10000		通用设备	盘盈	在用	平均年限法(一)

图 5-25　盘盈增加

2. 盘点汇总

选择“财务会计”|“固定资产”|“资产盘点”|“资产盘点汇总”，单击“增加”按钮，按默认条件进行查询，单击“确定”按钮，进入“选择盘点单”窗口，如图 5-26 所示。

我的桌面　资产盘点汇总　选择盘点单

全选　全消　刷新　查询　汇总

选择盘点单

选择	盘点单号	盘点日期	盘点范围	录入人
	00001	2023-04-30	部门(401)	何沙

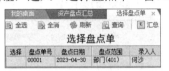

图 5-26　选择盘点单

先选择盘点单，然后单击 “汇总”按钮，进入“汇总盘点单”窗口，如图 5-27 所示。

汇总盘点单

部门: (401)　汇总日期　定位　卡片数:3

固定资产名称	部门编号	类别编号	开始使用日期	录入日期	原值	净残值	类别名称	增加方式	使用状况	折旧方法
办公楼	101/1...	06	2022-10-31	2023-04-01	3000000	90000	房屋及建筑物	直接购入	在用	平均年限法(一)
HP计算机	401	01	2022-08-01	2023-04-01	6490	194.7	通用设备	直接购入	在用	平均年限法(一)
联想T480S笔记本	401	01	2022-04-30	2022-04-30	10000	0	通用设备	盘盈	在用	平均年限法(一)

图 5-27　汇总盘点单

依次单击“保存”“核对”按钮，进入“盘点结果清单”窗口，如图 5-28 所示。

查看盘点单(单据号:000001) - 盘点结果清单

设置　打印　预览　输出　查询　保存　退出

盘点结果清单

部门: (401)　过滤掉相符情况　盘盈　盘亏　不符

卡片编号	固定资产编号	账面资产状况		合并汇总状况		汇总盘点结果	处理
		部门编号	使用部门	部门编号	使用部门		
	12			401	销售部	盘盈	盘盈
00005	05	401	销售部	401	销售部	相同	不处理
00010	10	101/102...	行政部/财务部/...	101/102...	行政部/财务部/...	相同	不处理

图 5-28　盘点结果清单

3. 汇总结果确认

选择“财务会计”|“固定资产”|“资产盘点”|“汇总结果确认”，进入后如图 5-29 所示。

先选择固定资产卡片，在“审核”列下选择“同意”，处理意见填写“资产盘盈”。单击“保存”按钮后退出。

我的桌面　汇总结果确认

打印　输出　刷新　全选　全消　保存

汇总盘点单　[2023-04-30]000001

[2023-04-30]000001　部门: (401)　汇总盘点单关闭　批量审核　批量

选择	固定资产编号	固定资产名称	原因	审核	处理意见	系统处理标记	审核人
	12	联想T480S笔记本	盘盈			未处理	

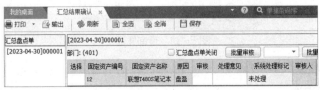

图 5-29　汇总结果确认

4. 资产盘盈处理

选择"财务会计"|"固定资产"|"资产盘点"|"资产盘盈",进入后如图 5-30 所示。

图 5-30 资产盘盈

先选择待处理的盘盈固定资产,单击工具栏"盘盈处理"按钮,进入"固定资产卡片"窗口,如图 5-31 所示。

图 5-31 盘盈固定资产卡片

可补充信息,前面盘盈输入的固定资产编号是临时的,这里确定最终的编号。然后单击"保存"按钮,系统转入"填制凭证"窗口,凭证类别选择"转账凭证",补充贷方科目,分录如下。

借:固定资产(1601)   10 000
    贷:以前年度损益调整(6901)   10 000

可选择"财务会计"|"固定资产"|"凭证处理"|"批量制单",完成盘盈或盘亏的凭证制作。

5.4 固定资产查询

1. 固定资产凭证查询

选择"财务会计"|"固定资产"|"凭证处理"|"查询凭证",进入后如图 5-32 所示。

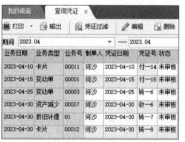

图 5-32 查询凭证

视频:固定资产查询、月末对账与结账

可以双击各行信息调出相应凭证。

2. 固定资产账表查询

选择"财务会计"|"固定资产"|"账表"|"我的账表",可查询固定资产的账簿、分析表、

统计表，可以根据需要选择使用。

5.5 月末对账与结账

1. 对账

在对账前，应将固定资产生成的有关凭证记账。

选择"财务会计"|"固定资产"|"资产对账"|"对账"，进行固定资产系统与账务系统数据的核对检查。

▎操作提示▎

只有在总账系统将所有涉及固定资产的记账凭证记账完毕后，对账结果才反映真实的情况，否则是不平衡的。

2. 月末结账

如果对账平衡，就可以进行月末结账。

选择"财务会计"|"固定资产"|"期末处理"|"月末结账"，进行月末结账操作。

▎操作提示▎

本会计期间所有业务处理完毕后，才能进行月末结账操作。

月末结账后，所有的数据资料不能再进行修改。

只有进行月末结账后，才能处理下一会计期间的业务数据。

即测即评

请扫描二维码进行在线测试。

本章测评

第6章 薪资业务

6.1 工资业务处理

工资核算系统的主要工作是完成初始化设置、录入每月的数据变化、计算汇总后进行相关的查询、打印和凭证结转。工资核算的基本流程，如图 6-1 所示。工资核算的主要功能说明，可扫描二维码阅读。

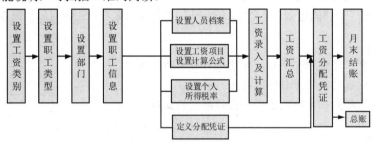

图 6-1 工资核算的基本流程

6.2 工资基础设置

6.2.1 初始化建账

实验资料

参数设置：工资类别个数为多个；核算币种为人民币 RMB；取消勾选"是否核算计件工资"。
扣税设置：要求代扣个人所得税。
扣零设置：不进行扣零处理。
人员编码：与公共平台人员的人员编码保持一致。

实验过程

选择"人力资源"|"薪资管理"，进入后系统提示设置工资类别，输入实验资料信息。

第 1 步"参数设置"的设置方法如图 6-2 所示。

图 6-2 建立工资账套(第 1 步"参数设置")

视频：初始化建账

在第2步"扣税设置"中,勾选"是否从工资中代扣个人所得税"复选框。

在第3步"扣零设置"中,取消勾选"扣零"复选框。

在第4步"人员编码"中,单击"完成"按钮结束设置。

工资建账完成后,部分建账参数可以单击"人力资源"|"薪资管理"|"设置"|"选项"进行修改。

> **操作提示**

工资账套与企业核算账套是不同的概念。企业核算账套是在系统管理中建立的,是针对整个用友新道 U8+V15.0 系统;而工资账套只是针对用友新道 U8+V15.0 系统中的薪资管理,是企业核算账套中的一个组成部分。

如果企业工资发放类别有多个,发放项目、计算公式都不相同,但需要在一个工资账套中进行统一管理,则工资类别选择"多个"。

6.2.2 建立工资类别

> **实验资料**

工资类别1:计时人员工资
部门选择:所有部门
工资类别2:计件人员工资
部门选择:制造中心

视频:建立工资类别

> **实验过程**

1. 计时人员工资类别建立

2023年4月1日登录系统,选择"人力资源"|"薪资管理"|"工资类别"|"新建工资类别",输入要建立的工资类别名称"计时人员工资",如图6-3所示。

单击"下一步"按钮,在选择部门时,单击"选定全部部门"按钮,如图6-4所示。

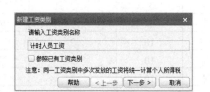

图6-3 新建工资类别(输入工资类别名称)

图6-4 选择部门

单击"完成"按钮,提示"工资类别的启用日期为2023-04-01",选择"是"完成计时人员工资类别的建立。

选择"人力资源"|"薪资管理"|"工资类别"|"关闭工资类别",弹出"薪资管理"窗口,提示"已关闭工资类别",单击"确定"按钮完成。

2. 计件人员工资类别建立

选择"人力资源"|"薪资管理"|"工资类别"|"新建工资类别",输入要建立的工资类别名称"计件人员工资"。

在选择部门时,只选择"制造中心"及其下属的两个车间。其余操作参照计时人员工资类别建立完成。建立完成后,关闭工资类别即可。

6.2.3 公共工资项目设置

↘ 实验资料

本单位的工资项目如表 6-1 所示。

表 6-1 工资项目

项目名称	新增项目	类型	长度	小数位数	增减项
基本工资	是	数字	8	2	增项
岗位补贴	是	数字	8	2	增项
交通补贴	是	数字	8	2	增项
计件工时	是	数字	8	2	其他
工时工资	是	数字	8	2	其他
计件结算	是	数字	8	2	增项
应发合计		数字	10	2	增项
事假天数	是	数字	8	2	其他
事假扣款	是	数字	8	2	减项
养老保险	是	数字	8	2	减项
失业保险	是	数字	8	2	减项
医疗保险	是	数字	8	2	减项
公积金	是	数字	8	2	减项
其他保险	是	数字	8	2	减项
代扣税		数字	10	2	减项
子女教育		数字	8	2	其他
继续教育		数字	8	2	其他
住房贷款利息		数字	8	2	其他
住房租金		数字	8	2	其他
老人赡养费		数字	8	2	其他
大病医疗	是	数字	8	2	其他
婴幼儿照护	是	数字	8	2	其他
其他合法扣除		数字	8	2	其他
上月累计应税所得额	是	数字	10	2	其他
本月应税所得额	是	数字	10	2	其他
本月累计应税所得额	是	数字	10	2	其他
扣款合计		数字	10	2	减项
本月应付工资	是	数字	10	2	其他
实发合计		数字	10	2	增项

注:婴幼儿照护专项扣除,是指纳税人照护 3 岁以下婴幼儿的相关支出。其于 2022 年 1 月 1 日实施,实行定额扣除,扣除标准 1000 元/月/孩。

↘ 实验过程

1. 工资项目设置

选择"人力资源"|"薪资管理"|"设置"|"工资项目设置",系统提供了

视频:公共工资项目设置

常设项目，这里设置的工资项目是不同工资类别之间共享的，即公共服务。在建立不同工资类别的工资项目时，只能在这里设置的项目中选择。项目相同，便于不同类别工资的数据汇总和分析。

2. 增加和减少项目

在"工资项目设置"窗口中，单击"增加"按钮，输入实验资料相关项目，设置类型、长度、小数、增减项。设置完成后如图6-5所示。

可以单击"上移"或"下移"按钮，将工资项目移动到需要的位置。

单击"确定"按钮，系统提示要求确认各工资类别的公式是否正确，否则计算结果可能不正确，单击"确定"按钮完成设置。

图6-5　工资项目设置

| 操作提示 |

此处所设置的工资项目是针对所有工资类别所需要使用的全部工资项目。

对新增的工资项目，如果"名称参照"下拉列表中没有，可以直接输入。

6.2.4　人员档案设置

▶ 实验资料

本单位计时工资人员档案如表6-2所示。

表6-2　计时工资人员档案

人员编码	人员姓名	性别	人员类别	部门	账号	是否计税
101	孙正	男	管理	行政部	1111	是
102	宋嘉	女	管理	行政部	1112	是
201	何沙	男	管理	财务部	1113	是
202	赵小兵	女	管理	财务部	1114	是
203	孙胜业	女	管理	财务部	1115	是
301	李天华	女	管理	采购部	1116	是
302	杨真	男	管理	采购部	1117	是
401	陈瓜瓜	男	管理	仓储部	1118	是
501	刘一江	男	经营	销售部	1119	是
502	朱小明	女	经营	销售部	1120	是
601	罗忠	男	经营	服务部	1121	是
701	向璐宇	男	车间管理	一车间	1180	是
702	秦地久	女	车间管理	一车间	1181	是
801	万思维	男	车间管理	二车间	1182	是
802	东方魂	男	车间管理	二车间	1183	是

本单位增加的计件工资人员档案如表6-3所示。

表6-3 计件工资人员档案

人员编码	人员姓名	性别	人员类别	部门	账号	是否计税
703	天河飞	男	车间工人	一车间	1190	是
704	秦半岛	女	车间工人	一车间	1191	是
803	叶海甸	男	车间工人	二车间	1192	是
804	万银大	女	车间工人	二车间	1193	是
805	朱海风	男	车间工人	二车间	1194	是
806	温琼海	女	车间工人	二车间	1195	是

注：① 所有人员均为中方人员。

② 以上所有人员的代发银行均为工商银行重庆分行两江支行；账号为787978797879。

实验过程

1. 计时人员工资档案

选择"人力资源"|"薪资管理"|"工资类别"|"打开工资类别"，进入后如图6-6所示。选择"计时人员工资"类别，单击"确定"按钮完成。工资类别打开成功后，屏幕右下角会显示当前打开的工资类别。

视频：人员档案设置

图6-6 打开工资类别

打开某个工资类别后，相应的操作就是针对这个工资类别进行的。选择"人力资源"|"薪资管理"|"设置"|"人员档案"，设置计时人员工资类别的人员档案。

单击"批增"按钮，进入"人员批量增加"窗口，如图6-7所示。单击左边栏中的全部部门(逐个选择每个部门)，单击"查询"按钮，再选择需要纳入计时人员工资类别的人员，单击"确定"按钮，系统自动将人员引入计时人员工资类别的人员档案中。

在"人员档案"窗口，单击"修改"按钮或双击某一人员所在行，弹出"人员档案明细"窗口，输入和设置有关信息，如图6-8所示。

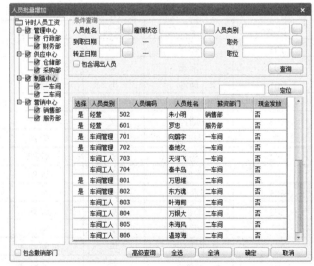

图6-7 计时人员批量增加

在本类别中进行工资核算的人员，通过在"选择"列双击某人就可以转换"是"或空白，"是"表示选择这个人。

完成后的计时人员档案如图6-9所示。

图6-8 人员档案明细（基本信息）　　　　图6-9 计时人员档案

排序的方法是先将鼠标移到某一列，然后单击右键，选择"排序"|"选择列"|"升序"或"降序"。

2. 计件人员工资档案

选择"人力资源"|"薪资管理"|"工资类别"|"打开工资类别"，在弹出的对话框中选择"计件人员工资"类别。

选择"人力资源"|"薪资管理"|"设置"|"人员档案"，进入后单击"批增"按钮，选择左侧的"制造中心"及其下属车间，然后单击"查询"按钮，选择需要纳入计件人员工资类别的人员，如图6-10所示。

然后单击"确定"按钮完成导入，结果如图6-11所示。

图6-10 计件人员批量增加　　　　图6-11 计件人员档案

6.2.5 计时人员工资项目设置

▶ 实验资料

工资项目：基本工资、岗位补贴、交通补贴、应发合计、事假天数、事假扣款、养老保险、失业保险、医疗保险、公积金、其他保险、子女教育、继续教育、住房贷款利息、住房租金、老人赡养费、大病医疗、婴幼儿照护、其他合法扣除、代扣税、扣款合计、实发合计、本月应付工资、本月应税所得额、年终奖、年终奖代扣税、工资代扣税、扣税合计、上月累计应税所得额、本月累计应税所得额。

计算公式为

交通补贴=IFF(人员类别="管理"，200，iff(人员类别="车间管理"，200，150))

说明：管理人员和车间管理人员200元，其他人员150元，IFF()为系统提供的函数。

另一种公式为交通补贴=IFF(人员类别="管理",200,iff(人员类别="车间管理",200,iff(人员类别="经营",150)))

应发合计=基本工资+岗位补贴+交通补贴

说明:应发合计为系统自动生成。

事假扣款=(基本工资/22)×事假天数

养老保险=(基本工资+岗位补贴)×0.08

医疗保险=(基本工资+岗位补贴)×0.02

失业保险=(基本工资+岗位补贴)×0.005

公积金=(基本工资+岗位补贴)×0.12

本月应税所得额=应发合计-事假扣款-养老保险-医疗保险-失业保险-公积金-其他保险-子女教育-继续教育-住房贷款利息-住房租金-老人赡养费-大病医疗-婴幼儿照护-其他合法扣除

本月累计应税所得额=上月累计应税所得额+本月应税所得额

说明:用于计算个人所得税。在实际工作中,应税所得额如何计算有具体的规定,这里设置这个项目是体现一种方法。

扣款合计=事假扣款+养老保险+医疗保险+失业保险+公积金+其他保险+代扣税

说明:系统根据减项自动生成扣款合计。

实发合计=应发合计-扣款合计

说明:实发合计由系统自动生成。

本月应付工资=应发合计-事假扣款。

说明:本项目用于工资分配。

实验过程

1. 工资项目设置(计时人员)

选择"人力资源"|"薪资管理"|"工资类别"|"打开工资类别",选择"计时人员工资"类别。

选择"人力资源"|"薪资管理"|"设置"|"工资项目设置",在"工资项目设置"选项卡中,单击"增加"按钮,然后单击"名称参照"下拉列表,选择需要的项目,设置完成后如图6-12所示。

视频:计时人员工资项目设置

可以单击"上移"或"下移"按钮,将工资项目移动到需要的位置。

在工资类别选定后进行工资项目设置时,发现工资项目名称缺少的,须先关闭工资类别,进入工资项目设置中重新按在公共工资项目设置中的步骤增加即可。

2. 公式设置(计时人员)

选择"公式设置"选项卡,设置计算公式。其中:

应发合计=基本工资+岗位补贴+交通补贴

扣款合计=事假扣款+养老保险+医疗保险+失业保险+公积金+其他保险+代扣税

实发合计=应发合计-扣款合计

图6-12 工资项目设置(计时人员)

这几个项目是系统固定生成的,不能更改。应发合计是按照工资项目中的"增项"生成的;扣款合计是按照工资项目的减项生成的。实发合计则是固定的公式。

如果有的项目不纳入自动生成的公式中，就需要在设置工资项目的时候，将"增减项"属性设置为"其他"。

除了系统固定生成的公式外，其他计算公式可以自行设定。在设定的时候同时还要注意先后顺序，在公式中引用的并需要计算的项目，要先进行计算。

设置公式时，先单击工资项目中的"增加"按钮，增加需要进行计算的项目，如"养老保险"，然后在养老保险公式定义中，设置计算公式，如"(基本工资+岗位补贴)×0.08"，设置完成后单击"公式确认"按钮完成本项目公式定义。

在公式定义框中输入公式，公式中涉及的工资项目、部门、人员类别、函数、运算符可以在"公式输入参照"中选择，也可以直接输入。一个公式设置完成，务必单击"公式确认"按钮检测公式的正确性。

在设置函数时，单击"函数公式向导输入…"按钮，输入实验资料信息，具体可查看每个函数的说明，如图6-13所示。公式的顺序可以单击工资项目内的"上移"和"下移"按钮来调整。

图6-13　公式设置(计时人员)

▌操作提示▐

系统自动生成的应发合计、扣款合计、实发合计计算公式不能更改。

定义公式时，工资中没有的项目不允许在公式中出现。

定义公式时，可以使用函数公式向导输入、函数参照、工资项目参照、部门参照和人员类别参照，编辑输入该工资项目的计算公式。

定义公式后要注意调整公式的先后顺序，否则系统有可能不能正确计算，如"应发合计"应排在"基本工资""岗位补贴"等项目之后。

6.2.6　计件人员工资项目设置

▶ 实验资料

工资项目：岗位补贴、交通补贴、计件工时、工时工资、计件结算、应发合计、养老保险、失业保险、医疗保险、公积金、其他保险、子女教育、继续教育、住房贷款利息、住房租金、老人赡养费、大病医疗、婴幼儿照护、其他合法扣除、代扣税、扣款合计、实发合计、本月应付工资、本月应税所得额、上月累计应税所得额、本月累计应税所得额、年终奖、年终奖代扣税、工资代扣税、扣税合计。

计算公式为

交通补贴=IFF(人员类别="车间工人",150)

计件结算=计件工时×工时工资

应发合计=岗位补贴+交通补贴+计件结算

养老保险=(3957+岗位补贴)×0.08

医疗保险=(3957+岗位补贴)×0.02

失业保险=(3957+岗位补贴)×0.005

公积金=(3957+岗位补贴)×0.12

说明：本实验中，养老保险基数按照重庆市2022年社会平均工资缴费下限3957元计算，个人交8%。

本月应税所得额=应发合计-养老保险-医疗保险-失业保险-公积金-其他保险-子女教育-继续教育-住房贷款利息-住房租金-老人赡养费-大病医疗-婴幼儿照护-其他合法扣除

本月累计应税所得额=上月累计应税所得额+本月应税所得额

说明：用于计算个人所得税。在实际工作中，应税所得额如何计算有具体的规定，这里设置这个项目是体现一种方法。

扣款合计=养老保险+失业保险+医疗保险+公积金+其他保险+代扣税

说明：系统根据减项自动生成扣款合计。

实发合计=应发合计-扣款合计

实验过程

1. 工资项目设置(计件人员)

选择"人力资源"|"薪资管理"|"工资类别"|"打开工资类别"，选择"计件人员工资"类别。

选择"人力资源"|"薪资管理"|"设置"|"工资项目设置"，在"工资项目设置"选项卡中，单击"增加"按钮，然后单击"名称参照"下拉列表，选择需要的项目，设置完成后如图6-14所示。

视频：计件人员工资项目设置

可以单击"上移"或"下移"按钮，将工资项目移动到需要的位置。

2. 公式设置(计件人员)

选择"公式设置"选项卡，根据实验资料设置计件人员工资类别的公式，设置方式与计时人员的公式设置类似，如图6-15所示。不同工资类别相同项目的计算公式是单独设置的，工资类别不同，设置的计算公式也不同。

图6-14 工资项目设置(计件人员)

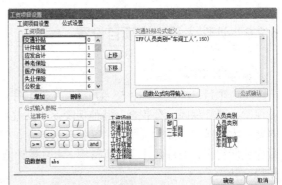

图6-15 公式设置(计件人员)

6.3 计时人员工资类别日常工资处理

6.3.1 计时人员工资数据设置

1. 录入工资数据

↘ **实验资料**

本单位计时人员 4 月初工资情况如表 6-4 所示。

表 6-4 计时人员工资情况 (单位：元)

人员编码	姓名	基本工资	岗位补贴	事假天数/天	上月累计应税所得额	子女教育	继续教育	住房贷款利息	住房租金	赡养老人	婴幼儿照护专项扣除
101	孙正	15 000	1 000		48 000	500					
102	宋嘉	11 000	500	2	34 500			1000			
201	何沙	10 000	500		31 500		400				
202	赵小兵	9 000	500		28 500				1500		
203	孙胜业	9 500	500		30 000					1000	
301	李天华	10 000	400		31 200						1000
302	杨真	10 000	400	1	31 200						
401	陈瓜瓜	10 000	400		31 200						
501	刘一江	9 000	400		28 200	500					
502	朱小明	11 000	400		34 200						
601	罗忠	10 000	400		31 200						
701	向璐宇	12 000	400		37 200	500					
702	秦地久	11 000	400		34 200		400				
801	万思维	11 500	400	6	35 700						
802	东方魂	10 000	400		31 200						
合计		159 000	7 000	9	498 000	1 500	800	1 000	1 500	1 000	1 000

说明：这里的上月累计应税所得额，仅仅是举例说明方法，与总账等的数据无关。

↘ **实验过程**

选择"人力资源"|"薪资管理"|"工资类别"|"打开工资类别"，选择"计时人员工资"类别。

选择"人力资源"|"薪资管理"|"业务处理"|"工资变动"，输入工资基本数据、考勤等资料。鼠标移动到输入区并单击右键，选择"项目过滤"，可以选择相关项目到输入区内。数据输入完成后，依次单击工具栏的"计算""汇总"按钮，系统根据定义好的公式，自动计算工资表有关项目的数据，如图 6-16 所示。

视频：计时人员
工资数据设置

				工资变动				
过滤器	所有项目 ▼				□定位器			
选择	人员编号	姓名	部门	人员类别	基本工资	岗位补贴	交通补贴	应发合计
	101	孙正	行政部	管理	15,000.00	1,000.00	200.00	16,200.00
	102	宋嘉	行政部	管理	11,000.00	500.00	200.00	11,700.00
	201	何沙	财务部	管理	10,000.00	500.00	200.00	10,700.00
	202	赵小兵	财务部	管理	9,000.00	500.00	200.00	9,700.00
	203	孙胜业	财务部	管理	9,500.00	500.00	200.00	10,200.00
	401	陈瓜瓜	仓储部	管理	10,000.00	400.00	200.00	10,600.00
	301	李天华	采购部	管理	10,000.00	400.00	200.00	10,600.00
	302	杨真	采购部	管理	10,000.00	400.00	200.00	10,600.00
	701	向璐宇	一车间	车间管理	12,000.00	400.00	200.00	12,600.00
	702	秦地久	一车间	车间管理	11,000.00	400.00	200.00	11,600.00
	801	万思维	二车间	车间管理	11,500.00	400.00	200.00	12,100.00
	802	东方魂	二车间	车间管理	10,000.00	400.00	200.00	10,600.00
	501	刘一江	销售部	经营	9,000.00	400.00	150.00	9,550.00
	502	朱小明	销售部	经营	11,000.00	400.00	150.00	11,550.00
	601	罗忠	服务部	经营	10,000.00	400.00	150.00	10,550.00
合计					159,000.00	7,000.00	2,850.00	168,850.00

图 6-16　工资变动表(应发部分)

实发部分的所得税计算要在设置所得税预扣率后进行。

2. 扣缴个人所得税

▶ 实验资料

2019 年开始，实施累计预扣预缴个人所得税的计算方法，即指扣缴义务人在一个纳税年度内，以截至当前月份累计支付的工资薪金所得收入额减除累计基本减除费用、累计专项扣除、累计专项附加扣除和依法确定的累计其他扣除后的余额为预缴应纳税所得额，对照所得税率表，计算出累计应预扣预缴税额，减除已预扣预缴税额后的余额，作为本期应预扣预缴税额。该方法适用于综合所得，包括工资、薪金所得，劳务报酬所得，稿酬所得，特许权使用费所得。专项附加扣除项目，包括子女教育支出、继续教育支出、大病医疗支出、住房贷款利息、住房租金、赡养老人，以及婴幼儿专项照护支出。个人所得税预扣率如表 6-5 所示。

表 6-5　个人所得税预扣率（居民个人工资、薪金所得预扣预缴适用）

级　　数	累计预扣预缴应纳税所得额	税率/%	速算扣除数/元
1	不超过 36 000 元的部分	3	0
2	超过 36 000 元至 144 000 元	10	2 520
3	超过 144 000 元至 300 000 元	20	16 920
4	超过 300 000 元至 420 000 元	25	31 920
5	超过 420 000 元至 660 000 元	30	52 920
6	超过 660 000 元至 960 000 元	35	85 920
7	超过 960 000 元	45	181 920

注：扣减基数为 5 000 元。

▶ 实验过程

选择"人力资源"|"薪资管理"|"设置"|"选项"，选择"扣税设置"标签，单击"编辑"按钮，将应税计算项目设置为"本月累计应税所得额"，税款所属期设置为"当月"，如图 6-17 所示。

单击"税率设置"按钮，修改附加费用金额为"0"，完成后如图 6-18 所示。

第6章 薪资业务

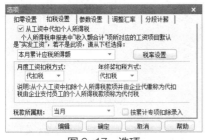

图6-17 选项

图6-18 税率表

单击"确定"按钮，退出"个人所得税申报表——税率表"窗口。然后单击"选项"窗口中的"确定"按钮，系统提示"您需要确认您的税款所属期：一旦确认，将不能更改！您现在选择的税款所属期是当月"，单击"是"按钮，退出选项设置。

选择"人力资源"|"薪资管理"|"业务处理"|"工资变动"，依次单击"计算""汇总"按钮，完成重新计算并汇总，结果如图6-19所示。

过滤器	所有项目						定位器						录入期初	
姓名	事假天数	事假扣款	养老保险	失业保险	医疗保险	公积金	子女教育	继续教育	房贷款利	住房租金	老人赡养费	婴幼儿照护	代扣款	扣款合计	实发合计
孙正			1,280.00	80.00	320.00	1,920.00	500.00						1,320.00	4,920.00	11,280.00
宋嘉	2.00	1,000.00	920.00	57.50	230.00	1,380.00		1,000.00					717.38	4,304.88	7,395.12
何沙			840.00	52.50	210.00	1,260.00	400.00						700.13	3,062.63	7,637.37
赵小兵			760.00	47.50	190.00	1,140.00			1,500.00				550.88	2,688.38	7,011.62
孙胜业			800.00	50.00	200.00	1,200.00				1,000.00			622.50	2,872.50	7,327.50
陈瓜瓜			832.00	52.00	208.00	1,248.00							715.80	3,055.80	7,544.20
李天华			832.00	52.00	208.00	1,248.00					1,000.00		685.80	3,025.80	7,574.20
杨真	1.00	454.55	832.00	52.00	208.00	1,248.00							702.16	3,496.71	7,103.29
向鹏宇			992.00	62.00	248.00	1,488.00	500.00						852.30	3,642.30	8,957.70
秦地久			912.00	57.00	228.00	1,368.00		400.00					775.05	3,340.05	8,259.95
万思维	6.00	3,136.36	952.00	59.50	238.00	1,428.00							746.58	6,560.44	5,539.56
东方魂			832.00	52.00	208.00	1,248.00							715.80	3,055.80	7,544.20
刘一江			752.00	47.00	188.00	1,128.00	500.00						602.55	2,717.55	6,832.45
朱小明			912.00	57.00	228.00	1,368.00							799.05	3,364.05	8,185.95
罗忠			832.00	52.00	208.00	1,248.00							715.80	3,055.80	7,494.20
合计	9.00	4,590.91	13,280.00	830.00	3,320.00	19,920.00	1,500.00	800.00	1,000.00	1,500.00	1,000.00		11,221.78	53,162.69	115,687.31

图6-19 工资变动表(实发部分)

选择"人力资源"|"薪资管理"|"业务处理"|"扣缴所得税"，选择"系统扣缴个人所得税报表"后单击"打开"按钮，进入"所得税申报"窗口，保持默认条件设置，单击"确定"按钮，进入"系统扣缴个人所得税报表"，如图6-20所示。

系统扣缴个人所得税报表
2023年4月 – 2023年4月

序号	纳税义务人姓名	身份证照类型	所属期间	收入	费用扣除标准	应纳税所得额	税率	应扣税额	已扣税额
1	孙正	身份证	4	16200.00	5500.00	38400.00	10	1320.00	1320.00
2	宋嘉	身份证	4	11700.00	6000.00	23912.50	3	717.38	717.38
3	何沙	身份证	4	10700.00	5400.00	23337.50	3	700.13	700.13
4	赵小兵	身份证	4	9700.00	6500.00	18362.50	3	550.88	550.88

图6-20 系统扣缴个人所得税报表(部分)

┃操作提示┃

一定要进行个人所得税计算项目设置、扣除基数和税率调整确认，然后再进行工资表数据重算业务处理，否则个人所得税计算可能会出错。

如果将来税率等调整，可以单击"税率表"功能进行重新调整。

选择"人力资源"|"薪资管理"|"业务处理"|"银行代发"，选择全部部门，单击"确定"按钮，银行模板选择"中国工商银行"，如图6-21所示。

单击"确定"按钮,系统提示"确认设置的银行文件格式?",单击"是"按钮,进入"银行代发"窗口,显示"银行代发一览表",如图6-22所示。

图6-21 银行文件格式设置　　　　图6-22 银行代发一览表(部分)

单击工具栏"输出"按钮,可以存储为多种格式。在实际工作中,要根据具体银行的要求确定格式和内容。

6.3.2 计时人员工资分摊

实验资料

在计时人员工资类别中,应付工资总额等于工资项目"应付工资",设置分摊类型名称为"计时人员工资分摊",分摊比例100%,凭证类别字为"转"。薪资费用分摊的转账分录如表6-6所示。

表6-6 转账分录

部门	人员类别	应付职工薪酬/职工薪酬/工资	
		借方科目	贷方科目
行政部、财务部、采购部、仓储部	管理	66020101	22110101
销售部、服务部	经营	66010101	22110101
一车间、二车间	车间管理	51010101	22110101

实验过程

1. 计时人员工资分摊类型设置

选择"人力资源"|"薪资管理"|"设置"|"分摊类型设置",进入后单击"增加"按钮,输入实验资料信息,如图6-23所示。

视频：计时人员工资分摊

图6-23 计时人员工资分摊类型设置

2. 执行计时人员工资分摊

选择"人力资源"|"薪资管理"|"业务处理"|"工资分摊",选中左边栏中的"计时人员工资分摊",然后选择核算部门,选中"明细到工资项目"复选框和"分配到部门"单选按钮,如图6-24所示。

单击"确定"按钮,进入"计时人员工资分摊一览表",选中"合并科目相同、辅助项相同的分录"复选框,如图 6-25 所示。

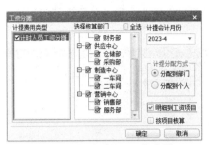

图 6-24　计时人员工资分摊　　　　图 6-25　计时人员工资分摊一览表

单击"制单"按钮,生成凭证。凭证类别设置为"转账凭证",单击"保存"按钮,完成凭证生成。

3. 生成工资分摊凭证有错的处理方法

(1) 选择"人力资源"|"薪资管理"|"凭证查询",进入"凭证查询"窗口,可以删除前面生成的有误凭证。

(2) 选择"财务会计"|"总账"|"凭证"|"填制凭证",单击"整理凭证"按钮就可以彻底清除这张凭证。

(3) 建立新的工资分摊方案,就可以按照新的方案生成凭证。

操作提示

所有与工资相关的费用、基金都可以建立相应的分摊类型名称及分配比例,通过工资分摊功能进行计算并生成凭证。

应付工资分摊的设置也要按分摊顺序进行设置。

6.3.3　计时人员应付职工福利费分摊

实验资料

在计时人员工资类别中,增加计提费用类型为"计时人员应付职工福利费",公司职工福利费的计提依据为公司应付工资总额的 14%,转账分录如表 6-7 所示。

表 6-7　转账分录

部门	人员类别	应付职工薪酬/职工薪酬/职工福利费	
		借方科目	贷方科目
行政部、财务部、采购部、仓储部	管理	66020102	22110102
销售部、服务部	经营	66010102	22110102
一车间、二车间	车间管理	51010102	22110102

实验过程

1. 计时人员应付职工福利费分摊类型设置

选择"人力资源"|"薪资管理"|"设置"|"分摊类型设置",进入后单击"增加"按钮,输入实验资料信息,如图 6-26 所示。

视频:计时人员
应付职工福利费分摊

2. 执行计时人员应付职工福利费分摊

选择"人力资源"|"薪资管理"|"业务处理"|"工资分摊",选中左边栏中的"计时人员应付职工福利费",然后选择核算部门,选中"明细到工资项目"复选框和"分配到部门"单选按钮,如图6-27所示。

图6-26 计时人员应付职工福利费分摊类型设置

图6-27 计时人员应付职工福利费分摊

单击"确定"按钮,进入"计时人员应付职工福利费一览表",选中"合并科目相同、辅助项相同的分录"复选框,如图6-28所示。单击"制单"按钮,生成凭证。凭证类别设置为"转账凭证",单击"保存"按钮,完成凭证生成。

计时人员应付职工福利费一览表						
☑ 合并科目相同、辅助项相同的分录						
类型 计时人员应付职工福利费				计提会计月份	4月	
部门名称	人员类别	应发合计				
		计提基数	计提比例	计提金额	借方科目	贷方科目
行政部	管理	27900.00	14.00%	3906.00	66020102	22110102
财务部		30600.00	14.00%	4284.00	66020102	22110102
仓储部		10600.00	14.00%	1484.00	66020102	22110102
采购部		21200.00	14.00%	2968.00	66020102	22110102
一车间	车间管理	24200.00	14.00%	3388.00	51010102	22110102
二车间		22700.00	14.00%	3178.00	51010102	22110102
销售部	经营	21100.00	14.00%	2954.00	66010102	22110102
服务部		10550.00	14.00%	1477.00	66010102	22110102

图6-28 计时人员应付职工福利费一览表

6.3.4 计时人员应付工会经费分摊

▶ **实验资料**

在计时人员工资类别中,增加计提费用类型为"计时人员应付工会经费",公司工会经费的计提依据为公司应付工资总额的2%,转账分录如表6-8所示。

表6-8 转账分录

部门	人员类别	应付职工薪酬/职工薪酬/工会经费	
		借方科目	贷方科目
行政部、财务部、采购部、仓储部	管理	66020105	22110105
销售部、服务部	经营	66010105	22110105
一车间、二车间	车间管理	51010105	22110105

▶ **实验过程**

1. 计时人员应付工会经费分摊类型设置

选择"人力资源"|"薪资管理"|"设置"|"分摊类型设置",进入后单击"增加"按钮,输入实验资料信息,如图6-29所示。

视频:计时人员应付工会经费分摊

图 6-29 计时人员应付工会经费分摊类型设置

2. 执行计时人员应付工会经费分摊

选择"人力资源"|"薪资管理"|"业务处理"|"工资分摊",选中左边栏中的"计时人员应付工会经费",然后选择核算部门,选中"明细到工资项目"复选框和"分配到部门"单选按钮,如图 6-30 所示。

单击"确定"按钮,进入"计时人员应付工会经费一览表",选中"合并科目相同、辅助项相同的分录"复选框,如图 6-31 所示。单击"制单"按钮,生成凭证。凭证类别设置为"转账凭证",单击"保存"按钮,完成凭证生成。

图 6-30 计时人员应付工会经费分摊　　图 6-31 计时人员应付工会经费一览表

6.3.5 计时人员应付职工教育经费分摊

实验资料

在计时人员工资类别中,增加计提费用类型为"计时人员应付职工教育经费",公司职工教育经费的计提依据为公司应付工资总额的 8%,转账分录如表 6-9 所示。

表 6-9 转账分录

部门	人员类别	应付职工薪酬/职工薪酬/职工教育经费	
		借方科目	贷方科目
行政部、财务部、采购部、仓储部	管理	66020106	22110106
销售部、服务部	经营	66010106	22110106
一车间、二车间	车间管理	51010106	22110106

实验过程

1. 计时人员应付职工教育经费分摊类型设置

选择"人力资源"|"薪资管理"|"设置"|"分摊类型设置",进入后单击"增加"按钮,输入实验资料信息,如图 6-32 所示。

视频:计时人员
应付职工教育经费分摊

图 6-32 计时人员应付职工教育经费分摊类型设置

2. 执行计时人员应付职工教育经费分摊

选择"人力资源"|"薪资管理"|"业务处理"|"工资分摊",选中左边栏中的"计时人员应付职工教育经费",然后选择核算部门,选中"明细到工资项目"复选框和"分配到部门"单选按钮,如图 6-33 所示。

单击"确定"按钮,进入"计时人员应付职工教育经费一览表",选中"合并科目相同、辅助项相同的分录"复选框,如图 6-34 所示。单击"制单"按钮,生成凭证。凭证类别设置为"转账凭证",单击"保存"按钮,完成凭证生成。

图 6-33 计时人员应付职工教育经费分摊

图 6-34 计时人员应付职工教育经费一览表

6.4 计件人员工资类别日常工资处理

6.4.1 计件人员工资数据设置

▶ 实验资料

本单位计件人员工资情况如表 6-10 所示。

表 6-10 计件人员工资情况

人员编码	人员姓名	工作岗位	岗位补贴/元	交通补贴/元	计件工时/小时	上月累计应税所得额/元
703	天河飞	组装	1 000	150	170	15 000
704	秦半岛	组装	1 000	150	180	14 000
803	叶海甸	组装	1 000	150	175	15 000
804	万银大	组装	1 000	150	185	14 000
805	朱海风	组装	1 000	150	175	16 000
806	温琼海	测试	1 000	150	185	15 000
合计			6 000	900	1 070	89 000

计件工资标准：工时，有"组装工时"和"测试工时"两项。

计件工资单价：组装工时工资为 35 元，测试工时工资为 30 元。

实验过程

1. 选择工资类别

选择"人力资源"|"薪资管理"|"工资类别"|"打开工资类别"，选择"计件人员工资"类别。

视频：计件人员工资数据设置

2. 设置扣税项目和税率

选择"人力资源"|"薪资管理"|"设置"|"选项"，选择"扣税设置"标签，单击"编辑"按钮，将应税计算项目设置为"本月累计应税所得额"，税款所属期设置为"当月"，单击"税率设置"按钮，修改附加费用金额为"0"。

操作提示

税率设置检查与计时人员工资类别相同，请参考前面讲述的设置方法。

3. 录入工资数据

选择"人力资源"|"薪资管理"|"业务处理"|"工资变动"，输入工资数据。单击工具栏"计算"按钮，系统根据定义好的公式，自动计算工资表信息，如图 6-35 所示。鼠标移动到输入区并单击右键，选择"项目过滤"，可以选择相关项目到输入区内。

工资实发部分的信息如图 6-36 所示。

图 6-35　工资变动表(应发部分)　　　　图 6-36　工资变动表(实发部分)

若金额出现错误提示，应先检查公式设置是否准确，如果不准确，按计件人员工资项目设置步骤重新设置。

4. 扣缴个人所得税

选择"人力资源"|"薪资管理"|"业务处理"|"扣缴所得税"，选择"系统扣缴个人所得税报表"后，单击"打开"按钮，按默认条件设置后单击"确定"按钮。

6.4.2　计件人员应付工资分摊

实验资料

在计件人员工资类别中，设置分摊类型名称为"计件人员应付工资"，分摊比例为100%，凭证类别字为"转"。薪资费用分配的转账分录如表 6-11 所示。

表 6-11 转账分录

部门	人员类别	应付职工薪酬/职工薪酬/工资	
		借方科目	贷方科目
一车间、二车间	车间工人	51010101	22110101

实验过程

1. 计件人员应付工资分摊类型设置

选择"人力资源"|"薪资管理"|"设置"|"分摊类型设置",进入后单击"增加"按钮,输入实验资料信息。在分摊类型名称处输入"计件人员应付工资",分摊比例为100%,凭证类别字设置为"转",如图6-37所示。

视频:计件人员应付工资分摊

图 6-37 计件人员应付工资分摊类型设置

2. 执行计件人员应付工资分摊

选择"人力资源"|"薪资管理"|"业务处理"|"工资分摊",选中左边栏中的"计件人员应付工资",然后选择核算部门,选中"明细到工资项目"复选框和"分配到部门"单选按钮,如图6-38所示。

单击"确定"按钮,进入"计件人员应付工资一览表",选中"合并科目相同、辅助项相同的分录"复选框,如图6-39所示。单击"制单"按钮,生成凭证。凭证类别设置为"转账凭证",单击"保存"按钮,完成凭证生成。

图 6-38 计件人员应付工资分摊

图 6-39 计件人员应付工资一览表

操作提示

如果计件工资较复杂,应采用计件工资模块进行管理,数据能传递到工资业务中来。

6.4.3 计件人员应付职工福利费分摊

实验资料

在计件人员工资类别中,增加计提费用类型为"计件人员应付职工福利费",公司职工福利费的计提依据为公司应付工资总额的14%,如表6-12所示。

表 6-12 转账分录

部门	人员类别	应付职工薪酬/职工薪酬/职工福利费	
		借方科目	贷方科目
一车间、二车间	车间工人	51010102	22110102

▶ 实验过程

1. 计件人员应付职工福利费分摊类型设置

选择"人力资源"|"薪资管理"|"设置"|"分摊类型设置",进入后单击"增加"按钮,输入实验资料信息,如图 6-40 所示。

视频:计件人员应付职工福利费分摊

图 6-40 计件人员应付职工福利费分摊类型设置

2. 执行计件人员应付职工福利费分摊

选择"人力资源"|"薪资管理"|"业务处理"|"工资分摊",选中左边栏中的"计件人员应付职工福利费",然后选择核算部门,选中"明细到工资项目"复选框和"分配到部门"单选按钮,如图 6-41 所示。

单击"确定"按钮,进入"计件人员应付职工福利费一览表",选中"合并科目相同、辅助项相同的分录"复选框,如图 6-42 所示。单击"制单"按钮,生成凭证。凭证类别设置为"转账凭证",单击"保存"按钮,完成凭证生成。

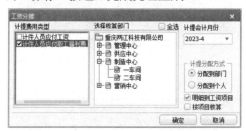

图 6-41 计件人员应付职工福利费分摊　　　　图 6-42 计件人员应付职工福利费一览表

6.4.4 计件人员应付工会经费分摊

▶ 实验资料

在计件人员工资类别中,增加计提费用类型为"计件人员应付工会经费",公司工会经费的计提依据为公司应付工资总额的 2%,转账分录如表 6-13 所示。

表 6-13 转账分录

部门	人员类别	应付职工薪酬/职工薪酬/工会经费	
		借方科目	贷方科目
一车间、二车间	车间工人	51010105	22110105

实验过程

1. 计件人员应付工会经费分摊类型设置

选择"人力资源"|"薪资管理"|"设置"|"分摊类型设置",进入后单击"增加"按钮,输入实验资料信息。在分摊类型名称处输入"计件人员应付工会经费",分摊比例为 2%,凭证类别字设置为"转",如图 6-43 所示。

图 6-43 计件人员应付工会经费分摊类型设置

视频:计件人员应付工会经费分摊

2. 执行计件人员应付工会经费分摊

选择"人力资源"|"薪资管理"|"业务处理"|"工资分摊",选中左边栏中的"计件人员应付工会经费",然后选择核算部门,选中"明细到工资项目"复选框和"分配到部门"单选按钮,如图 6-44 所示。

单击"确定"按钮,进入"计件人员应付工会经费一览表",选中"合并科目相同、辅助项相同的分录"复选框,如图 6-45 所示。单击"制单"按钮,生成凭证。凭证类别设置为"转账凭证",单击"保存"按钮,完成凭证生成。

图 6-44 计件人员应付工会经费分摊   图 6-45 计件人员应付工会经费一览表

6.4.5 计件人员应付职工教育经费分摊

实验资料

在计件人员工资类别中,增加计提费用类型为"计件人员应付职工教育经费",公司职工教育经费的计提依据为公司应付工资总额的 8%,转账分录如表 6-14 所示。

表 6-14 转账分录

部门	人员类别	应付职工薪酬/职工薪酬/职工教育经费	
		借方科目	贷方科目
一车间、二车间	车间工人	51010106	22110106

实验过程

1. 计件人员应付职工教育经费分摊类型设置

选择"人力资源"|"薪资管理"|"设置"|"分摊类型设置",进入后单击"增加"按钮,输入实验资料信息,如图 6-46 所示。

视频:计件人员应付职工教育经费分摊

图 6-46　计件人员应付职工教育经费分摊类型设置

单击"保存"按钮,退出即可。

2. 执行计件人员应付职工教育经费分摊

选择"人力资源"|"薪资管理"|"业务处理"|"工资分摊",选中左边栏中的"计件人员应付职工教育经费",然后选择核算部门,选中"明细到工资项目"复选框和"分配到部门"单选按钮,如图 6-47 所示。

单击"确定"按钮,进入"计件人员应付职工教育经费一览表",选中"合并科目相同、辅助项相同的分录"复选框,如图 6-48 所示。单击"制单"按钮,生成凭证。凭证类别设置为"转账凭证",单击"保存"按钮,完成凭证生成。

图 6-47　计件人员应付职工教育经费分摊

图 6-48　计件人员应付职工教育经费一览表

6.5　工资汇总

职工在各工资类别发放的工资,常常需要掌握总体情况,这就需要将工资的各类别进行汇总,然后对数据进行查询与分析。

视频:工资汇总

1. 关闭工资类别

选择"人力资源"|"薪资管理"|"工资类别"|"关闭工资类别",关闭已经打开的工资类别。

2. 进行工资类别汇总

选择"人力资源"|"薪资管理"|"维护"|"工资类别汇总",选择要进行汇总的工资类别,此处选择仅有的两个工资类别,单击"确定"按钮,完成汇总,生成新的工资类别"998 汇总工资类别"。

3. 打开汇总工资类别

选择"人力资源"|"薪资管理"|"工资类别"|"打开工资类别",选择"998 汇总工资类别"。

4. 汇总工资类别计算公式设置

汇总工资类别是将选定的工资类别按照人员归集和汇总,相当于建立了一个新的工资类别,按照需要设置汇总工资表的计算公式。选择"人力资源"|"薪资管理"|"设置"|"工资项目设置",进入公式设置,自动进行应发合计、扣款合计、实发合计的公式定义。如果需要新的定义,就要设置新的公式,本实验保持默认公式设置。然后在"工资项目设置"中对项目顺序进行调整,使其符

合汇总的阅读需要。

5. 汇总工资信息查询

选择"人力资源"|"薪资管理"|"业务处理"|"工资变动",可以查看汇总的工资表。项目顺序是在工资项目设置中确定的。在不需要时也可以删除汇总工资类别。其他相关查询功能可选择应用。

6.6 工资信息查询

当分类别的工资月末处理完成后,选择"人力资源"|"薪资管理"|"工资类别"|"打开工资类别",选择需要打开的工资类别。

选择"人力资源"|"薪资管理"|"账表"|"我的账表",页面显示相关的报表目录,可根据需要进行选择查看。

6.7 薪金发放-银行代发

📥 实验资料

重庆两江科技有限公司每月30日发放当月工资。

📥 实验过程

选择"人力资源"|"薪资管理"|"工资类别"|"打开工资类别",选择"998汇总工资类别",单击"确定"按钮,在主界面右下角显示当前工资类别为998汇总工资类别。

选择"人力资源"|"薪资管理"|"业务处理"|"银行代发",单击"全选"按钮,选中所有部门,单击"确定"按钮,银行模板选择"中国工商银行",单击"确定"按钮,系统生成"银行代发一览表",如图6-49所示。

单击"方式"按钮,进入"文件方式设置"窗口,在"常规"页面中选择银行要求的文件格式。在"高级"页面中仅勾选"数值型是否输出小数点",单击"确定"按钮,系统提示"确定当前设置文件格式?"单击"是"

视频:薪金发放-银行代发

银行代发一览表				
名称:中国工商银行				
单位编号	人员编号	账号	金额	录入日期
1234934325	101	1111	12387.00	20230430
1234934325	102	1112	8049.12	20230430
1234934325	201	1113	8249.37	20230430
1234934325	202	1114	7530.62	20230430

图6-49 银行代发一览表(部分)

按钮,返回银行代发主界面,单击"输出"按钮,进入"数据输出"对话框,选择保存路径,输入文件名,设定保存类型,单击"保存"按钮。

6.8 月末处理

选择"人力资源"|"薪资管理"|"工资类别"|"打开工资类别",选择工资类别(如"计件人员工资"类别),单击"确定"按钮完成。

选择"人力资源"|"薪资管理"|"业务处理"|"月末处理",进入"月末处理"窗口。单击"确定"按钮,系统提示"月末处理之后,本月工资将不许变动!继续月末处理吗?"单击"是"按钮。

系统弹出"是否选择清零项?"提示框,如果单击"是"按钮,则系统将打开

视频:月末处理

"选择清零项目"窗口,可以选择清零项目,系统将对这些项目数据进行清零处理;如果不选择清零项目,则系统直接进行月末处理。

即测即评
请扫描二维码进行在线测试。

本章测评

第 7 章 采购与应付业务

7.1 采购业务处理

7.1.1 供应链管理及其与其他系统的关系

从会计角度看,供应链管理主要包括采购管理、库存管理、销售管理、存货核算管理。

从总账的角度看,采购、销售、库存是发生业务数据的入口,所有的数据进入系统后,除了进行相关的业务处理,同时要传递到总账子系统进行账务处理。总账是会计数据处理的中心,其与总账的关系如图 7-1 所示。

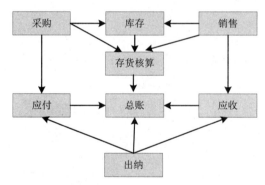

图 7-1 采购、销售、库存与总账的关系图

7.1.2 采购模块

采购过程是指企业获取其所需资源(包括各类原材料、配件、固定资产等)的业务过程。因此,采购模块涵盖与购买、维护及支付等业务过程有关的业务处理。采购过程的总目标是获取、维护和支付组织所需的资源,也就是为组织的经营过程提供必需的资源。采购模块的相关内容,可扫描二维码阅读。

采购模块

7.1.3 设置基础信息

▶ 实验资料

1. 计量单位

计量单位的有关信息如表 7-1 所示。

表 7-1　计量单位

计量单位组名称	计量单位代码	计量单位名称	换算方式	换算率	主计量单位
01：自然单位组，无换算率	0100	其他	无换算率		
	0101	吨	无换算率		
	0102	台	无换算率		
	0103	块	无换算率		
	0104	箱	无换算率		
	0105	盒	无换算率		
	0106	个	无换算率		
	0107	套	无换算率		
	0108	千米	无换算率		
	0109	次	无换算率		
02：鼠标组，固定换算率	0200	只	固定换算率	1	是
	0201	箱	固定换算率	12	
03：硬盘组，固定换算率	0300	盒	固定换算率	1	是
	0301	箱	固定换算率	10	

2. 存货分类

存货分类如表 7-2 所示。

表 7-2　存货分类

类别编码	类别名称	类别编码	类别名称
1	原材料	2	产成品
101	主机	201	创智一体机
10101	处理器	202	扫描器
10102	硬盘	3	配套用品
10103	主板	301	配套硬件
102	显示屏	30101	打印机
103	电子秤	30102	服务器
104	机箱	302	配套软件
105	键盘	4	代管商品
106	鼠标	8	应税劳务

3. 存货档案

存货档案如表 7-3 所示。

表 7-3　存货档案

类别	编码	名称	计量单位组	单位	属性
1		原材料			
101		主机			
10101		处理器			
10101	001	CN 处理器	自然单位组	盒	内销、采购、生产耗用
10101	002	INT 处理器	自然单位组	盒	内销、采购、生产耗用
10102		硬盘			
10102	003	2TSSD 硬盘	硬盘组	盒	内销、采购、生产耗用
10102	004	1TSSD 硬盘	硬盘组	盒	内销、采购、生产耗用
102		显示屏			

(续表)

类别	编码	名称	计量单位组	单位	属性
102	005	LED 触摸屏	自然单位组	块	内销、采购、生产耗用
102	006	LED 显示屏	自然单位组	块	内销、采购、生产耗用
103		电子秤			
103	007	普通电子秤	自然单位组	台	内销、采购、生产耗用
103	008	防水电子秤	自然单位组	台	内销、采购、生产耗用
104		机箱			
104	009	A 型机箱	自然单位组	个	内销、采购、生产耗用
104	010	B 型机箱	自然单位组	个	内销、采购、生产耗用
105		键盘			
105	011	有线键盘	自然单位组	个	内销、采购、生产耗用
105	012	无线键盘	自然单位组	个	内销、采购、生产耗用
106		鼠标			
106	013	有线鼠标	鼠标组	只	内销、采购、生产耗用
106	014	无线鼠标	鼠标组	只	内销、采购、生产耗用
2		产成品			
201		创智一体机			
201	015	创智 X 号	自然单位组	台	内销、自制、计件、服务产品
201	016	创智 N 号	自然单位组	台	内销、自制、计件、服务产品
202		扫描器			
202	017	手持扫描器	自然单位组	个	内销、自制、生产耗用、计件、服务产品
202	018	桌面扫描器	自然单位组	个	内销、自制、生产耗用、计件、服务产品
3		配套用品			
301		配套硬件			
30101		打印机			
30101	019	发票打印机	自然单位组	台	内销、采购
30101	020	HP 打印机	自然单位组	台	内销、采购
30102		服务器			
30102	021	联想服务器	自然单位组	台	内销、采购
30102	022	HP 服务器	自然单位组	台	内销、采购
302		配套软件			
302	023	操作系统	自然单位组	套	内销、采购、生产耗用
302	024	发票系统	自然单位组	套	内销、采购、生产耗用
4		代管商品			
4	025	摄像头	自然单位组	台	内销、外销、采购、生产耗用
8		应税劳务			
8	800	运费	自然单位组	千米	外销、采购、应税劳务
8	801	维修费	自然单位组	其他	服务项目
8	802	代销手续费	自然单位组	次	内销、采购、应税劳务

运费、维修费、代销手续费的计价方法为个别计价法，其他的按库房计价。除运费、维修费、代销手续费的增值税税率为 6%外，其他均为 13%。

4. 仓库档案

仓库档案如表 7-4 所示。

表 7-4　仓库档案

仓库编码	仓库名称	计价方式
1	原料库	移动平均法
2	成品库	全月平均法
3	配套用品库	全月平均法
4	代管仓库	全月平均法
5	备用仓库	个别计价法

存货核算方式为"按仓库核算",其中代管仓库须勾选"代管仓",其余条件保持默认设置。

5. 收发类别

收发类别如表 7-5 所示。

表 7-5　收发类别

编码	名称	标志	编码	名称	标志
1	正常入库	收	3	正常出库	发
101	采购入库	收	301	销售出库	发
102	产成品入库	收	302	领料出库	发
103	调拨入库	收	303	调拨出库	发
104	代管入库	收	304	代管出库	发
105	组装入库	收	305	组装出库	发
2	非正常入库	收	4	非正常出库	发
201	盘盈入库	收	401	盘亏出库	发
202	其他入库	收	402	其他出库	发

6. 采购类型

采购类型如表 7-6 所示。

表 7-6　采购类型

编码	名称	入库类别	默认值
1	普通采购	采购入库	是
2	代管采购	代管入库	否

7. 销售类型

销售类型如表 7-7 所示。

表 7-7　销售类型

编码	名称	出库类别	默认值
1	经销	销售出库	是
2	代销	销售出库	否
3	直运销售	销售出库	否
4	分期收款	销售出库	否

8. 单据编号

将单据编号设置改为"手工改动,重号时自动重取",将流水号长度改为 3 位。在实验中,单据编号可手工输入,也可自动获取。在实际工作中,发票一般需要输入实际的发票号,以便对账。

9. 代管业务设置

公司存在代管业务，在采购管理系统中启用代管业务；设置代管商品(025 摄像头)的默认供应商为重庆问之电子公司。在代管消耗规则中设置"其他出库单"为代管消耗，如表 7-8 所示。

表 7-8 代管消耗规则

单据类型	红蓝标识	系统预置
其他出库单	蓝字	否
其他出库单	红字	否

10. 付款申请单设置

在应付管理模块中启用付款申请单，选择"付款申请单审批后自动生成付款单"，付款申请单来源有"应付单""合同"两项。

11. 现金折扣设置

在应付款管理的设置中，勾选"自动计算现金折扣"。

➤ 实验过程

1. 计量单位设置

选择"基础设置"|"基础档案"|"存货"|"计量单位"，单击"分组"按钮，进入"计量单位组"窗口后，单击"增加"按钮，输入计量单位组信息，单击"保存"按钮，计量单位组建成。可继续增加设置计量单位组，设置完成后如图 7-2 所示。单击"退出"按钮完成操作。

视频：设置基础信息

|操作提示|

无换算率的计量单位组：在该组下的所有计量单位都以单独形式存在，各计量单位之间不需要输入换算率，系统默认为主计量单位。

固定换算率的计量单位组：包括多个计量单位，一个主计量单位、多个辅计量单位。

浮动换算率的计量单位组：只能包括两个计量单位，一个主计量单位、一个辅计量单位。

选择"基础设置"|"基础档案"|"存货"|"计量单位"，先从左边栏中选择计量单位组，然后单击工具栏的"单位"按钮，进入"计量单位"窗口后，单击"增加"按钮，输入计量单位信息，如图 7-3 所示。

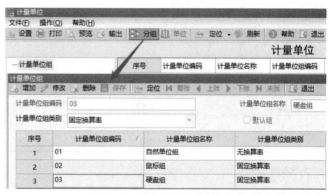

图 7-2 增加设置计量单位组

图 7-3 计量单位设置

操作提示

主计量单位标志：选择，不可修改。

无换算率的计量单位组下的计量单位全部缺省为主计量单位，不可修改。

固定、浮动计量单位组：对应每一个计量单位组必须且只能设置一个主计量单位，默认值为该组下增加的第一个计量单位。

每个辅计量单位都是和主计量单位进行换算。

设置完成一个计量单位组的计量单位后，再设置另一个计量单位组。设置完成后，计量单位信息如图 7-4 所示。

2. 存货分类设置

选择"基础设置"|"基础档案"|"存货"|"存货分类"，进入后单击"增加"按钮，在窗口右边栏中输入存货分类编码与存货分类名称，设置完成后如图 7-5 所示。

3. 存货档案设置

选择"基础设置"|"基础档案"|"存货"|"存货档案"，进入后单击工具栏的"增加"按钮，在"基本"选项卡中输入存货档案，如图 7-6 所示。输入完毕，单击"保存"按钮完成。

图 7-4 计量单位设置完成

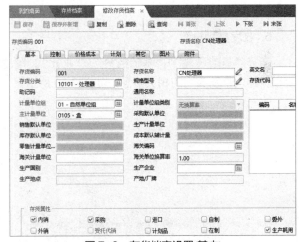

图 7-5 存货分类设置　　　　　图 7-6 存货档案设置(基本)

需要设置计价方式的，在"价格成本"选项卡中完成，如图 7-7 所示。

图 7-7 存货档案设置(价格成本)

在“存货分类”窗口中选择存货档案左边的“存货分类”，能够显示录入的存货档案信息。选择“栏目”，可以根据需要调整显示的项目和顺序，设置完成的存货档案如图 7-8 所示。

存货档案

序号	☐选择	存货编码	存货名称	存货大类编码	计量单位组名称	计量单位组类别	主计量单位名称	特征选配
1	☐	001	CN处理器	10101	自然单位组	无换算率	盒	☐
2	☐	002	INT处理器	10101	自然单位组	无换算率	盒	☐
3	☐	003	2TSSD硬盘	10102	硬盘组	固定换算率	盒	☐
4	☐	004	1TSSD硬盘	10102	硬盘组	固定换算率	盒	☐
5	☐	005	LED触摸屏	102	自然单位组	无换算率	块	☐
6	☐	006	LED显示屏	102	自然单位组	无换算率	块	☐
7	☐	007	普通电子秤	103	自然单位组	无换算率	台	☐
8	☐	008	防水电子秤	103	自然单位组	无换算率	台	☐
9	☐	009	A型机箱	104	自然单位组	无换算率	个	☐
10	☐	010	B型机箱	104	自然单位组	无换算率	个	☐
11	☐	011	有线键盘	105	自然单位组	无换算率	个	☐
12	☐	012	无线键盘	105	自然单位组	无换算率	个	☐
13	☐	013	有线鼠标	106	鼠标组	固定换算率	只	☐
14	☐	014	无线鼠标	106	鼠标组	固定换算率	只	☐
15	☐	015	创智X号	201	自然单位组	无换算率	台	☐
16	☐	016	创智N号	201	自然单位组	无换算率	台	☐
17	☐	017	手持扫描器	202	自然单位组	无换算率	个	☐
18	☐	018	桌面扫描器	202	自然单位组	无换算率	个	☐
19	☐	019	发票打印机	30101	自然单位组	无换算率	台	☐
20	☐	020	HP打印机	30101	自然单位组	无换算率	台	☐
21	☐	021	联想服务器	30102	自然单位组	无换算率	台	☐
22	☐	022	HP服务器	30102	自然单位组	无换算率	台	☐
23	☐	023	操作系统	302	自然单位组	无换算率	套	☐
24	☐	024	发票系统	302	自然单位组	无换算率	套	☐
25	☐	025	摄像头	4	自然单位组	无换算率	台	☐
26	☐	800	运费	8	自然单位组	无换算率	千米	☐
27	☐	801	维修费	8	自然单位组	无换算率	其他	☐
28	☐	802	代销手续费	8	自然单位组	无换算率	次	☐

图 7-8　存货档案

4. 仓库档案设置

选择“基础设置”|“基础档案”|“业务”|“仓库档案”，进入后单击“增加”按钮，根据实验资料录入仓库编码、仓库名称、计价方式等信息。

单击“保存”按钮，系统将当前录入的仓库信息保存，并新增一张空白卡片，以录入新的仓库资料。设置完成，仓库档案如图 7-9 所示。

存货计价方式有两种，一是在存货档案里设置，根据每一种物料的要求设置计价方法；二是在仓库档案里按照仓库进行设置，也就是这个仓库里的所有物料都采用这种计价方法。

根据资料进行存货核算方式的设置，选择“基础设置”|“业务参数”|“供应链”|“存货核算”，在“选项查询”对话框单击“编辑”按钮，在“选项录入”对话框，选择“核算方式”选项卡，其中核算方式可以选择按仓库核算、按部门核算，或按存货核算。这里设置为“按仓库核算”(其他选项不变)。

5. 收发类别设置

选择“基础设置”|“基础档案”|“业务”|“收发类别”，进入后单击“增加”按钮，根据实验资料输入收发类别的相关信息，如图 7-10 所示。

☑ 打印序号(N)

仓库档案

序号	仓库编码	仓库名称	计价方式	纳入可用量计算	代管仓	销售可用量控制方式	出口可用量控制方式
1	1	原料库	移动平均法	是	否	按系统选项控制	按系统选项控制
2	2	成品库	全月平均法	是	否	按系统选项控制	按系统选项控制
3	3	配套用品库	全月平均法	是	否	按系统选项控制	按系统选项控制
4	4	代管仓库	全月平均法	是	是	按系统选项控制	按系统选项控制
5	5	备用仓库	个别计价法	是	否	按系统选项控制	按系统选项控制

图 7-9　仓库档案

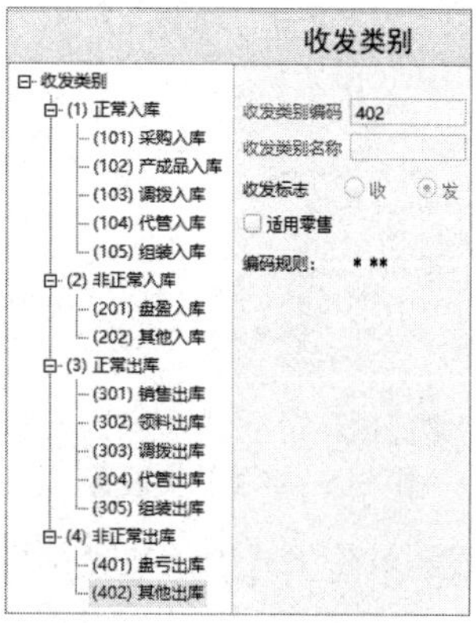

图 7-10　收发类别设置

6. 采购类型设置

采购业务类型预设有普通采购、受托代销、代管采购、直运采购、固定资产 5 种业务类型，在本实验中介绍普通采购、代管采购。选择“基础设置”|“基础档案”|“业务”|“采购类型”，进入后单击“增加”按钮，根据实验资料输入采购类型的相关信息，如图 7-11 所示。

7. 销售类型设置

销售业务类型预设有普通销售、委托代销、直运销售、分期收款等4种业务类型。

选择"基础设置"|"基础档案"|"业务"|"销售类型",进入后单击"增加"按钮,根据实验资料输入销售类型的相关信息,如图7-12所示。

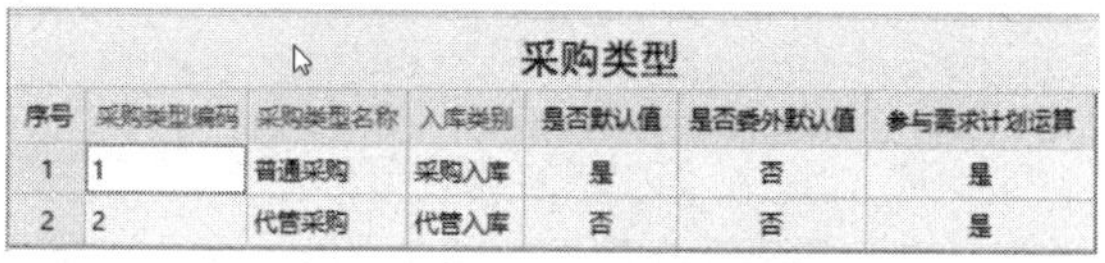

序号	采购类型编码	采购类型名称	入库类别	是否默认值	是否委外默认值	参与需求计划运算
1	1	普通采购	采购入库	是	否	是
2	2	代管采购	代管入库	否	否	是

图 7-11 采购类型设置

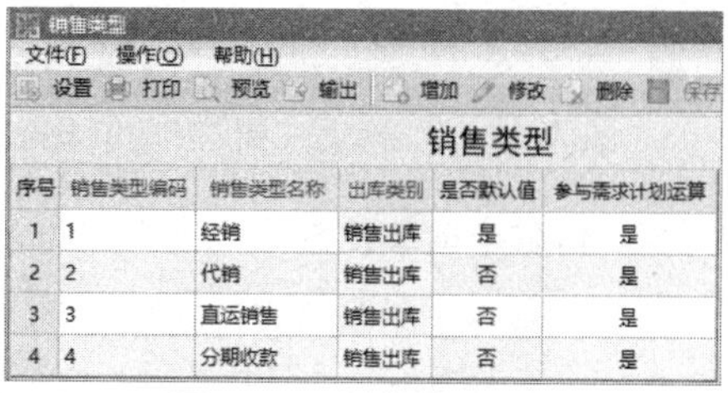

序号	销售类型编码	销售类型名称	出库类别	是否默认值	参与需求计划运算
1	1	经销	销售出库	是	是
2	2	代销	销售出库	否	是
3	3	直运销售	销售出库	否	是
4	4	分期收款	销售出库	否	是

图 7-12 销售类型设置

8. 单据编号设置

单据编号可以按照需要进行设置。实际工作中一般使用真实的发票号,以便后续查询和核对。

选择"基础设置"|"单据设置"|"单据编号设置",在对话框中左侧栏中选择"应收款管理"|"其他应收单",然后单击修改功能按钮" ",选择"手工改动,重号时自动重取"复选框,将流水号的长度改为"3",如图7-13所示。单击"保存"按钮,系统提示"流水依据的长度太小!流水号只能从001到999是否保存",选择"是"完成设置。

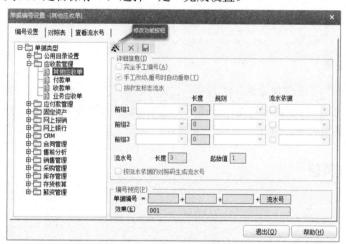

图 7-13 单据编号设置

其他单据的单据号设定方法相同,实务工作中可根据需要逐一设定。

9. 代管业务设置

选择"供应链"|"采购管理"|"设置"|"选项",在"业务及权限控制"页面勾选"启用代管业务"(其他选项不变)。

选择"基础设置"|"基础档案"|"存货"|"存货档案",进入后选中"025-摄像头"档案记录,单击"修改"按钮,打开"修改存货档案"窗口,在"控制"选项卡中选择主要供货单位为"06-重庆问之电子公司",单击"保存"按钮,完成代管商品主要供货单位设置,如图7-14所示。

勾选"启用代管业务"后,须关闭后重新进入才能看到代管消耗规则。

选择"供应链"|"库存管理"|"设置"|"代管消耗规则",进入后系统预置销售出库单(蓝/红字)、材料出库单(蓝/红字),单击"增加"按钮,输入实验资料信息,如图7-15所示。

图 7-14 代管商品主要供货单位设置　　图 7-15 代管消耗规则

10. 付款申请单设置

选择"财务会计"|"应付款管理"|"设置"|"选项",进入"账套参数设置"窗口,单击"编辑"按钮,系统弹出"应付款管理"窗口,提示"选项修改需要重新登录才能生效",单击"确定"按钮后关闭,进入设置界面。选择"收付款控制"选项卡,勾选"启用付款申请单",再勾选"付款申请单审批后自动生成付款单",勾选付款申请单来源中的"应付单""合同"(其他选项不变)。

> **操作提示**

发票编号、销售出库单等的编号是在增加或生成单据时自动生成的,系统是根据存储的编号自动加 1 生成编号,如果中间因故删除了单据,而存储的编号不会自动减 1,因此就可能出现断号情况。对打印出的单据,一般还采用打号机打号,防止断号引起的误解,这也是一种保障手段。

选择"基础设置"|"单据设置"|"单据编号设置",在"编号设置"选项卡中可以将编号设为"完全手工编号",进行日常编号。发现出现空号时,还可以在"查看流水号"选项卡中修改流水号的序号值,使序号不断号。

11. 现金折扣设置

选择"财务会计"|"应付款管理"|"设置"|"选项",进入"账套参数设置"窗口,单击"编辑"按钮,系统弹出"应付款管理"窗口,提示"选项修改需要重新登录才能生效",单击"确定"按钮后关闭,进入设置界面。选择"常规"选项卡,勾选"自动计算现金折扣"(其他选项不变)。

7.1.4 设置基础科目

> **实验资料**

1. 存货核算

(1) 存货科目设置。原料库:生产用原材料(140301)。成品库:库存商品(1405)。配套用品库:库存商品(1405)。

(2) 对方科目设置。采购入库:在途物资(1402)。产成品入库:生产成本/直接材料(500101)。盘盈入库:待处理流动资产损溢(190101)。销售出库:主营业务成本(6401)。领料出库:生产成本/直接材料(500101)。

2. 应收款管理

(1) 账套参数设置。坏账处理方式为应收余额百分比法;应收款核销方式为按单据;其他参数为系统默认。

(2) 基本科目设置。其主要包括:应收科目(1122);预收科目(2203);销售收入科目(6001);税金科目(22210105);商业承兑科目(112102);银行承兑科目(112101),其他可暂时不设置。

(3) 控制科目设置。所有客户的控制科目均相同;应收科目(1122);预收科目(2203)。

(4) 结算方式科目设置。其主要包括：现金对应科目(1001)；现金支票对应科目(100201)；转账支票(人民币)对应科目(100201)；转账支票(美元)对应科目(100202)；支付宝对应科目(101201)；微信对应科目(101202)；网银转账对应科目(100201)；其他结算方式(100201)。

(5) 坏账准备设置。提取比例 0.5%；坏账准备期初余额 10 000 元；坏账准备科目(1231 坏账准备)；对方科目(6701 资产减值损失)。

(6) 账期内账龄区间及逾期账龄区间的设置。总天数项目分别做如下设置：01 为 30 天；02 为 60 天；03 为 90 天；04 为 120 天。

(7) 预警级别设置。预警级别设置参数如表 7-9 所示。

表 7-9 预警级别

序号	起止比率	总比率/%	级别名称
1	0 以上	10	A
2	10%～30%	30	B
3	30%～50%	50	C
4	50%～100%	100	D
5	100%以上		E

3. 应付款管理

(1) 账套参数设置。应付款核销方式为按单据；其他参数为系统默认。

(2) 基本科目设置。其主要包括：应付科目(2202)；预付科目(1123)；采购科目(1402)；税金科目(22210101)；商业承兑科目(220102)；银行承兑科目(220101)。其他可暂时不设置。

(3) 结算方式科目设置。其主要包括：现金对应科目(1001)；现金支票对应科目(100201)；转账支票(人民币)对应科目(100201)；转账支票(美元)对应科目(100202)；支付宝对应科目(101201)；微信对应科目(101202)；网银转账对应科目(100201)；其他结算方式(100201)。

(4) 账期内账龄区间及逾期账龄区间的设置同应收款管理。

实验过程

1. 存货核算设置

选择“供应链”|“存货核算”|“设置”|“存货科目”，进入后单击“增行”按钮，输入实验资料信息，如图 7-16 所示。

视频：设置基础科目

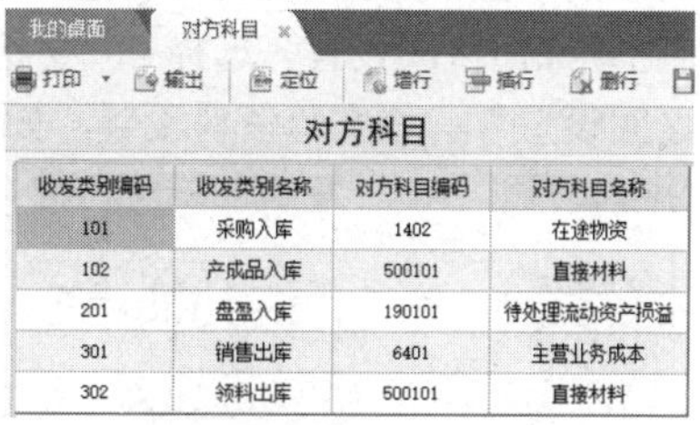

选择“供应链”|“存货核算”|“设置”| “对方科目”，进入后单击“增行”按钮，输入实验资料信息(显示栏目可通过单击“栏目设置”调整)，如图 7-17 所示。

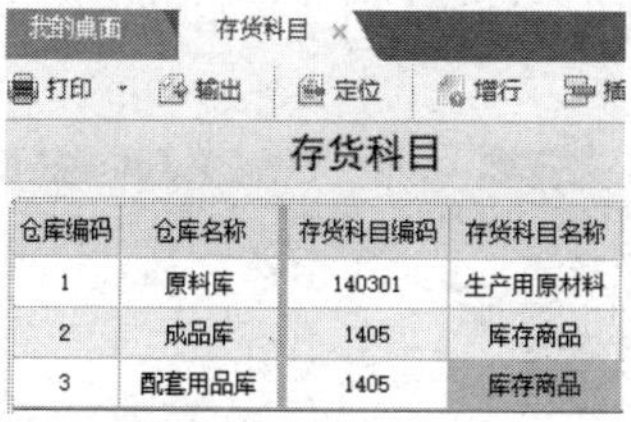

仓库编码	仓库名称	存货科目编码	存货科目名称
1	原料库	140301	生产用原材料
2	成品库	1405	库存商品
3	配套用品库	1405	库存商品

图 7-16 存货科目

收发类别编码	收发类别名称	对方科目编码	对方科目名称
101	采购入库	1402	在途物资
102	产成品入库	500101	直接材料
201	盘盈入库	190101	待处理流动资产损益
301	销售出库	6401	主营业务成本
302	领料出库	500101	直接材料

图 7-17 对方科目

2. 应收款管理设置

(1) 账套参数设置。选择“财务会计”|“应收款管理”|“设置”|“选项”，进入“账套参数设置”窗口，在“常规”选项卡中选择坏账处理方式为“应收余额百分比法”，在“核销设置”选项卡中选择应收款核销方式为“按单据”。

(2) 基本科目设置。选择"财务会计"|"应收款管理"|"设置"|"科目设置"|"基本科目",进入"应收基本科目"窗口,单击"增行"按钮,按实验资料设置,如图7-18所示。

(3) 控制科目设置。选择"财务会计"|"应收款管理"|"设置"|"科目设置"|"控制科目",进入"应收控制科目"窗口,单击"增行"按钮,按实验资料设置,如图7-19所示。

图7-18 应收基本科目设置　　　　图7-19 应收控制科目设置

单击"保存"按钮,退出即可。

(4) 结算方式科目设置。选择"财务会计"|"应收款管理"|"设置"|"科目设置"|"结算科目",进入"应收结算科目"窗口,单击"增行"按钮,按实验资料设置,如图7-20所示。

(5) 坏账准备设置。选择"财务会计"|"应收款管理"|"设置"|"初始设置",选择"坏账准备设置",按实验资料设置,如图7-21所示。

图7-20 应收结算方式科目设置　　　　图7-21 坏账准备设置

(6) 账期内账龄区间设置。选择"财务会计"|"应收款管理"|"设置"|"初始设置",选择"账期内账龄区间设置",按实验资料设置,如图7-22所示。

(7) 逾期账龄区间设置。选择"财务会计"|"应收款管理"|"设置"|"初始设置",选择"逾期账龄区间设置",按实验资料设置,如图7-23所示。

图7-22 账期内账龄区间设置　　　　图7-23 逾期账龄区间设置

(8) 预警级别设置。选择"财务会计"|"应收款管理"|"设置"|"初始设置",选择"预警级别设置",按实验资料设置,如图7-24所示。

图 7-24 预警级别设置

3. 应付款管理设置

(1) 账套参数设置。选择"财务会计"|"应付款管理"|"设置"|"选项",进入"账套参数设置"窗口,按实验资料设置,如图 7-25 所示。

(2) 基本科目设置。选择"财务会计"|"应付款管理"|"设置"|"科目设置"|"基本科目",进入"应付基本科目"窗口,单击"增行"按钮,按实验资料设置,如图 7-26 所示。

图 7-25 账套参数设置　　　　　图 7-26 应付基本科目设置

(3) 结算方式科目设置。选择"财务会计"|"应付款管理"|"设置"|"科目设置"|"结算科目",进入"应付结算科目"窗口,单击"增行"按钮,按实验资料设置,如图 7-27 所示。

(4) 账期内账龄区间设置。选择"财务会计"|"应付款管理"|"设置"|"初始设置",选择"账期内账龄区间设置",按实验资料设置,如图 7-28 所示。

(5) 逾期账龄区间设置。选择"财务会计"|"应付款管理"|"设置"|"初始设置",选择"逾期账龄区间设置",按实验资料设置,如图 7-29 所示。

图 7-27　应付结算方式科目设置　　图 7-28　账期内账龄区间设置　　图 7-29　逾期账龄区间设置

7.1.5　设置期初数据

▶ 实验资料

1. 采购管理期初数据

2023 年 3 月 25 日,收到重庆大江公司提供的 2TSSD 硬盘 100 盒,暂估单价为 800 元,商品已验收入原料仓库,至今尚未收到发票。

2. 销售管理期初数据

2023 年 3 月 28 日,销售部向天津大华公司出售创智 X 号 10 台,报价(无税单价)为 6 500 元,由成品库发货。该发货单尚未开票。

3. 库存和存货期初数据

2023年3月底，对各个仓库进行了盘点，结果如表7-10所示。

表7-10 库存盘点表

仓库名称	物料名称	单位	数量	结存单价/元	结存金额/元
原料库	CN处理器	盒	700	1200	840 000
	2TSSD硬盘	盒	200	820	164 000
	小计				1 004 000
成品库	创智X号	台	580	4800	2 784 000
	手持扫描器	个	250	150	37 500
	桌面扫描器	个	275	100	27 500
	小计				2 849 000
配套用品库	HP打印机	台	400	1800	720 000
合计					4 573 000

4. 应收款管理期初数据

应收款以应收单形式录入，如表7-11所示。

表7-11 应收账款期初

日期	客户	方向	金额/元	业务员
2023-03-10	天津大华公司	借	48 000	刘一江
2023-03-17	重庆大江公司	借	10 000	刘一江
2023-03-25	重庆嘉陵公司	借	79 600	刘一江
合计		借	137 600	

5. 应付款管理期初数据

应付款以应付单形式录入，如表7-12所示。

表7-12 应付账款期初

日期	供应商	方向	金额/元	业务员
2023-01-20	重庆大江公司	贷	266 850	李天华

▶ 实验过程

1. 采购管理期初数据设置

选择"供应链"|"采购管理"|"采购入库"|"采购入库单"，进入"期初采购入库单"窗口，单击工具栏的"增加"|"空白单据"按钮，输入实验资料信息，本实验属于货到、发票未到的情况，如图7-30所示。

视频：期初余额

图7-30 期初采购入库单

输入完成后,单击工具栏的"保存"按钮,然后退出。选择"供应链"|"采购管理"|"设置"|"采购期初记账",在弹出的"期初记账"窗口中单击"记账"按钮,完成期初记账工作。记账后再选择本功能,则可以取消期初记账。

2. 销售管理期初数据设置

选择"供应链"|"销售管理"|"设置"|"期初发货单",进入后单击"增加"|"空白单据"按钮,按实验资料设置,如图 7-31 所示。

图 7-31　期初发货单

依次单击工具栏的"保存""审核"按钮完成后退出。

3. 库存和存货期初数据设置

(1) 录入存货期初数据。选择"供应链"|"存货核算"|"设置"|"期初余额",仓库选择"1 原料库",单击"增加"按钮,按实验资料设置,如图 7-32 所示。

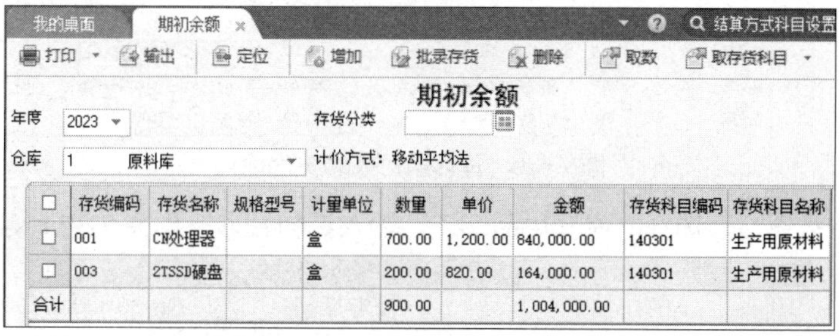

图 7-32　期初余额(原料库)

显示列可选择"栏目设置"设定。

在"期初余额"窗口,仓库选择"2 成品库",单击"增加"按钮,按实验资料设置,如图 7-33 所示。

图 7-33　期初余额(成品库)

按上述操作,仓库选择"3 配套用品库",期初余额设置如图 7-34 所示。

图 7-34　期初余额(配套用品库)

(2) 录入库存期初数据。选择"供应链"|"库存管理"|"设置"|"期初结存",进入"库存期初数据录入"窗口,先选择仓库为"原料库",单击"修改"按钮,可以按实验资料输入,也可以直接单击"取数"按钮从存货期初数据中导入,如图 7-35 示。

图 7-35　库存期初数据(原料库)

单击"保存"按钮后,再选择"成品库",输入期初数据,如图 7-36 所示。

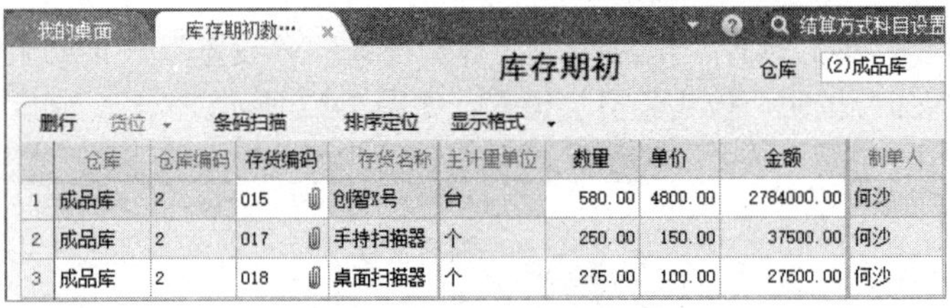

图 7-36　库存期初数据(成品库)

单击"保存"按钮后,选择"配套用品库",输入期初数据,如图 7-37 所示。

图 7-37　库存期初数据(配套用品库)

保存后,单击工具栏的"批审"按钮,分别对各仓库的期初数据进行审核。单击"对账"按钮,此处保持全选所有仓库,单击"确定"按钮,系统提示"对账成功"。

操作提示

工具栏的"审核"按钮的功能是审核当前存货记录,"批审"按钮的功能是审核当前录入的库房存货。如果不审核,将不会在实际库存数据中体现出来,就无法保存录入的出库单。

4. 应收款管理期初数据设置

选择"财务会计"|"应收款管理"|"期初余额"|"期初余额",按默认条件查询,进入后在现有期初余额明细表基础上增加期初数据,单击"增加"按钮,在单据类别中选择"应收单"。进入"期初单据录入"窗口,单击"增加"按钮,按实验资料设置,如图 7-38 所示。

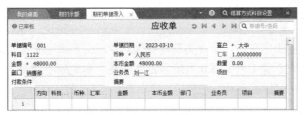

图7-38 应收单

输入完成后，单击“保存”按钮，然后单击“增加”按钮继续输入完成后，返回“期初余额明细表”窗口。单击“刷新”按钮，可以查看输入的期初单据，如图7-39所示。

本币合计： 借 157,600.00　期初余额明细表

单据类型	单据编号	单据日期	客户	部门	业务员	科目	方向	本币金额	本币余额
商业承兑汇票	SC032501	2023-03-25	重庆嘉陵公司	销售部	刘一江	112102	借	10,000.00	10,000.00
银行承兑汇票	YC031001	2023-03-10	天津大华公司	销售部	刘一江	112101	借	10,000.00	10,000.00
其他应收单	001	2023-03-10	天津大华公司	销售部	刘一江	1122	借	48,000.00	48,000.00
其他应收单	002	2023-03-17	重庆大江公司	销售部	刘一江	1122	借	10,000.00	10,000.00
其他应收单	003	2023-03-25	重庆嘉陵公司	销售部	刘一江	1122	借	79,600.00	79,600.00

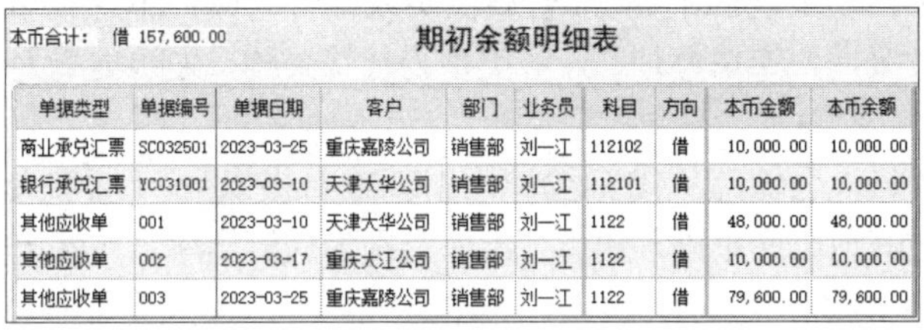

图7-39 期初余额明细表

单击工具栏的“对账”按钮，实现与总账相关数据的对账。对账结果如差额为零，则说明对账正确。

5. 应付款管理期初数据设置

选择“财务会计”|“应付款管理”|“期初余额”|“期初余额”，在现有期初余额明细表基础上增加期初数据，单击“增加”按钮，在单据类别中选择“应付单”，单击“增加”按钮，按实验资料设置，如图7-40所示。

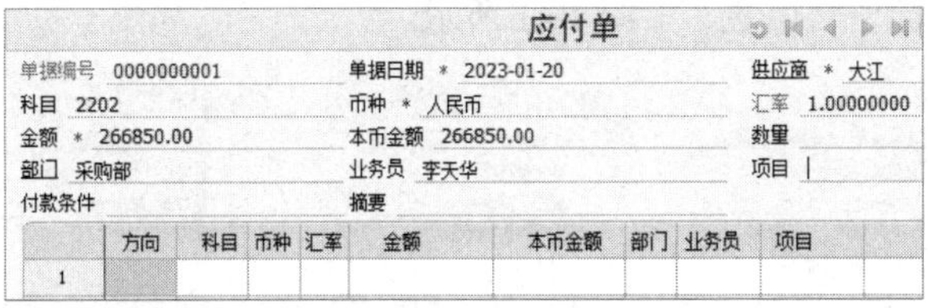

图7-40 应付单

输入完成后，单击“保存”按钮，关闭即可。

在“期初余额”窗口，单击工具栏的“对账”按钮，实现与总账相关数据的对账。对账结果如差额为零，则说明对账正确。

7.2 采购管理

7.2.1 采购管理概述

采购管理是供应链管理中的一个重要部分，通过对采购订单、采购入库单、采购发票的处理，根据采购发票确认采购入库成本，并掌握采购业务的付款情况；与“库存管理”联合使用可以随时掌握存货的现存量信息，从而减少盲目采购，避免库存积压；与“存货核算”一起使用可以为核算提供采购入库成本，便于财务部门及时掌握存货采购成本。采购管理概述的相关内容，可扫描二维码阅读。

采购管理概述

7.2.2 受托代销

受托代销功能仅适用于建账时，企业类型选择为商业或医药流通企业，系统才能处理受托代销业务，在这里仅介绍用友新道 U8+V15.0 系统具备该功能。本实验不涉及，故此不做详细介绍。

7.2.3 代管业务

实验资料

2023 年 4 月，重庆两江科技有限公司发生代管业务如下。

视频：代管业务

(1) 2023 年 4 月 1 日，采购部采购 20 台摄像头入代管仓库，不含税单价 300 元/台，税率 13%，通过采购入库单办理，业务类型为代管采购，采购类型为代管入库。

(2) 2023 年 4 月 15 日，仓储部从代管仓库中出库 20 台摄像头，不含税单价 300 元/台，税率 13%，通过其他出库单办理出库，出库类别为代管出库。并就该笔业务于当天与重庆问之电子公司确认。

(3) 2023 年 4 月 25 日，财务部与重庆问之电子公司确认无误后，重庆问之电子公司开具增值税专用发票，票号 ZZS043001。

(4) 2023 年 4 月 26 日，公司取得发票后，录入系统，并结算。

(5) 2023 年 4 月 26 日，审核采购发票，生成应付凭证。

实验过程

1. 代管业务采购入库单录入

选择“业务工作”|“供应链”|“库存管理”|“采购入库”|“采购入库单”，单击“增加”|“空白单据”按钮，输入实验资料信息，如图 7-41 所示。

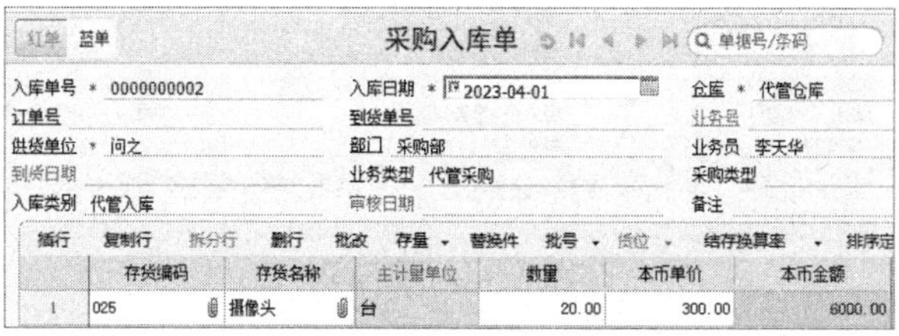
红单 蓝单 采购入库单 单据号/条码

入库单号 * 0000000002　入库日期 * 2023-04-01　仓库 * 代管仓库
订单号　到货单号　业务号
供货单位 * 问之　部门 采购部　业务员 李天华
到货日期　业务类型 代管采购　采购类型
入库类别 代管入库　审核日期　备注

插行 复制行 拆分行 删行 批改 存量 替换件 批号 货位 结存换算率 排序定

	存货编码	存货名称	主计量单位	数量	本币单价	本币金额
1	025	摄像头	台	20.00	300.00	6000.00

图 7-41　代管业务采购入库单

依次单击“保存”“审核”按钮，系统提示审核成功。

采购入库单可以通过单击“增加”|“空白单据”按钮直接录入，以及单击“增加”|“采购”|“采购订单”按钮直接生成两种方式增加，本实验从空白单据直接录入。

直接生成的方法如下：选择“供应链”|“库存管理”|“采购入库”|“采购入库单”，进入“查询条件-采购订单列表”窗口，单击“确定”按钮，进入“订单生成列表”窗口，勾选要选择的单号，单击“确定”按钮，系统自动生成采购入库单，并自动返回“采购入库单”窗口。根据实验资料信息修改生成的采购入库单即可。

采购订单及采购入库单如果发生录入错误，可以先弃审后再修改，具体方式是进入采购订单或采购入库单列表，选中该单据，单击“弃审”按钮即可修改对应单据。

2. 通过其他出库单消耗代管物资

选择“供应链”|“库存管理”|“其他出库”|“其他出库单”，进入后单击“增加”|“空白单

据”按钮，输入实验资料信息，如图 7-42 所示。

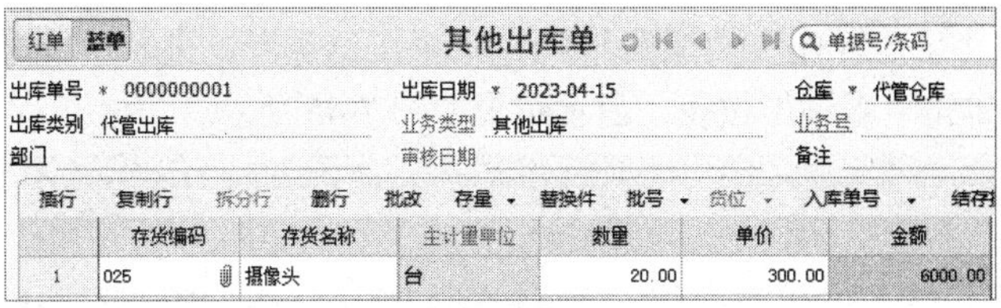

红单 蓝单 其他出库单

出库单号 * 0000000001　出库日期 * 2023-04-15　仓库 * 代管仓库
出库类别 代管出库　业务类型 其他出库　业务号
部门　审核日期　备注

插行 复制行 拆分行 删行 批改 存量 替换件 批号 货位 入库单号 结存

	存货编码	存货名称	主计量单位	数量	单价	金额
1	025	摄像头	台	20.00	300.00	6000.00

图 7-42　其他出库单

输入完毕，选择输入的存货行，单击右键，选择“指定代管商”|“存货档案默认的供应商”，依次单击“保存”“审核”按钮，系统提示该单据审核成功后，关闭退出。

代管物资可以通过“销售出库单”“材料出库单”“其他出库单”三种不同的业务类型完成代管物资消耗。

3. 代管挂账确认

选择“供应链”|“采购管理”|“代管业务”|“代管挂账确认单”，进入后单击“增加”|“消耗单”按钮，按默认选择进行查询条件设置，单击 “确定”按钮，进入“拷贝并执行”窗口，选择“代管出库单”，单击“确定”按钮返回，输入本币单价等信息，如图 7-43 所示。

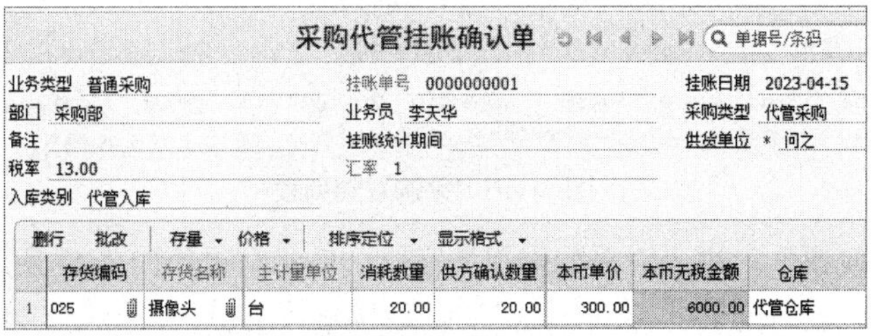

采购代管挂账确认单

业务类型 普通采购　挂账单号 0000000001　挂账日期 2023-04-15
部门 采购部　业务员 李天华　采购类型 代管采购
备注　挂账统计期间　供货单位 * 问之
税率 13.00　汇率 1
入库类别 代管入库

删行 批改 存量 价格 排序定位 显示格式

	存货编码	存货名称	主计量单位	消耗数量	供方确认数量	本币单价	本币无税金额	仓库
1	025	摄像头	台	20.00	20.00	300.00	6000.00	代管仓库

图 7-43　采购代管挂账确认单

依次单击“保存”“审核”按钮完成。

代管挂账确认还可通过自动挂账的形式自动生成采购代管挂账确认单。方法如下：选择“供应链”|“采购管理”|“代管业务”|“自动挂账”，进入“查询条件-采购代管挂账确认单参照消耗清单”窗口，按默认条件查询，单击“确定”按钮，系统弹出“是否查看生成单据的列表？”提示框，单击“是”按钮，进入“代管挂账确认单列表”窗口，双击单据，进入“采购代管挂账确认单”窗口，采购类型选择“代管采购”，入库类别选择“代管入库”。依次单击“保存”“审核”按钮，关闭即可。

4. 代管发票录入

选择“供应链”|“采购管理”|“采购发票”|“专用采购发票”，单击“增加”|“空白单据”按钮，输入实验资料信息，如图 7-44 所示。

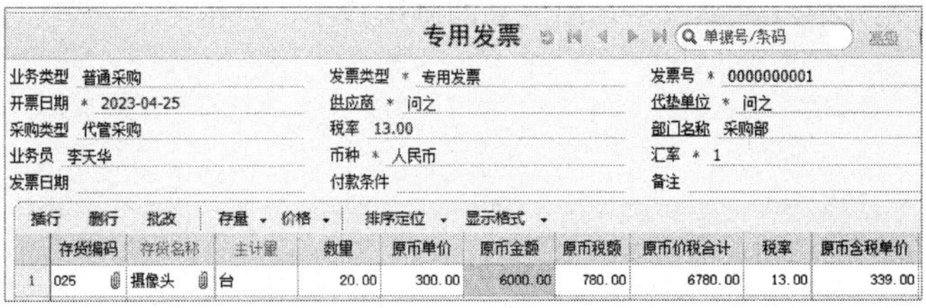

专用发票

业务类型 普通采购　发票类型 * 专用发票　发票号 * 0000000001
开票日期 * 2023-04-25　供应商 * 问之　代垫单位 * 问之
采购类型 代管采购　税率 13.00　部门名称 采购部
业务员 李天华　币种 * 人民币　汇率 * 1
发票日期　付款条件　备注

插行 删行 批改 存量 价格 排序定位 显示格式

	存货编码	存货名称	主计量	数量	原币单价	原币金额	原币税额	原币价税合计	税率	原币含税单价
1	025	摄像头	台	20.00	300.00	6000.00	780.00	6780.00	13.00	339.00

图 7-44　代管业务专用发票

依次单击“保存”“复核”按钮，关闭即可。

5. 代管采购结算

选择“供应链”|“采购管理”|“采购结算”|“手工结算”，进入后单击“选单”按钮，进入“结算选单”窗口，单击“查询”按钮，显示结果如图 7-45 所示。

□	供应商简称	存货名称	制单人	发票号	供应商编号	供应商名称	开票日期	存货编码	币种	数量	计量单位	单价	金额	项目名称
□	问之	摄像头	何沙	0000000001	06	重庆问之电子公司	2023-04-25	025	人民币	20.00	台	300.00	6,000.00	

□	存货名称	仓库名称	供应商名称	入库日期	制单人	入库数量	计量单位	件数	单价	金额	暂估金额	本币价税合计	本币税额	税率
□	2TSSD硬盘	原料库	重庆大江公司	2023-03-25	何沙	100.00	盒	10.00	800.00	80,000.00	80,000.00	90,400.00	10,400.00	13.00
☑	摄像头	代管仓库	重庆问之电子公司	2023-04-15	何沙	20.00	台	0.00	300.00	6,000.00	6,000.00	6,780.00	780.00	13.00

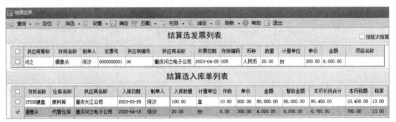

图 7-45 结算选单

分别勾选发票和对应的代管入库单，单击“确定”按钮，返回“手工结算”窗口。单击“结算”按钮，系统提示“完成结算”，单击“确定”按钮，完成代管业务结算。

6. 代管发票审核确认应付

选择“财务会计”|“应付款管理”|“应付处理”|“采购发票”|“采购发票审核”，进入后单击“查询”按钮，进行查询条件设置，供应商选择“重庆问之电子公司”，查询结果如图 7-46 所示。

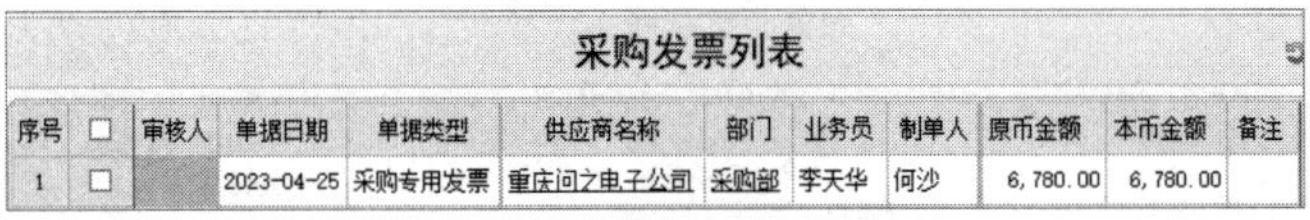

序号	□	审核人	单据日期	单据类型	供应商名称	部门	业务员	制单人	原币金额	本币金额	备注
1	□		2023-04-25	采购专用发票	重庆问之电子公司	采购部	李天华	何沙	6,780.00	6,780.00	

图 7-46 采购发票列表

双击“采购专用发票”，进入“采购发票”窗口，显示结果如图 7-47 所示。

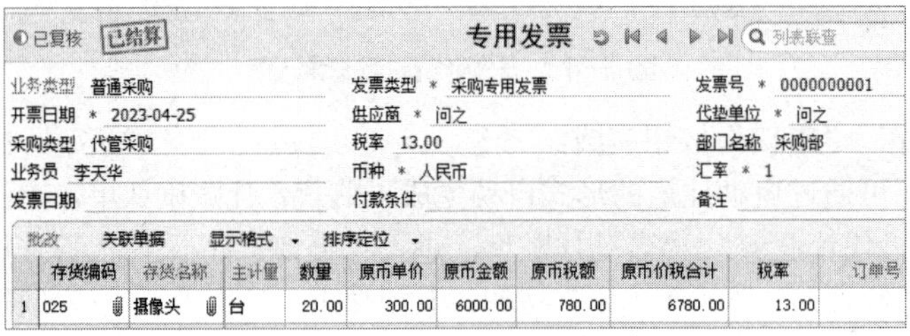

	存货编码	存货名称	主计量	数量	原币单价	原币金额	原币税额	原币价税合计	税率	订单号
1	025	摄像头	台	20.00	300.00	6000.00	780.00	6780.00	13.00	

图 7-47 代管专用发票

对发票审核无误后，单击“审核”按钮，系统提示“是否立即制单”，选择“是”按钮，系统进入“填制凭证”窗口，凭证类别选择“转账凭证”，修改相关科目信息后，分录如下。

借：库存商品(1405)　　6 000

　　应交税费/应交增值税/进项税额(22210101)　　780

　　贷：应付账款(2202)/问之　　6 780

单击“保存”按钮完成。若审核后未出现立即制单提示，则单击“弃审”按钮，进行重新审核后出现制单提示。

7.2.4 请购比价

实验资料

根据公司采购需要，启用询价业务，将最高进价控制口令设为“123”。

2023 年 4 月 6 日，采购部李天华申请购买 5 箱(60 只)有线鼠标(使用部门：一车间)，经审核同意分别向重庆大江公司和成都大成公司提出询价，报价截止日期为 4 月 7 日，要求到货日期为 4 月 9 日。

2023 年 4 月 7 日供应商的报价分别为，重庆大江公司不含税报价 420 元/箱(每只 35 元，含税 39.55 元)，成都大成公司不含税报价 444 元/箱(每只 37 元，含税 41.81 元)。

通过比价，决定向重庆大江公司订购。

2023 年 4 月 9 日，未收到上述所订货物，向供应商发出催货函。

▶ 实验过程

1. 启用询价业务

选择"供应链"|"采购管理"|"设置"|"选项"，进入"采购系统选项"窗口，在"业务及权限控制"页面，勾选"启用询价业务"，将最高进价控制口令更改为"123"，其他选项不变。

视频：请购比价

2. 填制并审核采购请购单

选择"供应链"|"采购管理"|"请购"|"请购单"，进入"采购请购单"窗口，单击"增加"|"空白单据"按钮，输入实验资料信息，如图 7-48 所示。

图 7-48　采购请购单

依次单击"保存""审核"按钮完成。

采购请购单不需要填写单价、供应商等信息。

3. 生成询价计划单

选择"供应链"|"采购管理"|"采购询价"|"询价计划单"，进入后选择"增加"|"采购请购单"按钮，按默认条件查询，单击"确定"按钮，进入"采购请购单"窗口，选择要转入的有线鼠标采购请购单，单击"确定"按钮返回，如图 7-49 所示。

图 7-49　询价计划单

依次单击"保存""审核"按钮完成。

▌操作提示▐

如果没有显现采购询价的相关功能，可先选择"供应链"|"销售管理"等其他模块，再回到"采购管理"模块(或重新登录)。如果还是没有采购询价功能，则需要再次检查一下"启用询价业务"是否设置好。系统出现类似已设置新业务没有显现相关选项的，均采用此法处理。

4. 生成供应商报价单

选择"供应链"|"采购管理"|"采购询价"|"供应商报价单"，进入后单击"增加"按钮，系统弹出"查询条件"窗口，按默认条件查询，单击"确定"按钮，进入"参照生单"窗口，选择

"询价计划单"后如图 7-50 所示。

图 7-50　参照生单

单击"确定"按钮,询价计划单数据自动带入"供应商报价单"中,输入实验资料信息中"重庆大江公司"的报价信息,如图 7-51 所示。

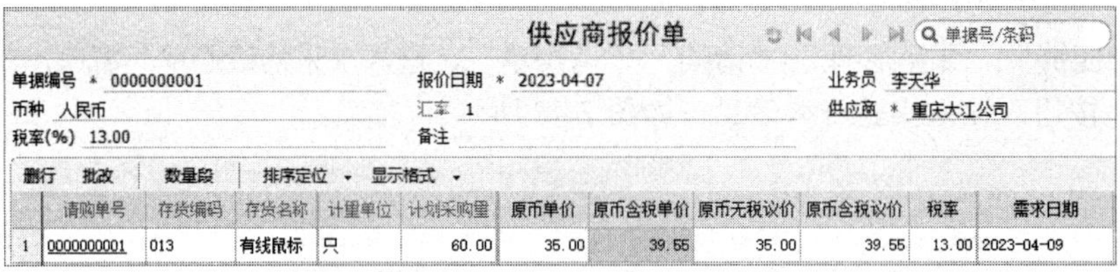

图 7-51　供应商报价单(重庆大江公司)

先保存,然后审核。按照同样的方法输入"成都大成公司"的报价单数据,如图 7-52 所示。

图 7-52　供应商报价单(成都大成公司)

依次单击"保存""审核"按钮完成。

供应商报价单只能参照询价计划单生成。

5. 采购比价审批

选择"供应链"|"采购管理"|"采购询价"|"采购比价审批单",进入后选择"增加"|"询价计划单",系统弹出"查询条件"窗口,按默认条件查询,单击"确定"按钮,进入"参照生单"窗口,选择"询价计划单"后如图 7-53 所示。

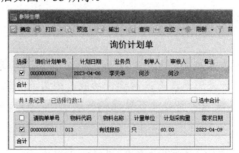

图 7-53　参照生单(询价计划单)

单击“确定”按钮后，系统将两家供应商的报价带入“采购比价审批单”，如图 7-54 所示。

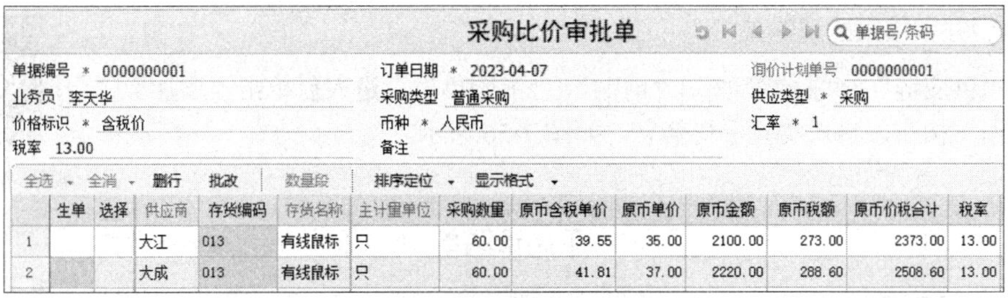

采购比价审批单

单据编号 * 0000000001　订单日期 * 2023-04-07　询价计划单号 0000000001
业务员 李天华　采购类型 普通采购　供应类型 * 采购
价格标识 * 含税价　币种 * 人民币　汇率 * 1
税率 13.00　备注

全选 全消 删行 批改 数量段 排序定位 显示格式

	生单	选择	供应商	存货编码	存货名称	主计量单位	采购数量	原币含税单价	原币单价	原币金额	原币税额	原币价税合计	税率
1			大江	013	有线鼠标	只	60.00	39.55	35.00	2100.00	273.00	2373.00	13.00
2			大成	013	有线鼠标	只	60.00	41.81	37.00	2220.00	288.60	2508.60	13.00

图 7-54　采购比价审批单

根据价格比较，决定删除价格高的成都大成公司报价，单击选中大成公司所在行，单击“删行”按钮完成(注意工具栏的“删除”按钮的功能是删除整个单据，“删行”按钮在表体上部)，如图 7-55 所示。

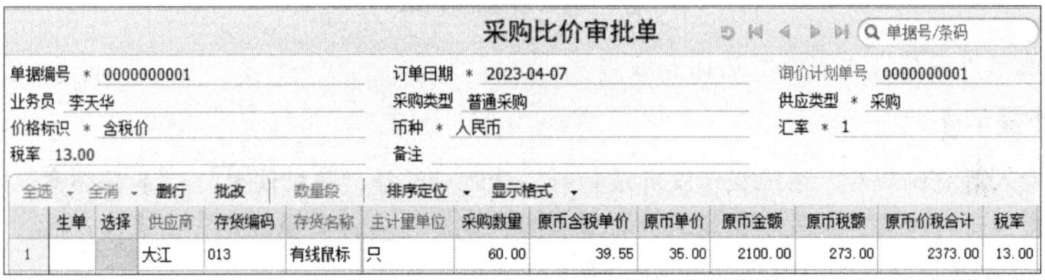

采购比价审批单

单据编号 * 0000000001　订单日期 * 2023-04-07　询价计划单号 0000000001
业务员 李天华　采购类型 普通采购　供应类型 * 采购
价格标识 * 含税价　币种 * 人民币　汇率 * 1
税率 13.00　备注

全选 全消 删行 批改 数量段 排序定位 显示格式

	生单	选择	供应商	存货编码	存货名称	主计量单位	采购数量	原币含税单价	原币单价	原币金额	原币税额	原币价税合计	税率
1			大江	013	有线鼠标	只	60.00	39.55	35.00	2100.00	273.00	2373.00	13.00

图 7-55　采购比价审批单(删行后)

单击“保存”按钮，在选择栏下双击进行选择(选择成功显示“Y”)，依次单击“审核”“生成采购订单”按钮完成审核及生成订单，系统提示“生成采购订单”后完成。

选择“供应链”|“采购管理”|“采购订货”|“采购订单列表”，可以查到该订单，选择该订单，单击“审核”按钮完成审核。

6. 向供应商催货

选择“供应链”|“采购管理”|“供应商管理”|“供应商催货函”，进入“查询条件-供应商催货函”窗口，输入货物应该到货的日期(2023.04.09)，选择重庆大江公司，单击“确定”按钮，进入“供应商催货函”窗口。可以打印出来或选择“输出”为 Excel 电子表格、PDF 电子文档发送给供应商。如果没有显示出要催货的商品，要检查上一步生成的采购订单是否已经审核。

7.2.5　常规采购业务

➘ 实验资料

2023 年 4 月 1 日，业务员李天华向成都大成公司询问有线键盘的价格(不含税 95 元/只)，经过评估后确认价格合理，随即向主管领导提出请购要求，请购数量为 300 只。领导同意向成都大成公司订购有线键盘 300 只，单价为 95 元，要求到货日期为 2023 年 4 月 3 日。

2023 年 4 月 3 日，收到所订购的有线键盘 300 只，填制到货单。将所收到的货物验收入原料库。填制采购入库单。当天收到该笔货物的专用发票一张。业务部门将采购发票交给财务部门，财务部门确定此业务所涉及的应付账款及采购成本。

2023 年 4 月 4 日，财务部门开出工行转账支票一张，支票号 ZZ123，付清采购货款。(现金流量：04 购买商品、接受劳务支付的现金)

实验过程

1. 填制并审核采购请购单

选择"供应链"|"采购管理"|"请购"|"请购单",进入后单击"增加"|"空白单据"按钮,输入实验资料信息,如图 7-56 所示。

视频:常规采购业务

采购请购单										
业务类型	普通采购			单据号	* 0000000002			日期	* 2023-04-01	
请购部门	采购部			请购人员	李天华			采购类型	普通采购	
插行	复制行	拆分行	删行	批改	存量	价格	PTO选配	排序定位	显示格式	
	存货编码	存货名称	主计量	数量	本币单价	本币价税合计	税率	需求日期	建议订货日期	供应商
1	011	有线键盘	个	300.00	95.00	32205.00	13.00	2023-04-03	2023-04-01	大成

图 7-56 采购请购单

依次单击"保存""审核"按钮完成。

操作提示

若在输入存货编码后,系统提示没有该物料,这时应选择"基础设置"|"基础档案"|"存货"|"存货档案"进行检查,如果有该物料的存货档案,就要检查存货属性是否设置(如内销、外购、生产耗用),这些属性将限制具体物料采购、销售、使用等范围。

请购单录入后,需要进行审核,只有经过审核的采购请购单,在输入采购订单时才能导入采购请购单的数据。

根据内部控制的需要,在实务工作中,业务单据的填制人与审核人不能相同。本实验为方便练习,除必须控制外,设计由同一人完成审核或复核,以减少操作人员的频繁切换登录。

2. 填制并审核到货单

选择"供应链"|"采购管理"|"采购到货"|"到货单",进入后单击"增加"|"空白单据"按钮,输入实验资料信息,到货单如图 7-57 所示。依次单击"保存""审核"按钮完成。

到货单									
业务类型	* 普通采购			单据号	* 0000000001			日期	* 2023-04-03
采购类型	普通采购			供应商	* 大成			部门	* 采购部
业务员	李天华			币种	* 人民币			汇率	* 1
运输方式				税率	13.00			备注	
插行	复制行	拆分行	删行	批改	存量	价格	生成批号	PTO选配	排序定位	显示格式
	存货编码	存货名称	主计量	数量	原币含税单价	原币单价	原币金额	原币税额	原币价税合计	税率	订单号
1	011	有线键盘	个	300.00	107.35	95.00	28500.00	3705.00	32205.00	13.00	

图 7-57 到货单

3. 填制并审核采购入库单

选择"供应链"|"库存管理"|"采购入库"|"采购入库单",进入后选择"增加"|"采购"|"采购到货单",进行查询条件设置,供应商选择成都大成公司,单击"确定"按钮,选择到货单,如图 7-58 所示。

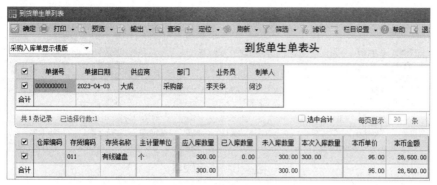

图 7-58　到货单生单列表

单击"确定"按钮，数据自动复制到"采购入库单"，补充库房等信息，采购入库单如图 7-59 所示。

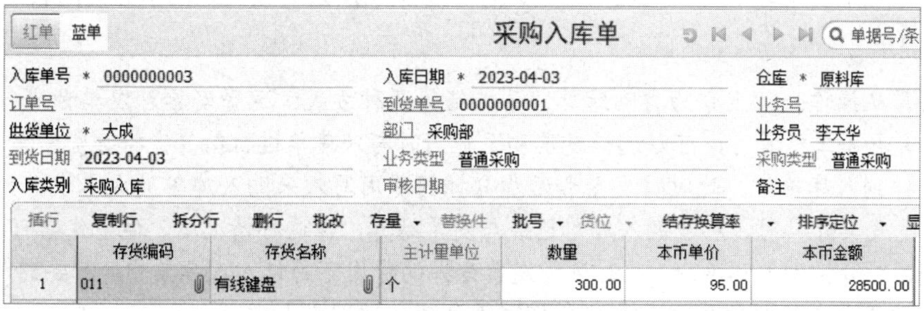

图 7-59　采购入库单

依次单击"保存""审核"按钮完成。

采购管理中也有采购入库单，但只为提供查询，不能输入。在期初的时候可以输入期初的采购入库单。

4. 填制并复核采购发票

选择"供应链"|"采购管理"|"采购发票"|"专用采购发票"，进入后单击"增加"|"入库单"按钮，进行查询条件设置，供应商选择成都大成公司，单击"确定"按钮，进入"拷贝并执行"窗口，选择采购入库单，如图 7-60 所示。

图 7-60　拷贝并执行

单击"确定"按钮，数据自动复制到"专用发票"，依次单击"保存""复核"按钮完成，如图 7-61 所示。

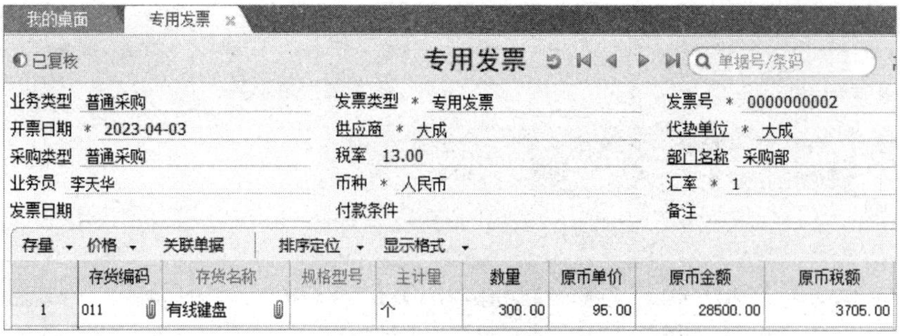

图 7-61 专用发票

5. 执行采购结算

采购结算也称采购报账，是指采购核算人员根据采购发票、采购入库单核算采购入库成本；采购结算的结果是采购结算单，它是记载采购入库单与采购发票对应关系的结算对照表。

▎操作提示▎

采购结算从操作处理上分为自动结算、手工结算两种方式；运费发票可以单独进行结算。

自动结算和手工结算时，可以选择发票和运费同时与入库单进行结算，将运费发票的费用按数量或金额分摊到入库单中。此时将发票和运费分摊的费用写入采购入库单的成本中。

如果运费发票开具时，对应的入库单已经与发票结算，在这种情况下，运费发票可以通过费用折扣结算将运费分摊到入库单中，此时运费发票分摊的费用不再记入入库单中，需要到"存货核算"系统中进行结算成本的暂估处理，系统会将运费金额分摊到成本中。

选择"供应链"|"采购管理"|"采购结算"|"手工结算"，进入后如图 7-62 所示。

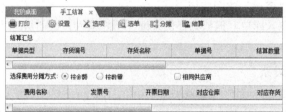

图 7-62 手工结算

单击"选单"按钮，进入"结算选单"窗口，单击工具栏的"查询"按钮，按默认条件查询，单击"确定"按钮，系统将信息复制到"结算选单"窗口，勾选发票，单击"匹配"按钮，系统提示"匹配成功[1]条数据"，单击"确定"按钮关闭，如图 7-63 所示。

图 7-63 结算选单

单击工具栏的"确定"按钮，系统将信息复制到"手工结算"窗口，如图 7-64 所示。

图 7-64　手工结算

单击工具栏的"结算"按钮,完成结算后退出。

结算完成后,在"手工结算"窗口,将看不到已结算的入库单和发票。结算结果可以在"供应链"|"采购管理"|"采购结算"|"结算单列表"中查询,供应商选择成都大成公司,所有该公司的结算单在此处显示,如图 7-65 所示。

结算单列表										
序号		结算日期	供应商	存货编码	存货名称	主计量	结算数量	结算单价	结算金额	暂估单价	暂估金额	制单人
1		2023-04-03	大成	011	有线键盘	个	300.00	95.00	28,500.00	95.00	28,500.00	何沙

图 7-65　结算单列表

如果选择"供应链"|"采购管理"|"采购结算"|"自动结算",系统弹出"查询条件-采购自动结算"窗口,选择结算模式为"入库单和发票",单击"确定"按钮,系统弹出提示框"结算模式 [入库单和发票],状态:全部成功,共处理了 [1]条记录"。本实验由于已经进行手工结算,在此进行操作时,系统弹出提示框"结算模式 [入库单和发票],状态:没有符合条件的红蓝入库单和发票"。

因为某种原因需要修改或删除入库单、采购发票时,要先取消采购结算。

在"结算选发票列表"和"结算选入库单列表"中除可选择"匹配"按钮进行自动匹配外,还可以采用手动勾选匹配的方式。

6. 采购发票审核

选择"财务会计"|"应付款管理"|"应付处理"|"采购发票"|"采购发票审核",进入后,单击"查询"按钮,按默认条件查询,单击"确定"按钮,查询结果如图 7-66 所示。

采购发票列表										
序号		审核人	单据日期	单据类型	供应商名称	部门	业务员	制单人	原币金额	本币金额	备注
1			2023-04-03	采购专用发票	成都大成公司	采购部	李天华	何沙	32,205.00	32,205.00	

图 7-66　采购发票列表

先勾选单据,然后单击工具栏的"审核"按钮,系统会提示"审核成功"。

7. 生成应付凭证

通过制单处理生成凭证,后续再审核和记账。系统对不同的单据类型或不同的业务处理提供制单(生成凭证)的功能。除此之外,系统提供了一个统一制单的平台,可以在此快速、成批生成凭证,并可依据规则进行合并制单等处理。

选择"财务会计"|"应付款管理"|"凭证处理"|"生成凭证",在弹出的"制单查询"窗口中勾选"发票",供应商选择成都大成公司,如图 7-67 所示。

图 7-67　制单查询

单击"确定"按钮,进入后凭证类别选择"转账凭证",如图7-68所示。

			发票列表					
凭证类别	转账凭证				制单日期	2023-04-03		
选择标志	凭证类别	单据类型	日期	供应商编码	供应商名称	部门	业务员	金额
	转账凭证	采购专用发票	2023-04-03	02	成都大成公司	采购部	李天华	32,205.00

图7-68 生成凭证采购发票列表

单击"全选"按钮(选择要进行制单的单据,这里是发票),或在"选择标志"一栏双击,系统会在你双击的栏目中给出一个序号,表明要将该单据制单。可以修改系统所给出的序号,如系统给出的序号为1,也可以改为2。相同序号的记录会制成一张凭证,单击"制单"按钮(制单日期只能大于等于单据日期)后,生成凭证,分录如下。

借:在途物资(1402) 28 500
 应交税费/应交增值税/进项税额(22210101) 3 705
 贷:应付账款(2202)/大成 32 205

单击"保存"按钮完成。

凭证生成后,可以对凭证进行调整,如补充相关信息。如先选择"应付账款"科目,双击"票号"后面的位置(会显示笔尖图形的标识),补充输入发票号等,单击"保存"按钮完成凭证生成。

可以选择"财务会计"|"应付款管理"|"凭证处理"|"查询凭证",查看生成的凭证。还可以选择"财务会计"|"总账"|"凭证"|"查询凭证"查看。

8. 生成入库凭证

如果录入期初余额时没有记账,应先选择仓库记账,才能进行后续操作。

(1) 期初库存单据记账。选择"供应链"|"存货核算"|"设置"|"期初余额",进入后,分别选择仓库后,单击"记账"按钮,完成期初记账工作。如果已经记账,则工具栏"记账"按钮显示为灰色。

(2) 采购入库单记账。选择"供应链"|"存货核算"|"记账"|"正常单据记账",进入"未记账单据一览表"窗口,单击"查询"按钮,系统弹出"查询条件设置"窗口(可选择仓库,或选择单据类型为"采购入库单"),本实验仓库名称选择为"原料库",其余保持默认条件查询,进入后如图7-69所示。

			正常单据记账列表							
	日期	存货编码	存货名称	单据类型	仓库名称	收发类别	数量	计量单位	单价	金额	供应商简称
	2023-04-03	011	有线键盘	采购入库单	原料库	采购入库	300.00	个	95.00	28,500.00	大成

图7-69 正常单据记账列表

勾选需要记账的条目,单击"记账"按钮完成记账工作。

(3) 生成凭证。选择"供应链"|"存货核算"|"凭证处理"|"生成凭证",进入后单击"选单"按钮,系统弹出"查询条件-生成凭证查询条件"窗口,在窗口的单据类型中选择"(01)采购入库单(报销记账)",进入"未生成凭证单据一览表"窗口,单据信息如图7-70所示。

图7-70 未生成凭证单据一览表

单击工具栏的“全选”按钮或选择要处理的行，单击“确定”按钮，系统返回“生成凭证”窗口。凭证类别选择“转账凭证”，若相关信息不完整，这里可补充填写。单击工具栏的“合并制单”按钮，进入“填制凭证”窗口，单击“保存”按钮，凭证左上角显示“已生成”字样，表示凭证已经传递到总账。凭证分录如下。

借：原材料/生产用原材料(140301)　　28 500

　　贷：在途物资(1402)　　28 500

9. 生成付款凭证

选择“财务会计”|“应付款管理”|“付款申请”|“付款申请单录入”，进入后单击工具栏“增加”|“空白单据”按钮，供应商选择成都大成公司，结算方式选择“转账支票”，金额为 32 205 元，如图 7-71 所示。

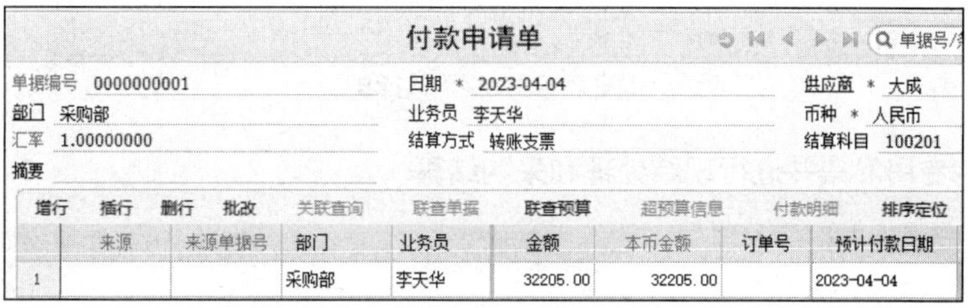

付款申请单

单据编号 0000000001　日期 * 2023-04-04　供应商 * 大成

部门 采购部　业务员 李天华　币种 * 人民币

汇率 1.00000000　结算方式 转账支票　结算科目 100201

摘要

增行 插行 删行 批改 关联查询 联查单据 联查预算 超预算信息 付款明细 排序定位

	来源	来源单据号	部门	业务员	金额	本币金额	订单号	预计付款日期
1			采购部	李天华	32205.00	32205.00		2023-04-04

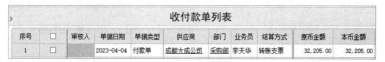

图 7-71　付款申请单

依次单击“保存”“审核”按钮，系统提示“生成一张付款单”。

选择“财务会计”|“应付款管理”|“付款处理”|“付款单据审核”，进行查询条件设置，供应商选择“成都大成公司”，结果如图 7-72 所示。

收付款单列表

序号	☐	审核人	单据日期	单据类型	供应商	部门	业务员	结算方式	原币金额	本币金额
1	☐		2023-04-04	付款单	成都大成公司	采购部	李天华	转账支票	32,205.00	32,205.00

图 7-72　收付款单列表

双击单据，进入“付款单据录入”窗口，单击“审核”按钮，系统提示“是否立即制单”，选择“是”按钮，进入“填制凭证”窗口，凭证类别选择“付款凭证”，补充输入发票号和支票号等信息，分录如下。

借：应付账款(2202)/大成　　32 205

　　贷：银行存款/工行(100201)　　32 205

单击“保存”按钮，在凭证左上角显示“已生成”字样。

操作提示

选择“基础设置”|“业务参数”|“财务会计”|“总账”，可以选择取消凭证页面的“制单序时控制”。否则，要求生成凭证的日期是从小到大排序的。

7.2.6 采购现结业务

实验资料

2023 年 4 月 4 日，向成都大成公司购买有线鼠标 30 箱(360 只)，单价为 600 元/箱(无税单价)，直接验收入原料库。同时收到专用发票一张，立即以工行转账支票(支票号 ZZ011)支付其货款。确定采购成本，进行付款处理。(现金流量：04 购买商品、接受劳务支付的现金)

▶ 实验过程

1. 填制采购入库单并审核

选择"供应链"|"库存管理"|"采购入库"|"采购入库单",进入后单击"增加"|"空白单据"按钮,输入实验信息,如图7-73所示。依次单击"保存""审核"按钮完成。

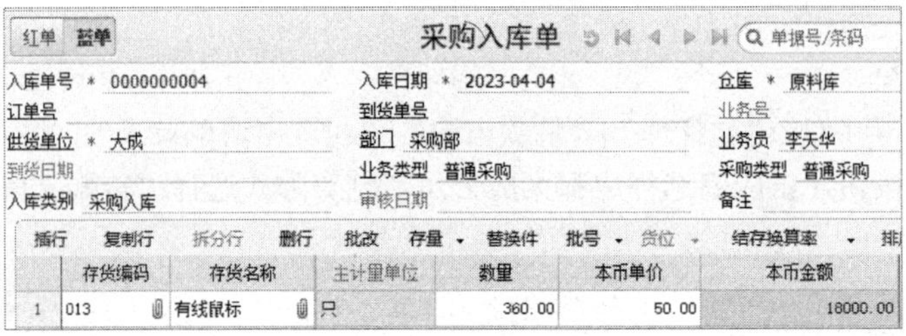

视频:采购现结业务

图7-73 采购入库单

2. 录入采购专用发票并进行现结处理和采购结算

选择"供应链"|"采购管理"|"采购发票"|"专用采购发票",进入后选择"增加"|"入库单",进行查询条件设置,供应商选择成都大成公司,单击"确定"按钮,进入"拷贝并执行"窗口,如图7-74所示。

单击"确定"按钮,系统自动将数据带入"专用发票"中,如图7-75所示。依次单击"保存""复核"按钮完成。

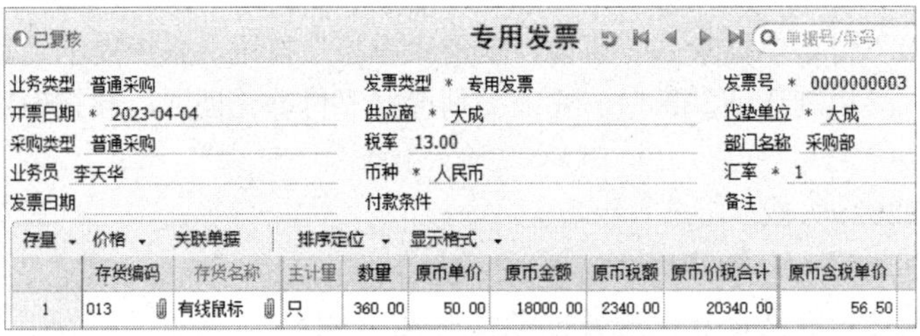

图7-74 拷贝并执行

图7-75 采购专用发票

单击工具栏的"现付"按钮,输入付款金额(如果不注意退出了发票,可选择"供应链"|"采购管理"|"采购发票"|"采购发票列表",再进入这张发票),输入付款信息后的结果如图7-76所示。

图7-76 采购现付

单击"确定"按钮后,专用发票左上角显示"已现付"字样。单击工具栏的"结算"按钮,系统自动实现结算,即票据的自动配对勾销,在发票上显示"已结算"字样。

单击专用发票工具栏"整单关联"按钮,在"关联单据"弹窗中选择"应付款管理"|"收付款

单"，单击"关联单据"底部的"确定"按钮进入"关联单据"窗口，如图 7-77 所示。

图 7-77　关联单据

单击"显示单据"按钮可以查看此付款单。

选择"财务会计"|"应付款管理"|"应付处理"|"采购发票"|"采购发票审核"，先选择发票后单击"审核"按钮，系统提示"审核完成"。审核发票的同时，系统也会自动审核现付的付款单。

3．审核应付单据进行现结制单

选择"财务会计"|"应付款管理"|"凭证处理"|"生成凭证"，进入后勾选"现结"，单击"确定"按钮，凭证类别选择"付款凭证"，如图 7-78 所示。

图 7-78　生成凭证现结列表

单击"全选"按钮，然后单击"制单"按钮，生成凭证，分录如下。

借：在途物资(1402)　　　　　　　　　　　　　　　　　　　　　　　　18 000
　　应交税费/应交增值税/进项税额(22210101)　　　　　　　　　　　　 2 340
　　贷：银行存款/工行(100201)　　　　　　　　　　　　　　　　　　20 340

输入现金流量后，单击"保存"按钮生成凭证。

4．生成入库凭证

(1) 选择"供应链"|"存货核算"|"记账"|"正常单据记账"，进入"未记账单据一览表"窗口，单击"查询"按钮，进入"查询条件"窗口，可以选择仓库为"原料库"，或者选择单据类型为"采购入库单"，进入"正常单据记账列表"后如图 7-79 所示。

图 7-79　正常单据记账列表

先选择单据，然后单击"记账"按钮完成。

(2) 选择"供应链"|"存货核算"|"凭证处理"|"生成凭证"，进入后单击工具栏的"选单"按钮，系统弹出"查询条件-生成凭证查询条件"窗口，单据类型选择"01 采购入库单(报销记账)"，单击"确定"按钮，进入"选择单据"窗口，单击"全选"按钮后，单击"确定"按钮，系统自动跳转"生成凭证"窗口。

凭证类别选择"转账凭证"，单击"制单"按钮，进入"填制凭证"窗口，单击"保存"按钮生成凭证，其分录如下。

借：原材料/生产用原材料(140301)　　　　　　　　　　　　　　　　　18 000
　　贷：在途物资(1402)　　　　　　　　　　　　　　　　　　　　　18 000

7.2.7 采购运费处理

▶ 实验资料

2023年4月6日,向成都大成公司购买2TSSD硬盘200盒,单价为800元/盒,验收入原料库。同时还购买有线鼠标5箱(60只),单价为600元/箱,验收入原料库。当天收到税率为13%的专用发票一张,发票含运输费用。

另外,在采购的过程中,还发生了一笔运输服务费600元,税率为6%,收到相应的运费发票一张,费用按照金额分配。确定采购成本及应付账款,货款未付。

▶ 实验过程

1. 填制并审核采购入库单

选择"供应链"|"库存管理"|"采购入库"|"采购入库单",进入后单击"增加"|"空白单据"按钮,输入实验资料信息,如图7-80所示。依次单击"保存""审核"按钮,然后退出。

视频:采购运费处理

图7-80 采购入库单

2. 填制采购专用发票

选择"供应链"|"采购管理"|"采购发票"|"专用采购发票",进入后单击"增加"|"入库单"按钮,选择供应商为成都大成公司,其余保持默认选择,单击"确定"按钮,进入"拷贝并执行"窗口,选择要传入数据的入库单(2TSSD硬盘和有线鼠标)。

单击"确定"按钮,数据自动传到"专用发票"中,如图7-81所示。依次单击"保存""复核"按钮,然后退出。

图7-81 专用采购发票

3. 填制运费发票并进行采购结算

选择"供应链"|"采购管理"|"采购发票"|"运费发票",进入后单击"增加"|"空白单据"按钮,输入运费的相关信息,如图7-82所示。

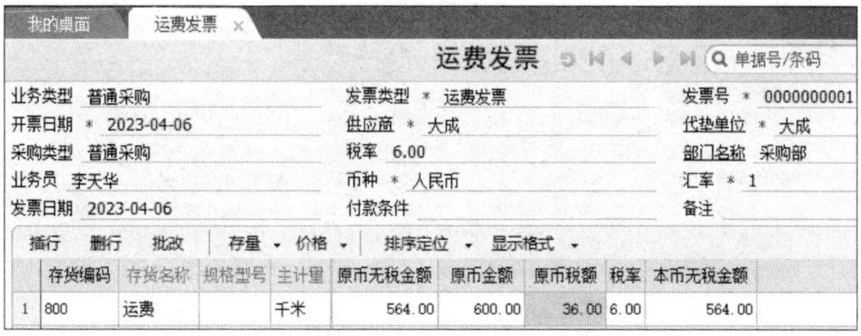

图 7-82 运费发票

依次单击"保存""复核"按钮完成操作。

选择"供应链"|"采购管理"|"采购结算"|"手工结算",进入"手工结算"窗口,单击"选单"按钮,进入"结算选单"窗口,单击工具栏的"查询"按钮,在条件设置中选择"成都大成公司",完成条件设置后未结算的单据就显示出来了,选择要结算的发票和对应的入库单,如图 7-83 所示。

图 7-83 结算选单

单击"确定"按钮,系统提示"所选单据扣税类别不同,是否继续?",单击"是"按钮,系统转入"手工结算"窗口,如图 7-84 所示。

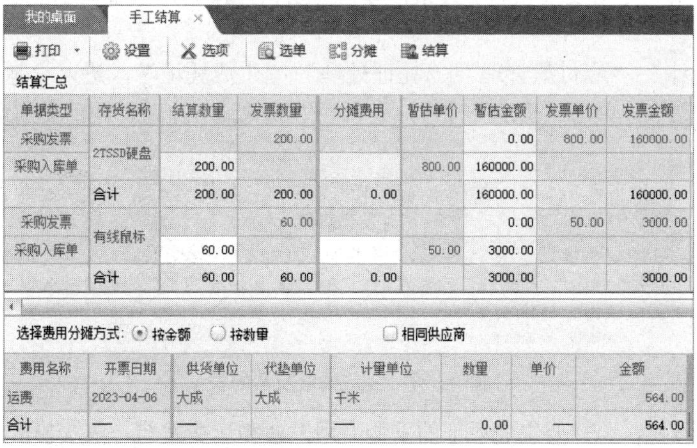

图 7-84 手工结算

单击"分摊"按钮,系统提示"选择按金额分摊,是否开始计算",单击"是"按钮进行计算。计算完成后,系统提示"费用分摊(按金额)完毕,请检查",单击"确定"按钮,结算汇总表上会显示分摊结果,如图 7-85 所示。分摊费用栏中显示了分摊的运费。

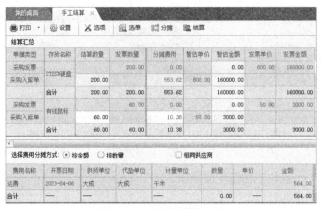

图 7-85 分摊运费的结果

单击"结算"按钮,完成结算工作。

▎操作提示▎

不管采购入库单上有无单价,采购结算后,其单价都被自动修改为发票上的存货单价。各项发票须先进行复核后才能在采购结算中被找到。

4. 审核发票并合并制单

选择"财务会计"|"应付款管理"|"应付处理"|"采购发票"|"采购发票审核",供应商名称选择"成都大成公司",其余保持默认选择,单击"确定"按钮后系统返回"采购发票审核"窗口。采购发票列表,如图 7-86 所示。

图 7-86 采购发票列表

选择要审核的采购专用发票和运费发票,单击"审核"按钮,系统显示"审核成功"的提示信息后返回。

选择"财务会计"|"应付款管理"|"凭证处理"|"生成凭证",进入"制单查询"窗口,在对话框中勾选"发票",单击"确定"按钮,进入"生成凭证"窗口,凭证类别选择"转账凭证",如图 7-87 所示。

图 7-87 生成凭证发票列表

单击"全选"按钮,选择要生成凭证的采购专用发票和运费发票,依次单击"合并"(合并制作一张凭证)、"制单"按钮,进入"填制凭证"窗口,生成的凭证分录如下。

借:在途物资(1402)   163 564
    应交税费/应交增值税/进项税额(22210101)   21 226
    贷:应付账款(2202)/大成   184 790

5. 生成入库凭证

选择"供应链"|"存货核算"|"记账"|"正常单据记账",进入"未记账单据一览表"窗口,单击"查询"按钮,进入"查询条件"窗口,在窗口中可按照仓库(原料库)选择,或者按单据类型(采购入库单)选择,本实验中仓库名称选择"原料库",其余保持默认选择,单击"确定"按钮,系统返回后如图7-88所示。

	日期	存货编码	存货名称	单据类型	仓库名称	收发类别	数量	单价	金额	供应商简称
	2023-04-06	003	2TSSD硬盘	采购入库单	原料库	采购入库	200.00	802.77	160,553.62	大成
	2023-04-06	013	有线鼠标	采购入库单	原料库	采购入库	60.00	50.17	3,010.38	大成
小计							260.00		163,564.00	

图7-88 正常单据记账列表

选择要记账的行(这里可以单击全选),单击"记账"按钮完成记账。

选择"供应链"|"存货核算"|"凭证处理"|"生成凭证",进入后单击工具栏的"选单"按钮,在"查询条件"窗口中,选择单据类型为"(01)采购入库单(报销记账)",单击"确定"按钮,进入"未生成凭证单据一览表"窗口。选择要记账的单据,单击"确定"按钮,进入"生成凭证"窗口,凭证类别选择"转账凭证",单击"合并制单"按钮,进入"填制凭证"窗口,凭证分录如下。

借:原材料/生产用原材料(140301)   163 564
    贷:在途物资(1402)   163 564

7.2.8 暂估入库报销处理

➤ 实验资料

2023年4月9日,收到重庆大江公司提供的上月已验收入库的100盒2TSSD硬盘的专用发票一张,发票单价为790元,价税合计89 270元。进行暂估报销处理,确定采购成本及应付账款。

➤ 实验过程

1. 录入采购专用发票

选择"供应链"|"采购管理"|"采购发票"|"专用采购发票",进入后单击"增加"|"入库单"按钮,进入"查询条件-单据列表过滤"窗口,供应商选择重庆大江公司,单击"确定"按钮,进入"拷贝并执行"窗口,本业务是3月25日的暂估业务,勾选采购入库单。

单击"确定"按钮返回,将单价从800元改为790元,如图7-89所示。

视频:暂估入库
报销处理

				专用发票				单据号/条码
业务类型	普通采购		发票类型	* 专用发票		发票号	0000000005	
开票日期	* 2023-04-09		供应商	* 大江		代垫单位	* 大江	
采购类型			税率	13.00		部门名称	采购部	
业务员	李天华		币种	* 人民币		汇率	* 1	
发票日期			付款条件			备注		

	存货编码	存货名称	主计量	数量	原币单价	原币金额	原币税额	原币价税合计	订单号
1	003	2TSSD硬盘	盒	100.00	790.00	79000.00	10270.00	89270.00	

图7-89 专用采购发票

依次单击"保存""复核"按钮,然后退出。

2. 手工结算

选择"供应链"|"采购管理"|"采购结算"|"手工结算",进入后单击"选单"按钮,进入"结算选单"窗口。单击"查询"按钮,进行条件设置,选择供应商名称为"重庆大江公司",返回"结算选单"窗口,在发票与入库单之间进行匹配选择,如图7-90所示。

图7-90 结算选单

单击"确定"按钮,返回"手工结算"窗口,如图7-91所示。单击"结算"按钮,完成结算工作。

图7-91 手工结算

3. 结算成本处理并生成凭证

选择"供应链"|"存货核算"|"记账"|"结算成本处理",进入后仓库名称选择"原料库",其余保持默认条件,单击"确定"按钮,进入"结算成本处理"窗口,如图7-92所示。

图7-92 结算成本处理

选择暂估结算的单据,单击工具栏的"结算处理"按钮结算成本。

选择"供应链"|"存货核算"|"凭证处理"|"生成凭证",进入后单击工具栏的"选单"按钮,单据类型选择"(24)红字回冲单""(30)蓝字回冲单(报销)",单击"确定"按钮,进入"选择单据"窗口,如图7-93所示。

图7-93 选择单据

依次单击“全选”“确定”按钮，进入“生成凭证”窗口。凭证类别选择“转账凭证”，补充应付暂估的科目“1402 在途物资”，单击“制单”按钮，进入“填制凭证”窗口。分录如下。

期初暂估红字回冲：

借：原材料/生产用原材料(140301)　　-80 000

　　贷：在途物资(1402)　　-80 000

发票到时蓝字回冲：

借：原材料/生产用原材料(140301)　　79 000

　　贷：在途物资(1402)　　79 000

单击“保存”按钮，红字回冲单和蓝字回冲单生成的凭证左上角均显示“已生成”字样。

如果发现生成的凭证有误需要重新生成，可选择“供应链”|“存货核算”|“凭证处理”|“查询凭证”，在查询条件中选择具体的年份和月份信息后，可在列表中选择要删除的凭证，然后单击“删除”按钮，就完成凭证删除。

4. 审核发票并制单处理

选择“财务会计”|“应付款管理”|“应付处理”|“采购发票”| “采购发票审核”，进入后单击“查询”按钮，在“查询”窗口选择供应商名称为“重庆大江公司”，单击“确定”按钮后返回窗口，如图 7-94 所示。

采购发票列表

序号	□	审核人	单据日期	单据类型	供应商名称	部门	业务员	制单人	原币金额	本币金额	备注
1	□		2023-04-09	采购专用发票	重庆大江公司	采购部	李天华	何沙	89,270.00	89,270.00	
2	小计								89,270.00	89,270.00	
3	合计								89,270.00	89,270.00	

图 7-94　采购发票列表

选择要制单的单据，然后单击“审核”按钮完成审核工作。

选择“财务会计”|“应付款管理”|“凭证处理”|“生成凭证”，进入后勾选“发票”，单击“确定”按钮，凭证类别选择“转账凭证”，如图 7-95 所示。

发票列表

凭证类别 转账凭证　　制单日期 2023-04-09

选择标志	凭证类别	单据类型	日期	供应商名称	部门	业务员	金额
	转账凭证	采购专用发票	2023-04-09	重庆大江公司	采购部	李天华	89,270.00

图 7-95　生成凭证发票列表

选择需制单的单据，单击“制单”按钮，进入“填制凭证”窗口，生成的凭证分录如下。

借：在途物资(1402)　　79 000

　　应交税费/应交增值税/进项税额(22210101)　　10 270

　　贷：应付账款(2202) /大江　　89 270

可以选择“供应链”|“采购管理”|“报表”|“采购账簿”|“采购结算余额表”及“在途货物余额表”查询有关情况。

7.2.9 采购结算前退货

实验资料

2023 年 4 月 9 日，收到成都大成公司提供的 LED 显示屏，数量 52 台，不含税单价 1 200 元。验收入原料库。

2023年4月9日，仓库反映有2台LED显示屏有质量问题，退回给供应商，办理相关出库手续。

2023年4月10日，收到成都大成公司开具的50台LED显示屏的专用发票一张，不含税单价1200元。编制应付账款凭证和入库凭证。

实验过程

1. 填制并审核采购入库单(蓝单)

选择"供应链"|"库存管理"|"采购入库"|"采购入库单"，进入后单击"增加"|"空白单据"按钮，选择入库单左上角的"蓝单"按钮，输入实验资料信息，如图7-96所示。

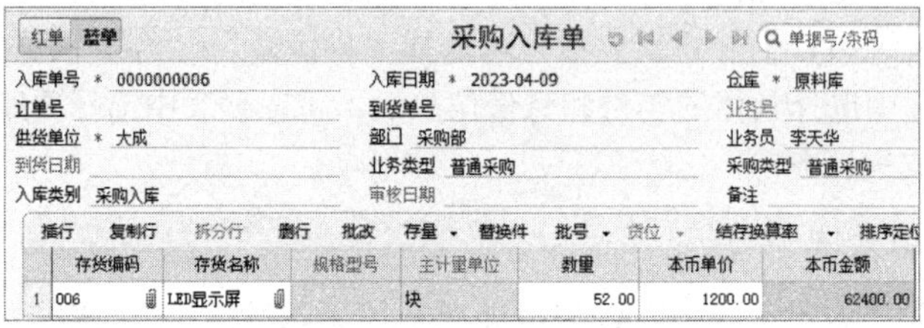

视频：采购结算前退货

图7-96　采购入库单(蓝单)

依次单击"保存""审核"按钮，然后退出。

2. 填制采购入库单(红单)

选择"供应链"|"库存管理"|"采购入库"|"采购入库单"，进入后单击"增加"|"空白单据"按钮，选择入库单左上角的"红单"按钮，输入实验资料信息，退货数量填写-2，单价填写1 200(元)，如图7-97所示。依次单击"保存""审核"按钮，然后退出。

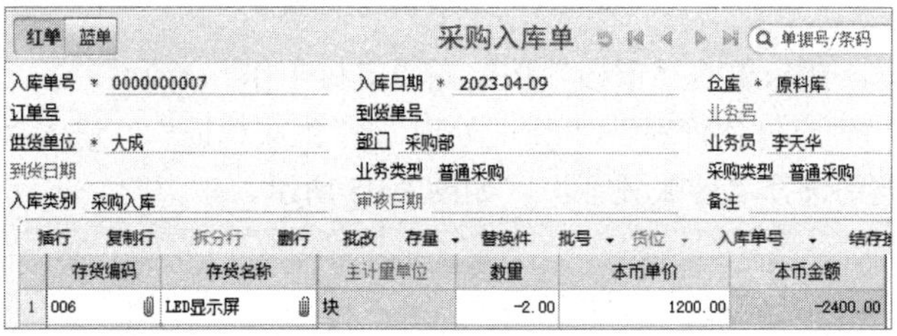

图7-97　采购入库单(红单)

3. 根据采购入库单生成采购专用发票

选择"供应链"|"采购管理"|"采购发票"|"专用采购发票"，进入后单击"增加"|"入库单"按钮，来源单据类型选择"采购入库单"，单击"确定"按钮，进入"拷贝并执行"窗口，选择要传入数据的红、蓝字入库单，单击"确定"按钮，数据自动传到"专用发票"中，如图7-98所示。

图7-98　专用采购发票

依次单击"保存""复核"按钮，然后退出。

4. 采购结算

选择“供应链”|“采购管理”|“采购结算”|“手工结算”，进入后单击“选单”按钮，进入“结算选单”窗口，单击“查询”按钮，进行查询条件设置，供应商名称选择“成都大成公司”，单击“确定”按钮，查看结算信息，如图 7-99 所示。

结算选单

查询 定位 筛选 设置 确定 匹配 栏目 滤设 刷新 帮助 退出

结算选发票列表 按批次结算

□	供应商简称	存货名称	制单人	供应商名称	开票日期	数量	计量单位	单价	金额
□	大成	LED显示屏	何沙	成都大成公司	2023-04-10	52.00	块	1,200.00	62,400.00
□	大成	LED显示屏	何沙	成都大成公司	2023-04-10	-2.00	块	1,200.00	-2,400.00

共2条记录

结算选入库单列表

□	供应商简称	存货名称	仓库名称	供应商名称	入库日期	入库数量	计量单位	单价	金额	本币价税合计
□	大成	LED显示屏	原料库	成都大成公司	2023-04-09	52.00	块	1,200.00	62,400.00	70,512.00
□	大成	LED显示屏	原料库	成都大成公司	2023-04-09	-2.00	块	1,200.00	-2,400.00	-2,712.00

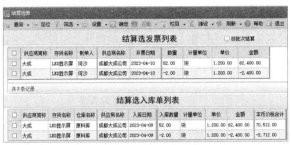

图 7-99 结算选单

选择要结算的单据，单击“确定”按钮，返回“手工结算”窗口，如图 7-100 所示。

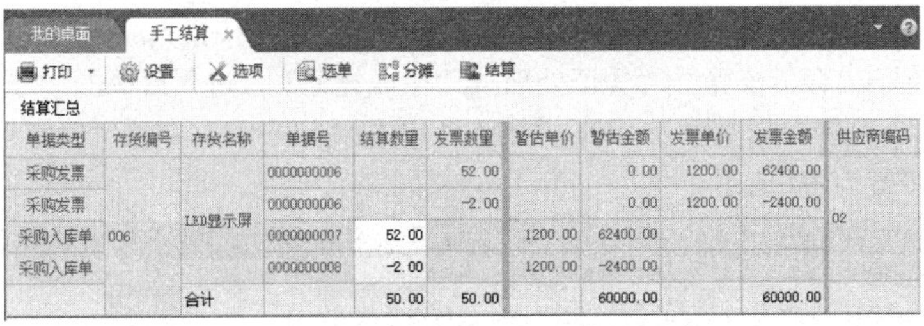

我的桌面 手工结算

打印 设置 选项 选单 分摊 结算

结算汇总

单据类型	存货编号	存货名称	单据号	结算数量	发票数量	暂估单价	暂估金额	发票单价	发票金额	供应商编码
采购发票	006	LED显示屏	0000000006		52.00		0.00	1200.00	62400.00	02
采购发票			0000000006		-2.00		0.00	1200.00	-2400.00	
采购入库单			0000000007	52.00		1200.00	62400.00			
采购入库单			0000000008	-2.00		1200.00	-2400.00			
		合计		50.00	50.00		60000.00		60000.00	

图 7-100 手工结算

单击“结算”按钮，完成手工结算。

5. 生成应付凭证

选择“财务会计”|“应付款管理”|“应付处理”|“采购发票”| “采购发票审核”，进入后单击“查询”按钮，进入“查询条件”窗口，供应商名称选择“成都大成公司”，单击“确定”按钮，返回“采购发票审核”窗口，如图 7-101 所示。

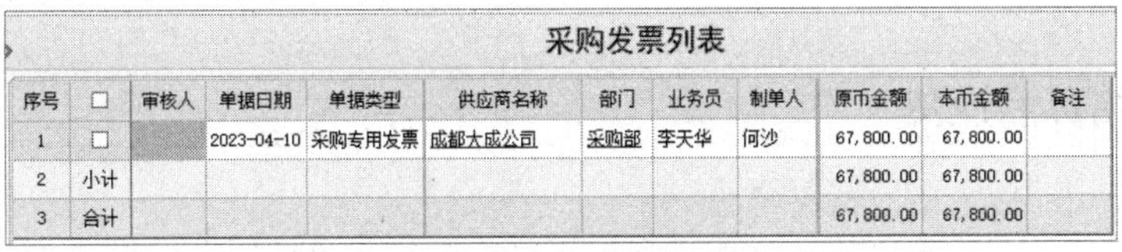

采购发票列表

序号	□	审核人	单据日期	单据类型	供应商名称	部门	业务员	制单人	原币金额	本币金额	备注
1	□		2023-04-10	采购专用发票	成都大成公司	采购部	李天华	何沙	67,800.00	67,800.00	
2	小计								67,800.00	67,800.00	
3	合计								67,800.00	67,800.00	

图 7-101 采购发票列表

在“采购发票列表”中先选择单据，然后单击“审核”按钮，系统显示“审核成功”。

选择“财务会计”|“应付款管理”|“凭证处理”|“生成凭证”，进入“制单查询”窗口，勾选“发票”，供应商名称选择“成都大成公司”，单击“确定”按钮，系统进入“生成凭证”窗口，凭证类别选择“转账凭证”，如图 7-102 所示。

我的桌面 生成凭证

发票列表

凭证类别 转账凭证　　制单日期 2023-04-10　　共 1 条

选择标志	凭证类别	单据类型	单据号	日期	供应商编码	供应商名称	部门	业务员	金额
	转账凭证	采购专用发票	0000000006	2023-04-10	02	成都大成公司	采购部	李天华	67,800.00

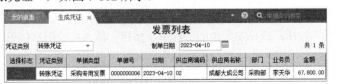

图 7-102 生成凭证发票列表

先选择票据，然后单击“制单”按钮生成凭证，分录如下。

借：在途物资(1402)　60 000

　　应交税费/应交增值税/进项税额(22210101)　7 800

　　贷：应付账款(2202) /大成　67 800

6. 生成入库凭证

选择“供应链”|“存货核算”|“记账”|“正常单据记账”，进入“未记账单据一览表”窗口，单击“查询”按钮，可按仓库选择，或者选择单据类型为“采购入库单”，本实验选择仓库为“原料库”，单击“确定”按钮，系统返回窗口如图 7-103 所示。

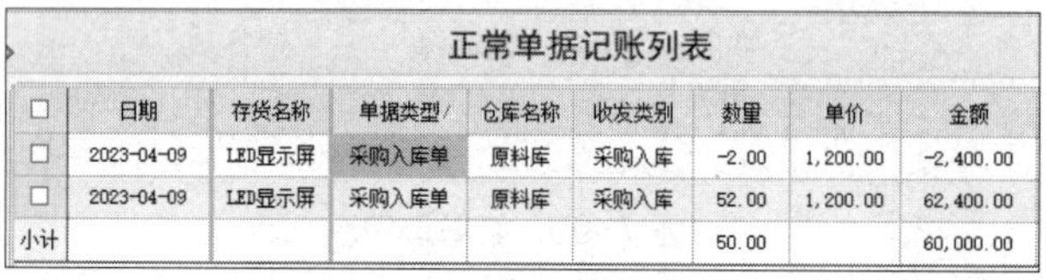

正常单据记账列表

☐	日期	存货名称	单据类型	仓库名称	收发类别	数量	单价	金额
☐	2023-04-09	LED显示屏	采购入库单	原料库	采购入库	-2.00	1,200.00	-2,400.00
☐	2023-04-09	LED显示屏	采购入库单	原料库	采购入库	52.00	1,200.00	62,400.00
小计						50.00		60,000.00

图 7-103　正常单据记账列表

先选中需记账的条目，本实验全选条目，然后单击“记账”按钮完成记账工作。

选择“供应链”|“存货核算”|“凭证处理”|“生成凭证”，进入后单击 “选单”按钮，进入“查询条件”窗口，选择单据类型为“(01)采购入库单(报销记账)”，单击“确定”按钮，进入“选择单据”窗口，如图 7-104 所示。

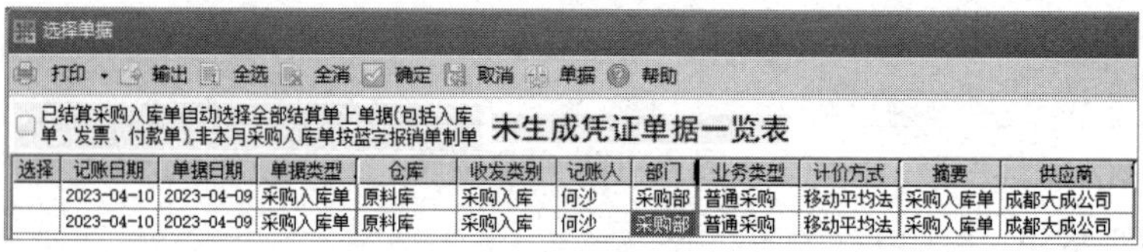

选择	记账日期	单据日期	单据类型	仓库	收发类别	记账人	部门	业务类型	计价方式	摘要	供应商
	2023-04-10	2023-04-09	采购入库单	原料库	采购入库	何沙	采购部	普通采购	移动平均法	采购入库单	成都大成公司
	2023-04-10	2023-04-09	采购入库单	原料库	采购入库	何沙	采购部	普通采购	移动平均法	采购入库单	成都大成公司

图 7-104　选择单据

依次单击“全选”“确定”按钮，系统返回“生成凭证”窗口。凭证类别选择“转账凭证”，单击工具栏的“合并制单”按钮生成凭证，分录如下。

借：原材料/生产用原材料(140301)　60 000

　　贷：在途物资(1402)　60 000

7.2.10　采购结算后退货

➘ 实验资料

2023 年 4 月 15 日，发现前期从成都大成公司购入的有线键盘质量有问题，从原料库退回 4 个给供货方，不含税单价为 95 元，同时收到红字专用发票一张。对采购入库单和红字专用采购发票进行业务处理。

➘ 实验过程

1. 填制并审核采购入库单(红单)

选择“供应链”|“库存管理”|“采购入库”|“采购入库单”，进入后单击“增加”|“空白单据”按钮，选择左上角的“红单”按钮，输入实验资料信息，如图 7-105 所示。

视频：采购结算后退货

图 7-105 采购入库单(红单)

单击"保存""审核"按钮,然后退出。

2. 填制红字采购专用发票并执行采购结算

选择"供应链"|"采购管理"|"采购发票"|"红字专用采购发票",进入后单击"增加"|"入库单"按钮,进行查询条件设置,供应商选择成都大成公司,单击"确定"按钮,进入"拷贝并执行"窗口,选择相应的入库单。单击"确定"按钮返回红字专用发票中,如图 7-106 所示。

图 7-106 红字专用发票

单击"保存""复核""结算"按钮,完成复核和结算。

3. 生成应付冲销凭证

选择"财务会计"|"应付款管理"|"应付处理"|"采购发票"|"采购发票审核",进入后单击"查询"按钮,供应商名称选择"成都大成公司",单击"确定"按钮,如图 7-107 所示。

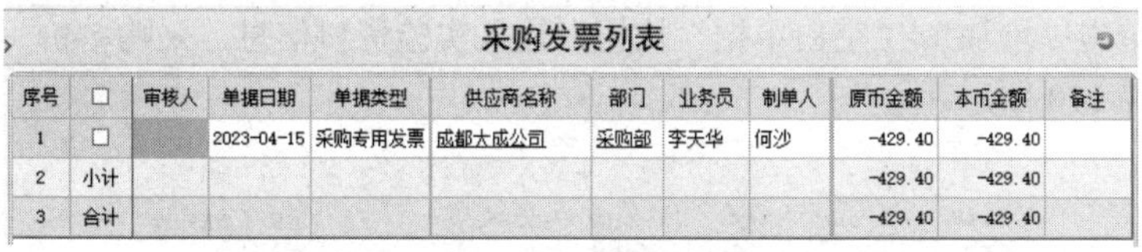

序号	□	审核人	单据日期	单据类型	供应商名称	部门	业务员	制单人	原币金额	本币金额	备注
1	□		2023-04-15	采购专用发票	成都大成公司	采购部	李天华	何沙	-429.40	-429.40	
2		小计							-429.40	-429.40	
3		合计							-429.40	-429.40	

图 7-107 采购发票列表

先选择单据,然后单击"审核"按钮完成审核工作。

选择"财务会计"|"应付款管理"|"凭证处理"|"生成凭证",勾选"发票",供应商名称选择"成都大成公司",单击"确定"按钮,凭证类别选择"转账凭证",如图 7-108 所示。

选择标志	凭证类别	单据类型	日期	供应商编码	供应商名称	部门	业务员	金额
	转账凭证	采购专用发票	2023-04-15	02	成都大成公司	采购部	李天华	-429.40

图 7-108 生成凭证发票列表

先选择单据,单击"制单"按钮生成凭证,分录如下。

借:在途物资(1402)   -380.00
　　应交税费/应交增值税/进项税额(22210101)   -49.40
　　贷:应付账款(2202)/大成   -429.40

4. 生成入库凭证

选择"供应链"|"存货核算"|"记账"|"正常单据记账",进入"未记账单据一览表"窗口,单击"查询"按钮,选择仓库为"原料库",单击"确定"按钮,系统将数据导入后如图7-109所示。

图7-109 正常单据记账列表

先选择单据,单击"记账"按钮,完成记账工作。

选择"供应链"|"存货核算"|"凭证处理"|"生成凭证",进入后单击工具栏的"选单"按钮,进入"查询条件"窗口,选择单据类型为"(01)采购入库单(报销记账)",单击"确定"按钮,进入"选择单据"窗口,选择"未生成凭证一览表"中的单据,单击"确定"按钮,凭证类别选择"转账凭证",单击工具栏的"制单"按钮生成凭证,分录如下。

借:原材料/生产用原材料(140301)   -380
　　贷:在途物资(1402)   -380

7.2.11 暂估入库处理

▶ 实验资料

2023年4月25日,收到上海大坤公司提供的HP打印机50台,入配套用品库。由于到了月底发票仍未收到,进行暂估记账处理,每台暂估价1500元。

▶ 实验过程

1. 填制并审核采购入库单

选择"供应链"|"库存管理"|"采购入库"|"采购入库单",进入"采购入库单"窗口。单击"增加"|"空白单据"按钮,输入实验资料信息,采购单价不用填写,如图7-110所示。

视频:暂估入库处理

图7-110 采购入库单

依次单击"保存""审核"按钮,然后退出。

2. 月末录入暂估入库成本并生成凭证

选择"供应链"|"存货核算"|"记账"|"暂估成本录入",进入"暂估成本录入"窗口,单击"查询"按钮,进行查询条件设置,保持默认设置,单击"确定"按钮,进入"暂估成本录入"窗口,输入暂估价,如图7-111所示。单击"保存"按钮完成。

计划成本

暂估成本录入

单据日期	仓库	计量单位	存货名称	业务类型	采购类型	供应商	入库类别	数量	单价	金额
2023-04-25	配套用品库	台	HP打印机	普通采购	普通采购	上海大坤公司	采购入库	50.00	1,500.00	75,000.00
合计								50.00		75,000.00

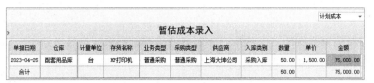

图7-111　暂估成本录入

选择“供应链”|“存货核算”|“记账”|“正常单据记账”，进入“未记账单据一览表”窗口，单击“查询”按钮，选择仓库为“配套用品库”，单击“确定”按钮，系统将数据导入后如图7-112所示。

正常单据记账列表

☐	日期	存货编码	存货名称	单据类型	仓库名称	收发类别	数量	单价	金额
☐	2023-04-25	020	HP打印机	采购入库单	配套用品库	采购入库	50.00	1,500.00	75,000.00
小计							50.00		75,000.00

图7-112　正常单据记账列表

选择要记账的单据，单击“记账”按钮完成记账，然后退出。

选择“供应链”|“存货核算”|“凭证处理”|“生成凭证”，进入后单击工具栏的“选单”按钮，单据类型选择“011 采购入库单(暂估记账)”，单击“确定”按钮，进入“选择单据”窗口，显示“未生成凭证单据一览表”。

选择要生成凭证的采购入库单，单击“确定”按钮返回“生成凭证”窗口，凭证类别选择“转账凭证”，补充应付暂估科目“在途物资(1402)”。单击“制单”按钮生成凭证，分录如下。

借：库存商品(1405)　　75 000

　　贷：在途物资(1402)　　75 000

操作提示

本实验采用月初冲回的方式。月初，系统自动生成“红字回冲单”，自动计入明细账，回冲上月的暂估业务。

7.2.12 采购业务月末结账

1. 结账处理

月末处理一般在本月报表编制完成后，确认当期业务完成，才进行相关月末结账等处理，这里说明具体的方法。

该业务属于采购月结业务。

(1) 在采购管理月末结账之前，应进行账套数据备份。

(2) 选择“供应链”|“采购管理”|“月末结账”|“月末结账”，进入“结账”窗口，单击要结账的会计月份，单击“结账”按钮，系统提示结账完成。

操作提示

未进行期初记账，将不能进行月末结账。

月末结账后，该月的单据将不能修改、删除。该月未输入的单据只能视为下个月的单据处理。

采购管理月末处理后，才能进行库存管理、核算的月末处理。

单击“结账”按钮后，如果有未关闭的订单，系统会弹出“请确认本年度是否有业务已经全部完成但还未关闭的订单，如果有，请您先关闭订单再做结账工作”的提示，并询问“是否关闭订单？”本实验单击“否”按钮即可结账成功。

2. 取消结账

只有取消库存及核算系统的月末结账，才能取消采购管理系统的月末结账。如果库存、核算的任何一个系统未取消月末结账，那么也不能取消采购管理系统的月末结账。

7.2.13 采购查询

1. 采购明细表

视频：采购查询

选择“供应链”|“采购管理”|“报表”|“明细表”|“采购明细表”，进入“查询条件-采购明细表”窗口，日期选择 2023 年 4 月 1 日至 2023 年 4 月 30 日，其余按默认条件设置，单击“确定”按钮，进入“采购明细表”窗口，如图 7-113 所示。

采购明细表

	发票日期	供应商简称	存货名称	主计量	辅计量	换算率	数量	本币单价	本币金额	本币税额	本币价税合计	件数
1	2023-04-03	大成	有线键盘	个			300.00	95.00	28,500.00	3,705.00	32,205.00	
2	2023-04-04	大成	有线鼠标	只	箱	12.00	360.00	50.00	18,000.00	2,340.00	20,340.00	30.00
3	2023-04-06	大成	运费	千米					564.00	36.00	600.00	
4	2023-04-06	大成	2TSSD硬盘	盒	箱	10.00	200.00	800.00	160,000.00	20,800.00	180,800.00	20.00
5	2023-04-06	大成	有线鼠标	只	箱	12.00	60.00	50.00	3,000.00	390.00	3,390.00	5.00
6	2023-04-09	大江	2TSSD硬盘	盒	箱	10.00	100.00	790.00	79,000.00	10,270.00	89,270.00	10.00
7	2023-04-10	大成	LED显示屏	块			-2.00	1,200.00	-2,400.00	-312.00	-2,712.00	
8	2023-04-10	大成	LED显示屏	块			52.00	1,200.00	62,400.00	8,112.00	70,512.00	
9	2023-04-15	大成	有线键盘	个			-4.00	95.00	-380.00	-49.40	-429.40	
10	2023-04-25	问之	摄像头	台			20.00	300.00	6,000.00	780.00	6,780.00	
11	总计						1,086.00		354,684.00	46,071.60	400,755.60	65.00

图 7-113 采购明细表

2. 入库明细表

选择“供应链”|“采购管理”|“报表”|“明细表”|“入库明细表”，进入“查询条件-入库明细表”窗口，日期选择 2023 年 4 月 1 日至 2023 年 4 月 30 日，其余按默认条件设置，单击“确定”按钮，进入“入库明细表”窗口。

3. 采购发票列表

选择“供应链”|“采购管理”|“采购发票”|“采购发票列表”，进入后单击“查询”按钮，日期选择 2023 年 4 月 1 日至 2023 年 4 月 30 日，其余按默认条件设置，单击“确定”按钮，进入“采购发票列表”窗口。

4. 结算明细表

选择“供应链”|“采购管理”|“报表”|“明细表”|“结算明细表”，进入“查询条件-细算明细表”窗口，日期选择 2023 年 4 月 1 日至 2023 年 4 月 30 日，其余按默认条件设置，单击“确定”按钮，进入“结算明细表”窗口。

5. 未完成业务明细表

选择“供应链”|“采购管理”|“报表”|“明细表”|“未完成业务明细表”，进入“查询条件-未完成业务明细表”窗口，按默认条件设置，单击“确定”按钮，进入“未完成业务明细表”窗口，如图 7-114 所示。

未完成业务明细表

	单据类型	业务类型	日期	供应商简称	存货名称	主计量	入库数量	未结数量	暂估单价	未结金额
1	采购入库单	普通采购	2023-04-25	大坤	HP打印机	台	50.00	50.00	1,500.00	75,000.00
2	总计						50.00	50.00		75,000.00

图 7-114 未完成业务明细表

7.3 应付款管理

7.3.1 应付款管理概述

应付款管理系统，通过其他应付单、付款单等单据的录入和处理，对企业的往来账款进行综合管理，及时、准确地提供供应商的往来账款余额资料，提供各种分析报表，帮助企业合理地进行资金的调配，提高资金的利用效率。

应付业务处理流程，如图7-115所示。

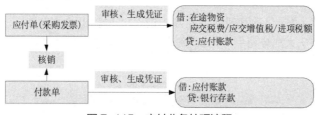

图7-115 应付业务处理流程

7.3.2 带票据的常规付款业务

> **实验资料**

2023年4月17日，财务部开出转账支票一张和承兑汇票两张，用于支付前欠重庆大江公司部分货款。

(1) 工行基本户开具的不带息银行承兑汇票：票号YC041701，票据到期日2023年10月16日，金额5 000元。

(2) 工行基本户开具的不带息商业承兑汇票：票号SC041701，票据到期日2023年10月16日，金额5 000元。

(3) 转账支票：支票号ZZ777，金额2 000元。(现金流量：04 购买商品、接受劳务支付的现金)

> **实验过程**

1. 录入付款申请单

选择"财务会计"|"应付款管理"|"付款申请"|"付款申请单录入"，进入后单击"增加"|"空白单据"按钮，输入使用银行承兑汇票付款的付款申请单，结算方式为空。单击"保存"按钮，付款申请单左上角显示"开立"字样，如图7-116所示。

视频：带票据的常规付款业务

图7-116 付款申请单(银行承兑汇票)

用同样的方法录入使用商业承兑汇票付款的付款申请单，结果如图7-117所示。

按同样的操作路径录入使用转账支票支付的付款申请单后，补充结算科目为100201，补充结算方式为转账支票，单击工具栏的"保存"按钮，结果如图7-118所示。

图7-117　付款申请单(商业承兑汇票)

图7-118　付款申请单(转账支票)

2. 审核付款申请单

选择"财务会计"|"应付款管理"|"付款申请"|"付款申请单审核"，进入后单击"查询"按钮，供应商选择"重庆大江公司"，单击"确定"按钮，系统返回"付款申请单列表"，如图7-119所示。

图7-119　付款申请单列表

双击对应的付款申请单可进行查看并审核。也可在此页面全选付款申请单后，单击"审核"按钮，完成审核工作。结算方式为转账支票的付款申请单审核后系统提示"审核后生成1张付款单"。

3. 录入应付票据

选择"财务会计"|"应付款管理"|"票据管理"|"票据录入"，进入后单击"增加"|"付款申请单"按钮，选择供应商为"重庆大江公司"，其余保持默认选择，进入"拷贝并执行"窗口，如图7-120所示。

分类别选择票据，分别单击"确定"按钮，系统返回"应付票据录入"窗口，补充商业汇票的其他信息，单击"保存"按钮后，银行承兑汇票和商业承兑汇票分别如图7-121、图7-122所示。

图7-120　拷贝并执行(付款申请单表头列表)

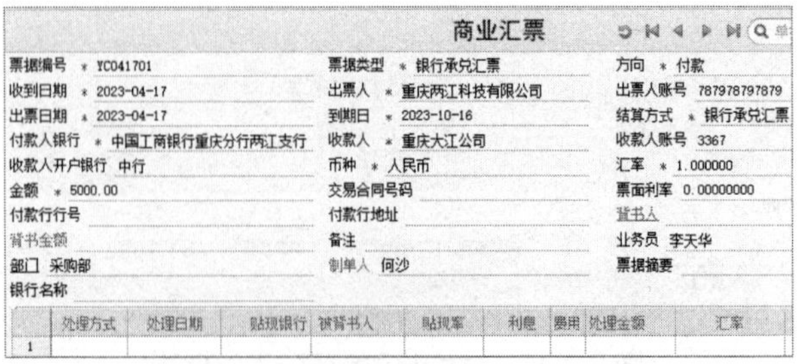

图7-121　商业汇票(银行承兑汇票)

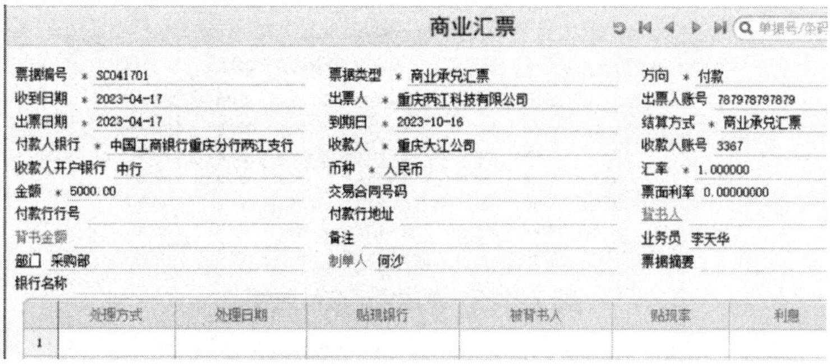
商业汇票

票据编号 * SC041701
票据类型 * 商业承兑汇票
方向 * 付款
收到日期 * 2023-04-17
出票人 * 重庆两江科技有限公司
出票人账号 787978797879
出票日期 * 2023-04-17
到期日 * 2023-10-16
结算方式 * 商业承兑汇票
付款人银行 * 中国工商银行重庆分行两江支行
收款人 * 重庆大江公司
收款人账号 3367
收款人开户银行 中行
币种 * 人民币
汇率 * 1.000000
金额 * 5000.00
交易合同号码
票面利率 0.00000000
付款行行号
付款行地址
背书人
背书金额
备注
业务员 李天华
部门 采购部
制单人 何沙
票据摘要
银行名称

	处理方式	处理日期	贴现银行	被背书人	贴现率	利息
1						

图 7-122 商业汇票(商业承兑汇票)

4. 审核付款单据

选择“财务会计”|“应付款管理”|“付款处理”|“付款单据审核”，进入后单击“查询”按钮，选择供应商为“重庆大江公司”，其余保持默认条件设置，单击“确定”按钮，系统转入“付款单据审核”窗口，如图 7-123 所示。

收付款单列表

序号	□	审核人	单据日期	单据类型	供应商	部门	业务员	结算方式	原币金额	本币金额
1	□		2023-04-17	付款单	重庆大江公司	采购部	李天华	转账支票	2,000.00	2,000.00
2	□		2023-04-17	付款单	重庆大江公司	采购部	李天华	银行承兑汇票	5,000.00	5,000.00
3	□		2023-04-17	付款单	重庆大江公司	采购部	李天华	商业承兑汇票	5,000.00	5,000.00
4	小计								12,000.00	12,000.00
5	合计								12,000.00	12,000.00

图 7-123 收付款单列表

选择需要审核的内容，单击“审核”按钮，“审核人”一列出现审核人姓名表示审核完成。

5. 手工核销付款单并生成凭证

选择“财务会计”|“应付款管理”|“核销处理”|“手工核销”，进入后选择供应商为重庆大江公司，其余保持默认条件设置，单击“确定”按钮，进入“手工核销”窗口，用本次支付的总额 12 000 元手工核销原总应付账款 266 850 元，在其他应付款 266 850 元单据一行的“本次结算”中输入 12 000 元，如图 7-124 所示。

我的桌面　手工核销 ×

查询　刷新　全选　全消　分摊　预付　确认　汇率　联查

单据日期	单据类型	供应商	款项类型	结算方式	原币金额	原币余额	本次结算	订单号
2023-04-17	付款单	大江	应付款	转账支票	2,000.00	2,000.00	2,000.00	
2023-04-17	付款单	大江	应付款	银行承兑汇票	5,000.00	5,000.00	5,000.00	
2023-04-17	付款单	大江	应付款	商业承兑汇票	5,000.00	5,000.00	5,000.00	
合计					12,000.00	12,000.00	12,000.00	

单据日期	单据类型	到期日	供应商	原币金额	原币余额	本次结算	凭证号
2023-04-09	采购专用发票	2023-04-09	大江	89,270.00	89,270.00		转-0025
2023-01-20	其他应付单	2023-01-20	大江	266,850.00	266,850.00	12,000.00	
合计				356,120.00	356,120.00	12,000.00	

图 7-124 手工核销

单击“确认”按钮完成手工核销。

选择“财务会计”|“应付款管理”|“凭证处理”|“生成凭证”，弹出“制单查询”窗口，勾选“收付款单”和“核销”，供应商名称选择“重庆大江公司”，其余保持默认设置。

单击“确定”按钮，凭证类别选择“付款凭证”，对所选择的内容合并制单，依次单击“全选”“合并”按钮，如图 7-125 所示。

图 7-125　生成凭证应付列表

单击"制单"按钮，进入"填制凭证"窗口，凭证分录如下。

借：应付账款(2202)/大江　　　　　　　　　　　　　　　　　　　　　12 000
　　贷：银行存款/工行(100201)　　　　　　　　　　　　　　　　　　　2 000
　　　　应付票据/银行承兑汇票(220101)　　　　　　　　　　　　　　　5 000
　　　　应付票据/商业承兑汇票(220102)　　　　　　　　　　　　　　　5 000

补充现金流量信息，单击"保存"按钮生成凭证。

6. 查询业务明细账

选择"财务会计"|"应付款管理"|"账表管理"|"业务账表"|"业务明细账"，进行查询条件设置，供应商选择"重庆大江公司"，单击"确定"按钮进入后如图 7-126 所示。

图 7-126　应付明细账(重庆大江公司)

7.3.3　现金折扣付款业务

▶ 实验资料

2023 年 4 月 18 日，重庆大江公司针对 4 月 9 日开出的 100 盒 2TSSD 硬盘的货款 89 270 元，给予公司现金折扣：2/10，n/30。公司为享受 2%现金折扣，于 2023 年 4 月 18 日，开出工行转账支票一张，支票号 ZZ040701，付清该笔采购货款。(现金流量：04 购买商品、接受劳务支付的现金)

▶ 实验过程

1. 录入付款申请单

选择"财务会计"|"应付款管理"|"付款申请"|"付款申请单录入"，进入后单击工具栏的"增加"|"空白单据"按钮，输入实验资料信息，如图 7-127 所示。

视频：现金折扣付款业务

图 7-127　付款申请单

依次单击"保存""审核"按钮，系统提示"审核后生成一张付款单"，关闭退出。

2. 审核付款单据

选择"财务会计"|"应付款管理"|"付款处理"|"付款单据审核"，进入后单击"查询"按钮，选择供应商为重庆大江公司，其余保持默认设置，单击"确定"按钮，系统将数据带入"付款单据审核"窗口，双击该条目，进入"付款单据录入"窗口，单击"审核"按钮，系统提示"是否立即制单？"，单击"否"按钮，暂不生成凭证，此时付款单左上角显示"已审核"字样，如图7-128所示。

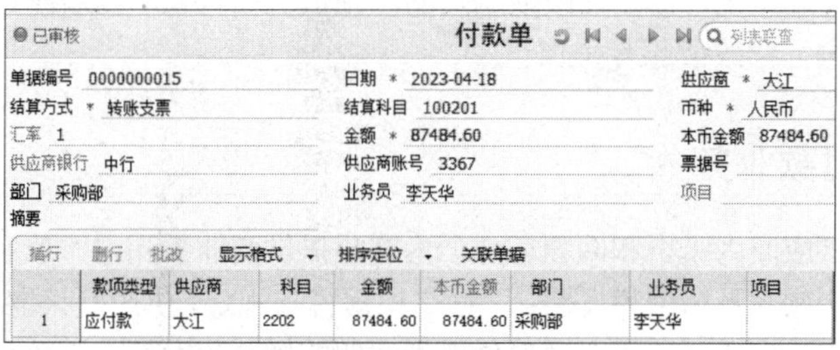

图 7-128　已审核付款单

3. 手工核销付款单并确认本次采购折扣

选择"财务会计"|"应付款管理"|"核销处理"|"手工核销"，进入后选择供应商为重庆大江公司，其余保持默认设置，单击"确定"按钮，进入"手工核销"窗口，输入本次结算金额与折扣金额，如图7-129所示。

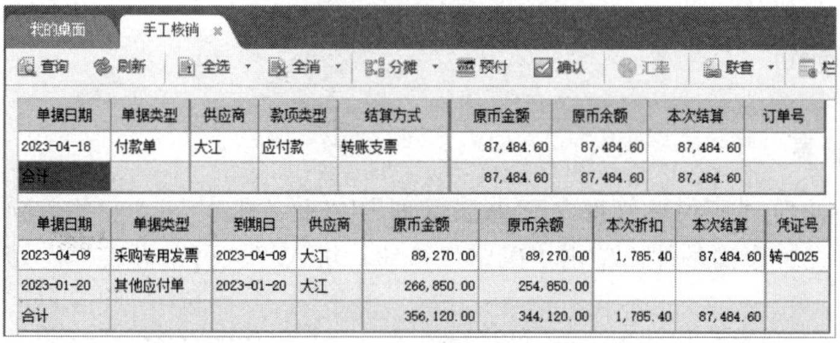

图 7-129　手工核销

单击"确认"按钮，本次需核销的单据完成核销后，在本页面不再显示。

4. 付款及核销生成凭证

选择"财务会计"|"应付款管理"|"凭证处理"|"生成凭证"，勾选"收付款单"和"核销"，单击"确定"按钮，凭证类别选择"付款凭证"，选中付款单和核销单，单击"合并"按钮，如图7-130所示。

应付列表

凭证类别 付款凭证　　制单日期 2023-04-18　　共 2 条

选择标志	凭证类别	单据类型	日期	供应商名称	部门	业务员	金额
1	付款凭证	付款单	2023-04-18	重庆大江公司	采购部	李天华	87,484.60
2	付款凭证	核销	2023-04-18	重庆大江公司	采购部	李天华	89,270.00

图 7-130　生成凭证应付列表

单击“制单”按钮，凭证类别选择“付款凭证”，补充支付现金折扣的科目等信息，生成的凭证分录如下。

借：应付账款(2202) /大江　　89 270

　　贷：原材料/生产用原材料(140301)　　1 785.4

　　　　银行存款/工行(100201)　　87 484.6

支付金额和应付款之间的差额 1785.4 元冲减原材料/生产用原材料，单击“保存”按钮，根据提示输入现金流量项目，再单击“保存”按钮生成凭证。

2021 年 1 月 1 日起施行的新收入准则规定，从采购方取得的现金折扣应冲减采购成本，本实验应冲减“原材料”科目，不再冲减财务费用。

如果过程中发现单据错误，需要修改或删除的，须依次在付款单据审核、付款申请单中执行弃审，并对对应的单据进行修改或删除操作。

7.3.4　商业折扣付款业务

在采购实务中，供应商为吸引和回馈客户，为客户提供商业折扣，一般有两种开票形式。一种是根据商业折扣后的金额开具增值税发票；一种是根据税法规定，供应商采取商业折扣销售货物时，将销售额和折扣额在同一张发票的“金额”栏分别注明的增值税发票。无论采用哪种方式开票，均按照增值税发票的价税合计金额付款。

实务中，收到的符合税法规定的，带商业折扣的付款业务，按照常规付款业务流程处理即可。此处仅介绍该种方式，不做实验演练。

未在同一张发票“金额”栏注明折扣额，而仅在发票的“备注”栏注明折扣额的，折扣额不得从销售额中减除。如果折扣额另开发票，不论其在财务上如何处理，均不得从销售额中减除。

7.3.5　应付款查询

1. 应付款余额表

选择“财务会计”|“应付款管理”|“账表管理”|“业务账表”|“业务余额表”，按默认条件设置查询条件，单击“确定”按钮，进入“应付余额表”，如图 7-131 所示。

视频：应付款查询

应付余额表

	供应商编码	供应商名称	期初	本期应付	本期付款	余额	周转率	周转天数
			本币	本币	本币	本币	本币	本币
1	01	重庆大江公司	266,850.00	89,270.00	101,270.00	254,850.00	0.34	87.66
2	(小计)01		266,850.00	89,270.00	101,270.00	254,850.00	0.34	87.66
3	02	成都大成公司	0.00	284,365.60	32,205.00	252,160.60	2.26	13.30
4	(小计)02		0.00	284,365.60	32,205.00	252,160.60	2.26	13.30
5	06	重庆问之电子公司	0.00	6,780.00	0.00	6,780.00	2.00	15.00
6	(小计)06		0.00	6,780.00	0.00	6,780.00	2.00	15.00
7	总计		266,850.00	380,415.60	133,475.00	513,790.60	0.97	30.78

图 7-131　应付余额表

2. 应付账龄分析

选择"财务会计"|"应付款管理"|"应付处理"|"账龄分析"|"应付账龄分析",按默认条件设置,单击"确定"按钮,进入"应付账龄分析"窗口。

7.3.6 期末处理

期末处理指进行的期末结账工作。如果当月业务已全部处理完毕,就需要执行月末结账功能,只有月末结账后,才可以开始下月工作。

7.4 合同管理

7.4.1 合同管理概述

合同管理系统包含合同设置、合同期初、合同执行、合同结算等内容。通过合同管理设置可设置各参数,包括单据组设置、合同分组、合同类型、合同条款、合同阶段、履行跟踪设置;合同管理系统通过对合同的签订、执行、收付款等一系列业务进行管理及后续的跟踪,保证合同的顺利履行。

7.4.2 合同管理期初设置

▶ 实验资料

重庆两江科技有限公司截至 2023 年 4 月 1 日,前期已签订未执行的两份合同分别如下。

(1) 2023 年 3 月 31 日签订采购合同一份,税率 13%,合同生效日期为 2023 年 3 月 31 日,买方自提,自提时间为 2023 年 4 月 5 日,付款日期为 2023 年 5 月 31 日,付款比例 100%,详细信息如表 7-13 所示。

表 7-13 采购合同期初明细

供应商	币种	物资名称	单位	数量	不含税单价/元	不含税金额/元	税率	税额/元	结算方式
南京天华公司	人民币	HP 打印机	台	10	1 800	18 000	13%	2 340	转账支票

(2) 2023 年 3 月 31 日签订销售合同一份,税率 13%,合同生效日期为 2023 年 3 月 31 日,发货时间为 2023 年 4 月 17 日,收款日期为 2023 年 6 月 30 日,收款比例 100%,送货上门包安装,详细信息如表 7-14 所示。

表 7-14 销售合同期初明细

客户	币种	物资名称	单位	数量	不含税单价/元	不含税金额/元	税率	税额/元	结算方式
重庆嘉陵公司	人民币	HP 打印机	台	5	2 400	12 000	13%	1 560	转账支票

▶ 实验过程

1. 采购合同期初设置

选择"供应链"|"合同管理"|"合同期初"|"期初合同",进入后单击"增加"按钮,进入"合同设置"窗口,合同选择"03 采购合同",其余保持默认选择,单击"确定"按钮,输入采购合同期初信息,如图 7-132 所示。

视频:合同管理期初设置

图 7-132　期初采购合同设置

进入"付款计划"选项卡中，录入收付款日期、收付比例、收付金额、结算方式等信息，单击"保存"按钮退出。

在合同工作台录入期初合同的合同标的内容时，须先选择存货分类编码及对应存货编码，其余内容为系统自动生成，不可录入。

2. 销售合同期初设置

同采购合同期初设置不同之处在于：合同选择"01 销售合同"，录入销售合同期初信息即可，其余设置参照采购合同期初设置，如图 7-133 所示。

图 7-133　期初销售合同设置

进入"收款计划"选项卡中，录入收付款日期、收付比例、收付金额、结算方式等信息，单击"保存"按钮退出。

采购合同、销售合同期初设置时，与执行相关的数量、不含税金额、含税金额均不输入，否则在采购订单中无法找到该笔合同。系统设置的规则是已执行完成的合同无须执行，如果此处填写执行数会导致在下一步的采购订单中无法找到该合同。

7.4.3　采购合同业务

▶ 实验资料

2023 年 4 月 1 日，根据前期已签订未执行的采购合同生成采购订单，预计到货时间 2023 年 4 月 5 日。

▶ 实验过程

选择"供应链"|"采购管理"|"采购订货"|"采购订单"，进入后单击"增加"|"合同"按钮，供应商选择南京天华公司，其他按默认条件查询，在"合同参照"中选择要生成的采购合同，单击"确定"按钮返回"采购订单"窗口，输

视频：采购合同业务

入计划到货日期等信息，如图 7-134 所示。

采购订单

业务类型 普通采购　订单日期 * 2023-04-01　订单编号 * 0000000002
采购类型　供应商 * 天华　部门 采购部
业务员 杨真　税率 13.00　付款条件
币种 * 人民币　汇率 * 1　备注

插行 复制行 拆分行 删行 批改 存量 价格 PTO选配 排序定位 显示格式

	存货编码	存货名称	主计量	数量	原币含税单价	原币单价	原币金额	原币税额	原币价税合计	计划到货日期
1	020	HP打印机	台	10.00	2034.00	1800.00	18000.00	2340.00	20340.00	2023-04-05

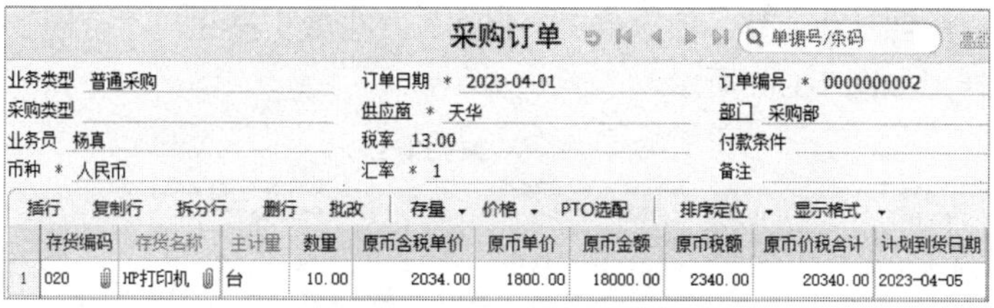

图 7-134　采购订单

依次单击“保存”“审核”按钮，“采购订单”窗口左上角显示“已审核”字样，关闭退出。

7.4.4　销售合同业务

实验资料

2023 年 4 月 1 日，根据前期已签订未执行的销售合同生成采购订单，预计发货时间 2023 年 4 月 17 日。

视频：销售合同业务

实验过程

选择“供应链”|“销售管理”|“销售订货”|“销售订单”，进入后单击“增加”|“合同”按钮，客户选择重庆嘉陵公司，其他按默认条件查询，进入“合同参照向导”窗口，在“合同参照”中选择要生成的销售合同，单击“确定”按钮返回“销售订单”窗口，输入计划发货日期等信息，如图 7-135 所示。

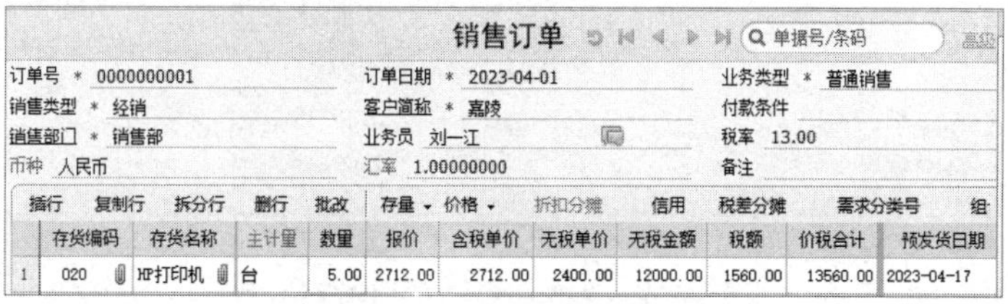

销售订单

订单号 * 0000000001　订单日期 * 2023-04-01　业务类型 * 普通销售
销售类型 * 经销　客户简称 * 嘉陵　付款条件
销售部门 * 销售部　业务员 刘一江　税率 13.00
币种 人民币　汇率 1.00000000　备注

插行 复制行 拆分行 删行 批改 存量 价格 折扣分摊 信用 税差分摊 需求分类号

	存货编码	存货名称	主计量	数量	报价	含税单价	无税单价	无税金额	税额	价税合计	预发货日期
1	020	HP打印机	台	5.00	2712.00	2712.00	2400.00	12000.00	1560.00	13560.00	2023-04-17

图 7-135　销售订单

依次单击“保存”“审核”按钮完成。

7.4.5　咨询服务类合同业务

实验资料

2023 年 4 月 1 日，公司同重庆大方咨询公司签订技术咨询服务合同，合同含税金额 5 万元，税率为 6%。项目大类为 01(产品项目)、项目分类编码为 1(主产品)、对应项目编码为 01(创智 X 号)。

2023 年 4 月 20 日，重庆大方咨询公司签订的咨询服务类合同执行完毕，达到预期目标，对合同进行结算，生成应付凭证。

2023 年 4 月 25 日，支付重庆大方咨询公司合同款项。结算方式为转账支票，结算科目为 100201，票据号为 ZZ1222。(现金流量：04 购买商品、接受劳务支付的现金)

实验过程

视频：咨询服务类合同业务

1. 录入合同信息

选择“供应链”|“合同管理”|“合同”|“合同工作台”，选择“增加”|“应付类合同”|“咨询服务类合同”，输入合同资料。输入合同标的时，先输入项目

大类、项目分类编码、对应项目编码、标的编码和标的名称、来源是自动生成的，输入"含税原币单价"后其他相关金额会自动计算。依次单击"保存""生效"按钮，"合同工作台"窗口左上角显示"已审核"字样，如图 7-136 所示。

图 7-136　合同工作台

2. 录入合同结算单

2023 年 4 月 20 日，合同中约定的事务完成，并达到预期目标。

选择"供应链"|"合同管理"|"合同结算"|"合同结算单"，进入后选择"增加"|"结算单"|"合同"，保持默认查询条件设置，单击"确定"按钮，进入"合同结算单参照合同生单"窗口，勾选合同，如图 7-137 所示。

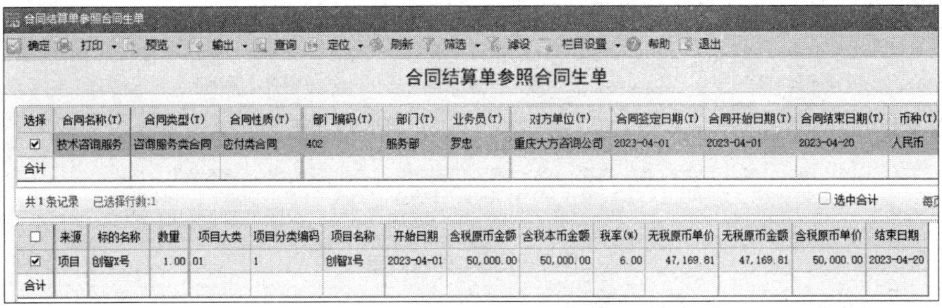

图 7-137　合同结算单参照合同生单

单击"确定"按钮，系统将数据带入"合同结算单"窗口，依次单击"保存""生效"按钮，"合同结算单"窗口左上角显示"已审核"字样，如图 7-138 所示。

图 7-138　合同结算单

3. 审核合同结算单

选择"财务会计"|"应付款管理"|"应付处理"|"合同结算单"|"合同结算单审核"，进入后单击"查询"按钮，供应商选择"重庆大方咨询公司"，单击"确定"按钮后如图 7-139 所示。

先选择结算单，然后单击"审核"按钮完成操作。

合同结算单列表

序号	☐	审核人	单据类型	合同类型	合同名称	生效日期	供应商	部门	业务员	制单人	币种	原币金额	本币金额
1	☐		普通结算单	咨询服务类合同	技术咨询服务	2023-04-20	重庆大方咨询公司	服务部	罗忠	何沙	人民币	50,000.00	50,000.00

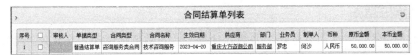

图 7-139　合同结算单列表

4. 生成应付凭证

选择“财务会计”|“应付款管理”| “凭证处理”|“生成凭证”，进入后勾选“合同结算单”，供应商名称选择“重庆大方咨询公司”，单击“确定”按钮，凭证类别选择“转账凭证”，结果如图 7-140 所示。

合同结算单列表

凭证类别 转账凭证　　制单日期 2023-04-20　　共 1 条

选择标志	凭证类别	单据类型	日期	供应商编码	供应商名称	部门	业务员	金额
	转账凭证	普通结算单	2023-04-20	05	重庆大方咨询公司	服务部	罗忠	50,000.00

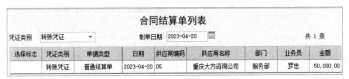

图 7-140　生成凭证合同结算单列表

先选择单据，然后单击“制单”按钮，进入“填制凭证”窗口，补充借方科目，分录如下。

借：管理费用/其他(660299) /服务部　　47 169.81

　　应交税费/应交增值税(进项税额)(22210101)　　2 830.19

　　贷：应付账款(2202)/大方　　50 000

5. 合同付款申请处理

选择“财务会计”|“应付款管理”|“付款申请”|“付款申请单录入”，进入后选择“增加”|“合同”按钮，供应商选择重庆大方咨询公司，单击“确定”按钮，进入“拷贝并执行”窗口，选择合同，输入本次申请金额 50 000 元，如图 7-141 所示。

拷贝并执行

确定　打印　预览　输出　查询　定位　刷新　筛选　滤设　栏目设置　帮

合同表头列表　☐按行分摊

☑	合同名称	合同类型	合同性质	对方单位	币种	预付金额	预计付款日期
☑	技术咨询服务	咨询服务类合同	应付类合同	重庆大方咨询公司	人民币		
合计							

共1条记录　已选择行数:1　☐选中合计　每页显示 30 条　1 /1　跳转

☑	标的编码	标的名称	税率	数量	原币金额	原币价税合计	可申请金额	本次申请金额	累计有效申请金额
☑	01101	创智X号	6.00	1.00	47,169.81	50,000.00	50,000.00	50,000.00	0.00
合计				1.00	47,169.81	50,000.00	50,000.00	50,000.00	

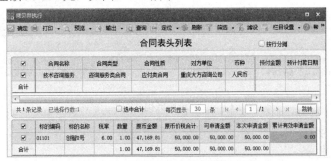

图 7-141　拷贝并执行(合同表头列表)

单击“确定”按钮，数据复制到“付款申请单”中，补充输入结算方式、预计付款日期等信息，如图 7-142 所示。

付款申请单　单据号/条码

单据编号 0000000007　日期 * 2023-04-25　供应商 * 大方

部门 服务部　业务员 罗忠　币种 * 人民币

汇率 1　结算方式 转账支票　结算科目 100201

摘要

增行　插行　删行　批改　关联查询　联查单据　联查预算　超预算信息　付款明细

	来源	部门	业务员	源单本次申请金额	金额	本币金额	预计付款日期
1	合同	服务部	罗忠	50000.00	50000.00	50000.00	2023-04-25

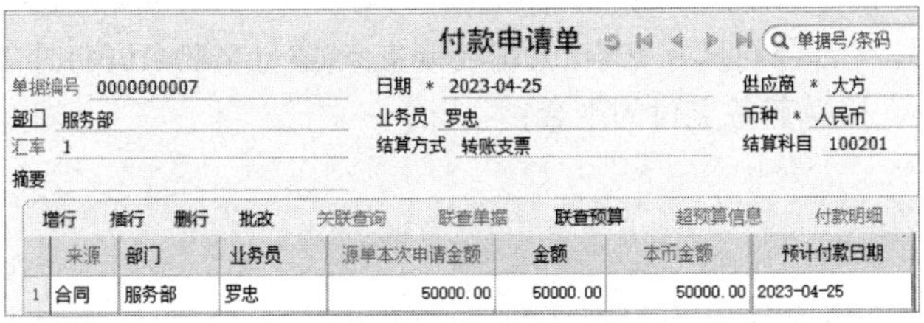

图 7-142　付款申请单

单击“保存”按钮后再审核，系统提示“审核后生成一张付款单，是否继续进行付款核销”，单击“否”按钮，暂不核销。

6. 合同付款及结算

选择“财务会计”|“应付款管理”|“付款处理”|“付款单据审核”，单击“查询”按钮后，供应商选择重庆大方咨询公司，单击“确定”按钮，进入“收付款单列表”，双击进入“付款单”，单击“修改”按钮，输入票据号，如图 7-143 所示。

保存后单击“审核”按钮，系统提示“是否立即制单”，单击“是”按钮，然后进入“付款凭证”。借方科目改为“应付账款”，输入相关信息，生成的凭证分录如下。

借：应付账款(2202)/大方　　　　　　　50 000

　　贷：银行存款/工行(100201)　　　　　　50 000

	款项类型	供应...	科目	金额	本币金额	部门	业务员
1	预付款	大方	1123	50000.00	50000.00	服务部	罗忠

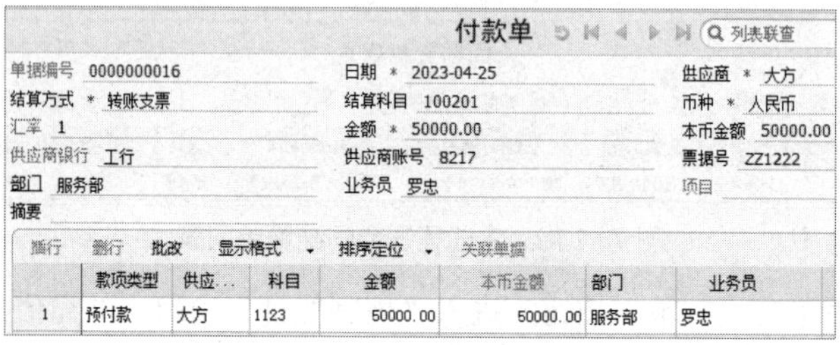

图 7-143　付款单据审核

7. 手工核销

付款单与合同结算单核销可在“付款单据录入”窗口，单击“核销”|“同币种”按钮，选择单据名称为“合同结算单”，单击“确定”按钮，页面下方显示付款单和普通结算单，在对应单据的“本次结算”中分别输入 50 000 元，如图 7-144 所示。单击“确认”按钮，完成核销。

单据日期	单据类型	供应商	款项类型	结算方式	原币金额	原币余额	本次结算	订单号
2023-04-25	付款单	大方	预付款	转账支票	50,000.00	50,000.00	50,000.00	
合计					50,000.00	50,000.00	50,000.00	

单据日期	单据类型	到期日	供应商	原币金额	原币余额	本次折扣	本次结算	凭证号
2023-04-20	普通结算单	2023-04-20	大方	50,000.00	50,000.00	0.00	50,000.00	转-0031
合计				50,000.00	50,000.00		50,000.00	

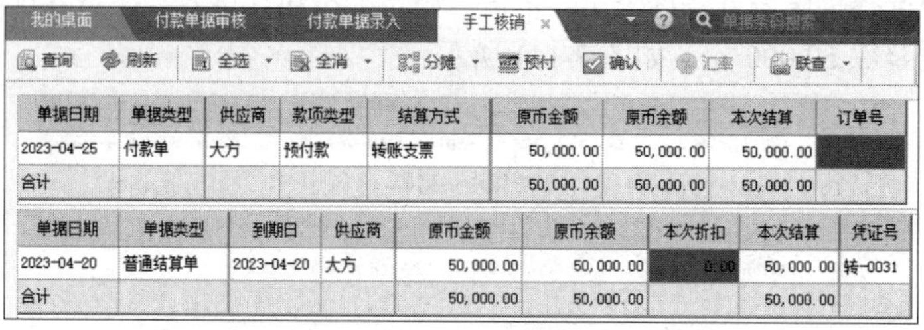

图 7-144　咨询服务类合同手工核销

7.4.6　广告合同业务

实验资料

2023 年 4 月 2 日，公司为创智一体机做宣传，与重庆千里广告公司签订广告合同，金额 30 000 元，税率 6%。

2023 年 4 月 10 日，广告合同执行完毕，采用转账支票(票号 ZZ041001)对合同进行结算处理。(现金流量：04 购买商品、接受劳务支付的现金)

实验过程

1. 录入合同信息

视频：广告合同业务

选择“供应链”|“合同管理”|“合同”|“合同工作台”，选择“增加”|“应付类合同”|“广告合同”，单击 “设置”按钮后，选择合同标的来源为“存货”，单击“确定”按钮，系统提示“设置修改将清空合同标的与收付款计划，是否确

认"，单击"是"按钮，继续在"合同工作台"窗口录入实验资料，图7-145所示。

依次单击"保存""生效"按钮完成。

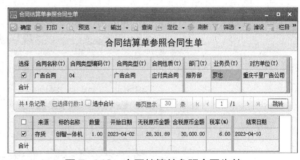

图7-145 合同工作台

2. 录入合同结算单

选择"供应链"|"合同管理"|"合同结算"|"合同结算单"，进入后单击"增加"|"结算单"|"合同"按钮，选择供应商为重庆千里广告公司，进入"合同结算单参照合同生单"窗口，勾选合同，如图7-146所示。

单击"确定"按钮，将合同内容带入"合同结算单"，依次单击"保存""生效"按钮，结果如图7-147所示。

图7-146 合同结算单参照合同生单

图7-147 合同结算单

3. 生成合同结算单凭证

选择"财务会计"|"应付款管理"|"应付处理"|"合同结算单"｜"合同结算单审核"，单击"查询"按钮后，供应商选择"重庆千里广告公司"，单击"确定"按钮，进入"合同结算单列表"，如图7-148所示。

图7-148 合同结算单列表

先选择结算单，然后单击"审核"按钮完成操作。

选择"财务会计"|"应付款管理"|"凭证处理"|"生成凭证"，进入后选择"合同结算单"，

供应商名称选择“重庆千里广告公司”，单击“确定”按钮后，凭证类别选择“转账凭证”，如图 7-149 所示。

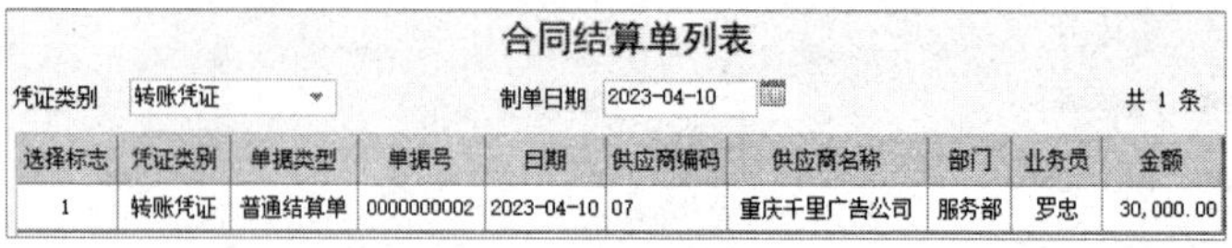
合同结算单列表

凭证类别 转账凭证　　制单日期 2023-04-10　　共 1 条

选择标志	凭证类别	单据类型	单据号	日期	供应商编码	供应商名称	部门	业务员	金额
1	转账凭证	普通结算单	0000000002	2023-04-10	07	重庆千里广告公司	服务部	罗忠	30,000.00

图 7-149　生成凭证合同结算单列表

单击“制单”按钮，进入“填制凭证”窗口，补充借方科目为“管理费用/其他(660299)”，分录如下。

借：管理费用/其他(660299) /服务部　　28 301.89

　　应交税费/应交增值税/进项税额(22210101)　　1 698.11

　　贷：应付账款(2202)/千里　　30 000.00

4. 录入合同付款申请单

选择“财务会计”|“应付款管理”|“付款申请”|“付款申请单录入”，进入后单击“增加”|“合同”按钮，供应商选择重庆千里广告公司，单击“确定”按钮，进入“拷贝并执行”窗口，选择合同，输入本次申请金额 30 000 元，如图 7-150 所示。

☐	合同名称	合同类型	合同性质	对方单位	币种	预付比率(%)	预付金额
☑	广告合同	广告合同	应付类合同	重庆千里广告公司	人民币		
合计							

共1条记录　已选择行数:1　选中合计　每页显示 30 条　1 /1

☑	标的编码	标的名称	税率	数量	原币金额	原币价税合计	可申请金额	本次申请金额
☑	201	创智一体机	6.00	1.00	28,301.89	30,000.00	30,000.00	30,000.00
合计				1.00	28,301.89	30,000.00	30,000.00	30,000.00

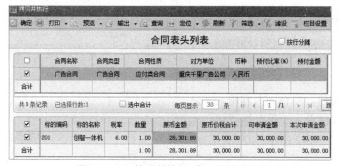

图 7-150　拷贝并执行(合同表头列表)

单击“确定”按钮后，数据复制到“付款申请单”中，补充输入预计付款日期等信息，如图 7-151 所示。

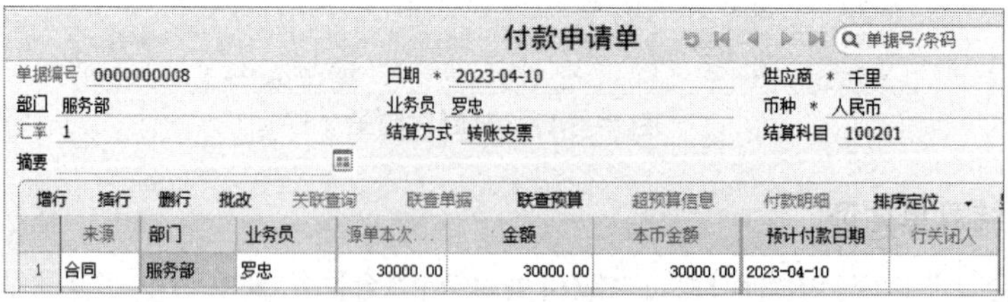
付款申请单

单据编号 0000000008　日期 * 2023-04-10　供应商 * 千里

部门 服务部　业务员 罗忠　币种 * 人民币

汇率 1　结算方式 转账支票　结算科目 100201

摘要

增行　插行　删行　批改　关联查询　联查单据　联查预算　超预算信息　付款明细　排序定位

	来源	部门	业务员	源单本次...	金额	本币金额	预计付款日期	行关闭人
1	合同	服务部	罗忠	30000.00	30000.00	30000.00	2023-04-10	

图 7-151　付款申请单

单击“保存”按钮后再审核，系统提示“审核后生成一张付款单，是否继续进行付款核销”，单击“否”按钮，暂不核销。

5. 合同付款及结算

选择“财务会计”|“应付款管理”|“付款处理”|“付款单据审核”，单击“查询”按钮后，供应商选择重庆大方咨询公司，其余保持默认设置，单击“确定”按钮，进入“收付款单列表”，双击进入“付款单”，单击“修改”按钮，输入票据号，如图 7-152 所示。

保存后单击“审核”按钮，系统提示“是否立即制单”，单击“是”按钮，然后进入“付款凭证"。借方科目改为"应付账款",补充现金流量,生成的凭证分录如下。

借:应付账款(2202)/千里   30 000
　　贷:银行存款/工行(100201)   30 000

图 7-152　付款单据审核

6. 手工核销

付款单与合同结算单核销可在"付款单据录入"窗口,单击"核销"|"同币种"按钮,选择单据名称为"合同结算单",单击"确定"按钮,页面下方显示付款单和普通结算单,在对应单据的"本次结算"中分别输入 30 000 元,如图 7-153 所示。单击"确认"按钮,完成核销。

图 7-153　广告合同手工核销

7.4.7　合同执行分析

根据需要,可以查看有关合同的分析表,以下三个方法均可完成:

(1) 选择"业务工作"|"供应链"|"合同管理"|"报表"|"分析表"|"合同收付款执行统计表";

(2) 选择"业务工作"|"供应链"|"合同管理"|"报表"|"分析表"|"合同收付款分析表";

(3) 选择"业务工作"|"供应链"|"合同管理"|"报表"|"分析表"|"合同收付款计划进展表"。

视频:合同执行分析

即测即评

请扫描二维码进行在线测试。

本章测评

第 8 章 销售与应收业务

8.1 销售管理

8.1.1 销售管理概述

销售管理是供应链管理系统中的一个子系统,它一般与采购、库存、存货核算、总账系统等一起使用,彼此之间共享数据,联系紧密,共同组成完整的业务处理系统。

与采购管理系统类似,在第一次使用销售管理系统处理日常销售业务之前,要将日常业务中需要的目录档案准备好。这些目录档案有些在进行基础设置时已经完成,如存货分类、客户分类、存货档案、客户档案等;有些则可以在启用销售管理系统后进行设置,如本企业开户银行、费用项目等。如果本企业开户银行档案没有数据,那么系统就不能完成专用发票的填制操作,也就是说,如果企业只填普通发票,那么也可以不设置开户银行的信息。同样的道理,如果在销售过程中不产生其他的代垫费用,用户也可以不设置费用项目档案。

销售业务涉及销售、库存和生成凭证等环节,其主要业务处理流程如图 8-1 所示。

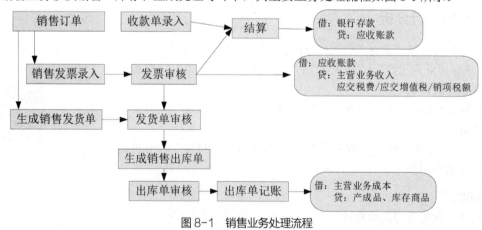

图 8-1 销售业务处理流程

8.1.2 销售业务的基本功能

销售业务的基本功能包括初始设置、录入销售订单、生成发货单、开具销售发票、收款结算、查询等功能,具体可扫描二维码阅读。

销售业务的基本功能

8.1.3 常规销售业务

➘ 实验资料

(1) 2023年4月5日，天津大华公司欲购买10台创智X号，向销售部了解价格。销售部报价为6 500元/台。客户确定购买，填制并审核报价单。该客户进一步了解情况后，订购20台，要求2023年4月8日发货。

(2) 2023年4月8日，销售部门向成品库发出发货通知。从成品库向天津大华公司发出其所订货物，并据此开具专用销售发票一张；业务部门将销售发票(留存联)交给财务部门，财务部门结转此业务的收入和成本。

(3) 2023年4月12日，财务部收到天津大华公司转账支票一张，金额146 900元，支票号ZP1155，款项入工行账户。据此填制收款单并制单。(现金流量：01 销售商品、提供劳务收到的现金)

➘ 实验过程

常规销售业务包含了销售业务的主要流程和处理方法，需要仔细地分析和掌握，在此基础上再扩展到其他业务处理方法。

选择“供应链”|“销售管理”|“设置”|“选项”，选择“业务控制”选项卡，取消勾选“报价含税”，其他采用默认设置。

视频：常规销售业务

1. 填制并审核报价单

选择“供应链”|“销售管理”|“销售报价”|“销售报价单”，进入后单击“增加”|“空白单据”按钮，输入实验资料信息，如图8-2所示。录入后，先保存，然后审核，完成操作。

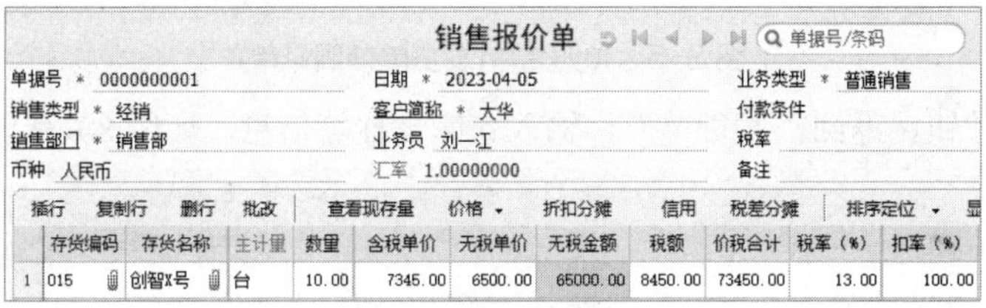
销售报价单

单据号 * 0000000001　日期 * 2023-04-05　业务类型 * 普通销售
销售类型 * 经销　客户简称 * 大华　付款条件
销售部门 * 销售部　业务员 刘一江　税率
币种 人民币　汇率 1.00000000　备注

	存货编码	存货名称	主计量	数量	含税单价	无税单价	无税金额	税额	价税合计	税率(%)	扣率(%)
1	015	创智X号	台	10.00	7345.00	6500.00	65000.00	8450.00	73450.00	13.00	100.00

图8-2 销售报价单

2. 填制并审核销售订单

选择“供应链”|“销售管理”|“销售订货”|“销售订单”，进入后单击“增加”|“报价单”按钮，进行查询条件设置，客户选择天津大华公司，单击“确定”按钮，进入“参照生单”窗口，选择报价单，如图8-3所示。

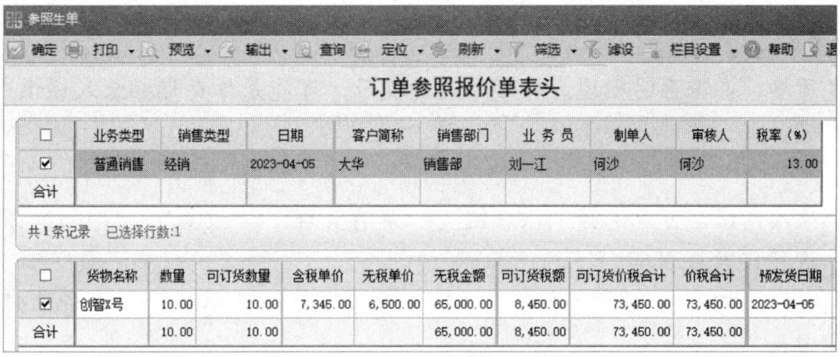
参照生单

订单参照报价单表头

	业务类型	销售类型	日期	客户简称	销售部门	业务员	制单人	审核人	税率(%)
☑	普通销售	经销	2023-04-05	大华	销售部	刘一江	何沙	何沙	13.00
合计									

共1条记录 已选择行数:1

	货物名称	数量	可订货数量	含税单价	无税单价	无税金额	可订货税额	可订货价税合计	价税合计	预发货日期
☑	创智X号	10.00	10.00	7,345.00	6,500.00	65,000.00	8,450.00	73,450.00	73,450.00	2023-04-05
合计		10.00	10.00			65,000.00	8,450.00	73,450.00	73,450.00	

图8-3 参照生单(订单参照报价单)

单击“确定”按钮，将数据复制到“销售订单”中，再修改发货日期、数量等相关信息，如

图8-4所示。

图8-4 销售订单

录入后，先保存，然后审核，完成操作。

3. 填制并审核销售发货单

选择"供应链"|"销售管理"|"销售发货"|"发货单"，进入后单击"增加"|"订单"按钮进行条件设置，客户选择天津大华公司，单击"确定"按钮，进入"参照生单"窗口，选择要参照的单据，如图8-5所示。

图8-5 参照生单(发货单参照订单)

单击"确定"按钮，返回"发货单"，输入仓库名称等信息，如图8-6所示。

图8-6 发货单

录入后，先保存，然后审核，完成操作。

操作提示

如果输入发货单，在保存时出现库存量不足的提示，可能是库存期初录入错误或是库存期初录入后未审核造成的。

解决方法：

如果是期初录入错误，可以选择"供应链"|"库存管理"|"设置"|"期初结存"，选择相应的库房和物料逐一进行修改或批审。

如果是忘记审核，可以选择"供应链"|"销售管理"|"销售发货"|"发货单列表"，对单据进行审核，或取消审核。

4. 依据发货单填制并复核销售发票

选择"供应链"|"销售管理"|"设置"|"选项"，选择"其他控制"选项卡，将普通销售开

票依据设置为"发货单"。一些控制参数，在实际运行中可以根据需要进行调整。

选择"供应链"|"销售管理"|"销售开票"|"销售专用发票"，进入后单击"增加"|"发货单"按钮，进行查询条件设置，客户选择天津大华公司，单击"确定"按钮，进入"参照生单"窗口，选择要参照的单据，如图 8-7 所示。

图 8-7　参照生单(发票参照发货单)

单击"确定"按钮，从发货单复制数据到"销售专用发票"中，如图 8-8 所示。

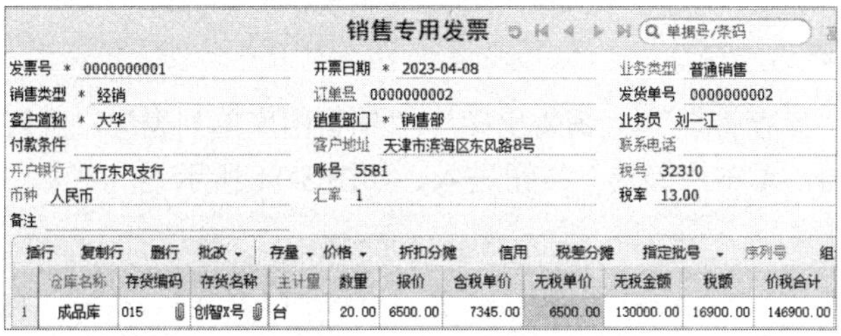

图 8-8　销售专用发票

录入后，先保存，然后复核，完成操作。

操作提示

在票据处理的流程中，只有复核或审核了的票据才能进入下一业务流程的处理，没有复核或审核的票据，在下一处理步骤中，不能从该票据获取数据。

5. 审核销售专用发票并生成销售收入凭证

选择"财务会计"|"应收款管理"|"应收处理"|"销售发票"|"销售发票审核"，进入后单击"查询"按钮，客户名称选择"天津大华公司"，单击"确定"按钮进入"销售发票列表"，选择要审核的发票，然后单击"审核"按钮，完成审核工作，如图 8-9 所示。

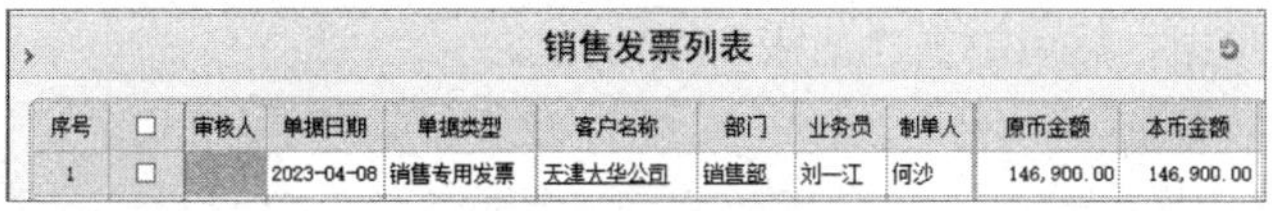

图 8-9　销售发票列表

选择"财务会计"|"应收款管理"|"凭证处理"|"生成凭证"，勾选"发票"，客户名称选择"天津大华公司"，单击"确定"按钮，凭证类别选择"转账凭证"，如图 8-10 所示。

图 8-10　生成凭证发票列表

单击"全选"按钮,然后单击"制单"按钮,生成的凭证分录如下。

借:应收账款/大华(1122)　　　　　　　　　　　　　　　　　146 900
　　贷:主营业务收入(6001)　　　　　　　　　　　　　　　　130 000
　　　　应交税费/应交增值税/销项税额(22210105)　　　　　　16 900

6. 填制销售出库单

选择"供应链"|"销售管理"|"设置"|"选项",选择"业务控制"选项卡,选择"销售生成出库单",其余保持默认设置。

选择"供应链"|"库存管理"|"销售出库"|"销售出库单",单击"增加"|"销售发货单"按钮,进入条件查询后,客户选择天津大华公司,单击"确定"按钮,进入"销售生单"窗口,选择发货单后单击"确定"按钮,返回"销售出库单",依次单击"保存""审核"按钮即可。

│操作提示│

在填制销售发货单的时候自动生成了销售出库单,只需要将销售出库单调出来进行审核即可,若未生成,就需要在库存管理中通过参照完成销售出库单的输入。

7. 审核销售出库单

选择"供应链"|"库存管理"|"销售出库"|"销售出库单列表",进入后单击"查询"按钮,客户选择天津大华公司,单击"确定"按钮进入,如图8-11所示。

图8-11　销售出库单列表

双击可打开销售出库单。先选择要审核的出库单,单击"审核"按钮完成审核工作。

8. 销售出库单记账

选择"供应链"|"存货核算"|"记账"|"正常单据记账",进入后单击"查询"按钮,选择仓库为成品库,单击"确定"按钮进入"正常单据记账列表",如图8-12所示。

图8-12　正常单据记账列表

先选择要记账的单据,然后单击"记账"按钮完成。

│操作提示│

正常单据记账有记账的日期控制要求,即新记账的日期只能在前面已经记账的日期之后。

可以重新登录,满足记账的日期控制要求。记账后再登录,改为业务日期。在实际工作中业务处理是并行的,很少出现类似情况。

成品库和配套用品库的物料计价采用的全月平均法,因此成本需要在月末统一计算和结转。选择"供应链"|"存货核算"|"账簿"|"明细账",进入后进行条件设置,仓库选择成品库,存货选择创智X号,单击"确定"按钮,可以查看到单据记账后的情况,如图8-13所示。

记账日期:	2023年		凭证号	摘要		收入			发出			结存		
	月	日		凭证摘要	收发类别	数量	单价	金额	数量	单价	金额	数量	单价	金额
				期初结存								580.00	4,800.00	2,784,000.00
2023-04-25	4	25			销售出库				20.00			560.00	4,971.43	2,784,000.00
				4月合计		0.00		0.00	20.00		0.00	560.00	4,971.43	2,784,000.00
				本年累计		0.00		0.00	20.00		0.00			

图 8-13　明细账

从明细账中可以看出，销售发出的商品还没有单价和金额。

9. 输入收款单并制单

选择“财务会计”|“应收款管理”|“收款处理”|“收款单据录入”，进入后单击“增加”|“空白单据”按钮，输入收款单中的有关项目，如图 8-14 所示。

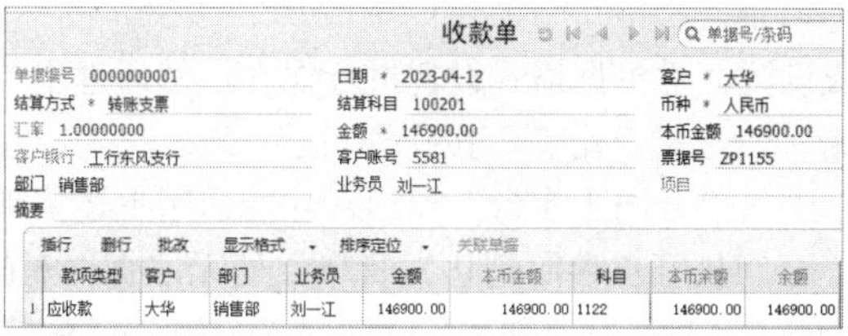
收款单
单据号/条码
单据编号 0000000001　日期 * 2023-04-12　客户 * 大华
结算方式 * 转账支票　结算科目 100201　币种 * 人民币
汇率 1.00000000　金额 * 146900.00　本币金额 146900.00
客户银行 工行东风支行　客户账号 5581　票据号 ZP1155
部门 销售部　业务员 刘一江　项目
摘要
插行 删行 批改 显示格式 排序定位 关联单据

	款项类型	客户	部门	业务员	金额	本币金额	科目	本币余额	余额
1	应收款	大华	销售部	刘一江	146900.00	146900.00	1122	146900.00	146900.00

图 8-14　收款单

先保存，后审核，系统提示“是否立即制单”，单击“是”按钮，生成收款凭证，分录如下。

借：银行存款/工行(100201)　　146 900

　　贷：应收账款(1122) /大华　　146 900

补充现金流量等信息，单击“保存”按钮，生成凭证。

如果生成的凭证需要查询或修改，可以选择“财务会计”|“应收款管理”|“凭证处理”|“查询凭证”，进入后可以修改、删除凭证。

如果输入收款单后没有立即制作凭证，可以选择“财务会计”|“应收款管理”|“收款处理”|“收款单据审核”，完成单据审核和制作凭证。

8.1.4 签订销售合同

实验资料

2023 年 4 月 5 日，与天津大华公司签订销售合同，销售存放于成品库的 100 个桌面扫描器(不含税单价 700 元)和 100 个手持扫描器(不含税单价 900 元)。

合同约定 2023 年 4 月 5 日两种产品发货各 50 个，2023 年 4 月 8 日两种产品发货各 50 个。

2023 年 4 月 8 日，在发货前天津大华公司要求只发手持扫描器 50 个，桌面扫描器暂时不发货，具体待以后商议。

收款约定 2023 年 4 月 8 日收取第一批货款(工行转账支票号 ZP2233)，2023 年 4 月 12 日收取第二批货款(工行转账支票号 ZP3344)，收款的同时开具专用发票。(现金流量：01 销售商品、提供劳务收到的现金)

制作相关的凭证。

实验过程

1. 合同录入

视频：签订销售合同

选择“供应链”|“合同管理”|“设置”|“选项”，进入后单击“编辑”按钮，在执行控制中勾选“启用合同执行单”，单击“确定”按钮完成。

选择“供应链”|“合同管理”|“合同”|“合同工作台”，进入后单击 “格式

设置"(在格式设置下可以对合同格式进行调整)按钮,选择"表头栏目",勾选"79 启用阶段"和"80 合同阶段组",如图8-15所示。

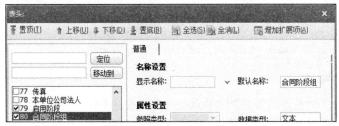

图8-15 表头项目选择

单击"确定"按钮完成设置。对单据格式设置进行保存,然后退出单据格式设置。系统会提示"模板已经更改,是否更新",选择"更新"按钮即可。

在更新格式后,须重新进入"合同工作台"窗口,才能启用上述更新后的合同阶段和合同阶段组的设置,否则会在后续"合同执行单参照销售发货单"处无法查询对应的销售发货单。

在"合同工作台"窗口的工具栏选择"增加"|"销售类合同"|"销售合同",输入合同信息(输入合同标的时,输入存货分类编码和对应存货编码,标的编码自动生成),启用阶段选择"是",如图8-16所示。

图8-16 销售合同

选择"收款计划"选项卡,输入相关信息后如图8-17所示。

图8-17 收款计划

依次单击"保存""生效"按钮完成。具体收款时,实际收款是可以变更的。

2. 参照合同生成销售订单

选择"供应链"|"销售管理"|"销售订货"|"销售订单",进入后选择"增加"|"合同"按钮,合同性质选择"销售类合同",单击"确定"按钮,进入"合同参照向导"窗口,勾选对方单位为"天津大华公司"的合同,如图8-18所示。

图 8-18 合同参照向导

单击"确定"按钮后将数据复制到"销售订单"中，如图 8-19 所示。

图 8-19 销售订单

选择销售类型为"经销"，先保存，然后审核，完成操作。

3. 合同执行

1) 销售发货单录入

第一批发货(2023 年 4 月 5 日)：

选择"供应链"|"销售管理"|"销售发货"|"发货单"，进入后选择"增加"|"订单"按钮，客户选择天津大华公司，单击"确定"按钮，选择要参照的销售订单，单击"确定"按钮返回"发货单"，销售订单的数据复制到"发货单"中，补充输入仓库为"成品库"，数量改为 50，如图 8-20 所示。

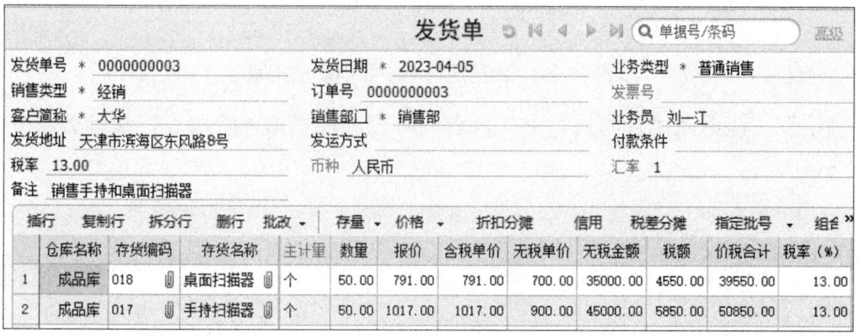

图 8-20 发货单(第一批)

先保存，然后完成审核。

第二批发货(2023 年 4 月 8 日)：

选择"供应链"|"销售管理"|"销售发货"|"发货单"，按照同样的方法从参照的销售订单中复制数据，其中数量是余下未发货的部分。

根据对方要求只发手持扫描器 50 个，相关执行情况写入合同备忘录中。

取消勾选桌面扫描器，补充仓库名称后的发货单如图 8-21 所示。

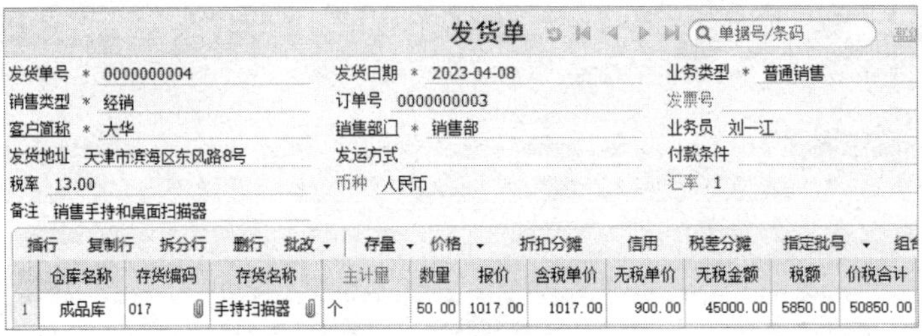

发货单

发货单号 * 0000000004　发货日期 * 2023-04-08　业务类型 * 普通销售
销售类型 * 经销　订单号 0000000003　发票号
客户简称 * 大华　销售部门 * 销售部　业务员 刘一江
发货地址 天津市滨海区东风路8号　发运方式　付款条件
税率 13.00　币种 人民币　汇率 1
备注 销售手持和桌面扫描器

	仓库名称	存货编码	存货名称	主计量	数量	报价	含税单价	无税单价	无税金额	税额	价税合计
1	成品库	017	手持扫描器	个	50.00	1017.00	1017.00	900.00	45000.00	5850.00	50850.00

图 8-21　发货单(第二批)

先保存，然后完成审核。

2) 合同执行单录入

选择“供应链”|“合同管理”|“合同执行”|“合同执行单”，进入后单击“格式设置”按钮，选择“表头栏目”，勾选“25 合同阶段”后单击“确定”按钮返回。在单据格式设置下单击“保存”按钮，退出单据格式设置，返回“合同执行单”。系统会提示“模板已经更改，是否更新”，选择“更新”按钮即可。

选择“增加”|“销售发货单”，仓库选择“成品库”，客户选择天津大华公司，发货日期选择第一批发货的日期(2023 年 4 月 5 日)，单击“确定”按钮，进入“合同执行单参照销售发货单”窗口，选择第一批发货，如图 8-22 所示。

“合同执行单参照销售发货单”如果没有数据，请检查“合同工作台”窗口的启用阶段和合同阶段组的设置是否成功。如果设置未成功，依次删除发货单、销售订单、合同后按步骤重新录入即可。

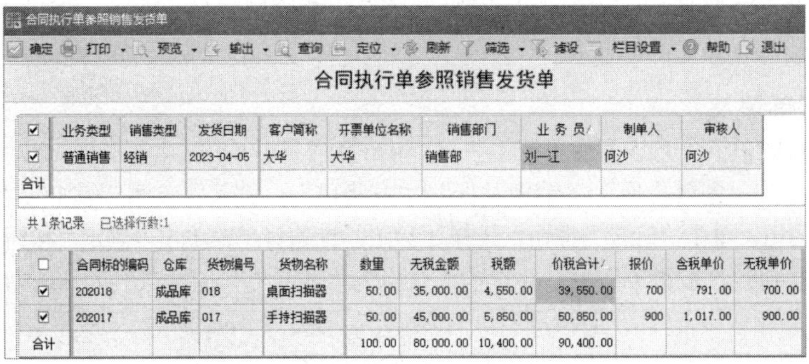

合同执行单参照销售发货单

☑	业务类型	销售类型	发货日期	客户简称	开票单位名称	销售部门	业务员	制单人	审核人
☑	普通销售	经销	2023-04-05	大华	大华	销售部	刘一江	何沙	何沙
合计									

共1条记录　已选择行数:1

☐	合同标的编码	仓库	货物编号	货物名称	数量	无税金额	税额	价税合计	报价	含税单价	无税单价
☑	202018	成品库	018	桌面扫描器	50.00	35,000.00	4,550.00	39,550.00	700	791.00	700.00
☑	202017	成品库	017	手持扫描器	50.00	45,000.00	5,850.00	50,850.00	900	1,017.00	900.00
合计					100.00	80,000.00	10,400.00	90,400.00			

图 8-22　合同执行单参照销售发货单

单击“确定”按钮返回“合同执行单”，合同阶段选择“第一阶段”，执行数量分别改为 50，如图 8-23 所示。

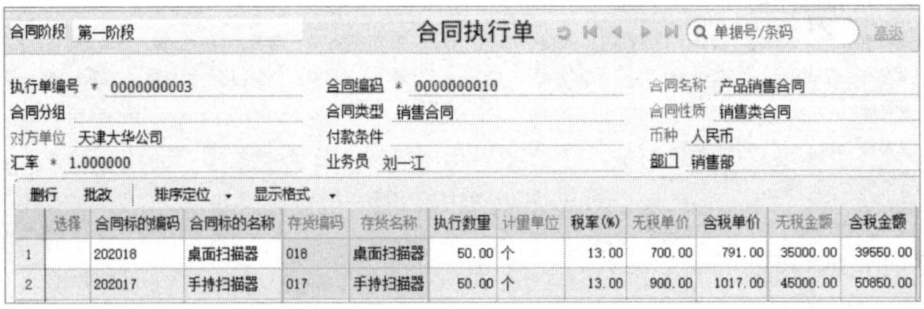

合同阶段 第一阶段　合同执行单

执行单编号 * 0000000003　合同编码 * 0000000010　合同名称 产品销售合同
合同分组　合同类型 销售合同　合同性质 销售类合同
对方单位 天津大华公司　付款条件　币种 人民币
汇率 * 1.000000　业务员 刘一江　部门 销售部

	选择	合同标的编码	合同标的名称	存货编码	存货名称	执行数量	计量单位	税率(%)	无税单价	含税单价	无税金额	含税金额
1		202018	桌面扫描器	018	桌面扫描器	50.00	个	13.00	700.00	791.00	35000.00	39550.00
2		202017	手持扫描器	017	手持扫描器	50.00	个	13.00	900.00	1017.00	45000.00	50850.00

图 8-23　合同执行单(第一批)

依次单击“保存”“生效”按钮完成。

下面录入第二个合同执行单：

选择“供应链”|“合同管理”|“合同执行”|“合同执行单”，按照相同的方法录入第二批(2023 年 4 月 8 日)发货的执行单，合同阶段选择“第二阶段”，执行数量修改为 50，如图 8-24 所示。

图 8-24 合同执行单(第二批)

依次单击"保存""生效"按钮完成。

4. 开具第一阶段发票和收款

1) 开具发票

选择"供应链"|"销售管理"|"销售开票"|"销售专用发票",进入后选择"增加"|"发货单"按钮,客户选择天津大华公司,单击"确定"按钮,进入"参照生单"窗口,选择 2023 年 4 月 5 日的发货单(货物名称为手持扫描器和桌面扫描器)。单击"确定"按钮,从发货单复制数据到"销售专用发票",如图 8-25 所示。

单击"保存"按钮,然后单击"复核"按钮完成。

单击工具栏的"合同结算"按钮,进入后先选择本次要结算的发票,然后在合同结算单中输入本次结算金额,如图 8-26 所示。

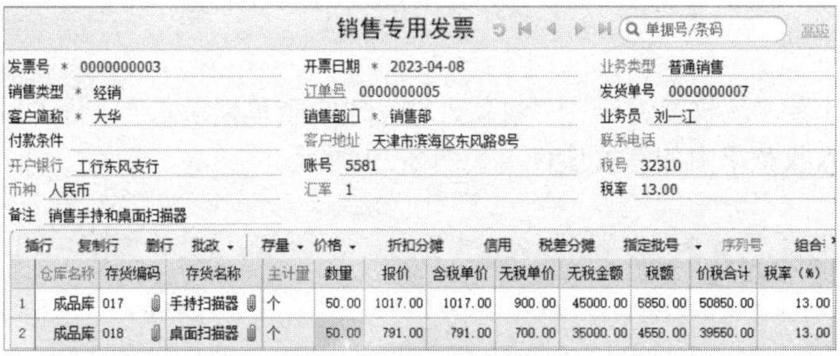

图 8-25 销售专用发票

图 8-26 合同结算

单击"结算"按钮,完成结算后退出。如果取消结算,应先勾选显示已结算完的单据,然后单击"取消结算"按钮。

2) 审核销售专用发票并生成销售收入凭证

选择"财务会计"|"应收款管理"|"应收处理"|"销售发票"|"销售发票审核",进入后单

击"查询"按钮,客户名称选择"天津大华公司",单击"确定"按钮,进入"销售发票列表"中,选择要审核的发票,如图8-27所示。

图8-27 销售发票列表

单击"审核"按钮,完成审核工作。

选择"财务会计"|"应收款管理"|"凭证处理"|"生成凭证",进入后勾选"发票",客户名称选择"天津大华公司",单击"确定"按钮,凭证类别选择"转账凭证",如图8-28所示。

单击"全选"按钮,然后单击"制单"按钮,生成的凭证分录如下。

借:应收账款(1122)/大华　　　　　　　　　　　　　　　　　90 400
　　贷:主营业务收入(6001)　　　　　　　　　　　　　　　　80 000
　　　　应交税费/应交增值税/销项税额(22210105)　　　　　　10 400

图8-28 生成凭证发票列表

3) 收款

选择"财务会计"|"应收款管理"|"收款处理"|"收款单据录入",进入后单击"增加"|"空白单据"按钮,输入收款单中的有关项目,如图8-29所示。

图8-29 收款单

先保存,然后审核,系统提示"是否立即制单",单击"是"按钮,生成收款凭证,分录如下。

借:银行存款/工行(100201)　　　　　　　　　　　　　　　　90 400
　　贷:应收账款/大华(1122)　　　　　　　　　　　　　　　　90 400

单击"保存"按钮,按提示补充现金流量信息即可。

如果前期未确认收入和应收账款,直接收款,系统会出现"应收账款客户大华公司出现赤字金额,是否继续"的提示,可单击"是"按钮完成凭证生成。待后续补充审核销售专用发票并生成销售收入凭证即可。出现赤字提醒的原因是输入发票后未生成凭证,未确认应收账款。

5. 开具第二阶段发票和收款

2023年4月12日开具第二阶段发票和收款。

1) 开具发票

选择"供应链"|"销售管理"|"销售开票"|"销售专用发票",进入后选择"增加"|"发货单"按钮,在查询条件中,客户选择天津大华公司,单击"确定"按钮,进入"参照生单"窗口,选择2023年4月8日的发货单(货物为手持扫描器)。单击"确定"按钮,从发货单复制数据到"销

售专用发票",如图 8-30 所示。

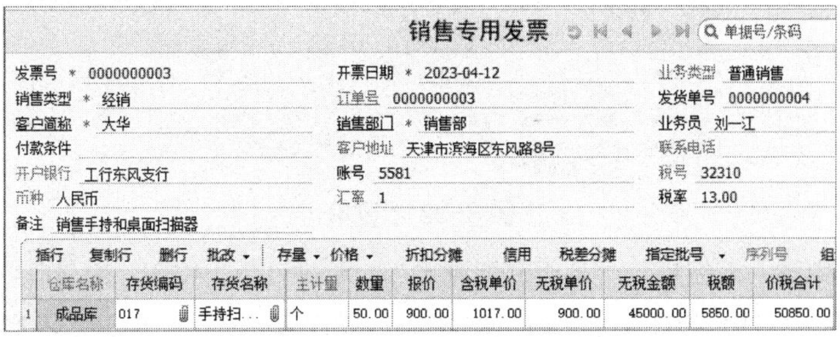

图 8-30 销售专用发票

单击"保存"按钮,然后单击"复核"按钮完成。

单击工具栏的"合同结算"按钮,进入后先选择本次要结算的发票,然后在合同结算单中输入本次结算金额,如图 8-31 所示。

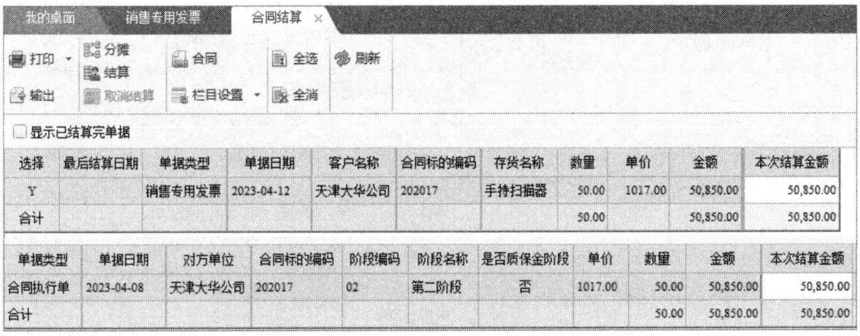

图 8-31 合同结算

单击"结算"按钮完成结算后退出。

2) 审核销售专用发票并生成销售收入凭证

选择"财务会计"|"应收款管理"|"应收处理"|"销售发票"|"销售发票审核",在查询条件中,客户名称选择"天津大华公司",单击"确定"按钮后选择要审核的发票,然后单击"审核"按钮完成。

选择"财务会计"|"应收款管理"|"凭证处理"|"生成凭证",进入后选择发票,客户名称选择"天津大华公司",单击"确定"按钮,凭证类别选择"转账凭证",如图 8-32 所示。

单击"全选"按钮,然后单击"制单"按钮,生成的凭证分录如下。

借:应收账款(1122)/大华　　　　　　　　　　　　　　　　50 850
　　贷:主营业务收入(6001)　　　　　　　　　　　　　　　　45 000
　　　　应交税费/应交增值税/销项税额(22210105)　　　　　　5 850

图 8-32 生成凭证发票列表

3) 收款

选择"财务会计"|"应收款管理"|"收款处理"|"收款单据录入",进入后单击"增加"|"空白单据"按钮,输入收款单中的有关项目,如图 8-33 所示。

收款单

单据编号 0000000003　日期 * 2023-04-12　客户 * 大华
结算方式 * 转账支票　结算科目 100201　币种 * 人民币
汇率 1.00000000　金额 * 50850.00　本币金额 50850.00
客户银行 工行东风支行　客户账号 5581　票据号 ZP3344
部门 销售部　业务员 刘一江　项目
摘要

插行　删行　批改　显示格式　排序定位　关联单据

	款项类型	客户	部门	业务员	金额	本币金额	科目	本币余额	余额
1	应收款	大华	销售部	刘一江	50850.00	50850.00	1122	50850.00	50850.00

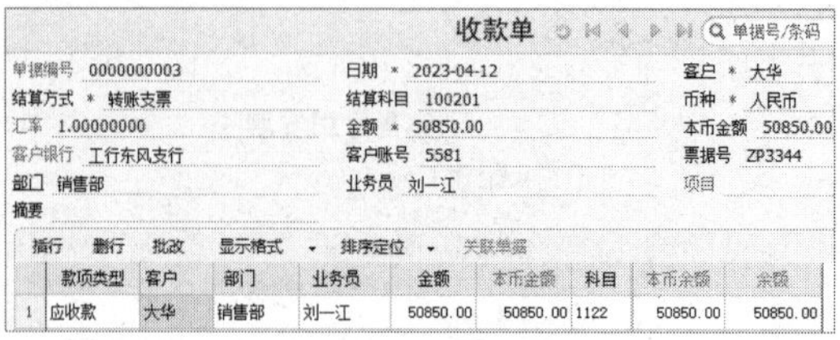

图 8-33 收款单

先保存，然后审核，系统提示“是否立即制单”，单击“是”按钮，生成收款凭证，分录如下。

借：银行存款/工行(100201)　　50 850

　　贷：应收账款(1122)/大华　　50 850

单击“保存”按钮，补充现金流量信息后完成凭证制作。

6. 合同履行跟踪

选择“供应链”|“合同管理”|“合同”|“合同履行跟踪报表”，在查询条件中，合同性质选择“销售类合同”，然后进入“合同履行跟踪报表”，如图 8-34 所示。

合同履行跟踪报表

执行信息					其它信息				
单据类型	单据编码	数量	金额	单据日期	单据类型	单据编码	数量	金额	单据日期
销售订单	0000000001	5.00	12000.00	2023-04-01					
合同执行单	0000000004	50.00	45000.00	2023-04-08	销售订单	0000000005	200.00	160000.00	2023-04-05
					发货单	0000000007	100.00	80000.00	
						0000000008	50.00	45000.00	2023-04-08
					销售出库单	0000000007	100.00		2023-04-05
						0000000008	50.00		2023-04-08
					销售专用发票	0000000003	100.00	80000.00	
						0000000004	50.00	45000.00	2023-04-12
合同执行单	0000000003	100.00	80000.00	2023-04-08	销售订单	0000000005	200.00	160000.00	2023-04-05
					发货单	0000000007	100.00	80000.00	
						0000000008	50.00	45000.00	2023-04-08
					销售出库单	0000000007	100.00		2023-04-05
						0000000008	50.00		2023-04-08
					销售专用发票	0000000003	100.00	80000.00	
						0000000004	50.00	45000.00	2023-04-12

图 8-34　合同履行跟踪报表

本合同因为客户调整发货，没有完全满足合同要求，需要进行合同相关部分的变更工作。

8.1.5　商业折扣的处理

实验资料

2023 年 4 月 12 日，销售部向天津大华公司出售 HP 打印机 10 台，报价为 2 400 元/台(不含税价，含税价为 2 712 元)，通知库房发货，然后货物从配套用品库发出。

双方商定成交价为报价的 90%，根据上述发货单开具专用发票一张，编制应收账款凭证。

实验过程

1. 填制并审核发货单

选择“供应链”|“销售管理”|“销售发货”|“发货单”，进入后单击“增加”|“空白单据”按钮，输入实验资料信息，如图 8-35 所示。

视频：商业折扣的处理

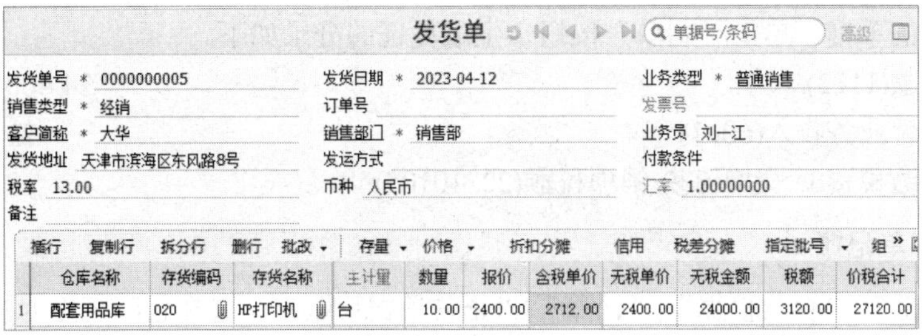

发货单

发货单号 * 0000000005	发货日期 * 2023-04-12	业务类型 * 普通销售
销售类型 * 经销	订单号	发票号
客户简称 * 大华	销售部门 * 销售部	业务员 刘一江
发货地址 天津市滨海区东风路8号	发运方式	付款条件
税率 13.00	币种 人民币	汇率 1.00000000
备注		

	仓库名称	存货编码	存货名称	主计量	数量	报价	含税单价	无税单价	无税金额	税额	价税合计
1	配套用品库	020	HP打印机	台	10.00	2400.00	2712.00	2400.00	24000.00	3120.00	27120.00

图 8-35 发货单

录入后，依次单击“保存”“审核”按钮完成操作。

2. 填制并复核销售专用发票

选择“供应链”|“销售管理”|“销售开票”|“销售专用发票”，进入后单击“增加”|“发货单”按钮，在查询条件中，客户选择天津大华公司，进入“参照生单”窗口后，选择要参照的发货单(HP 打印机)。单击“确定”按钮，返回“销售专用发票”窗口，发货单的数据自动被复制过来，按照 90%的优惠更改报价(2 160 元)，如图 8-36 所示。先保存，然后复核完成操作。

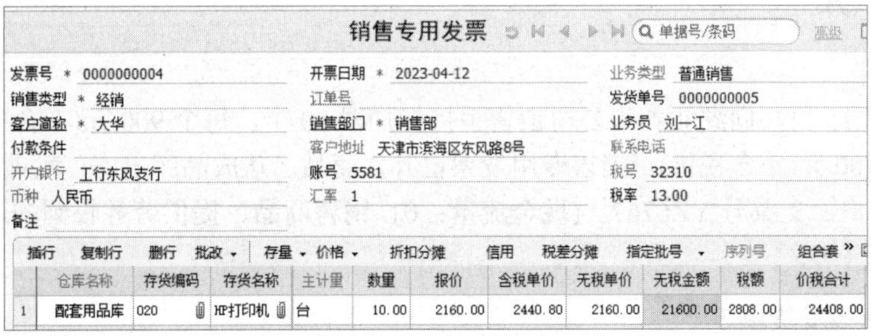

销售专用发票

发票号 * 0000000004	开票日期 * 2023-04-12	业务类型 普通销售
销售类型 * 经销	订单号	发货单号 0000000005
客户简称 * 大华	销售部门 * 销售部	业务员 刘一江
付款条件	客户地址 天津市滨海区东风路8号	联系电话
开户银行 工行东风支行	账号 5581	税号 32310
币种 人民币	汇率 1	税率 13.00
备注		

	仓库名称	存货编码	存货名称	主计量	数量	报价	含税单价	无税单价	无税金额	税额	价税合计
1	配套用品库	020	HP打印机	台	10.00	2160.00	2440.80	2160.00	21600.00	2808.00	24408.00

图 8-36 销售专用发票

3. 审核销售专用发票并生成销售收入凭证

选择“财务会计”|“应收款管理”|“应收处理”|“销售发票”|“销售发票审核”，单击“查询”按钮，单据类型选择“销售专用发票”，审核状态选择“未审核”，单击“确定”按钮，打开“销售发票审核”窗口，先选择发票，然后单击“审核”按钮完成审核工作。销售发票列表，如图 8-37 所示。

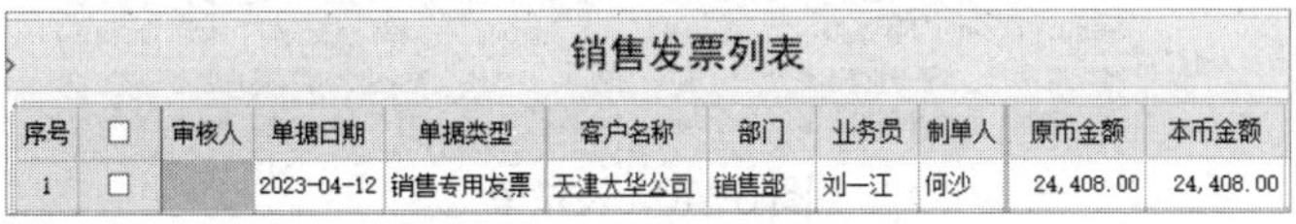

销售发票列表

序号	□	审核人	单据日期	单据类型	客户名称	部门	业务员	制单人	原币金额	本币金额
1	□		2023-04-12	销售专用发票	天津大华公司	销售部	刘一江	何沙	24,408.00	24,408.00

图 8-37 销售发票列表

选择“财务会计”|“应收款管理”|“凭证处理”|“生成凭证”，勾选“发票”，单击“确定”按钮，凭证类别选择“转账凭证”，如图 8-38 所示。

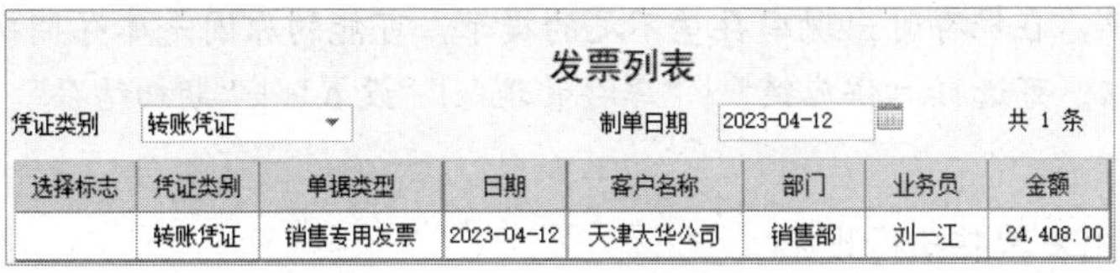

发票列表

凭证类别 转账凭证　　制单日期 2023-04-12　　共 1 条

选择标志	凭证类别	单据类型	日期	客户名称	部门	业务员	金额
	转账凭证	销售专用发票	2023-04-12	天津大华公司	销售部	刘一江	24,408.00

图 8-38 生成凭证发票列表

选择需制单的单据,单击"制单"按钮,生成凭证的分录如下。

借:应收账款(1122)/大华   24 408
　　贷:主营业务收入(6001)   21 600
　　　　应缴税费/应交增值税/销项税额(22210105)   2 808

4. 销售出库单记账

选择"供应链"|"存货核算"|"记账"|"正常单据记账",选择仓库名称为"配套用品库",单击"确定"按钮,进入"正常单据记账列表"窗口,如图8-39所示。选择要记账的单据,单击"记账"按钮完成。

图 8-39　正常单据记账列表

8.1.6　现结业务

▶ 实验资料

2023年4月15日,向湖北朝华公司销售手持扫描器90个,每个900元(不含税价);桌面扫描器50个,每个700元(不含税价)。销售专用发票已开,商品已从成品库出库,款项转账支票已经收到并存入工行账户,支票号YZ6767。(现金流量:01 销售商品、提供劳务收到的现金)

▶ 实验过程

1. 填制并审核发货单

选择"供应链"|"销售管理"|"销售发货"|"发货单",进入后单击"增加"|"空白单据"按钮,输入实验资料信息,如图8-40所示。

视频:现结业务

图 8-40　发货单

先保存,然后审核完成。

┃操作提示┃

如果输入发货单,在保存时出现库存量不足的提示,可能的原因是库存期初录入错误或者是库存期初录入后未审核。可选择"供应链"|"库存管理"|"设置"|"期初结存",选择相应的库房和物料进行批审。

2. 填制销售专用发票并执行现结

选择"供应链"|"销售管理"|"销售开票"|"销售专用发票",进入后单击"增加"|"发货单"按钮,客户选择湖北朝华公司,单击"确定"按钮,进入"参照生单"窗口,选择要参照的发

货单(手持扫描器和桌面扫描器)。单击"确定"按钮后返回"销售专用发票"窗口,系统将发货单的数据自动复制到"销售专用发票"中,如图8-41所示。

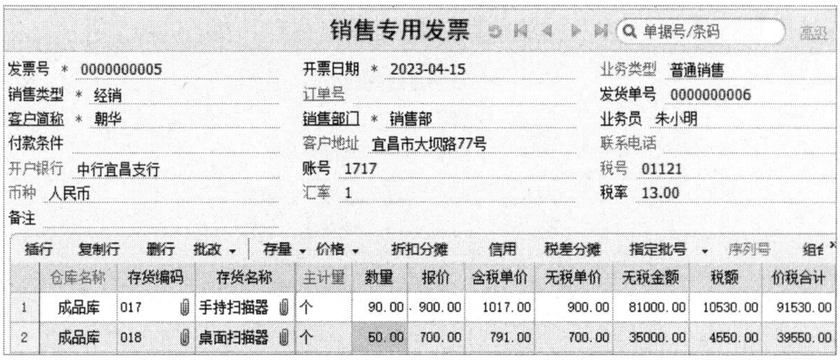

图8-41 销售专用发票

单击"保存"按钮,然后单击"现结"按钮,进入"现结"窗口,输入现结资料,如图8-42所示。

单击"确定"按钮,返回"销售专用发票"窗口,发票左上角显示"现结"字样。单击"复核"按钮,对现结发票进行复核。

图8-42 现结

操作提示

在销售发票复核前进行现结处理,销售发票复核后才能在应收款管理中进行现结制单。

3. 审核销售专用发票和现结制单

选择"财务会计"|"应收款管理"|"应收处理"|"销售发票"|"销售发票审核",单击"查询"按钮进行查询条件设置,选择"包含已现结发票",单击"确定"按钮,打开"销售发票列表",如图8-43所示。

图8-43 销售发票列表

选择要审核的单据,单击"审核"按钮完成审核。

选择"财务会计"|"应收款管理"|"凭证处理"|"生成凭证",进入后勾选"现结",单击"确定"按钮,凭证类别选择"收款凭证",如图8-44所示。

图8-44 生成凭证现结列表

单击"全选"按钮,然后单击"制单"按钮,生成收款凭证,分录如下。
借:银行存款/工行(100201)   131 080
　　贷:主营业务收入(6001)   116 000
　　　　应交税费/应交增值税/销项税额(22210105)   15 080
单击"保存"按钮,补充现金流量信息后完成。

4. 销售出库单记账

选择“供应链”|“存货核算”|“记账”|“正常单据记账”，进入后单击“查询”按钮，设置仓库名称为“成品库”，然后进入“正常单据记账列表”窗口，如图 8-45 所示。

正常单据记账列表

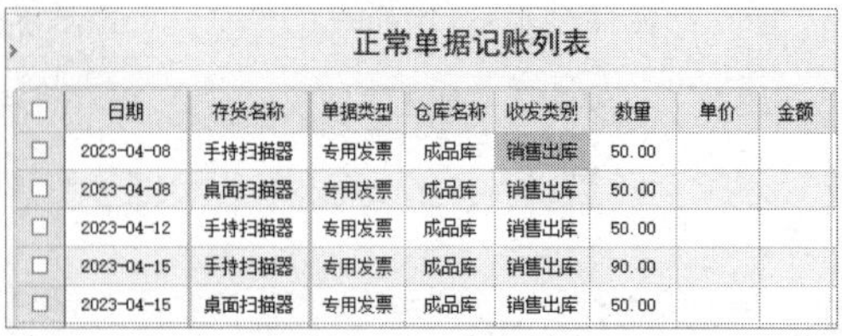

	日期	存货名称	单据类型	仓库名称	收发类别	数量	单价	金额
□	2023-04-08	手持扫描器	专用发票	成品库	销售出库	50.00		
□	2023-04-08	桌面扫描器	专用发票	成品库	销售出库	50.00		
□	2023-04-12	手持扫描器	专用发票	成品库	销售出库	50.00		
□	2023-04-15	手持扫描器	专用发票	成品库	销售出库	90.00		
□	2023-04-15	桌面扫描器	专用发票	成品库	销售出库	50.00		

图 8-45　正常单据记账列表

单击“全选”按钮，然后单击“记账”按钮完成记账。

8.1.7　补开上月发票业务

➘ 实验资料

原业务(销售管理期初数据)：2023 年 3 月 28 日，销售部向天津大华公司出售创智 X 号 10 台，报价(无税单价)为 6 500 元，由成品库发货。该发货单尚未开票。

2023 年 4 月 15 日，向天津大华公司开具销售专用发票，经商定无税单价 6 400 元，款项以转账支票支付，已收到并存入工行账户，支票号 TJ041501。(现金流量：01 销售商品、提供劳务收到的现金)

视频：补开上月发票业务

➘ 实验过程

1. 填制销售专用发票并执行现结

选择“供应链”|“销售管理”|“销售开票”|“销售专用发票”，进入后单击“增加”|“发货单”按钮，进行查询条件设置，客户选择天津大华公司，单击“确定”按钮，进入“参照生单”窗口。选择要参照的上月发货单，单击“确定”按钮，返回“销售专用发票”窗口，期初发货单的数据自动被复制过来，然后修改单价，如图 8-46 所示。

销售专用发票

发票号 * 0000000006　开票日期 * 2023-04-15　业务类型 普通销售
销售类型 * 经销　订单号　发货单号 0000000001
客户简称 * 大华　销售部门 * 销售部　业务员 刘一江
付款条件　客户地址 天津市滨海区东风路8号　联系电话
开户银行 工行东风支行　账号 5581　税号 32310
币种 人民币　汇率 1　税率 13.00
备注

	仓库名称	存货编码	存货名称	主计量	数量	报价	含税单价	无税单价	无税金额	税额	价税合计
1	成品库	015	创智X号	台	10.00	6400.00	7232.00	6400.00	64000.00	8320.00	72320.00

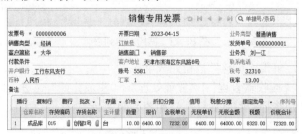

图 8-46　销售专用发票

单击“保存”按钮，然后单击“现结”按钮，进入“现结”窗口，输入现结资料，如图 8-47 所示。

现结

客户名称：大华　币种：人民币　汇率：1
应收金额：72320.00
结算金额：72320.00
部门：销售部　业务员：刘一江

结算方式	原币金额	票据号	银行账号	项目大类编码	项目大类名称	项目编码	项目名称
02-转账支票	72320.00	TJ041501	5581				

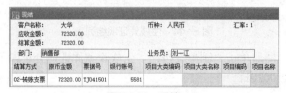

图 8-47　现结

单击“确定”按钮，返回“销售专用发票”，此时发票左上角显示“现结”字样。单击“复核”

按钮完成复核。

2. 审核销售专用发票和现结制单

选择"财务会计"|"应收款管理"|"应收处理"|"销售发票"|"销售发票审核",单击"查询"按钮,单据类型选择"销售专用发票",将"包含已现结发票"设为"是",单击"确定"按钮进入"销售发票列表",如图 8-48 所示。

图 8-48　销售发票列表

选择单据,单击"审核"按钮完成审核。

选择"财务会计"|"应收款管理"|"凭证处理"|"生成凭证",进入后勾选"现结",单击"确定"按钮,凭证类别选择"收款凭证",如图 8-49 所示。

图 8-49　生成凭证现结列表

单击"全选"按钮,然后单击"制单"按钮,打开"填制凭证"窗口,单击"保存"按钮完成。生成的收款凭证分录如下。

借:银行存款/工行(100201)　　　　　　　　　　　　　　　72 320
　　贷:主营业务收入(6001)　　　　　　　　　　　　　　　64 000
　　　　应交税费/应交增值税/销项税额(22210105)　　　　　　8 320

补充现金流量信息,单击"保存"按钮完成。

3. 销售出库单记账

日期选择 2023 年 4 月 15 日,选择"供应链"|"存货核算"|"记账"|"正常单据记账",进行查询条件设置,可设置仓库为成品库,然后进入"正常单据记账列表"窗口,如图 8-50 所示。选择此业务对应的出库单,单击"记账"按钮完成记账。记账后,发出的物料才会显示在相应物料的明细账中,因此只有实时记账才能体现实际的存货变化情况。

图 8-50　正常单据记账列表

8.1.8　汇总开票业务

实验资料

2023 年 4 月 15 日,销售部向辽宁飞鸽公司出售创智 X 号 50 台,无税报价为 6 400 元/台,货物从成品库发出。

2023 年 4 月 16 日,销售部向辽宁飞鸽公司出售 HP 打印机 50 台,无税报价为 2 300 元/台,货物从配套用品库发出。

根据上述两张出库单开具专用发票一张,并制作凭证。

实验过程

1. 填制并审核发货单

登录日期选择 2023 年 4 月 15 日，选择"供应链"|"销售管理"|"销售发货"|"发货单"，进入后单击"增加"|"空白单据"按钮，输入实验资料信息，如图 8-51 所示。依次单击"保存""审核"按钮完成操作。

视频：汇总开票业务

图 8-51　发货单(4 月 15 日)

登录日期选择 2023 年 4 月 16 日，选择"供应链"|"销售管理"|"销售发货"|"发货单"，进入后单击"增加"|"空白单据"按钮，输入实验资料信息，如图 8-52 所示。依次单击"保存""审核"按钮完成操作。

图 8-52　发货单(4 月 16 日)

2. 合并填制并复核销售专用发票

选择"供应链"|"销售管理"|"销售开票"|"销售专用发票"，进入后单击"增加"|"发货单"按钮，客户选择辽宁飞鸽公司，单击"确定"按钮，进入"参照生单"窗口。选择要合并开发票的发货单，分别选择创智 X 号和 HP 打印机发货单，单击"确定"按钮，发货单数据复制到"销售专用发票"中，如图 8-53 所示。单击"保存"按钮，然后单击"复核"按钮完成。

图 8-53　销售专用发票

3. 审核销售专用发票并生成销售收入凭证

选择"财务会计"|"应收款管理"|"应收处理"|"销售发票"|"销售发票审核"，进入后单

击"查询"按钮，单据类型选择"销售专用发票"，单击"确定"按钮，打开"销售发票列表"，如图 8-54 所示。

图 8-54 销售发票列表

选择要审核的发票，单击"审核"按钮完成审核工作。

选择"财务会计"|"应收款管理"|"凭证处理"|"生成凭证"，进入后勾选"发票"，单击"确定"按钮，凭证类别选择"转账凭证"，如图 8-55 所示。

图 8-55 生成凭证发票列表

单击"全选"按钮，然后单击"制单"按钮，生成凭证的分录如下。

借：应收账款(1122) /飞鸽　　　　　　　　　　　　　　491 550
　　贷：主营业务收入(6001)　　　　　　　　　　　　　435 000
　　　　应缴税费/应交增值税/销项税额(22210105)　　　　56 550

4. 销售出库单记账

2023 年 4 月 25 日登录系统。选择"供应链"|"存货核算"|"记账"|"正常单据记账"，进入后单击"查询"按钮，单据日期选择 2023 年 4 月 16 日，单击"确定"按钮，进入"正常单据记账列表"，如图 8-56 所示。选择记账的单据，单击"记账"按钮完成记账。

	日期	存货名称	单据类型	仓库名称	收发类别	数量	单价	金额
□	2023-04-16	创智X号	专用发票	成品库	销售出库	50.00		
□	2023-04-16	HP打印机	专用发票	配套用品库	销售出库	50.00		

图 8-56 正常单据记账列表

8.1.9 分次开票业务

▶ 实验资料

2023 年 4 月 16 日，销售部向重庆嘉陵公司出售 HP 打印机 60 台，无税报价为 2 300 元/台，货物从配套用品库发出。

2023 年 4 月 17 日，应客户要求，对上述所发出的商品开具两张专用销售发票，第一张发票中所列示的数量为 40 台，第二张发票中所列示的数量为 20 台。

▶ 实验过程

1. 填制并审核发货单

选择"供应链"|"销售管理"|"销售发货"|"发货单"，单击"增加"|"空白单据"按钮，进入"发货单"窗口，输入实验资料信息，如图 8-57 所示。依次单击"保存""审核"按钮完成。

视频：分次开票业务

图 8-57　发货单

2. 分两次填制销售专用发票

选择"供应链"|"销售管理"|"销售开票"|"销售专用发票",进入后单击"增加"|"发货单"按钮,在查询条件中,客户选择重庆嘉陵公司,单击"确定"按钮,进入"参照生单"窗口。选择要开发票的发货单,单击"确定"按钮,发货单数据复制到"销售专用发票"中,将数量修改为40,如图 8-58 所示。

录入后单击"保存"按钮,然后单击"复核"按钮完成。

图 8-58　销售专用发票 1

选择"供应链"|"销售管理"|"销售开票"|"销售专用发票",进入后单击"增加"|"发货单"按钮,在查询条件中,客户选择重庆嘉陵公司,单击"确定"按钮,进入"参照生单"窗口。选择要开发票的发货单。这时上面的未开票数量已经变为 20,单击"确定"按钮,发货单数据复制到"销售专用发票"中,如图 8-59 所示。

录入后单击"保存"按钮,然后单击"复核"按钮完成。

图 8-59　销售专用发票 2

3. 审核销售专用发票并生成销售收入凭证

选择"财务会计"|"应收款管理"|"应收处理"|"销售发票"|"销售发票审核",单击"查询"按钮,单据类型选择"销售专用发票",单击"确定"按钮,进入"销售发票列表",选择要审核的发票,单击"审核"按钮完成审核工作,如图 8-60 所示。

图8-60 销售发票列表

选择"财务会计"|"应收款管理"|"凭证处理"|"生成凭证",进入后勾选"发票",客户名称选择"重庆嘉陵公司",单击"确定"按钮,凭证类别选择"转账凭证",如图8-61所示。

图8-61 生成凭证发票列表

单击"全选"按钮,然后单击"合并"按钮(两张发票制作一张凭证),再单击"制单"按钮,生成的凭证分录如下。

借:应收账款(1122)/嘉陵　　　　　　　　　　　　　　　155 940
　　贷:主营业务收入(6001)　　　　　　　　　　　　　　　138 000
　　　　应缴税费/应交增值税/销项税额(22210105)　　　　　17 940

4. 销售出库单记账

登录日期为2023年4月25日,选择"供应链"|"存货核算"|"记账"|"正常单据记账",进入"未记账单据一览表"窗口,单击"查询"按钮,进行查询条件设置,仓库名称选择"配套用品库",进入"正常单据记账列表",如图8-62所示。

图8-62 正常单据记账列表

单击"全选"按钮,然后单击"记账"按钮,系统显示完成记账。

8.1.10 开票直接发货

> **实验资料**

2023年4月17日,销售部向上海长江公司出售HP打印机50台,无税报价为2 300元/台,物品从配套用品库发出,并据此开具专用销售发票一张。

> **实验过程**

1. 填制并复核销售专用发票

选择"供应链"|"销售管理"|"销售开票"|"销售专用发票",进入后单击"增加"|"空白单据"按钮,输入实验资料信息,如图8-63所示。先保存,然后复核完成。

视频:开票直接发货

销售专用发票

发票号 * 0000000010　开票日期 * 2023-04-17　业务类型 普通销售
销售类型 * 经销　订单号　发货单号
客户简称 * 长江　销售部门 * 销售部　业务员 朱小明
付款条件　客户地址 上海市徐汇区海东路1号　联系电话
开户银行 工行海东支行　账号 2234　税号 65432
币种 人民币　汇率 1.00000000　税率
备注

	仓库名称	存货编码	存货名称	主计量	数量	报价	含税单价	无税单价	无税金额	税额	价税合计
1	配套用品库	020	HP打...	台	50.00	2300.00	2599.00	2300.00	115000.00	14950.00	129950.00

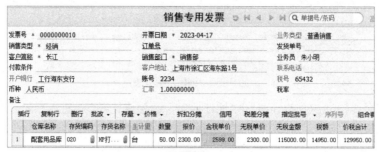

图 8-63　销售专用发票

2. 查询销售发货单

输入销售专用发票信息后，系统将自动生成销售发货单。选择“供应链”|“销售管理”|“销售发货”|“发货单列表”，在查询条件中，客户均选择上海长江公司，单击“确定”按钮，进入“发货单列表”窗口，如图 8-64 所示。

发货单列表

序号	☑	发货日期	客户简称	仓库	存货名称	数量	报价	含税单价	无税单价	无税金额	税额	价税合计
1	☑	2023-04-17	长江	配套用品库	HP打印机	50.00	2,300.00	2,599.00	2,300.00	115,000.00	14,950.00	129,950.00

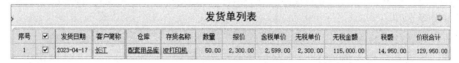

图 8-64　发货单列表

双击选择发票自动生成的发货单，显示为发货单格式。

3. 查询销售出库单

选择“供应链”|“库存管理”|“销售出库”|“销售出库单列表”，进入后单击“查询”按钮，仓库均选择“配套用品库”，客户均选择上海长江公司，单击“确定”按钮，进入“销售出库单列表”窗口，如图 8-65 所示。

销售出库单列表

序号	☐	记账人	仓库	出库日期	出库类别	销售部门	业务员	客户	制单人	存货名称	主计量单位	数量
1	☐		配套用品库	2023-04-17	销售出库	销售部	朱小明	长江	何沙	HP打印机	台	50.00

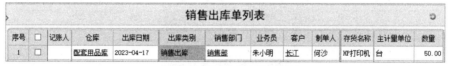

图 8-65　销售出库单列表

双击要查看的销售出库单，显示为出库单格式，并进行销售出库单审核。这里的审核在实际业务上表示已经完成出库事项。

4. 审核销售专用发票并生成销售收入凭证

选择“财务会计”|“应收款管理”|“应收处理”|“销售发票”|“销售发票审核”，进入后单击“查询”按钮，单据类型选择“销售专用发票”，单击“确定”按钮，进入“销售发票列表”窗口，如图 8-66 所示。

销售发票列表

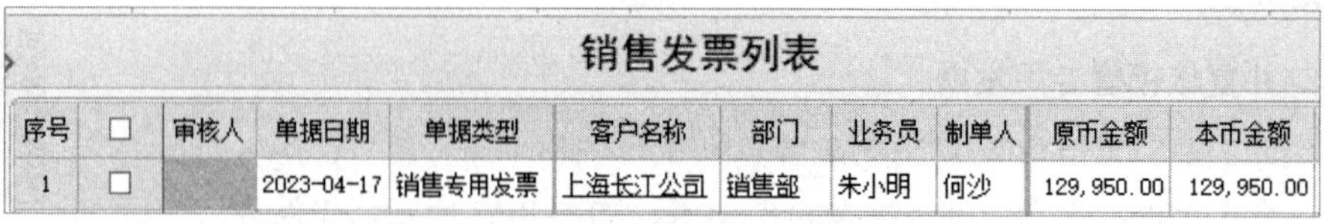

序号	☐	审核人	单据日期	单据类型	客户名称	部门	业务员	制单人	原币金额	本币金额
1	☐		2023-04-17	销售专用发票	上海长江公司	销售部	朱小明	何沙	129,950.00	129,950.00

图 8-66　销售发票列表

选择要审核的发票，单击“审核”按钮完成审核工作。

选择“财务会计”|“应收款管理”|“凭证处理”|“生成凭证”，勾选“发票”，单击“确定”

按钮，凭证类别选择“转账凭证”，如图 8-67 所示。

发票列表

凭证类别 转账凭证　制单日期 2023-04-17　共 1 条

选择标志	凭证类别	单据类型	日期	客户名称	部门	业务员	金额
	转账凭证	销售专用发票	2023-04-17	上海长江公司	销售部	朱小明	129,950.00

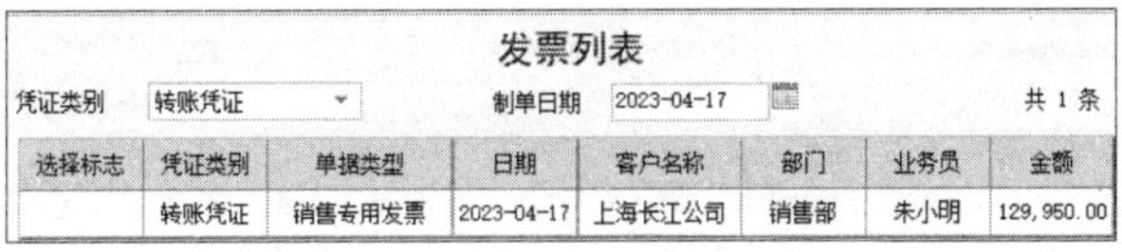

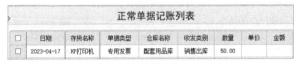

图 8-67　生成凭证发票列表

单击“全选”按钮，然后单击“制单”按钮，生成的凭证分录如下。

借：应收账款(1122) /长江　　129 950

　　贷：主营业务收入(6001)　　115 000

　　　　应缴税费/应交增值税/销项税额(22210105)　　14 950

5. 销售出库单记账

登录日期选择 2023 年 4 月 25 日，选择“供应链”|“存货核算”|“记账”|“正常单据记账”，单击“查询”按钮，仓库名称选择“配套用品库”，单击“确定”按钮，进入“正常单据记账列表”窗口，如图 8-68 所示。

正常单据记账列表

□	日期	存货名称	单据类型	仓库名称	收发类别	数量	单价	金额
□	2023-04-17	HP打印机	专用发票	配套用品库	销售出库	50.00		

图 8-68　正常单据记账列表

选择要记账的销售出库单，单击“记账”按钮完成记账工作。

8.1.11　设置价格策略

实验资料

2023 年 4 月 17 日，根据公司制定的新价格策略，对公司主力产品创智 X 号实行不同客户设定不同销售价格，如表 8-1 所示。

表 8-1　销售价格策略

客户等级	客户	商品	数量下限/台	批发单价/元(不含税)	折扣率	成交价/元(不含税)	批量下限/台	折扣率
一级	大华	创智 X 号	200	6500	95%	6175	500	90%
二级	长江	创智 X 号	150	6500	99%	6435	300	95%

实验过程

1. 设置销售选项

选择“供应链”|“销售管理”|“设置”|“选项”，选择“价格管理”选项卡，勾选“使用批量打折”，其他设置不变。

视频：设置价格策略

2. 设置客户调价单

选择“供应链”|“销售管理”|“价格管理”|“客户价格”|“客户调价单”，进入后单击“增加”|“空白单据”按钮，输入实验资料信息，如图 8-69 所示。

客户调价单

单据号 * 000000000001　　调价日期 * 2023-04-17　　调价部门

调价业务员　　表头备注　　制单日期 * 2023-04-17

插行　复制行　删行　批改　批调　排序定位　显示格式

	操作类型	客户简称	客户大类	存货编码	存货名称	计量...	数量下限	批发价	扣率	成交价	生效日期
1	新增	大华	批发	015	创智X号	台	200.00	6500.00	95.00	6175.00	2023-04-17
2	新增	长江	专柜	015	创智X号	台	150.00	6500.00	99.00	6435.00	2023-04-17

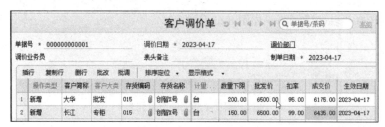

图 8-69　客户调价单

依次单击“保存”“审核”按钮后完成审核。

选择“供应链”|“销售管理”|“价格管理”|“客户价格”|“客户价格列表”，查看具体客户的价格情况。

3. 批量折扣设置

选择“供应链”|“销售管理”|“价格管理”|“批量折扣”，输入实验资料信息，如图 8-70 所示。单击“保存”按钮完成。

批量折扣列表

客户编码	客户简称	存货大类名称	存货编码	存货名称	主计量单位名称	数量	扣率	备注
02	大华	创智一体机	015	创智X号	台	500.00	90.00	
03	长江	创智一体机	015	创智X号	台	300.00	95.00	

图 8-70　批量折扣列表

后续业务中，如果选择“供应链”|“销售管理”|“销售订货”|“销售订单”，系统会按照新的价格策略计价。

8.1.12　分期收款发出商品

实验资料

2023 年 4 月 18 日，销售部向上海长江公司出售创智 X 号 160 台。由成品仓库发货，按照价格策略计价。由于金额较大，客户要求以分期付款形式购买该商品。经协商，客户分三次付款，并据此开具相应销售发票。

第一次开具的专用发票中所示的数量为 80 台。业务部门将该业务所涉及的出库单及销售发票交给财务部门，财务部据此制作凭证。

实验过程

1. 调整相关选项设置

选择“供应链”|“销售管理”|“设置”|“选项”，选择“业务控制”选项卡，勾选“有分期收款业务”和“销售生成出库单”，其他设置不变。

视频：分期收款发出商品

2. 设置分期收款业务相关科目

选择“供应链”|“存货核算”|“设置”|“存货科目”，进入后将各仓库(原料库、成品库、配套用品库)的分期收款发出商品科目均设置为“1406 发出商品”。

3. 填制并审核销售订单

选择“供应链”|“销售管理”|“销售订货”|“销售订单”，进入后单击“增加”|“空白单据”按钮，输入实验资料信息。业务类型选择“分期收款”，输入数量信息后，后面的相关价格信息会

按照前面设置的价格策略自动填入，由于价格策略中设置的批发单价和成交价均为不含税价，在此修改无税单价为 6 435 元，先保存，然后审核完成，如图 8-71 所示。

图 8-71 销售订单

如果发现价格并未调价，就要检查客户调价单是否输入正确，是否进行了审核？也可以直接输入。

4. 填制并审核发货单

选择"供应链"|"销售管理"|"销售发货"|"发货单"，进入后单击"增加"|"订单"按钮，业务类型选择"分期收款"，进入"参照生单"窗口，选择分期收款销售订单，单击"确定"按钮，返回"发货单"窗口，补充仓库名称为"成品库"，如图 8-72 所示。先保存，然后审核完成。

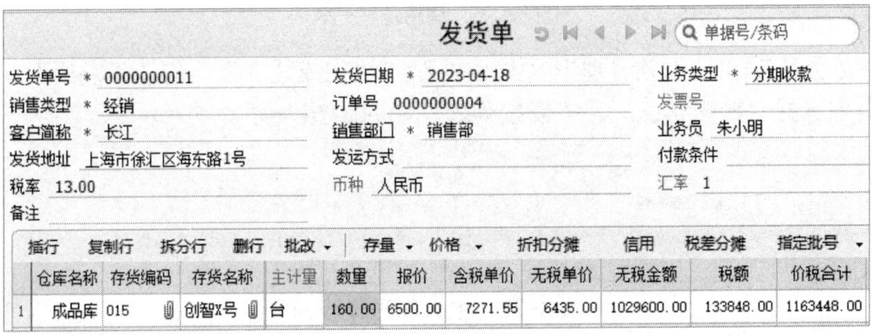

图 8-72 发货单

5. 发出商品记账(发货单)

登录日期选择 2023 年 4 月 25 日，选择"供应链"|"存货核算"|"记账"|"发出商品记账"，进入后单击"查询"按钮，选择仓库为成品库、单据类型为"发货单"、业务类型为"分期收款"，单击"确定"按钮，进入"发出商品记账"窗口，如图 8-73 所示。选择单据，单击"记账"按钮完成。

图 8-73 发出商品记账

6. 根据发货单填制并复核销售专用发票

选择"供应链"|"销售管理"|"销售开票"|"销售专用发票"，进入后单击"增加"|"发货单"按钮，在查询条件中，客户选择上海长江公司，业务类型选择"分期收款"，单击"确定"按钮，进入"参照生单"窗口。选择要参照的发货单，单击"确定"按钮，返回"销售专用发票"窗口，发货单的数据被自动复制过来，将数量改为本次开票数量"80"，如图 8-74 所示。

单击"保存"按钮，然后单击"复核"按钮完成填制工作。

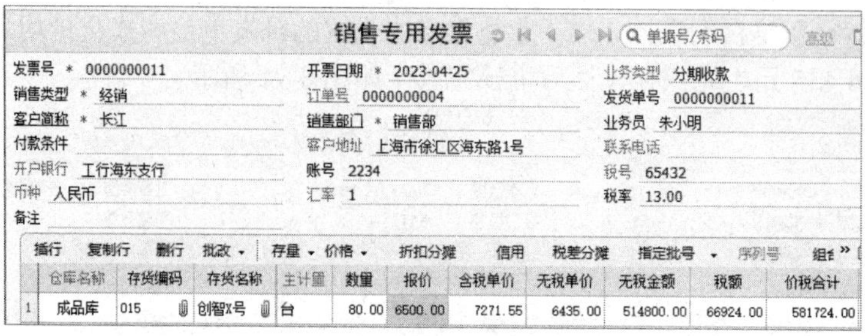

图 8-74 销售专用发票

7. 审核销售发票及生成应收凭证

选择"财务会计"|"应收款管理"|"应收处理"|"销售发票"|"销售发票审核",进入后单击"查询"按钮,客户名称选择"上海长江公司",单击"确定"按钮后如图 8-75 所示。选择单据,单击"审核"按钮完成。

图 8-75 销售发票列表

选择"财务会计"|"应收款管理"|"凭证处理"|"生成凭证",勾选"发票",单击"确定"按钮,凭证类别选择"转账凭证"。"发票列表"如图 8-76 所示。

图 8-76 生成凭证发票列表

选择票据,然后单击"制单"按钮,生成的凭证分录如下。

借:应收账款(1122)/长江　　　　　　　　　　　　　　　581 724
　　贷:主营业务收入(6001)　　　　　　　　　　　　　　　514 800
　　　　应交税费/应交增值税/销项税额(22210105)　　　　　66 924

8. 发出商品记账(销售专用发票)

登录日期选择 2023 年 4 月 25 日,选择"供应链"|"存货核算"|"记账"|"发出商品记账",进入后单击"查询"按钮,单据类型选择销售发票,业务类型选择分期收款,单击"确定"按钮,返回后如图 8-77 所示。

图 8-77 发出商品记账

选择票据,然后单击"记账"按钮完成记账。

9. 查询分期收款相关账表

选择"供应链"|"存货核算"|"账簿"|"发出商品明细账",在查询条件中,仓库选择成品库,存货选择创智 X 号,单击"确定"按钮,显示的"发出商品明细账",如图 8-78 所示。

发出商品明细账

仓库(2)成品库

存货 (015)创智X号　　规格型号:　　计量单位: 台

最高存量:　　最低存量:　　安全库存量:

记账日期	2023年		摘要		收入			发出			结存		
	月	日	凭证摘要	收发类别	数量	单价	金额	数量	单价	金额	数量	单价	金额
			期初结存								0.00	0.00	0.00
2023-04-25	04	25		销售出库	160.00						160.00	0.00	0.00
2023-04-25	04	25		销售出库				80.00			80.00	0.00	0.00
			4月合计		160.00		0.00	80.00		0.00	80.00	0.00	0.00
			本年累计		160.00		0.00	80.00		0.00			

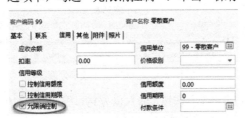

图 8-78　发出商品明细账

8.1.13　允限销设置

实验资料

重庆两江科技有限公司限制零散客户购买创智 N 号产品。

实验过程

1. 启用允销限销控制

允限销可以设置客户的允销、限销范围，即可以向某客户销售哪些商品，不可以销售哪些商品。

选择 “供应链”|“销售管理”|“设置”|“选项”，选择“其他控制”选项卡，勾选“允销限销控制”，其他设置保持不变。

视频：允限销设置

2. 修改客户档案

选择“基础设置”| “基础档案”|“客商信息”|“客户档案”，双击零散客户，进入“修改客户档案”窗口，选择“信用”选项卡，勾选“允限销控制”，单击“保存”按钮完成，如图 8-79 所示。

图 8-79　零散客户档案

3. 允限销设置

选择 “供应链”|“销售管理”|“设置”|“允限销设置”，单击工具栏的“增加”按钮，输入实验资料信息，如图 8-80 所示。

允限销设置

客户编码	客户简称	客户所属分类	客户所属地区	控制方式
99	零散客户	零售	西南	限销

☑	存货编码	存货名称	存货大类名称	存货大类编码
☑	016	创智N号	创智一体机	201

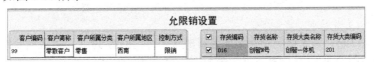

图 8-80　允限销设置

8.1.14　代垫费用业务

2023 年 4 月 17 日，销售部在向上海长江公司销售商品过程中，发生了一笔设备服务费 800 元。客户尚未支付该笔款项。

实验过程

1. 填制并审核代垫费用单

选择"供应链"|"销售管理"|"代垫费用"|"代垫费用单",进入后单击"增加"|"空白单据"按钮,输入实验资料信息,如图 8-81 所示。依次单击"保存""审核"按钮完成。

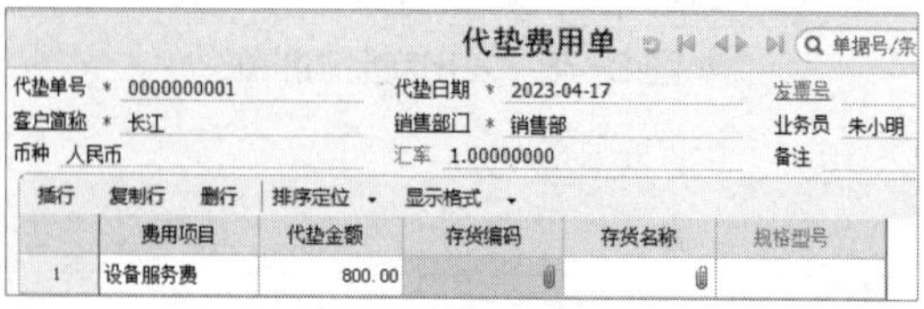

视频:代垫费用业务

图 8-81 代垫费用单

2. 代垫费用单审核并确认应收

选择"财务会计"|"应收款管理"|"应收处理"|"应收单"|"应收单审核",进入后单击"查询"按钮,单据类型选择"其他应收单",单击"确定"按钮,进入"应收单列表"窗口,如图 8-82 所示。选择要审核的单据进行审核。

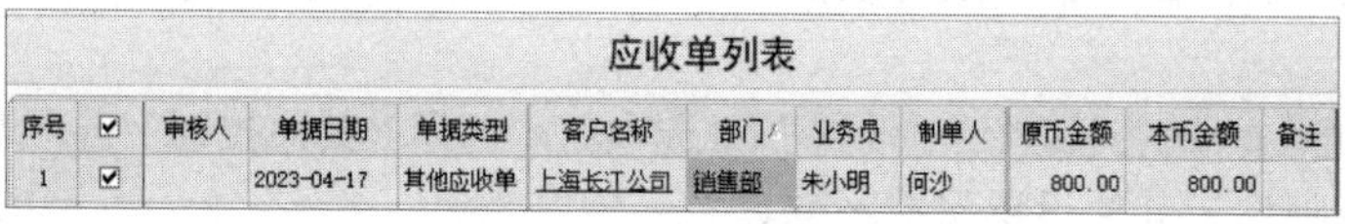

图 8-82 应收单列表

选择"财务会计"|"应收款管理"|"凭证处理"|"生成凭证",勾选"应收单",单击"确定"按钮,打开"应收单列表"窗口,凭证类别选择"转账凭证",如图 8-83 所示。

图 8-83 生成凭证应收单列表

选择要制单的凭证,单击"制单"按钮,输入借方科目编码"122101"、贷方科目编码"6051",单击"保存"按钮,生成的凭证分录如下。

借:其他应收款/应收单位款(122101)/长江　　　　　　　　　　800
　　贷:其他业务收入(6051)　　　　　　　　　　　　　　　　　　　800

8.1.15 超发货单出库

实验资料

2023 年 4 月 17 日,销售部向湖北朝华公司出售手持扫描器 30 个,由成品库发货,不含税报价为 900 元/个。开具发票时,客户要求再多买 10 个,根据客户要求开具了 40 个手持扫描器的专用发票一张。2023 年 4 月 18 日,客户从成品库领出手持扫描器 40 个。

实验过程

1. 设置相关选项参数

(1) 修改相关选项设置。选择"供应链"|"库存管理"|"设置"|"选项",选择"专用设置"

选项卡，勾选“超发货单出库”复选框，其他设置保持不变。单击“应用”按钮，然后单击“确定”按钮完成设置。

视频：超发货单出库

(2) 修改存货档案并设置超额出库上限。选择“基础设置”|“基础档案”|“存货”|“存货档案”，在左侧栏目中选择“(2)产成品”存货分类，在右侧双击“017 手持扫描器”，进入“修改存货档案”窗口。选择“控制”选项卡，将出库超额上限设为 0.4(表示 40%)。

(3) 修改销售选项参数。选择“供应链”|“销售管理”|“设置”|“选项”，勾选“业务控制”选项卡中的“允许超发货量开票”复选框，取消勾选“销售生成出库单”复选框。

2. 填制并审核发货单

选择“供应链”|“销售管理”|“销售发货”|“发货单”，进入后单击“增加”|“空白单据”按钮，输入实验资料信息，如图 8-84 所示。先保存，然后审核完成。

发货单

单据号/条码

发货单号 * 0000000012　发货日期 * 2023-04-17　业务类型 * 普通销售
销售类型 * 经销　订单号　发票号
客户简称 * 朝华　销售部门 * 销售部　业务员 朱小明
发货地址 宜昌市大坝路77号　发运方式　付款条件
税率 13.00　币种 人民币　汇率 1.00000000
备注

插行 复制行 拆分行 删行 批改 存量 价格 折扣分摊 信用 税差分摊 指定批号

	仓库名称	存货编码	存货名称	主计量	数量	报价	含税单价	无税单价	无税金额	税额	价税合计
1	成品库	017	手持扫描器	个	30.00	900.00	1017.00	900.00	27000.00	3510.00	30510.00

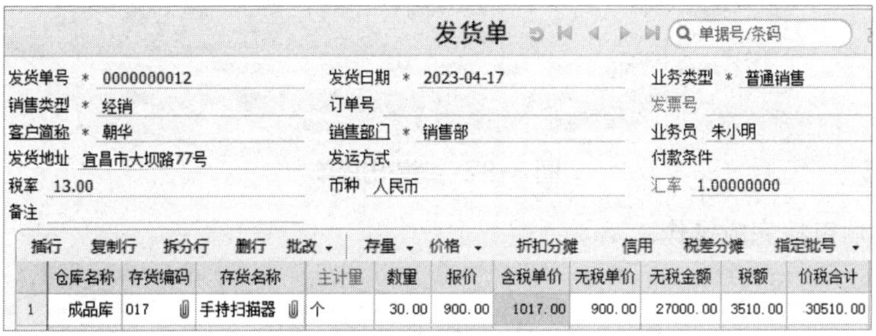

图 8-84　发货单

3. 填制并复核销售专用发票

选择“供应链”|“销售管理”|“销售开票”|“销售专用发票”，进入后单击“增加”|“发货单”按钮，在查询条件中，客户选择湖北朝华公司，单击“确定”按钮，进入“参照生单”窗口，选择要参照的发货单，单击“确定”按钮，返回“销售专用发票”窗口，发货单的数据自动复制到“销售专用发票”中，将数量改为“40”，如图 8-85 所示。

销售专用发票

单据号/条码

发票号 * 0000000012　开票日期 * 2023-04-17　业务类型 普通销售
销售类型 * 经销　订单号　发货单号 0000000012
客户简称 * 朝华　销售部门 * 销售部　业务员 朱小明
付款条件　客户地址 宜昌市大坝路77号　联系电话
开户银行 中行宜昌支行　账号 1717　税号 01121
币种 人民币　汇率 1　税率 13.00
备注

插行 复制行 删行 批改 存量 价格 折扣分摊 信用 税差分摊 指定批号 序列号

	仓库名称	存货编码	存货名称	主计量	数量	报价	含税单价	无税单价	无税金额	税额	价税合计
1	成品库	017	手持扫描器	个	40.00	900.00	1017.00	900.00	36000.00	4680.00	40680.00

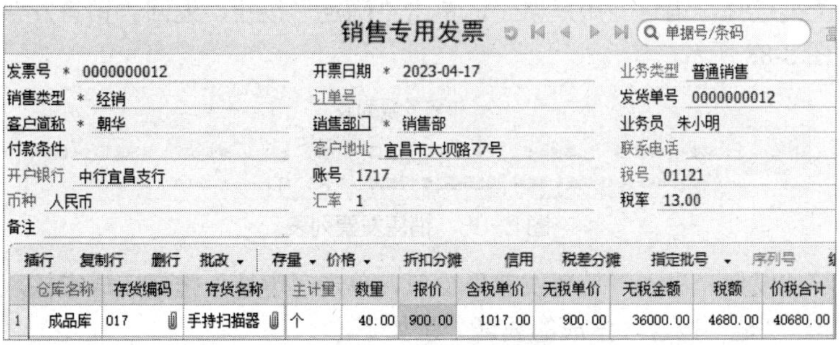

图 8-85　销售专用发票

单击“保存”按钮，如果系统提示“发票上货物累计开票数量已大于发货数量”，说明控制参数未设置好，需要先设置好后再开票。单击“复核”按钮，完成发票填制工作。

4. 根据发货单生成销售出库单

选择“供应链”|“库存管理”|“销售出库”|“销售出库单”，进入后单击“增加”|“销售发货单”按钮，在查询条件中，客户选择湖北朝华公司，单击“确定”按钮，进入“销售生单”窗口。选择相应的发货单，勾选“根据累计出库数更新发货单”，如图 8-86 所示。

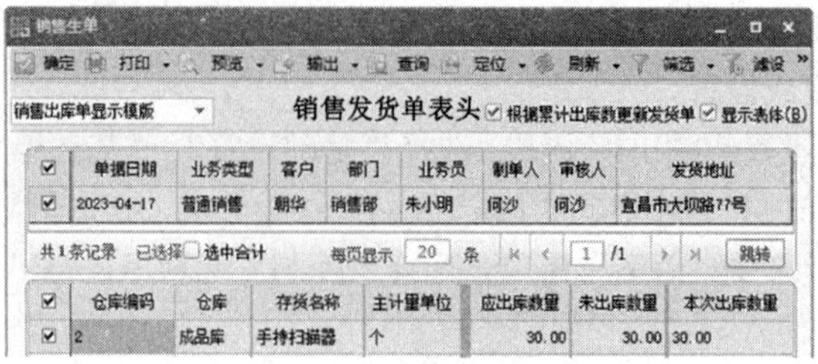

图8-86 销售生单

单击"确定"按钮，发货单的数据自动复制到"销售出库单"中，将销售出库单中的数量改为"40"，如图8-87所示。

图8-87 销售出库单

先保存，然后审核完成操作。

┃操作提示┃

如果在保存的时候，出现"单据保存失败，修改或稍后再试"的系统提示，说明前面的超发货比例没有设置好，应检查后重新设置。

选择"供应链"|"销售管理"|"销售发货"|"发货单列表"，单击"查询"按钮，客户选择湖北朝华公司，即可查看该笔业务的发货单，数量已经由"30"更新为"40"。

5. 审核销售专用发票并生成销售收入凭证

选择"财务会计"|"应收款管理"|"应收处理"|"销售发票"|"销售发票审核"，单击"查询"按钮，单据类型选择"销售专用发票"，单击"确定"按钮，返回"销售发票审核"窗口。销售发票列表，如图8-88所示。

序号		审核人	单据日期	单据类型	客户名称	部门	业务员	制单人	原币金额	本币金额	备注
1			2023-04-17	销售专用发票	湖北朝华公司	销售部	朱小明	何沙	40,680.00	40,680.00	

图8-88 销售发票列表

双击需要审核的发票，进入"销售发票"窗口，单击"审核"按钮完成审核，系统提示"是否立即制单"，单击"是"按钮，生成的凭证分录如下。

```
借：应收账款(1122)/朝华                                    40 680
    贷：主营业务收入(6001)                                  36 000
        应缴税费/应交增值税/销项税额(22210105)              4 680
```

┃操作提示┃

若在系统提示"是否立即制单"时，选择"否"按钮，当需要生成凭证时，按如下步骤操作：选择"财务会计"|"应收款管理"|"凭证处理"|"生成凭证"，进入"制单查询"窗口，勾选"发票"，单击"确定"按钮，进入"生成凭证"窗口。凭证类别选择"转账凭证"，单击"全选"按钮，

然后单击"制单"按钮,进入"填制凭证"窗口,单击"保存"按钮,完成生成凭证。

6. 销售出库单记账并生成凭证

登录日期选择 2023 年 4 月 25 日,选择"供应链"|"存货核算"|"记账"|"正常单据记账",进入后单击"查询"按钮,仓库名称选择"成品库",单击"确定"按钮,进入"正常单据记账列表"窗口,如图 8-89 所示。选择单据,单击"记账"按钮完成。

图 8-89 正常单据记账列表

8.1.16 零售日报业务

> 📌 **实验资料**

2023 年 4 月 18 日,销售部零星销售 HP 打印机 3 台,无税报价为 2500 元/台(含税价 2825 元/台),全部现金结算。采用零售日报业务处理。(现金流量:01 销售商品、提供劳务收到的现金)

> 📌 **实验过程**

1. 设置零售选项

选择"供应链"|"销售管理"|"设置"|"选项",进入后勾选"有零售日报业务",其他设置保持不变。

视频:零售日报业务

2. 录入零售日报和收款

选择"供应链"|"销售管理"|"零售日报"|"零售日报",进入后单击"增加"|"空白单据"按钮,录入相关信息,如图 8-90 所示。

图 8-90 零售日报录入

单击"保存"按钮,然后单击"现结"按钮,结算方式选择"现金",如图 8-91 所示。

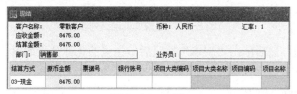

图 8-91 现结

单击"确定"按钮后回到"零售日报"窗口。

单击"复核"按钮,完成零售日报复核,系统会生成销售发货单。

选择"供应链"|"销售管理"|"销售发货"|"发货单列表",进入后单击"查询"按钮,客户选择零散客户,单击"确定"按钮,返回"发货单列表"窗口,如图 8-92 所示。

发货单列表

序号	□	发货日期	客户简称	销售部门	仓库	存货名称	数量	报价	含税单价	无税单价	无税金额
1	□	2023-04-18	零散客户	销售部	配套用品库	HP打印机	3.00	2,500.00	2,825.00	2,500.00	7,500.00

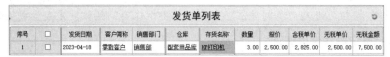

图 8-92　发货单列表

选择待审核的发货单，单击“审核”按钮完成。

3. 填制销售出库单

选择“供应链”|“库存管理”|“销售出库”|“销售出库单”，进入后单击“增加”|“销售发货单”按钮。在查询条件中，客户选择“零散客户”，取消勾选“根据累计出库数更新发货单”，选择销售发货单后返回，依次单击“保存”“审核”按钮完成，结果如图 8-93 所示。

已审核　销售出库单

出库单号 * 0000000018　出库日期 * 2023-04-18　仓库 * 配套用品库
出库类别 销售出库　业务类型 普通销售　业务号 0000000001
销售部门 销售部　业务员　客户 * 零散客户
审核日期 2023-04-18　备注

	存货编码	存货名称	主计量单位	数量	单价	金额
1	020	HP打印机	台	3.00		

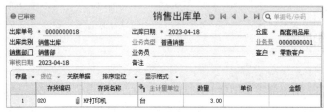

图 8-93　销售出库单

4. 审核零售日报并生成收入凭证

选择“财务会计”|“应收款管理”|“应收处理”|“销售发票”|“销售发票审核”，单击“查询”按钮，客户名称选择“零散客户”，单击“确定”按钮，进入“销售发票列表”窗口，如图 8-94 所示。

销售发票列表

序号	□	审核人	单据日期	单据类型	客户名称	部门	业务员	制单人	原币金额	本币金额	备注
1	□		2023-04-18	销售零售日报	零散客户	销售部		何沙	8,475.00	8,475.00	

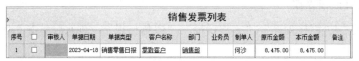

图 8-94　销售发票列表

选择发票后，单击“审核”按钮完成。

选择“财务会计”|“应收款管理”|“凭证处理”|“生成凭证”，进入后勾选“现结”，单击“确定”按钮进入后，凭证类别选择“收款凭证”，如图 8-95 所示。

现结列表

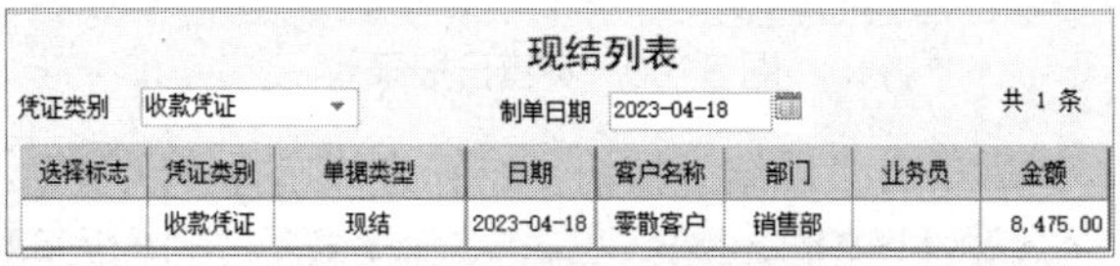

凭证类别 收款凭证　制单日期 2023-04-18　共 1 条

选择标志	凭证类别	单据类型	日期	客户名称	部门	业务员	金额
	收款凭证	现结	2023-04-18	零散客户	销售部		8,475.00

图 8-95　生成凭证现结列表

单击“全选”按钮，然后单击“制单”按钮后，生成的凭证分录如下。

借：库存现金(1001)　　8 475

　　贷：主营业务收入(6001)　　7 500

　　　　应交税费/应交增值税/销项税额(22210105)　　975

单击“保存”按钮，补充现金流量信息完成。

8.1.17　委托代销业务

委托代销业务是指企业将商品委托他人进行销售但商品所有权未转移的销售方式，委托代销商品销售后，受托方与企业进行结算，并开具正式的销售发票，形成销售收入，商品所有权转移。

只有在同时启用库存管理和销售管理系统时，才能在库存管理中使用委托代销业务。

实验资料

2023 年 4 月 18 日，销售部委托辽宁飞鸽公司代为销售创智 X 号 30 台，售价为 6 400 元/台，受托方辽宁飞鸽公司以销售货款(不含税)总额 10%收取手续费，货物从成品库发出。

2023 年 4 月 20 日，收到辽宁飞鸽公司的委托代销清单，结算已销售的创智 X 号 20 台，售价为 6 400 元/台；立即开具销售专用发票给辽宁飞鸽公司。

同日，收到辽宁飞鸽公司开具的委托代销手续费发票一张(票号 SXF042001，不含税金额 12 800 元，税率 6%)。

业务部门将该业务所涉及的出库单、销售发票、手续费发票等资料交给财务部门，财务部据此结转收入等业务。

2023 年 4 月 25 日，收到辽宁飞鸽公司开具的转账支票一张(票号 ZP042701，金额 144 640 元，现金流量：01 销售商品、提供劳务收到的现金)；同日开出一张转账支票支付委托代销手续费(票号 WT042702，金额 13 568 元，现金流量：04 购买商品、接受劳务支付的现金)。

实验过程

1. 初始设置调整

选择"供应链"|"存货核算"|"设置"|"选项"，进入后单击"编辑"按钮，在"核算方式"选项卡中，确认委托代销成本核算方式为"按发出商品核算"(其他设置不变)。

选择"供应链"|"销售管理"|"设置"|"选项"，进入后在"业务控制"选项卡中，勾选"有委托代销业务""销售生成出库单"(其他设置不变)，单击"确定"按钮完成设置。

2. 委托代销发货处理

选择"供应链"|"销售管理"|"委托代销"|"委托代销发货单"，单击"增加"|"空白单据"按钮，输入实验资料信息，如图 8-96 所示。

视频：委托代销业务

图 8-96　委托代销发货单

录入后先保存，然后审核完成。

选择"供应链"|"库存管理"|"销售出库"|"销售出库单列表"，进入后单击"查询"按钮，业务类型选择委托代销，单击"确定"按钮，进入"销售出库单列表"窗口，如图 8-97 所示。

图 8-97　销售出库单列表

选择单据，然后单击"审核"按钮，系统提示批审完成。

登录日期选择 2023 年 4 月 25 日，选择"供应链"|"存货核算"|"记账"|"发出商品记账"，

进入后单击“查询”按钮，业务类型选择委托代销，单击“确定”按钮后如图 8-98 所示。

发出商品记账

□	日期	仓库名称	收发类别	存货名称	单据类型	计量单位	数量	单价	金额
□	2023-04-18	成品库	销售出库	创智X号	委托代销发货单	台	30.00		

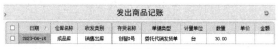

图 8-98 发出商品记账

选择单据，然后单击“记账”按钮完成。

3. 委托代销结算处理

选择“供应链”|“销售管理”|“委托代销”|“委托代销结算单”，进入后单击“增加”按钮，业务类型选择委托代销，单击“确定”按钮，进入“参照生单”窗口。选择要参照的单据，单击“确定”按钮，参照的数据被复制到“委托代销结算单”，将数量改为要结算的“20”，如图 8-99 所示。

委托代销结算单

结算单号 * 0000000001　结算日期 * 2023-04-20　销售类型 经销
客户简称 * 飞鸽　销售部门 * 销售部　业务员 朱小明
付款条件　币种 人民币　汇率 1
税率 13.00　备注

复制行 删行 批改 查看现存量 价格 折扣分摊 税差分摊 信用 排序定位 显示格式

	仓库名称	货物编码	存货名称	主计量	数量	报价	含税单价	无税单价	无税金额	税额	价税合计
1	成品库	015	创智X号	台	20.00	6400.00	7232.00	6400.00	128000.00	16640.00	144640.00

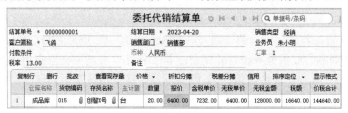

图 8-99 委托代销结算单

依次单击“保存”“审核”按钮，提示选择发票类型，选择“专用发票”，直接生成销售专用发票。

4. 委托代销发票处理

选择“供应链”|“销售管理”|“销售开票”|“销售发票列表”，进入后单击“查询”按钮，业务类型选择“委托”，单击“确定”按钮，返回“销售发票列表”窗口，如图 8-100 所示。

销售发票列表

序号	☑	业务类型	开票日期	客户简称	仓库	存货名称	数量	报价	含税单价	无税单价	无税金额
1	☑	委托	2023-04-20	飞鸽	成品库	创智X号	20.00	6,400.00	7,232.00	6,400.00	128,000.00

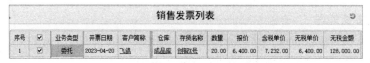

图 8-100 销售发票列表(委托业务)

选择该发票，然后单击“复核”按钮进行复核。

操作提示

委托代销结算单审核后，系统自动生成相应的销售发票。系统可根据委托代销结算单按照需要生成普通发票或专用发票。

委托代销结算单审核后，系统自动生成相应的销售出库单，并传送到库存管理系统。

5. 委托代销发票审核

选择“财务会计”|“应收款管理”|“应收处理”|“销售发票”|“销售发票审核”，进入后单击“查询”按钮，单据类型选择“销售专用发票”，单击“确定”按钮，返回“销售发票审核”窗口。销售发票列表，如图 8-101 所示。

销售发票列表

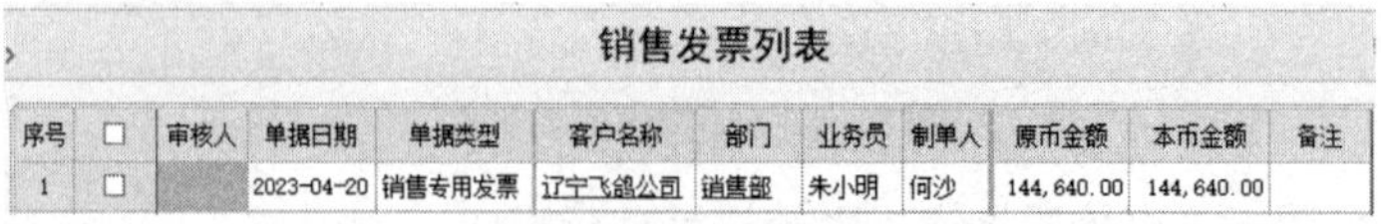

序号	□	审核人	单据日期	单据类型	客户名称	部门	业务员	制单人	原币金额	本币金额	备注
1	□		2023-04-20	销售专用发票	辽宁飞鸽公司	销售部	朱小明	何沙	144,640.00	144,640.00	

图 8-101 销售发票列表(销售专用发票)

选择销售专用发票，单击"审核"按钮完成。

6. 委托代销生成凭证

选择"财务会计"|"应收款管理"|"凭证处理"|"生成凭证"，进入后勾选"发票"，单击"确定"按钮，进入"生成凭证"窗口，凭证类别选择"转账凭证"，如图8-102所示。

图8-102　生成凭证发票列表

单击"全选"按钮，然后单击"制单"按钮，生成的凭证分录如下。

借：应收账款(1122)/飞鸽　　　　　　　　　　　　　　　　　144 640
　　贷：主营业务收入(6001)　　　　　　　　　　　　　　　128 000
　　　　应交税费/应交增值税/销项税额(22210105)　　　　　16 640

7. 委托代销商品记账处理

登录日期选择2023年4月25日，选择"供应链"|"存货核算"|"记账"|"发出商品记账"，进入后单击"查询"按钮，仓库名称选择"成品库"，单击"确定"按钮后如图8-103所示。

图8-103　发出商品记账

选择单据，单击"记账"按钮完成。

8. 录入委托代销手续费发票

选择"供应链"|"采购管理"|"采购发票"|"专用采购发票"，进入后单击"增加"|"空白单据"按钮，输入实验资料信息，如图8-104所示。

图8-104　专用发票

先保存，然后复核，完成专用发票的制作。

9. 审核委托代销手续费发票

选择"财务会计"|"应付款管理"|"应付处理"|"采购发票"|"采购发票审核"，进入后单击"查询"按钮，结算状态选择"未结算完"，单击"确定"按钮返回，如图8-105所示。

图8-105　采购发票列表

选择单据,然后单击"审核"按钮完成审核。

10. 生成委托代销手续费凭证

选择"财务会计"|"应付款管理"|"凭证处理"|"生成凭证",进入后勾选"发票",单击"确定"按钮,凭证类别选择"转账凭证",如图8-106所示。

图 8-106　生成凭证发票列表

单击"全选"按钮,然后单击"制单"按钮,将"1402 在途物资"科目修改为"660106 销售费用/委托代销手续费/销售部"科目,单击"保存"按钮完成。

分录如下。

  借:销售费用/委托代销手续费(660106)/销售部　　　　　　　　　　12 800
    应交税费/应交增值税/进项税额(22210101)　　　　　　　　　　　768
  贷:应付账款(2202)/飞鸽　　　　　　　　　　　　　　　　　　　　13 568

11. 转账支票收款单录入并生成收款凭证

2023年4月25日,选择"财务会计"|"应收款管理"|"收款处理"|"收款单据录入",进入后单击"增加"|"空白单据"按钮,输入实验资料信息,如图8-107所示。

图 8-107　收款单

依次单击"保存""审核"按钮,系统提示"是否立即制单",单击"是"按钮,进入"填制凭证"窗口,修改凭证分录如下。

  借:银行存款/工行(100201)　　　　　　　　　　　　　　　　　　　144 640
  贷:应收账款(1122)/飞鸽　　　　　　　　　　　　　　　　　　　　144 640

12. 转账支票付款申请单录入并生成收款凭证

选择"财务会计"|"应付款管理"|"付款申请"|"付款申请单录入",进入后单击"增加"|"空白单据"按钮,输入实验资料信息,如图8-108所示。

图 8-108　付款申请单(委托代销)

依次单击“保存”“审核”按钮完成。

选择“财务会计”|“应付款管理”|“付款处理”|“付款单据审核”，进入后单击“查询”按钮，供应商选择“辽宁飞鸽公司”，其余保持默认设置，单击“确定”按钮，结果如图 8-109 所示。

收付款单列表

序号	☑	审核人	单据日期	单据类型	供应商	部门	业务员	结算方式	原币金额	本币金额
1	☑		2023-04-25	付款单	辽宁飞鸽公司	销售部	朱小明	转账支票	13,568.00	13,568.00

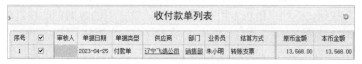

图 8-109 收付款单列表

双击付款单，进入“付款单据录入”窗口，单击“审核”按钮，系统提示“是否立即制单”，单击“是”按钮，进入“填制凭证”窗口，分录如下。

借：应付账款(2202)/飞鸽　　13 568

　　贷：银行存款/工行(100201)　　13 568

单击“保存”按钮，补充现金流量信息完成。

13. 委托代销相关账表查询

选择“供应链”|“销售管理”|“报表”|“统计表”|“委托代销统计表”，进行查询条件设置。

选择“供应链”|“库存管理”|“业务报表”|“库存账”|“委托代销备查簿”，存货名称选择“创智 X 号”，查询显示结果。

8.1.18 一次销售分次出库

2023 年 4 月 19 日，向上海长江公司出售 CN 处理器 100 盒，由原料库发货，无税报价为 1 500 元/盒，同时开具专用发票一张。客户根据发货单从原料库先领出 CN 处理器 80 盒。

2023 年 4 月 20 日，客户根据发货单再从原料库领出余下的 CN 处理器 20 盒。

➘ 实验过程

1. 设置相关选项

选择“供应链”|“销售管理”|“设置”|“选项”，进入后在“业务控制”选项卡中，取消勾选“销售生成出库单”，以适应分次发货的出库要求。同时，取消勾选“报价含税”和“普通销售必有订单”。普通销售发货单、普通销售类型的发票不可手工填制，必须参照上游单据生成。原操作模式下的发货单、发票必须全部审核，然后才能修改本设置。其他选项保持原有设置。

视频：一次销售分次出库

2. 填制并审核发货单

选择“供应链”|“销售管理”|“销售发货”|“发货单”，进入后单击“增加”|“空白单据”按钮，输入实验资料信息，如图 8-110 所示。先保存，然后审核完成。

发货单

发货单号 * 0000000014　发货日期 * 2023-04-19　业务类型 * 普通销售
销售类型 * 经销　订单号　发票号
客户简称 * 长江　销售部门 * 销售部　业务员 朱小明
发货地址 上海市徐汇区海东路1号　发运方式　付款条件
税率 13.00　币种 人民币　汇率 1.00000000
备注

插行 复制行 拆分行 删行 批改 存量 价格 折扣分摊 信用 税差分摊 指定批号 组

	仓库名称	存货编码	存货名称	主计量	数量	报价	含税单价	无税单价	无税金额	税额	价税合计
1	原料库	001	CN处理器	盒	100.00	1500.00	1695.00	1500.00	150000.00	19500.00	169500.00

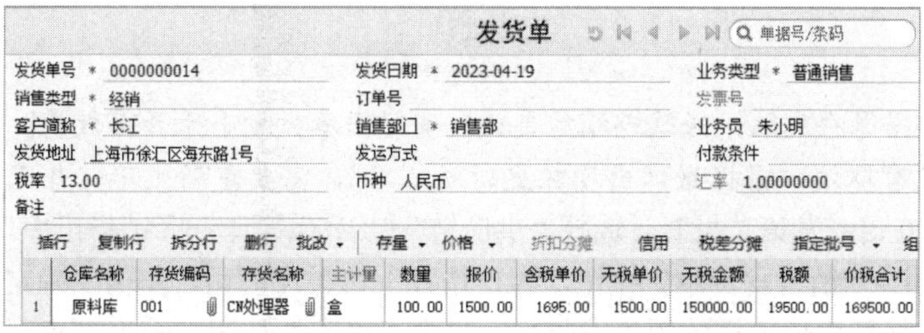

图 8-110 发货单

3. 根据发货单填制销售专用发票并复核

选择"供应链"|"销售管理"|"销售开票"|"销售专用发票",进入后单击"增加"|"发货单"按钮,客户选择上海长江公司,单击"确定"按钮,进入"参照生单"窗口。选择要参照的发货单,单击"确定"按钮,返回"销售专用发票"窗口,发货单的数据自动被复制过来,如图8-111所示。

图 8-111 销售专用发票

先保存,然后复核完成填制工作。

4. 根据发货单开具销售出库单

选择"供应链"|"库存管理"|"销售出库"|"销售出库单",进入后单击"增加"|"销售发货单"按钮,客户选择上海长江公司,单据类型选择发货单,单击"确定"按钮,进入"销售生单"窗口,选择销售发货单,取消勾选"根据累计出库数更新发货单",如图8-112所示。

图 8-112 销售生单

单击"确定"按钮,数据被复制到"销售出库单"中,将数量改为"80",如图8-113所示。

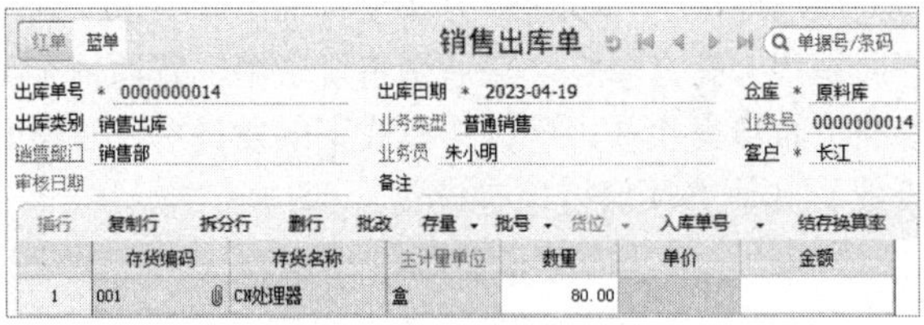

图 8-113 销售出库单

依次单击"保存""审核"按钮完成。

|操作提示|

如果出现"单据保存失败,修改或稍后再试!实际出库数量小于开票数量"的提示,就是在参照销售生单时,没有取消"根据累计出库数更新发货单",需要重新生单,并正确设置。

2023年4月20日,发第二批货。选择"供应链"|"库存管理"|"销售出库"|"销售出库单",进入后单击"增加"|"销售发货单"按钮,客户选择上海长江公司,单击"确定"按钮,进入"销售生单"窗口,选择要生成单据的销售发货单,单击"确定"按钮,数据被复制到"销售出库单"

中，如图 8-114 所示。先保存，然后审核完成。

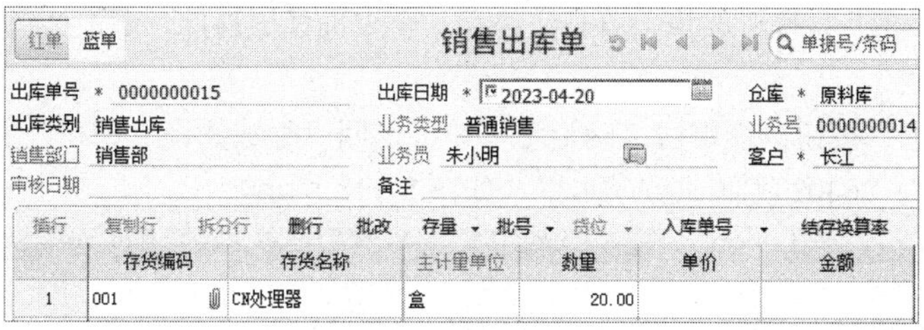

图 8-114　销售出库单

5. 审核销售专用发票并生成销售收入凭证

选择 "财务会计"|"应收款管理"|"应收处理"|"销售发票"|"销售发票审核"，进入后单击"查询"按钮，单据类型选择"销售专用发票"，单击"确定"按钮，进入"销售发票列表"窗口，如图 8-115 所示。先选择发票，然后单击"审核"按钮完成审核工作。

图 8-115　销售发票列表

选择 "财务会计"|"应收款管理"|"凭证处理"|"生成凭证"，进入后勾选"发票"，单击"确定"按钮，进入"生成凭证"窗口，凭证类别选择"转账凭证"，如图 8-116 所示。

图 8-116　生成凭证发票列表

单击"全选"按钮，然后单击"制单"按钮，将贷方科目"6001 主营业务收入"修改为"6051 其他业务收入"，生成的凭证分录如下。

借：应收账款/长江(1122)　　　　　　　　　　　　　　　　　　　　169 500
　　贷：其他业务收入(6051)　　　　　　　　　　　　　　　　　　　150 000
　　　　应交税费/应交增值税/销项税额(22210105)　　　　　　　　　　19 500

6. 销售出库单记账并生成凭证

2023 年 4 月 25 日，选择 "供应链"|"存货核算"|"记账"|"正常单据记账"，进入后单击"查询"按钮，仓库名称选择"原料库"，单击"确定"按钮，进入"正常单据记账列表"，如图 8-117 所示。

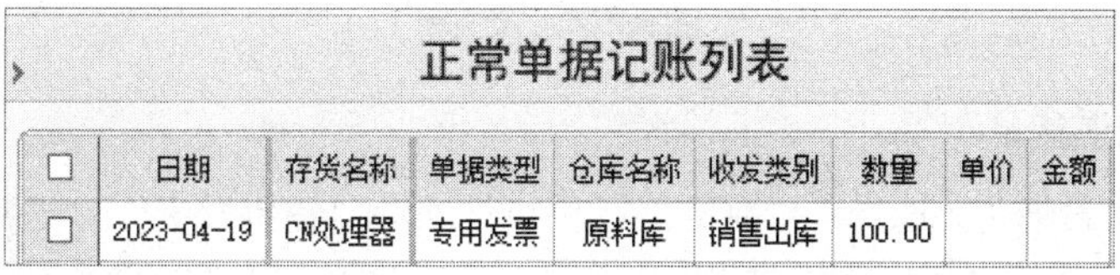

图 8-117　正常单据记账列表

选择单据，单击"记账"按钮完成。

选择"供应链"|"存货核算"|"凭证处理"|"生成凭证",进入后单击"选单"按钮,单据类型选择"专用发票",客户选择上海长江公司,仓库选择原料库,单击"确定"按钮,显示"未生成凭证单据一览表"。

然后单击"全选"按钮,再单击"确定"按钮,返回"生成凭证"窗口,凭证类别选择转账凭证,修改借方科目为"6402 其他业务成本",如图 8-118 所示。

图 8-118　生成凭证

单击"制单"按钮,生成的凭证分录如下。

借:其他业务成本(6402)　　　　　　　　　　　　　　　　　　　　　120 000
　　贷:原材料/生产用原材料(140301)　　　　　　　　　　　　　　　　　120 000

8.1.19　开票前退货业务

实验资料

2023 年 4 月 20 日,销售部出售给湖北朝华公司创智 X 号 12 台,无税单价为 6 400 元/台(含税价 7 488 元/台),从成品库发出。

2023 年 4 月 21 日,销售部出售给湖北朝华公司的创智 X 号因质量问题退回 2 台,无税单价 6 400 元/台,收回成品库待修。开具相应的专用发票一张,发票中所列示的数量为 10 台。

实验过程

1. 填制并审核发货单

选择"供应链"|"销售管理"|"销售发货"|"发货单",进入后单击"增加"|"空白单据"按钮,输入发货单信息,如图 8-119 所示。输入完成后单击"保存"按钮,再进行审核。

视频:开票前退货业务

图 8-119　发货单

2. 填制并审核退货单

2023 年 4 月 21 日退货。选择"供应链"|"销售管理"|"销售发货"|"退货单",进入后单击"增加"|"发货单"按钮,客户选择湖北朝华公司,存货名称选择"创智 X 号",退货类型选择未开发票退货,单击"确定"按钮,进入"参照生单"窗口。选择发货单,单击"确定"按钮后,数据复制到"退货单"中,将数量改为-2,如图 8-120 所示。

退货单

退货单号 * 0000000016　退货日期 * 2023-04-21　业务类型 * 普通销售
销售类型 * 经销　订单号　发票号
客户简称 * 朝华　销售部门 * 销售部　业务员 朱小明
发运方式　币种 人民币　汇率 1
税率 13.00　备注

插行　复制行　拆分行　删行　批改　存量　价格　折扣分摊　信用　税差分摊　组合套

	仓库名称	存货名称	主计量	数量	报价	含税单价	无税单价	无税金额	税额	价税合计
1	成品库	创智X号	台	-2.00	6400.00	7232.00	6400.00	-12800.00	-1664.00	-14464.00

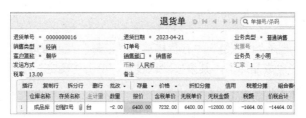

图 8-120　退货单

依次单击“保存”“审核”按钮完成制单。

3. 填制并复核销售专用发票

选择“供应链”|“销售管理”|“销售开票”|“销售专用发票”，进入后单击“增加”|“发货单”按钮，客户选择湖北朝华公司，单击“确定”按钮，进入“参照生单”窗口。选择要参照的发货单，单击“确定”按钮，返回“销售专用发票”窗口，发货单的数据自动复制到“销售专用发票”中，数量为 10，如图 8-121 所示。先保存，然后复核完成。

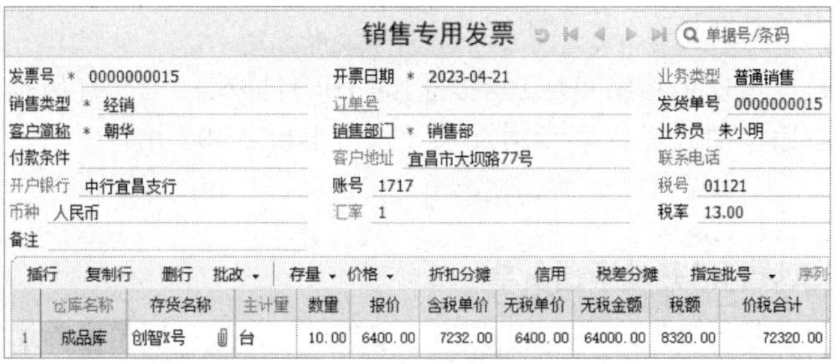
销售专用发票

发票号 * 0000000015　开票日期 * 2023-04-21　业务类型 普通销售
销售类型 * 经销　订单号　发货单号 0000000015
客户简称 * 朝华　销售部门 * 销售部　业务员 朱小明
付款条件　客户地址 宜昌市大坝路77号　联系电话
开户银行 中行宜昌支行　账号 1717　税号 01121
币种 人民币　汇率 1　税率 13.00
备注

插行　复制行　删行　批改　存量　价格　折扣分摊　信用　税差分摊　指定批号　序列

	仓库名称	存货名称	主计量	数量	报价	含税单价	无税单价	无税金额	税额	价税合计
1	成品库	创智X号	台	10.00	6400.00	7232.00	6400.00	64000.00	8320.00	72320.00

图 8-121　销售专用发票

4. 审核销售专用发票并生成销售收入凭证

选择“财务会计”|“应收款管理”|“应收处理”|“销售发票”|“销售发票审核”，进入后单击“查询”按钮，单据类型选择“销售专用发票”，单击“确定”按钮，返回“销售发票审核”窗口。选择需审核的发票，单击“审核”按钮完成审核工作。销售发票列表，如图 8-122 所示。

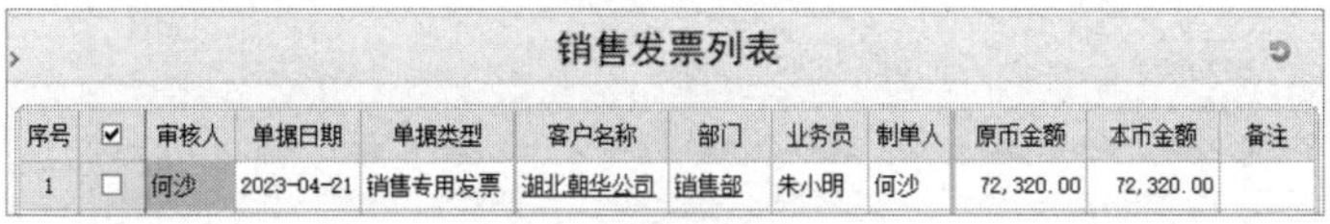
销售发票列表

序号	☑	审核人	单据日期	单据类型	客户名称	部门	业务员	制单人	原币金额	本币金额	备注
1	☐	何沙	2023-04-21	销售专用发票	湖北朝华公司	销售部	朱小明	何沙	72,320.00	72,320.00	

图 8-122　销售发票列表

选择“财务会计”|“应收款管理”|“凭证处理”|“生成凭证”，进入后勾选“发票”，单击“确定”按钮，凭证类别选择“转账凭证”，如图 8-123 所示。

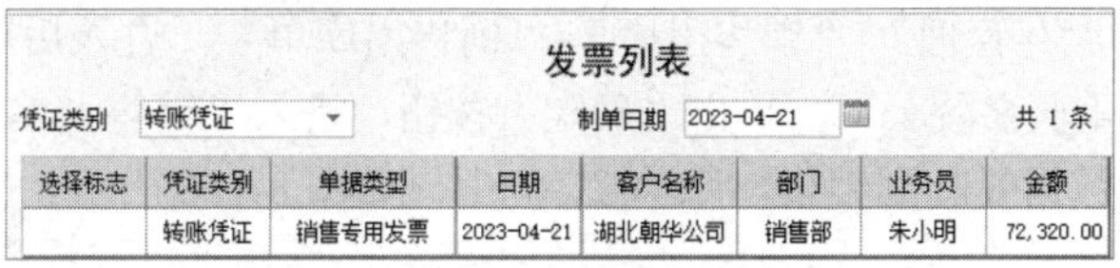
发票列表

凭证类别 转账凭证　制单日期 2023-04-21　共 1 条

选择标志	凭证类别	单据类型	日期	客户名称	部门	业务员	金额
	转账凭证	销售专用发票	2023-04-21	湖北朝华公司	销售部	朱小明	72,320.00

图 8-123　生成凭证发票列表

单击“全选”按钮，然后单击“制单”按钮，生成的凭证分录如下。

借：应收账款(1122)/朝华　　72 320
　　贷：主营业务收入(6001)　　64 000
　　　　应缴税费/应交增值税/销项税额(22210105)　　8 320

5. 销售出库单记账

2023 年 4 月 25 日，选择"供应链"|"存货核算"|"记账"|"正常单据记账"，进入后单击"查询"按钮，仓库名称选择"成品库"，其余按默认设置，单击"确定"按钮，进入"正常单据记账列表"窗口，如图 8-124 所示。

图 8-124　正常单据记账列表

选择全部单据，单击"记账"按钮完成。若前面有没记账的单据，会在此显示，进行一并记账即可。

8.1.20　开票后退货业务

实验资料

2023 年 4 月 26 日，前期销售给重庆嘉陵公司的 HP 打印机，因配件破损退回一台，入配套用品库。由于已经开具发票，故开具红字专用发票一张，单价 2 300 元。

实验过程

1. 参照销售发货单填制已开发票退货单

选择"供应链"|"销售管理"|"销售发货"|"退货单"，进入后单击"增加"|"发货单"按钮，客户选择重庆嘉陵公司，存货名称选择"HP 打印机"，退货类型选择已开发票退货，单击"确定"按钮，进入"参照生单"窗口。选择发货单，单击"确定"按钮后，数据复制到"退货单"中，将数量改为-1，如图 8-125 所示。先保存，然后审核。

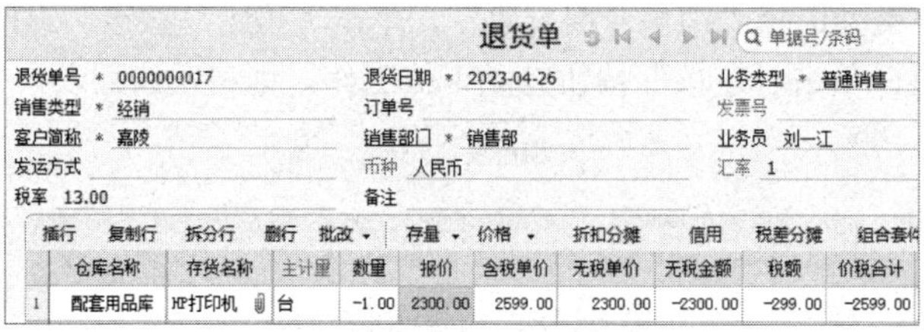

视频：开票后退货业务

图 8-125　已开发票退货单

2. 生成销售出库单(红单)

选择"供应链"|"库存管理"|"销售出库"|"销售出库单"，进入后单击"增加"|"销售发货单"按钮，客户选择重庆嘉陵公司，单击"确定"按钮，进入"销售生单"窗口。选择发货单，单击"确定"按钮后，数据复制到销售出库单(红单)中，如图 8-126 所示。先保存，然后审核。

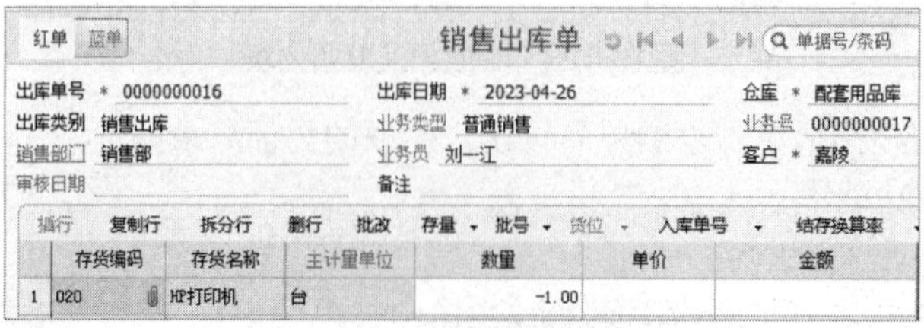

图 8-126　销售出库单(红单)

3. 生成红字销售普通发票

选择"供应链"|"销售管理"|"销售开票"|"红字普通销售发票",进入后单击"增加"|"发货单"按钮,发货单类型选择全部,单击"确定"按钮,进入"参照生单"窗口。选择发货单,单击"确定"按钮后,数据复制到红字销售普通发票中,如图8-127所示。先保存,然后复核。

图8-127 红字销售普通发票

4. 审核红字销售普通发票并生成红字销售收入凭证

选择"财务会计"|"应收款管理"|"应收处理"|"销售发票"|"销售发票审核",进入后单击"查询"按钮,客户名称选择"重庆嘉陵公司",单击"确定"按钮,返回"销售发票"窗口。选择需审核的发票,单击"审核"按钮完成审核工作,如图8-128所示。

图8-128 销售发票列表

选择"财务会计"|"应收款管理"|"凭证处理"|"生成凭证",进入后勾选"发票",单击"确定"按钮,凭证类别选择"转账凭证",如图8-129所示。

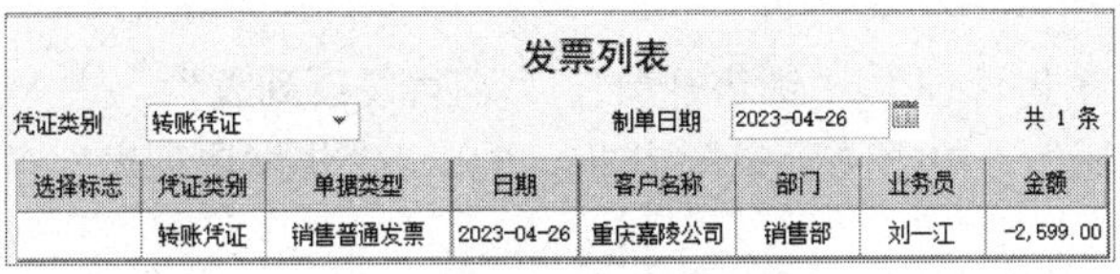

图8-129 生成凭证发票列表

单击"全选"按钮,然后单击"制单"按钮,进入"填制凭证"窗口,补充贷方科目"6001主营业务收入",生成的凭证分录如下。

借:应收账款(1122)/嘉陵   -2 599
   贷:主营业务收入(6001)   -2 300
      应缴税费/应交增值税/销项税额(22210105)   -299

5. 销售出库单记账

选择"供应链"|"存货核算"|"记账"|"正常单据记账",进入后单击"查询"按钮,按默认条件查询,进入"正常单据记账列表"如图8-130所示,选择全部单据,单击"记账"按钮完成。

图8-130 正常单据记账列表

8.1.21 委托代销退货业务

▶ 实验资料

2023年4月21日，委托辽宁飞鸽公司销售的创智X号退回3台，入成品库。由于已经开具发票，故开具红字专用发票一张，单价6 400元。

▶ 实验过程

1. 参照委托代销发货单填制委托代销结算退回

选择"供应链"|"销售管理"|"委托代销"|"委托代销结算退回"，进入后单击"增加"按钮，然后单击"参照"按钮，进行查询条件设置，客户选择辽宁飞鸽公司，单击"确定"按钮，进入"参照生单"窗口。选择要参照的发货单，单击"确定"按钮后，数据被复制到"委托代销结算退回"窗口中，数量改为-3，销售类型选择"代销"，如图8-131所示。

视频：委托代销退货业务

图8-131 委托代销结算退回

依次单击"保存""审核"按钮，发票类型选择专用发票，单击"确定"按钮，系统自动生成销售专用发票。

2. 查看红字销售专用发票并复核

选择"供应链"|"销售管理"|"销售开票"|"销售发票列表"，进入后客户选择辽宁飞鸽公司，业务类型选择"委托"，单击"确定"按钮，进入"销售发票列表"窗口，如图8-132所示。

序号		业务类型	销售类型	开票日期	客户简称	销售部门	业务员	仓库	存货名称	数量	报价	含税单价	无税单价	无税金额
1	☑	委托	代销	2023-04-21	飞鸽	销售部	朱小明	成品库	创智X号	-3.00	6,400.00	7,232.00	6,400.00	-19,200.00
2	☑	委托	经销	2023-04-20	飞鸽	销售部	朱小明	成品库	创智X号	20.00	6,400.00	7,232.00	6,400.00	128,000.00

图8-132 销售发票列表(委托业务)

选择退货的红字专用发票，单击"复核"按钮完成复核。

3. 退回后的业务处理

选择"财务会计"|"应收款管理"|"应收处理"|"销售发票"|"销售发票审核"，进入后单击"查询"按钮，单据类型选择"销售专用发票"，客户名称选择"辽宁飞鸽公司"，单击"确定"按钮返回"销售发票列表"窗口，如图8-133所示。选择单据后单击"审核"按钮完成。

序号		审核人	单据日期	单据类型	客户名称	部门	业务员	制单人	原币金额	本币金额	备注
1	☐		2023-04-21	销售专用发票	辽宁飞鸽公司	销售部	朱小明	何沙	-21,696.00	-21,696.00	

图8-133 销售发票列表(销售专用发票—辽宁飞鸽)

选择"财务会计"|"应收款管理"|"凭证处理"|"生成凭证"，进入后勾选"发票"，单击"确定"按钮，凭证类别选择"转账凭证"，如图8-134所示。

发票列表

凭证类别 转账凭证　　制单日期 2023-04-21　　共 1 条

选择标志	凭证类别	单据类型	日期	客户名称	部门	业务员	金额
	转账凭证	销售专用发票	2023-04-21	辽宁飞鸽公司	销售部	朱小明	-21,696.00

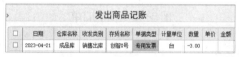

图 8-134 生成凭证发票列表

先选择单据，然后单击“制单”按钮，生成凭证，补充贷方科目为(6001)主营业务收入，生成的凭证分录如下。

借：应收账款(1122) /飞鸽　　-21 696

　　贷：主营业务收入(6001)　　-19 200

　　　　应交税费/应交增值税/销项税额(22210105)　　-2 496

登录日期 2023 年 4 月 26 日，选择“供应链”|“存货核算”|“记账”|“发出商品记账”，进入后单击“查询”按钮，业务类型选择委托代销，返回后如图 8-135 所示。

发出商品记账

□	日期	仓库名称	收发类别	存货名称	单据类型	计量单位	数量	单价	金额
□	2023-04-21	成品库	销售出库	创智X号	专用发票	台	-3.00		

图 8-135 发出商品记账

先选择单据，然后单击“记账”按钮完成。

8.1.22 直运销售业务

➘ 实验资料

2023 年 4 月 21 日，销售部接到业务信息，上海长江公司欲购买联想服务器 2 台。经协商以无税单价为 30 000 元/台成交，增值税率为 13%，含税价为 33 900 元/台。销售部填制相应销售订单。

销售部以 20 000 元/台(无税单价)的价格向上海大坤公司发出采购订单，并要求对方直接将货物送到上海长江公司。

2023 年 4 月 22 日，销售部根据销售订单给上海长江公司开具专用发票一张。货物送至上海长江公司，上海大坤公司凭送货签收单和订单开具了一张专用发票给销售部。销售部将此业务的采购、销售发票交给财务部，财务部制作应收应付凭证，结转收入和成本。

➘ 实验过程

1. 设置直运业务相关选项

选择“供应链”|“销售管理”|“设置”|“选项”，在“业务控制”选项卡中，勾选“有直运销售业务”，其他设置保持不变。

视频：直运销售业务

2. 填制并审核直运销售订单

选择“供应链”|“销售管理”|“销售订货”|“销售订单”，进入后单击“增加”|“空白单据”按钮，业务类型选择“直运销售”，输入实验资料信息，如图 8-136 所示。先保存，然后审核完成。

销售订单　　单据号/条码

订单号 * 0000000005　　订单日期 * 2023-04-21　　业务类型 * 直运销售

销售类型 * 经销　　客户简称 * 长江　　付款条件

销售部门 * 销售部　　业务员 朱小明　　税率 13.00

币种 人民币　　汇率 1.00000000　　备注

插行　复制行　拆分行　删行　批改　存量 ▾　价格 ▾　折扣分摊　信用　税差分摊　需求分类

	存货编码	存货名称	主计量	数量	报价	含税单价	无税单价	无税金额	税额	价税合计
1	021	联想服务器	台	2.00	30000.00	33900.00	30000.00	60000.00	7800.00	67800.00

图 8-136 销售订单

3. 填制并审核直运采购订单

选择"供应链"|"采购管理"|"采购订货"|"采购订单",进入后单击"增加"|"销售订单"按钮,客户选择上海长江公司,单击"确定"按钮,进入"拷贝并执行"窗口,选择要复制的销售订单,单击"确定"按钮,数据被复制到"采购订单"中,再补充有关信息,修改计划到货日期为2023年4月22日,如图8-137所示。先保存,然后审核完成。

图8-137 采购订单

4. 填制并复核直运销售发票

选择"供应链"|"销售管理"|"销售开票"|"销售专用发票",进入后单击"增加"|"空白单据"按钮,单击"参照"|"订单"按钮,进行查询条件设置,业务类型选择"直运销售",客户选择上海长江公司,单击"确定"按钮,进入"参照生单"窗口。选择需要参照的单据,单击"确定"按钮,数据自动被复制到"销售专用发票"中,如图8-138所示。先保存,然后复核完成。

图8-138 销售专用发票

|操作提示|

如果订单号没有被系统复制到直运销售的销售专用发票,需要手工补录。不然在直运销售记账时就会要求补充输入单价。

5. 填制直运采购发票

选择"供应链"|"采购管理"|"采购发票"|"专用采购发票",进入后单击"增加"|"空白单据"按钮,业务类型选择"直运采购",供应商选择上海大坤公司。单击"参照"|"采购订单"按钮,供应商选择上海大坤公司,单击"确定"按钮,进入"拷贝并执行"窗口,选择要复制的订单,单击"确定"按钮,订单数据被复制到"专用发票"中,如图8-139所示。先保存,然后复核完成。

专用发票

业务类型 直运采购　发票类型 * 专用发票　发票号 * 0000000009
开票日期 * 2023-04-22　供应商 * 大坤　代垫单位 * 大坤
采购类型 普通采购　税率 13.00　部门名称 采购部
业务员 杨真　币种 * 人民币　汇率 * 1
发票日期　付款条件　备注

插行 删行 批改 存量 价格 排序定位 显示格式

	存货编码	存货名称	主计量	数量	原币单价	原币金额	原币税额	原币价税合计	原币含税单价
1	021	联想服务器	台	2.00	20000.00	40000.00	5200.00	45200.00	22600.00

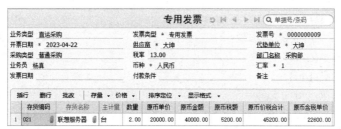

图 8-139　直运采购专用发票

6. 审核直运采购发票

选择“财务会计”|“应付款管理”|“应付处理”|“采购发票”|“采购发票审核”，进入后单击“查询”按钮，发票类型选择“采购专用发票”，供应商名称选择“上海大坤公司”，业务类型选择直运采购，结算状态选择“全部”，单击“确定”按钮，返回“采购发票审核”窗口。采购发票列表，如图 8-140 所示。

采购发票列表

序号	☐	审核人	单据日期	单据类型	供应商名称	部门	业务员	制单人	原币金额	本币金额	备注
1	☐		2023-04-22	采购专用发票	上海大坤公司	采购部	杨真	何沙	45,200.00	45,200.00	

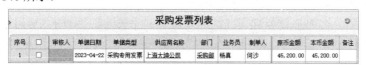

图 8-140　采购发票列表

选择单据，单击“审核”按钮完成。

7. 直运销售记账

登录日期 2023 年 4 月 26 日，选择“供应链”|“存货核算”|“记账”|“直运销售记账”，单据类型勾选采购发票和销售发票，单击“确定”按钮，进入“直运销售记账”窗口后如图 8-141 所示。

直运销售记账

☐	日期	存货名称	收发类别	单据类型	数量	单价	金额
☐	2023-04-22	联想服务器	采购入库	采购发票	2.00	20,000.00	40,000.00
☐	2023-04-22	联想服务器	销售出库	专用发票	2.00		

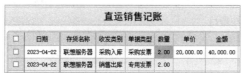

图 8-141　直运销售记账

选择采购发票和销售发票，单击“记账”按钮，完成操作。

8. 结转直运业务的收入及成本

选择“供应链”|“存货核算”|“凭证处理”|“生成凭证”，进入后单击“选单”按钮，业务类型勾选“直运采购”和“直运销售”，单击“确定”按钮，进入“未生成凭证单据一览表”窗口。选择要生成凭证的单据(采购发票和专用发票)，单击“确定”按钮返回后，凭证类别选择转账凭证，补充 1405 库存商品会计科目，如图 8-142 所示。

凭证类别 转 转账凭证

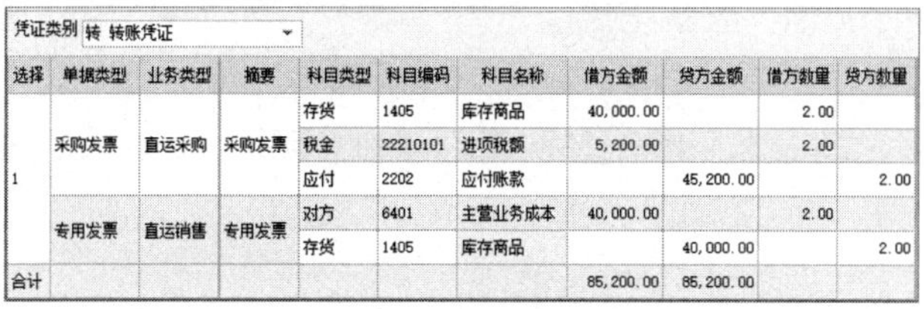

选择	单据类型	业务类型	摘要	科目类型	科目编码	科目名称	借方金额	贷方金额	借方数量	贷方数量
1	采购发票	直运采购	采购发票	存货	1405	库存商品	40,000.00		2.00	
				税金	22210101	进项税额	5,200.00		2.00	
				应付	2202	应付账款		45,200.00		2.00
	专用发票	直运销售	专用发票	对方	6401	主营业务成本	40,000.00		2.00	
				存货	1405	库存商品		40,000.00		2.00
合计							85,200.00	85,200.00		

图 8-142　生成凭证

单击“合并制单”按钮，生成的凭证分录如下。

借：库存商品(1405)   40 000
    应交税费/应交增值税/进项税额(22210101)   5 200
    主营业务成本(6401)   40 000
  贷：库存商品(1405)   40 000
    应付账款(2202)/大坤   45 200

选择"财务会计"|"应收款管理"|"应收处理"|"销售发票"|"销售发票审核"，进入后单击"查询"按钮，单据类型选择"销售专用发票"，客户名称选择"上海长江公司"，单击"确定"按钮，返回"销售发票审核"窗口。销售发票列表，如图 8-143 所示。

图 8-143　销售发票列表

选择要审核的单据，单击"审核"按钮完成。

选择"财务会计"|"应收款管理"|"凭证处理"|"生成凭证"，进入后勾选"发票"，单击"确定"按钮，进入"生成凭证"窗口，凭证类别选择"转账凭证"，如图 8-144 所示。

图 8-144　生成凭证发票列表

选择单据，然后单击"制单"按钮生成凭证，分录如下。

借：应收账款(1122)/长江   67 800
  贷：主营业务收入(6001)   60 000
    应交税费/应交增值税/销项税额(22210105)   7 800

直运采购业务流程如图 8-145 所示。

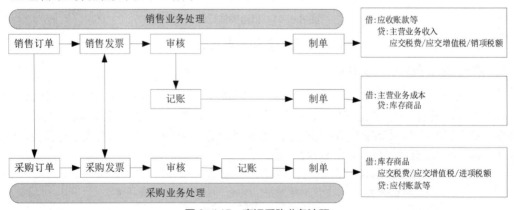

图 8-145　直运采购业务流程

8.1.23　收取定金

▶ 实验资料

2023 年 4 月 21 日，销售部与湖北朝华公司签订购销协议，下月销售 100 台创智 X 号，每台不含税价 6 500 元，税率 13%。

2023 年 4 月 22 日，湖北朝华公司按协议支付 10%的销售定金 73 450 元，转账支票号：CH042201。(现金流量：01 销售商品、提供劳务收到的现金)

完成收取定金的销售业务和相关账务处理。

▶ 实验过程

1. 销售订单格式修改

选择"供应链"|"销售管理"|"销售订货"|"销售订单"，进入后单击工具栏的"格式设置"按钮，进入销售订单格式设置界面，如图 8-146 所示。

视频：收取定金

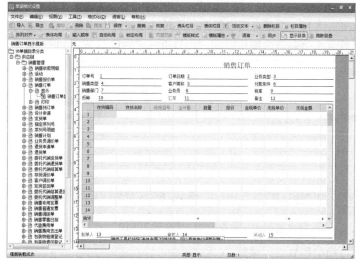

图 8-146　销售订单格式设置

(1) 缩小表体。单击表体，然后将鼠标移动到表格下方中间的小黑方块(■)上，会出现上下双箭头指针(↕)，按住向上拖动，缩小到大致 12 行处。

(2) 移动表体。单击表体，然后按下鼠标左键拖动表体向下，表体和表头之间留下两行左右的距离，留着新项目用，如图 8-147 所示。

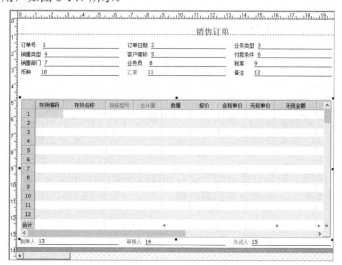

图 8-147　表体调整

(3) 单击工具栏的"表头栏目",进入销售订单表头项目,勾选"必有定金""定金比例(%)""定金原币金额""定金累计实收原币金额"4个项目(项目顺序可以通过"上移""下移"调整),如图8-148所示。

图8-148 表头项目选择

单击"确定"按钮回到"单据格式设置",选择的项目放在表头上,然后单击工具栏上的"自动布局"按钮,然后单击"确定"按钮返回,项目进行了自动排列,如图8-149所示。

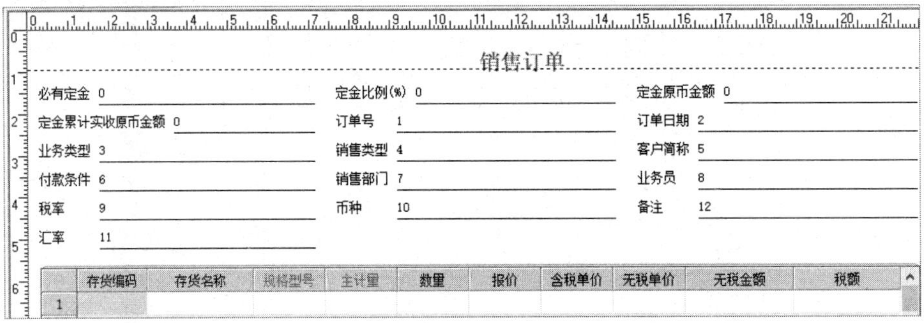

图8-149 表头增加项目

然后根据需要可拖动项目进行调整。

设置完毕,单击"保存"按钮,再选择"文件"|"退出"返回"销售订单"窗口。提示需要更新模板时,选择"更新"。

操作提示

工具栏有"格式设置"按钮可设置单据格式。

若进入"销售订单"中,"格式设置"按钮为灰色时,可选择"基础设置"|"单据设置"|"单据格式设置",进入后选择"供应链"|"销售管理"|"销售订单"|"显示"|"销售订单显示模板",单击"保存"按钮退出。重新进入"销售订单"时,"格式设置"按钮为黑色时,可以进行编辑。在此可以对公用单据、财务会计、供应链、生产制造、人力资源的所有单据进行单据格式设置。

2. 填制销售订单

选择"供应链"|"销售管理"|"销售订货"|"销售订单",进入后选择"增加"|"空白单据"按钮,输入业务数据,注意表头项目"必有定金"选择"是",定金比例(%)输入10,如图 8-150所示。

单击"保存"按钮后"定金原币金额"会自动计算出来(73 450元)。

这里不审核销售订单,待收到定金后再审核。

图 8-150 销售订单

3. 收取定金

选择"财务会计"|"应收款管理"|"收款处理"|"收款单据录入",进入后单击"增加"|"销售定金"按钮,进行查询条件设置,客户选择湖北朝华公司,单击"确定"按钮,进入"拷贝并执行"窗口,如图8-151所示。

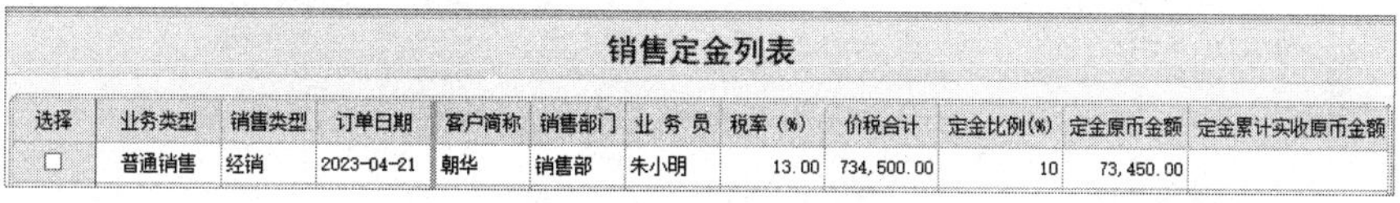

图 8-151 销售定金列表

先选择销售订单,单击"确定"按钮,自动将数据复制到"收款单"中,补充结算方式等信息后如图8-152所示。

图 8-152 定金收款单

先保存,然后审核,系统提示"是否立即制单?",单击"是"按钮,补充贷方科目为"合同负债(2204)",凭证分录如下。

借:银行存款/工行(100201)   73 450
    贷:合同负债(2204)/朝华   73 450

单击"保存"按钮,补充现金流量信息后完成。

补充贷方科目为"合同负债"进行保存时,若系统提示"不能使用应收系统的受控科目"。解决方法:选择"基础设置"|"基础档案"|"财务"|"会计科目",进入后双击"合同负债"科目,进入"会计科目_修改"窗口,单击"修改"按钮,将受控系统选择为空白,单击"确定"按钮完成修改。进入"收款单据录入"窗口,重新单击"审核"按钮,重新制单后保存。

4. 审核销售订单

选择"供应链"|"销售管理"|"销售订货"|"销售订单列表",进入后单击"查询"按钮,

客户选择湖北朝华公司,单击"确定"按钮,系统显示"销售订单列表"。选择订单,单击"审核"按钮完成。此时,双击订单进入销售订单,在"定金累计实收原币金额"上显示 73 450,表示实际收到的定金;"审核"按钮为灰色,表明订单已审核。

8.1.24 销售查询

1. 销售明细表

选择"供应链"|"销售管理"|"报表"|"明细表"|"销售明细表",进行查询条件设置,存货名称选择"创智 X 号",结果如图 8-153 所示。

视频:销售查询

	部门	客户	业务员	日期	数量	本币税额	本币无税金额	本币价税合计	本币折扣额
1	销售部	湖北朝华公司	朱小明	2023/4/15	140.00	15,080.00	116,000.00	131,080.00	0.00
2	销售部	湖北朝华公司	朱小明	2023/4/17	40.00	4,680.00	36,000.00	40,680.00	0.00
3	销售部	湖北朝华公司	朱小明	2023/4/21	10.00	8,320.00	64,000.00	72,320.00	0.00
4		(小计)湖北朝华公司			190.00	28,080.00	216,000.00	244,080.00	0.00
5	销售部	辽宁飞鸽公司	朱小明	2023/4/16	100.00	56,550.00	435,000.00	491,550.00	0.00
6	销售部	辽宁飞鸽公司	朱小明	2023/4/20	20.00	16,640.00	128,000.00	144,640.00	0.00
7	销售部	辽宁飞鸽公司	朱小明	2023/4/21	-3.00	-2,496.00	-19,200.00	-21,696.00	0.00
8		(小计)辽宁飞鸽公司			117.00	70,694.00	543,800.00	614,494.00	0.00
9	销售部	零散客户		2023/4/18	3.00	975.00	7,500.00	8,475.00	0.00
10		(小计)零散客户			3.00	975.00	7,500.00	8,475.00	0.00
11	销售部	上海长江公司	朱小明	2023/4/17	50.00	14,950.00	115,000.00	129,950.00	0.00
12	销售部	上海长江公司	朱小明	2023/4/22	2.00	7,800.00	60,000.00	67,800.00	0.00
13	销售部	上海长江公司	朱小明	2023/4/25	80.00	66,924.00	514,800.00	581,724.00	5,876.00
14		(小计)上海长江公司			132.00	89,674.00	689,800.00	779,474.00	5,876.00
15	销售部	天津大华公司	刘一江	2023/4/8	120.00	27,300.00	210,000.00	237,300.00	0.00
16	销售部	天津大华公司	刘一江	2023/4/12	60.00	8,658.00	66,600.00	75,258.00	0.00
17	销售部	天津大华公司	刘一江	2023/4/15	10.00	8,320.00	64,000.00	72,320.00	-6,320.00
18		(小计)天津大华公司			190.00	44,278.00	340,600.00	384,878.00	-6,320.00
19	销售部	重庆嘉陵公司	刘一江	2023/4/17	60.00	17,940.00	138,000.00	155,940.00	0.00
20	销售部	重庆嘉陵公司	刘一江	2023/4/26	-1.00	-299.00	-2,300.00	-2,599.00	0.00
21		(小计)重庆嘉陵公司			59.00	17,641.00	135,700.00	153,341.00	0.00
22	总计				691.00	251,342.00	1,933,400.00	2,184,742.00	-2,444.00

图 8-153 销售明细表(创智 X 号)

2. 销售统计表

选择"供应链"|"销售管理"|"报表"|"统计表"|"销售统计表",按默认条件查询,结果如图 8-154 所示。

	存货名称	数量	单价	金额	税额	价税合计	折扣	成本	毛利	毛利率
1	CM处理器	100.00	1,500.00	150,000.00	19,500.00	169,500.00		120,000.00	30,000.00	20.00%
2	HP打印机	50.00	2,300.00	115,000.00	14,950.00	129,950.00			115,000.00	100.00%
3	HP打印机	3.00	2,500.00	7,500.00	975.00	8,475.00			7,500.00	100.00%
4	创智X号	10.00	6,400.00	64,000.00	8,320.00	72,320.00			64,000.00	100.00%
5	创智X号	67.00	6,400.00	428,800.00	55,744.00	484,544.00			428,800.00	100.00%
6	创智X号	80.00	6,435.00	514,800.00	66,924.00	581,724.00	5,876.00		514,800.00	100.00%
7	创智X号	30.00	6,466.67	194,000.00	25,220.00	219,220.00	-6,320.00		194,000.00	100.00%
8	联想服务器	2.00	30,000.00	60,000.00	7,800.00	67,800.00		40,000.00	20,000.00	33.33%
9	手持扫描器	130.00	900.00	117,000.00	15,210.00	132,210.00			117,000.00	100.00%
10	手持扫描器	100.00	900.00	90,000.00	11,700.00	101,700.00			90,000.00	100.00%
11	桌面扫描器	50.00	700.00	35,000.00	4,550.00	39,550.00			35,000.00	100.00%
12	桌面扫描器	50.00	700.00	35,000.00	4,550.00	39,550.00			35,000.00	100.00%
13	总计	791.00	2,633.68	2,083,400.00	270,842.00	2,354,242.00	-2,444.00	160,000.00	1,923,400.00	92.32%

图 8-154 销售统计表(部分内容)

8.1.25 月末结账

月末处理一般在本月报表编制完成后，确认当期业务完成，再进行相关的月末结账等处理，这里是说明具体的方法。

当本月业务全部完成后，选择"供应链"|"销售管理"|"月末结账"|"月末结账"，即可进行月结。

可以取消月末结账，但如果应收款管理、库存管理、存货核算之一已经结账，销售管理就不能取消月结。

8.2 应收款管理

8.2.1 应收款管理概述

由于赊销或其他方面的原因，形成了企业往来款项，这些往来款项如果不能及时有效的进行管理，就会使企业的经营活动受到一定影响。因此，加强往来款项管理是一项不容忽视的工作。应收应付系统可以分别对客户及供应商进行账表查询和往来款项的清理工作。

应收业务处理流程如图 8-155 所示。

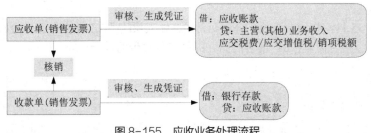

图 8-155 应收业务处理流程

8.2.2 预收款处理

> **实验资料**

2023 年 4 月 5 日，重庆嘉陵公司交来转账支票一张，金额 15 000 元，支票号 ZZ002，作为预购货物的定金。(现金流量：01 销售商品、提供劳务收到的现金)

> **实验过程**

1. 录入收款单(预收)

选择"财务会计"|"应收款管理"|"收款处理"|"收款单据录入"，进入后单击"增加"|"空白单据"按钮，录入收款单的相关信息，款项类型选择"预收款"，如图 8-156 所示。

视频：预收款处理

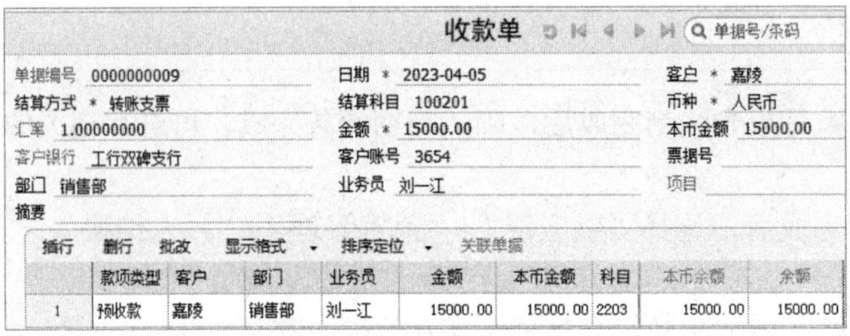

收款单 单据号/条码

单据编号 0000000009　日期 * 2023-04-05　客户 * 嘉陵
结算方式 * 转账支票　结算科目 100201　币种 * 人民币
汇率 1.00000000　金额 * 15000.00　本币金额 15000.00
客户银行 工行双碑支行　客户账号 3654　票据号
部门 销售部　业务员 刘一江　项目
摘要

插行 删行 批改 显示格式 排序定位 关联单据

	款项类型	客户	部门	业务员	金额	本币金额	科目	本币余额	余额
1	预收款	嘉陵	销售部	刘一江	15000.00	15000.00	2203	15000.00	15000.00

图 8-156　收款单(预收)

先保存，然后审核，系统提示“是否立即制单？”，单击“是”按钮，生成的凭证分录如下。

借：银行存款/工行(100201)　　15 000

　　贷：预收账款(2203)/嘉陵　　15 000

2. 查询预收款

选择“财务会计”|“应收款管理”|“账表管理”|“科目账查询”|“科目明细账”，进入后科目选择“2203 预收账款”，单击“确定”按钮，显示相应账簿。

8.2.3　转账支票收款处理

实验资料

2023 年 4 月 15 日，收到上海长江公司交付的转账支票(票号 ZZ099)一张，金额 15 000 元，用于归还前欠货款。(现金流量：01 销售商品、提供劳务收到的现金)

实验过程

1. 录入转账支票收款单

选择“财务会计”|“应收款管理”|“收款处理”|“收款单据录入”，进入后单击“增加”|“空白单据”按钮，录入相关信息，如图 8-157 所示。

视频：转账支票收款处理

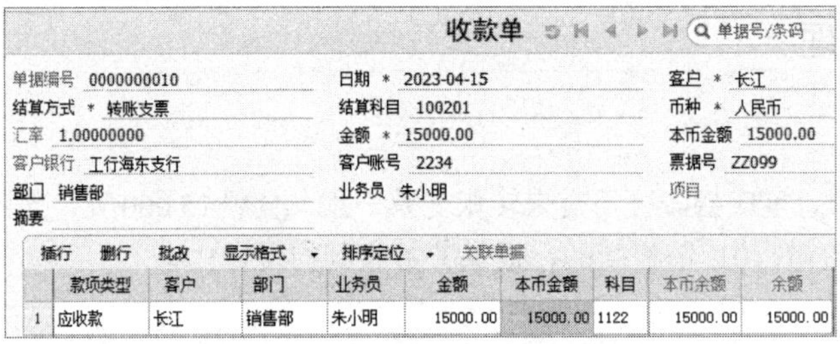

收款单 单据号/条码

单据编号 0000000010　日期 * 2023-04-15　客户 * 长江
结算方式 * 转账支票　结算科目 100201　币种 * 人民币
汇率 1.00000000　金额 * 15000.00　本币金额 15000.00
客户银行 工行海东支行　客户账号 2234　票据号 ZZ099
部门 销售部　业务员 朱小明　项目
摘要

插行 删行 批改 显示格式 排序定位 关联单据

	款项类型	客户	部门	业务员	金额	本币金额	科目	本币余额	余额
1	应收款	长江	销售部	朱小明	15000.00	15000.00	1122	15000.00	15000.00

图 8-157　收款单(转账支票)

先保存，然后审核，系统提示“是否立即制单”，单击“是”按钮，进入“填制凭证”窗口，生成的凭证分录如下。

借：银行存款/工行(100201)　　15 000

　　贷：应收账款(1122) /长江　　15 000

单击“保存”按钮，补充现金流量后完成。

2. 查询应收款

选择“财务会计”|“应收款管理”|“账表管理”|“业务账表”|“业务明细账”，客户选择“上海长江公司”，单击“确定”按钮，打开“应收明细账”窗口，如图 8-158 所示。

应收明细账

币种：全部
期间：4 - 4

年	月	日	凭证号	客户名称	单据类型	摘要	本期应收 本币	本期收回 本币	余额 本币	到期日
2023	4	15	收-0015	上海长江公司	收款单	收款单		15,000.00	-15,000.00	2023-04-15
2023	4	17	转-0039	上海长江公司	销售专用发票	销售专用发票	129,950.00		114,950.00	2023-04-17
2023	4	17	转-0041	上海长江公司	其他应收单	其他应收单	800.00		115,750.00	2023-04-17
2023	4	19	转-0045	上海长江公司	销售专用发票	销售专用发票	169,500.00		285,250.00	2023-04-19
2023	4	25	转-0040	上海长江公司	销售专用发票	销售专用发票	581,724.00		866,974.00	2023-04-25
2023	4	26	转-0051	上海长江公司	销售专用发票	销售专用发票	67,800.00		934,774.00	2023-04-22
							949,774.00	15,000.00	934,774.00	

图 8-158　应收明细账(上海长江公司)

8.2.4　电子账户收款处理

电子账户是指在第三方支付平台开立的企业账户，目前主流的电子账户收款方式主要有支付宝、微信、聚合收款三种。

(1) 支付宝收款。支付宝收款针对完成支付宝实名认证的企业商家和个体工商户均可申请。

(2) 微信收款。微信收款要求企业完成签约，为企业提供自动提现和手动提现两种方式。自动提现为系统自动按企业设定条件执行，提现金额为上一结算周期内的结算金额；手动提现由企业在微信平台手动发起，提现金额由企业自行填写。

(3) 聚合收款。聚合收款是目前各大银行针对企业、个体、个人办理，支持对公、对私，非法人结算的收款业务。聚合收款是指一个码聚合支付宝、微信、花呗、银联、云闪付等多种付款方式的收款码。支持目前市面上主流的各种付款方式，支持大额交易、无限额交易和远程收款。

两江科技公司目前的电子账户收款主要有支付宝、微信、聚合三种收款方式。公司财务制度规定，目前的支付宝、微信、聚合等电子账户仅做收款专用，不得对外支付任何款项。公司与支付宝、微信、聚合签订协议约定 T+1[①]自动转账，公司免支付手续费。

1. 支付宝收款

▶ **实验资料**

2023 年 4 月 15 日，收到重庆嘉陵公司通过支付宝向公司支付前期货款 20 000 元。

2023 年 4 月 16 日，收到支付宝自动转账 20 000 元，结算方式为支付宝，票号：ZFB041601。(现金流量：01 销售商品、提供劳务收到的现金)

视频：电子账户收款处理

▶ **实验过程**

1) 录入支付宝收款并生成凭证

选择"财务会计"|"应收款管理"|"收款处理"|"收款单据录入"，进入后单击"增加"|"空白单据"按钮，录入相关信息，如图 8-159 所示。

---

① T+1 的收款方式是指在电子账户收款平台，通过设置自动转账，选择在收到款项的次日直接转账到公司设定的银行收款账户。

图 8-159　收款单(支付宝)

先保存,然后审核,系统提示"是否立即制单",单击"是"按钮,生成凭证,凭证类别选择"转账凭证",分录如下。

借:其他货币资金/支付宝(101201)　　　　　　　　　　　　　　　　　20 000
　　贷:应收账款(1122)/嘉陵　　　　　　　　　　　　　　　　　　　　　20 000

若选择不立即制单,当需要生成凭证时,可在"收款处理"|"收付款单查询"窗口中查找对应的单据,依次单击"保存""审核"按钮,系统提示"是否立即制单",单击"是"按钮,即可生成上述凭证。

2) 通过总账系统录入支付宝自动转账收款凭证

选择"财务会计"|"总账"|"凭证"|"填制凭证",进入后单击"增加"按钮,录入收款凭证,摘要为"支付宝自动转账收款",分录如下。

借:银行存款/工行(100201)　　　　　　　　　　　　　　　　　　　　20 000
　　贷:其他货币资金/支付宝(101201)　　　　　　　　　　　　　　　　　20 000

补充录入结算方式、票号、现金流量等信息,单击"保存"按钮完成。

2. 微信收款

▶ **实验资料**

2023 年 4 月 20 日,低价销售 1 个包装受损的手持扫描器,单价 200 元/个,开具普通发票一张 PTFP042001,收到零散用户通过微信转账支付款项 226 元,单据号 QTS001。

2023 年 4 月 21 日,微信将 2023 年 4 月 20 日收款 226 元自动转账到工行账户,结算方式:微信;电子票号:WX042101。(现金流量:01 销售商品、提供劳务收到的现金)

▶ **实验过程**

1) 填制并审核发货单

选择"供应链"|"销售管理"|"销售发货"|"发货单",进入后单击"增加"|"空白单据"按钮,输入实验资料信息,如图 8-160 所示。先保存,然后审核。

单击"保存"按钮后,系统若提示"发货单日期不合法,单据日期不能是已结账会计月内的日期"时,返回销售管理系统取消月末结账,重新保存即可完成。

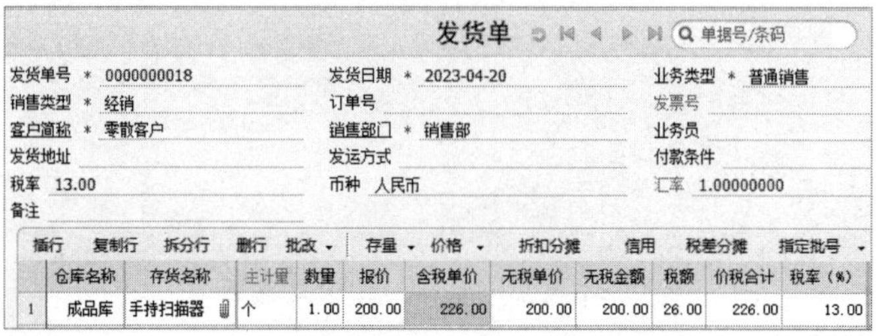

图 8-160　发货单

2) 根据发货单填制销售普通发票并复核

选择"供应链"|"销售管理"|"销售开票"|"销售普通发票",进入后单击"增加"|"发货单"按钮,客户选择零散客户,单击"确定"按钮,进入"参照生单"窗口。选择要参照的发货单,单击"确定"按钮,返回"销售普通发票"窗口,发货单的数据自动被复制过来,如图8-161所示。

图8-161 销售普通发票

先保存,然后复核完成填制工作。

3) 根据发货单开具销售出库单

选择"供应链"|"库存管理"|"销售出库"|"销售出库单",进入后单击"增加"|"销售发货单"按钮,客户选择"零散客户",单击"确定"按钮,进入"销售生单"窗口,选择销售发货单,取消勾选"根据累计出库数更新发货单",选择单据,单击"确定"按钮,返回"销售出库单"窗口,如图8-162所示。

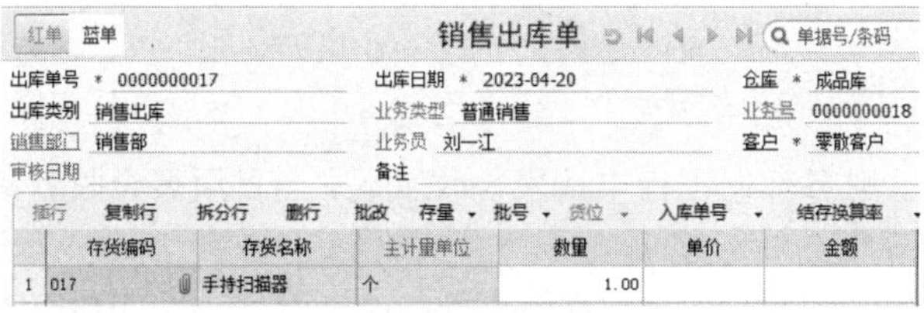

图8-162 销售出库单

4) 审核销售普通发票生成销售收入凭证

选择"财务会计"|"应收款管理"|"应收处理"|"销售发票"|"销售发票审核",进入后单击"查询"按钮,进行查询条件设置,单据类型选择"销售普通发票",单击"确定"按钮,进入"销售发票审核"窗口,选择发票,单击"审核"按钮完成审核工作。

选择"财务会计"|"应收款管理"|"凭证处理"|"生成凭证",勾选"发票",单击"确定"按钮后,进入"生成凭证"窗口,凭证类别选择"转账凭证"。发票列表,如图8-163所示。

图8-163 生成凭证发票列表

单击"全选"按钮,然后单击"制单"按钮,生成的凭证分录如下。

借:应收账款(1122)/零散客户　　　　　　　　　　　　　　226
　　贷:主营业务收入(6001)　　　　　　　　　　　　　　　　200
　　　　应交税费/应交增值税/销项税额(22210105)　　　　　　26

5) 收到零散客户通过微信转账收款

选择"财务会计"|"应收款管理"|"收款处理"|"收款单据录入",进入后单击"增加"|"空白单据"按钮,录入相关信息,如图8-164所示。

收款单

单据编号 0000000012　日期 * 2023-04-20　客户 * 零散客户
结算方式 * 微信　结算科目 101202　币种 * 人民币
汇率 1.00000000　金额 * 226.00　本币金额 226.00
客户银行　客户账号　票据号 QTS001
部门　业务员　项目
摘要

插行　删行　批改　显示格式　排序定位　关联单据

	款项类型	客户	金额	本币金额	科目	本币余额	余额
1	应收款	零散客户	226.00	226.00	1122	226.00	226.00

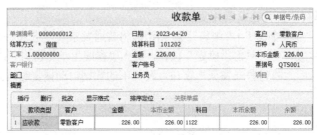

图 8-164　收款单(微信)

先保存，然后审核，系统提示“是否立即制单”，单击“是”按钮，生成凭证，凭证类别选择“转账凭证”，分录如下。

借：其他货币资金/ 微信(101202)　　226

　　贷：应收账款(1122)/零散客户　　226

6) 通过总账系统录入微信自动转账收款凭证

选择“财务会计”|“总账”|“凭证”|“填制凭证”，进入后单击“增加”按钮，录入收款凭证，摘要为“微信自动转账收款”，分录如下。

借：银行存款/工行(100201)　　226

　　贷：其他货币资金/ 微信(101202)　　226

补充录入结算方式、票号、现金流量等信息，单击“保存”按钮完成。

3. 聚合收款

实验资料

2023 年 4 月 17 日，财务部向工行申请聚合收款码，当日用聚合收款码向重庆嘉陵公司收取 60 000 元前期货款。

2023 年 4 月 18 日，收到聚合收款自动转账 59 640 元，票号：JHSK041801，支付手续费 360 元。公司与工行签订聚合收款手续费为 6‰，实务中银行根据企业资金量与企业签订手续费的比例，一般在 6‰以内。(现金流量：01 销售商品、提供劳务收到的现金)

实验过程

1) 录入聚合收款并生成凭证

选择“财务会计”|“应收款管理”|“收款处理”|“收款单据录入”，进入后单击“增加”|“空白单据”按钮，录入相关信息，如图 8-165 所示。

先保存，然后审核，系统提示“是否立即制单”，单击“是”按钮，凭证类别选择“转账凭证”，补充借方科目为其他货币资金/其他(101299)，分录如下。

借：其他货币资金/其他(101299)　　60 000

　　贷：应收账款(1122)/嘉陵　　60 000

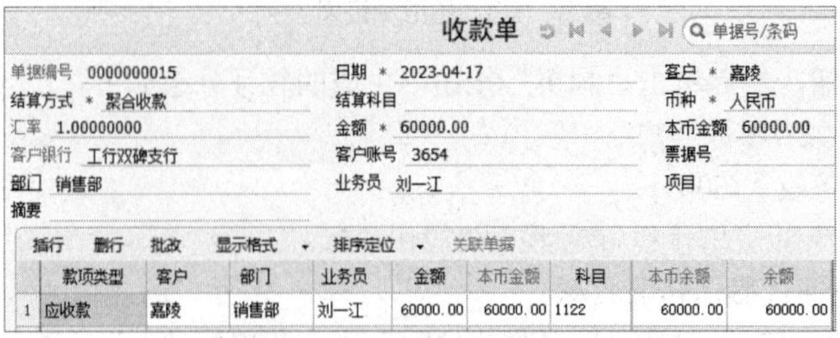
收款单

单据编号 0000000015　日期 * 2023-04-17　客户 * 嘉陵
结算方式 * 聚合收款　结算科目　币种 * 人民币
汇率 1.00000000　金额 * 60000.00　本币金额 60000.00
客户银行 工行双碑支行　客户账号 3654　票据号
部门 销售部　业务员 刘一江　项目
摘要

插行　删行　批改　显示格式　排序定位　关联单据

	款项类型	客户	部门	业务员	金额	本币金额	科目	本币余额	余额
1	应收款	嘉陵	销售部	刘一江	60000.00	60000.00	1122	60000.00	60000.00

图 8-165　收款单(聚合收款)

2) 通过总账系统录入聚合收款自动转账收款凭证

选择“财务会计”|“总账”|“凭证”|“填制凭证”，进入后单击“增加”按钮，录入收款凭证，摘要为“聚合收款自动转账收款”，分录如下。

借：银行存款/工行(100201)　　59 640

　　财务费用/手续费(660304)　　360

　　贷：其他货币资金/聚合收款(101299)　　60 000

补充录入结算方式、票号、现金流量等信息，单击“保存”按钮完成。

8.2.5　商业汇票收款处理

实验资料

2023 年 4 月 2 日，公司收到天津大华公司以 2 张 3 个月期的承兑汇票支付前欠货款。

银行承兑汇票 1 张：票面金额 10 000 元，票号 YC57984，出票日期 2023 年 4 月 1 日，到期日 2023 年 6 月 30 日。

商业承兑汇票 1 张：票面金额 10 000 元，票号 SY56957，出票日期 2023 年 4 月 1 日，到期日 2023 年 6 月 30 日。(现金流量：01 销售商品、提供劳务收到的现金)

实验过程

1. 商业汇票录入

视频：商业汇票收款处理

选择“财务会计”|“应收款管理”|“票据管理”|“票据录入”，进入“应收票据录入”窗口。单击“增加”|“空白单据”按钮，输入实验资料中银行承兑汇票的信息，单击“保存”按钮，结果如图 8-166 所示。

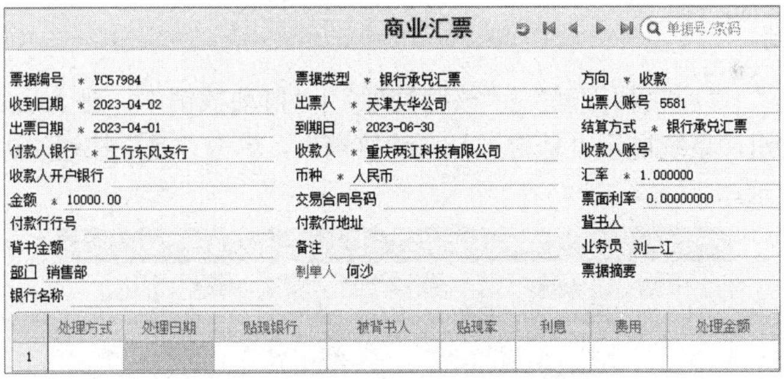
商业汇票
票据编号 * YC57984　票据类型 * 银行承兑汇票　方向 * 收款
收到日期 * 2023-04-02　出票人 * 天津大华公司　出票人账号 5581
出票日期 * 2023-04-01　到期日 * 2023-06-30　结算方式 * 银行承兑汇票
付款人银行 * 工行东风支行　收款人 * 重庆两江科技有限公司　收款人账号
收款人开户银行　币种 * 人民币　汇率 * 1.000000
金额 * 10000.00　交易合同号码　票面利率 0.00000000
付款行行号　付款行地址　背书人
背书金额　备注　业务员 刘一江
部门 销售部　制单人 何沙　票据摘要
银行名称

	处理方式	处理日期	贴现银行	被背书人	贴现率	利息	费用	处理金额
1								

图 8-166　承兑汇票-银行承兑汇票录入

用同样的方法录入商业承兑汇票，结果如图 8-167 所示。

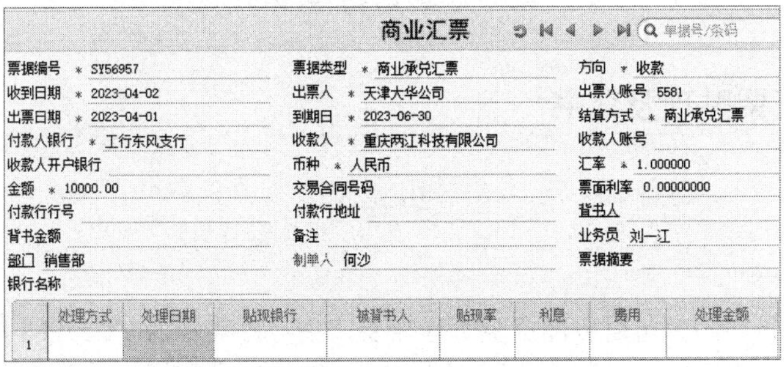
商业汇票
票据编号 * SY56957　票据类型 * 商业承兑汇票　方向 * 收款
收到日期 * 2023-04-02　出票人 * 天津大华公司　出票人账号 5581
出票日期 * 2023-04-01　到期日 * 2023-06-30　结算方式 * 商业承兑汇票
付款人银行 * 工行东风支行　收款人 * 重庆两江科技有限公司　收款人账号
收款人开户银行　币种 * 人民币　汇率 * 1.000000
金额 * 10000.00　交易合同号码　票面利率 0.00000000
付款行行号　付款行地址　背书人
背书金额　备注　业务员 刘一江
部门 销售部　制单人 何沙　票据摘要
银行名称

	处理方式	处理日期	贴现银行	被背书人	贴现率	利息	费用	处理金额
1								

图 8-167　承兑汇票-商业承兑汇票录入

2. 商业汇票审核

选择"财务会计"|"应收款管理"|"收款处理"|"收款单据审核",进入后单击"查询"按钮,客户选择天津大华公司,单击"确定"按钮,返回"收款单据审核"窗口,选择银行承兑汇票和商业承兑汇票,单击"审核"按钮。收付款单列表,如图 8-168 所示。

图 8-168　收付款单列表

3. 商业汇票生成凭证

选择"财务会计"|"应收款管理"|"凭证处理"|"生成凭证",勾选"收付款单",单击"确定"按钮,凭证类别选择"转账凭证",依次单击"全选""合并"按钮,如图 8-169 所示。

图 8-169　生成凭证收付款单列表

单击"制单"按钮,生成的凭证分录如下。

借:应收票据/银行承兑汇票(112101)/大华　　　　　　　　　　10 000
　　应收票据/商业承兑汇票(112102)/大华　　　　　　　　　　10 000
　　贷:应收账款(1122)/大华　　　　　　　　　　　　　　　　20 000

4. 商业汇票核销

选择"财务会计"|"应收款管理"|"核销处理"|"自动核销",进入后客户选择天津大华公司,单击"确定"按钮,系统提示"是否进行自动核销",单击"是"按钮,进入"自动核销报告"窗口,如图 8-170 所示。

图 8-170　自动核销报告

8.2.6　商业汇票贴现及背书

1. 票据贴现

▶ 实验资料

2023 年 4 月 16 日,经公司财务部资金管理需要,决定将票号为 YC57984 的银行承兑汇票按贴现率 5%的利率向同城工行申请贴现。(现金流量:01 销售商品、提供劳务收到的现金)

实验过程

1) 票据贴现锁定

选择"财务会计"|"应收款管理"|"票据管理"|"票据列表",进入后单击"查询"按钮,票据类型选择银行承兑汇票,票据编号输入"YC57984",单击"确定"按钮,返回"票据列表"窗口。选择票据,单击工具栏"贴现"|"贴现锁定"按钮,进入"票据贴现"窗口,输入贴现率5%,如图8-171所示。

视频:商业汇票贴现及背书

图 8-171　票据贴现

单击"确定"按钮,票据列表内状态显示"贴现锁定"。

2) 票据贴现

双击票据列表中已显示贴现锁定的票据,单击"贴现"|"贴现"按钮,进入"票据贴现"窗口,输入贴现率 5%,单击"确定"按钮,处理方式由"贴现锁定"变为"贴现",如图8-172所示。

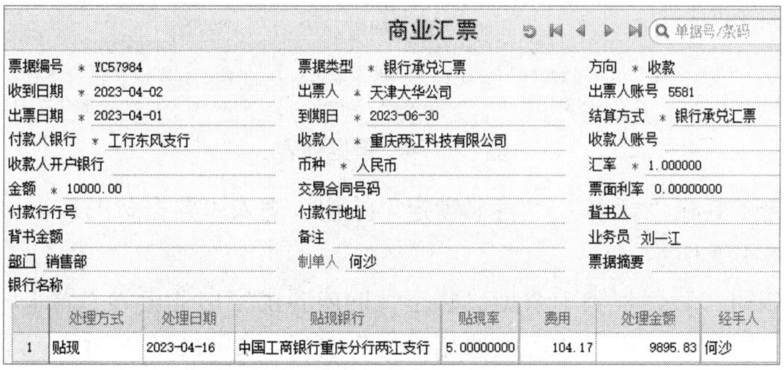

图 8-172　银行承兑汇票贴现

系统提示"是否立即制单",单击"是"按钮,凭证类别选择"收款凭证",补充科目信息,分录如下。

　　借:银行存款/工行(100201)　　　　　　　　　　　　　　　9 895.83
　　　　财务费用/手续费(660304)　　　　　　　　　　　　　　104.17
　　　　贷:应收票据/银行承兑汇票(112101)　　　　　　　　　　10 000

单击"保存"按钮,补充结算方式、现金流量等信息后完成。

还可以选择"财务会计"|"应收款管理"|"票据管理"|"票据录入",进入"应收票据录入"窗口。单击左右箭头,查询票号为YC57984的票据,按上述步骤进行操作即可完成票据贴现。

2. 票据背书

票据背书方式系统设置有"冲销应付账款"和"其他"两种,本实验以冲销应付账款为例。

实验资料

2023年4月16日,经公司财务部资金管理需要,需将收到的票号为SC032501的商业承兑汇票以冲销应付账款为背书方式,向重庆大江公司进行背书转让,用于支付前欠货款。

实验过程

1) 填制并审核付款申请单

选择"财务会计"|"应付款管理"|"付款申请"|"付款申请单录入",进入后单击"增加"|"空白单据"按钮,输入实验资料信息,如图8-173所示。

依次单击"保存""审核"按钮完成。

图 8-173　付款申请单

选择"财务会计"|"应付款管理"|"付款处理"|"付款单据录入",进入后删除已经生成的付款单。否则,在"冲销应付账款"窗口无法找到付款申请单,不能分摊。

2) 票据背书锁定

选择"财务会计"|"应收款管理"|"票据管理"|"票据列表",进入后单击"查询"按钮,票据类型选择"商业承兑汇票",票据编号输入"SC032501",单击"确定"按钮,返回"票据列表"窗口,如图 8-174 所示。

图 8-174　票据列表

选择票据,单击工具栏"背书"|"背书锁定"按钮,进入"票据背书"窗口,被背书人选择重庆大江公司,如图 8-175 所示。

单击"确定"按钮,票据列表中票据"状态"的内容由空白变更为"背书锁定"。

双击票据列表中的条目,进入"应收票据录入"窗口,如图 8-176 所示。

图 8-175　票据背书

图 8-176　票据背书(商业承兑汇票)

单击工具栏"背书"|"背书"按钮,系统继续弹出"票据背书"窗口,继续选择被背书人为重庆大江公司。

单击"确定"按钮,进入"冲销应付账款"窗口,选择票据,单击"分摊"按钮,系统自动填入冲销金额,如图 8-177 所示。

图 8-177　冲销应付账款

单击"保存"按钮,系统提示"是否立即制单",单击"是"按钮,选择凭证类别为"转账凭证",修改借方科目为应付账款,补充票号等信息,分录如下。

借:应付账款(2202)/大江　　　　　　　　　　　　　　　　　　　　10 000
　　贷:应收票据/商业承兑汇票(112102)　　　　　　　　　　　　　　10 000

如果出现票据贴现、背书、结算等票据状态选择操作失误,可选择"财务会计"|"应收款管理"|"其他处理"|"取消操作",进入"取消操作条件"窗口,操作类型选择"票据处理",单击"确定"按钮,进入"取消操作"窗口,选择操作失误的票据,单击"确定"按钮完成。

8.2.7　收款核销

➡ 实验资料

2023 年 4 月 20 日,收到上海长江公司交来转账支票一张,金额 129 950 元,支票号 CJ099,用以归还前欠货款。(现金流量:01 销售商品、提供劳务收到的现金)

➡ 实验过程

1. 录入收款单

选择"财务会计"|"应收款管理"|"收款处理"|"收款单据录入",单击"增加"|"空白单据"按钮,输入实验资料信息,如图 8-178 所示。

视频:收款核销

图 8-178　收款单

依次单击"保存""审核"按钮,系统提示"是否立即制单",单击"否"按钮,返回"收款单"窗口。

单击工具栏"核销"|"同币种"按钮,进行核销条件设置,单据名称选择销售发票,单击"确定"按钮,进入"手工核销"窗口,单击"分摊"按钮,系统自动输入销售专用发票的"本次结算金额"(也可手动输入"本次结算金额"),如图 8-179 所示。

单击"确定"按钮,进入"生成凭证"窗口,单击"全选"按钮,如图8-180所示。

图8-180 生成凭证收付款单列表

单击"制单"按钮,生成的凭证分录如下。
借:银行存款/工行(100201)   129 950
    贷:应收账款(1122)/长江   129 950

单击"保存"按钮,补充现金流量等信息,完成凭证生成。

选择"财务会计"|"应收款管理"|"凭证处理"|"生成凭证",进入后勾选"核销",客户选择上海长江公司,单击"确定"按钮,打开"核销列表"窗口,凭证类别选择"转账凭证",结果如图8-181所示。

依次单击"全选""制单"按钮,系统提示"有效凭证分录数为0,不能生成凭证"。

同一单位应收款、应付款核销通常不生成凭证。如果要生成凭证,需要选择"财务会计"|"应收款管理"|"设置"|"选项",进入"账套参数设置"窗口,在"凭证"选项卡中勾选"核销生成凭证",且将受控(非控)科目制单方式均设置为"明细到单据",如图8-182所示。

图8-181 生成凭证核销列表

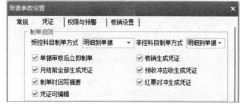

图8-182 账套参数设置

重新登录系统,选择"财务会计"|"应收款管理"|"凭证处理"|"生成凭证",进入后勾选"核销",客户选择上海长江公司,单击"确定"按钮,进入"生成凭证"窗口,凭证类别选择"转账凭证",依次单击"全选""制单"按钮,生成的凭证分录如下。
贷:应收账款(1122)/长江   129 950
    贷:应收账款(1122)/长江   -129 950

此为同方向核销,生成凭证没有实际意义,这里不保存,即不生成凭证。

将前面的设置改回,选择"财务会计"|"应收款管理"|"设置"|"选项",需要在"凭证"选项卡中取消勾选"核销生成凭证",且将制单规则中受控科目制单方式设置为"明细到客户"、非控科目制单方式设置为"汇总方式"。

2. 查询应收款

选择"财务会计"|"应收款管理"|"账表管理"|"业务账表"|"业务明细账",根据需要选择具体的客户进行查询。

8.2.8 预收冲应收

▶ 实验资料

2023年4月20日,经过与重庆嘉陵公司商定,前付的15 000元定金用于冲销应收款项。

实验过程

1. 填制预收冲应收单据

选择"财务会计"|"应收款管理"|"转账"|"预收冲应收",进入后客户选择重庆嘉陵公司,单击"过滤"按钮,显示收款单,输入转账总金额和转账金额均为 15 000 元,如图 8-183 所示。

视频:预收冲应收

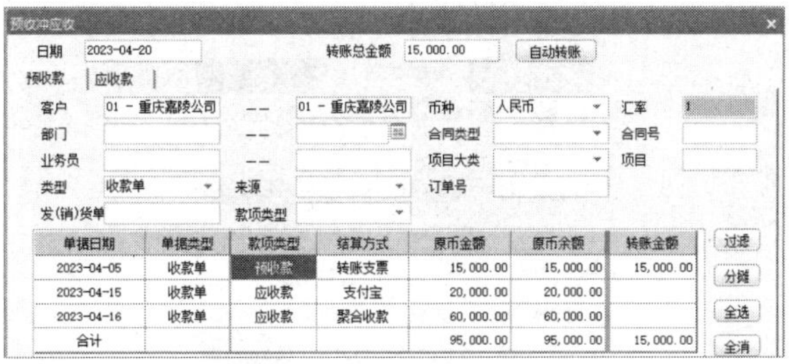

图 8-183 预收冲应收(预收款)

选择"应收款"选项卡,单击"过滤"按钮,系统显示应收款,输入转账总金额和转账金额均为 15 000 元,如图 8-184 所示。

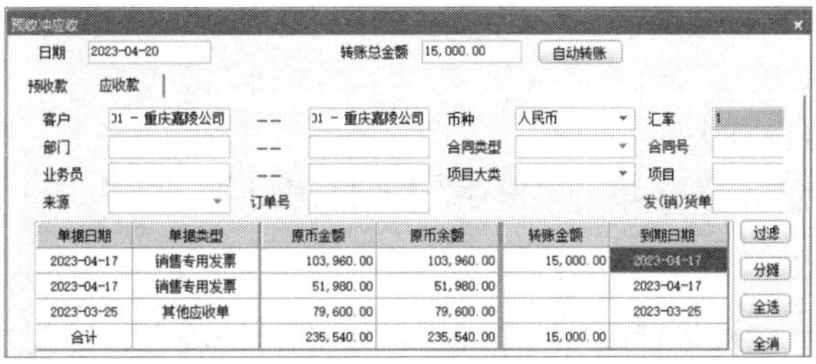

图 8-184 预收冲应收(应收款)

设置完成后单击"确定"按钮,系统提示"是否立即制单",单击"是"按钮,生成的凭证分录如下。

贷:预收账款(2203)/嘉陵   -15 000
贷:应收账款(1122)/嘉陵   15 000

凭证类别选择"转账凭证",单击"保存"按钮生成凭证。

2. 查询应收款

选择"财务会计"|"应收款管理"|"账表管理"|"业务账表"|"业务明细账",选择要查询的客户,单击"确定"按钮,查看应收明细账。

8.2.9 应收应付对冲

应收应付对冲业务既可以在应收款管理模块的"应收冲应付"中处理,也可以在应付款管理模块的"应付冲应收"中处理。本实验中,一个业务用两种方式处理。

实验资料

2023 年 4 月 20 日,经账务核查,公司与重庆大江公司存在应收应付往来款项,发现本月对重庆大江公司有一笔期初应收账款 10 000 元,同时有一笔期初应付账款 266 850 元,经与大江公司财务经理协商,双方达成一致:以公司应收重庆大江公司的 10 000 元与应付该公司款项对冲。

实验过程

方式一：应收冲应付

选择"财务会计"|"应收款管理"|"转账"|"应收冲应付"，进入后在"应收"页面，客户选择重庆大江公司，在"应付"页面，供应商选择重庆大江公司，单击"确定"按钮，返回"应收冲应付"窗口，分别在应收单和应付单的转账金额中输入 10 000 元(也可单击"分摊"按钮，系统自动填入转账金额)，如图 8-185 所示。

视频：应收应付对冲

图 8-185 应收冲应付

单击"确定"按钮，系统提示"是否立即制单"，单击"是"按钮，进入"填制凭证"窗口，分录如下。

借：应付账款(2202)/大江　　　　　　　　　　　　　　　　　10 000
　　贷：应收账款(1122)/大江　　　　　　　　　　　　　　　　10 000

凭证类别选择"转账凭证"，单击"保存"按钮完成。

方式二：应付冲应收

选择"财务会计"|"应付款管理"|"转账"|"应付冲应收"，进入"应付冲应收"窗口。相关操作方式参照"应收冲应付"的方式，注意区分"应付"和"应收"应填列的信息。

8.2.10　计提坏账准备

实验资料

2023 年 4 月 26 日，计提坏账准备。

实验过程

选择"财务会计"|"应收款管理"|"坏账处理"|"计提坏账准备"，进入后如图 8-186 所示。

视频：计提坏账准备

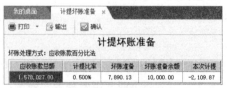

图 8-186　计提坏账准备

单击"确认"按钮，系统提示"是否立即制单"，单击"是"按钮，生成凭证，分录如下。

借：资产减值损失(6701)　　　　　　　　　　　　　　　　　-2 109.87
　　贷：坏账准备(1231)　　　　　　　　　　　　　　　　　　-2 109.87

凭证类别选择"转账凭证"，单击"保存"按钮完成。

| 操作提示 |

如果提示先进行期初设置，则需要选择"财务会计"|"应收款管理"|"设置"|"选项"，设置坏账准备。

如果要取消计提坏账准备，之前已经生成了计提坏账的相应凭证的，则要先执行"财务会计"|"应收款管理"|"凭证处理"|"查询凭证"，将坏账处理的凭证删除后，再执行"财务会计"|"应收款管理"|"其他处理"|"取消操作"(取消操作条件中操作类型选择为"坏账处理")，进入后选择要取消的具体业务，单击"确认"按钮，可取消计提的坏账准备。

8.2.11 往来核销

对已达往来账应该及时做往来账的两清工作，以便及时了解往来账的真实情况。往来两清的处理包括计算机自动勾对和手工勾对两种。

(1) 自动勾对。计算机自动将所有两清的往来业务打上勾对标志。两清依据包括按部门两清、按项目两清和按票号两清。

(2) 手工勾对。无法自动勾对的，通过手工勾对方式将往来业务人为地打上标记，它是自动勾对的补充。

收付款单列表显示收付款单的明细记录，包括款项类型为应收款和预收款的记录，而款项类型为"其他费用"的记录不允许在此作为核销记录，核销时可以选择其中一条记录进行。余额已经为 0 的记录不用在此列表中显示。

登录日期选择 2023 年 4 月 26 日，选择"财务会计"|"应收款管理"|"核销处理"|"手工核销"，客户选择天津大华公司，单击"确定"按钮，进入"手工核销"，在销售专用发票的本次结算中输入对应的金额，如图 8-187 所示。

单击"确认"按钮，完成手工核销。

视频：往来核销

| 操作提示 |

核销时可以修改"收款单列表"中款项类型为"应收款"的本次结算金额，但是不能大于该金额。

用户手工输入本次结算金额，上下列表中的结算金额合计必须保持一致。单击"确认"按钮，完成核销，已核销的单据不再显示。

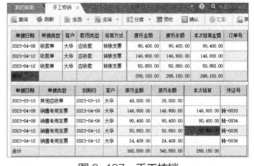

图 8-187 手工核销

8.2.12 往来账的查询

1. 应收余额管理

对客户/供应商的往来余额管理包括科目余额表、余额表、三栏余额表、部门余额表、项目余额表、业务员余额表、分类余额表、地区分类余额表的查询。

选择"财务会计"|"应收款管理"|"账表管理"|"业务账表"|"业务余额表"，按照默认条件设置，单击"确定"按钮后打开"应收余额表"窗口，如图 8-188 所示。

视频：往来账的查询

客户编码	客户名称	期初 本币	本期应收 本币	本期收回 本币	余额 本币	周转率 本币	周转天数 本币
1	01	重庆嘉陵公司	79,600.00	153,341.00	95,000.00	137,941.00	1.41	21.28
2	02	天津大华公司	48,000.00	312,558.00	308,150.00	52,408.00	6.23	4.82
3	03	上海长江公司	0.00	949,774.00	144,950.00	804,824.00	2.36	12.71
4	04	辽宁飞鸽公司	0.00	614,494.00	144,640.00	469,854.00	2.62	11.47
5	05	湖北朝华公司	0.00	113,000.00	0.00	113,000.00		15.00
6	06	重庆大江公司	10,000.00	0.00	10,000.00	0.00		
7	99	零散客户	0.00	226.00	226.00	0.00		0.00
8	总计		137,600.00	2,143,393.00	702,966.00	1,578,027.00	2.50	12.01

图 8-188 应收余额表

2. 往来明细账管理

对客户的往来明细账管理包括科目明细账、明细账、三栏明细账、部门明细账、项目明细账、业务员明细账、分类明细账、地区分类明细账、多栏明细账的查询。

3. 应收账龄分析

"账龄"是指某一往来业务从发生之日的时间期限。通过账龄分析表，能够对应收账款拖欠时间进行整理归类和分析，了解管理人员收款工作的效率，以便制定今后的收款策略，并根据各种应收账款的时间和历史资料估计坏账损失。

选择"财务会计"|"应收款管理"|"应收处理"|"账龄分析"|"应收账龄分析"，可设置查询条件，单击"确定"按钮，查看应收账龄分析。

8.2.13 期末处理

月末处理一般在本月报表编制完成后，即确认当期业务完成，才进行相关的月末结账等处理，这里是说明具体的方法。

到月末，要进行月结。在结账前，应当审核当月全部单据、核销当月全部结算单据。

应收款管理，选择"财务会计"|"应收款管理"|"期末处理"|"月末结账"，进行月结。

8.3 售后服务管理

8.3.1 售后服务管理概述

售后服务管理一般与销售管理系统一起使用，通过与销售管理系统之间共享数据，共同组成完整的销售、售后一体化业务处理系统，其内容和功能可扫描二维码阅读。

售后服务管理概述

8.3.2 常规售后服务

1. 服务请求

▶ **实验资料**

2023 年 4 月 15 日，服务部收到某超市服务请求(可用零散客户代替)，创智 X 号发生故障，不能启动，需要安排技术人员上门维修。

视频：常规售后服务

实验过程

1) 录入服务请求

选择"供应链"|"售后服务"|"服务请求"|"服务请求"，进入后单击"增加"按钮，输入实验资料信息，如图 8-189 所示。

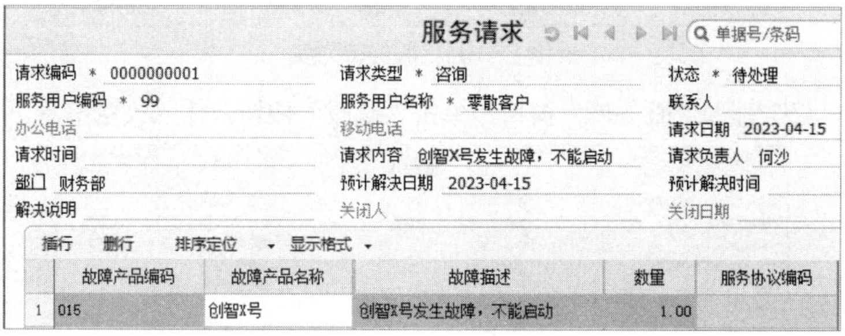

图 8-189 服务请求

单击"保存"按钮，完成填制服务请求单操作。

操作提示

如果在选择故障产品时没有产品显示，可选择"供应链"|"售后服务"|"设置"|"选项"，进入"售后服务选项"窗口，在主动服务设置中设置来源为"全部"即可正常显示产品。

2) 服务请求转服务单

在服务请求单上，单击"转服务单"按钮，进入"服务单"窗口，将服务类型修改为"上门维修"，如图 8-190 所示。

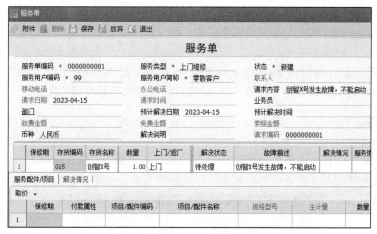

图 8-190 服务单

单击"保存"按钮完成操作。

2. 服务单管理

实验资料

2023 年 4 月 15 日，通过与用户沟通，上门维修监测后，用户应支付 800 元(不含税，税率为 6%)技术服务费。

实验过程

选择"供应链"|"售后服务"|"服务执行"|"服务单管理",进入后单击"查询"按钮,按默认条件设置,进入"服务单列表"窗口,如图 8-191 所示。

图 8-191 服务单列表

选中服务单,双击进入"服务单"窗口,单击"修改"按钮,输入收费信息,如图 8-192 所示。

图 8-192 服务单

依次单击"保存""审核"按钮,完成操作。

3. 服务结算

实验资料

2023 年 4 月 20 日,维修人员完成维修任务,用户通过微信收款码向公司支付技术服务费 848 元,完成收款。

2023 年 4 月 21 日,微信将 2023 年 4 月 20 日收款 848 元自动转账到工行账户,结算方式:微信;电子票号:WX042102。(现金流量:01 销售商品、提供劳务收到的现金)

实验过程

1) 服务费现结

选择"供应链"|"售后服务"|"服务结算"|"服务结算单",进入后单击"增加"|"服务单"按钮,按照默认条件进入"服务单管理列表",选择服务单,如图 8-193 所示。

图 8-193 服务单管理列表

单击"确定"按钮，数据复制到服务结算单中，补充结算方式后如图 8-194 所示。

图 8-194　服务结算

单击"保存"按钮，注意不要复核。

单击"现结"按钮，进入"现结"窗口，输入实验资料信息，如图 8-195 所示。

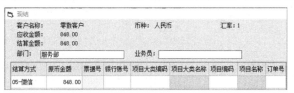

图 8-195　现结

单击"确定"按钮，系统自动生成"现结收款单"。

2) 服务结算凭证生成

选择"财务会计"|"应收款管理"|"应收处理"|"服务结算单"|"服务结算单审核"，单击"查询"按钮，按默认查询条件进入"服务结算单列表"，双击服务单，进入后如图 8-196 所示。

图 8-196　服务结算

单击"审核"按钮，提示"是否立即制单"，单击"是"按钮，进入"填制凭证"窗口后按其业务性质，补充贷方科目为其他业务收入(6051)科目，凭证类别字设置为"转"。单击"保存"按钮，生成凭证，分录如下。

借：其他货币资金/微信(101202)　　　　　　　　　　　　　　848
　　贷：其他业务收入(6051)　　　　　　　　　　　　　　　　800
　　　　应交税费/应交增值税/销项税额(22210105)　　　　　　48

2023 年 4 月 21 日，微信自动发起转账将款项转入工行账户，选择"财务会计"|"总账"|"凭证"|"填制凭证"，进入"填制凭证"窗口。单击"增加"按钮，录入收款凭证，摘要为"微信自动转账收款"，分录如下。

借：银行存款/工行(100201)　　　　848
　　贷：其他货币资金/ 微信(101202)　　　　848

补充录入结算方式、票号、现金流量等信息，单击"保存"按钮完成。

即测即评

请扫描二维码进行在线测试。

本章测评

第9章 库存与存货核算业务

9.1 库存管理

9.1.1 库存管理业务处理

1. 库存管理日常业务

在制造业、商业企业经营中,存货在资产总额中占有很大比重,存货流动构成企业经营活动的主要内容,因而库存也是一个重要的子系统。

所谓库存,是指企业为销售或耗用而储备的各种有形资产,如各种原材料、燃料、包装物、低值易耗品、委托加工材料、在产品、商品等。库存管理需要反映存货的变动、保管等情况,并且核算存货的收入、产出、结余成本等。由于存货在流动资产中的比重极高,其价值是决定销货成本的主要依据,对其管理是确保企业有效经营的重要手段。因此,会计部门及管理人员对存货都极为重视,这使得企业加强对存货循环的管理力度,实施对采购、仓储、发出和结存有效的存货控制。

一般而言,库存模块中的业务基本流程如图9-1所示。

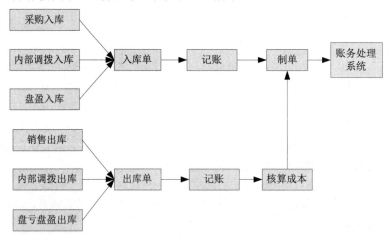

图9-1 库存业务基本流程

2. 库存管理的基本功能

库存管理的基本功能包含采购、验收、仓储、拣货与发运、存货价值计算和记录等,具体内容可扫描二维码阅读。

库存管理的
基本功能

3. 库存账簿及统计分析

库存管理系统提供了多种库存账簿报表的查询功能，包括出入库流水账、库存台账、收发存汇总表、货位汇总表等，方便进行统计分析。

9.1.2 库存管理初始化设置

库存管理初始化设置可设置结存、不合格品、库存年结期初单据等期初信息。在第 7 章的实验中已经设置了部分库存的初始信息。

实验资料

重庆两江科技有限公司库存管理模块的期初信息设置如下。
(1) 仓库库存量过低过高时系统自动预警。
(2) 产品出入库时检查库存可用量。
(3) 已到货和待检未入库的货物数量纳入库存可用量的计算。

实验过程

选择"供应链"|"库存管理"|"设置"|"选项"，选择"专用设置"选项卡，勾选"按仓库控制最高最低库存量"(其他按默认设置)；选择"可用量检查"选项卡，勾选"出入库是否检查可用量""到货/在检量"(其他按默认设置)。依次单击"应用""确定"按钮完成。

9.1.3 产成品入库业务

实验资料

2023 年 4 月 10 日，成品库收到当月一车间加工的 30 台创智 X 号产成品入库。

2023 年 4 月 20 日，成品库收到二车间加工的手持扫描器 100 个，桌面扫描器 100 个，均入成品库。

2023 年 4 月 26 日，收到财务部门提供的完工产品成本。其中，创智 X 号的成本每台 5 000 元，共计 150 000 元，做成本分配，记账并生成凭证。手持扫描器的成本每个 180 元，共计 18 000 元；桌面扫描器的成本每个 120 元，共计 12 000 元，做成本分配，记账并生成凭证。

实验过程

1. 录入产成品入库单并审核

选择"供应链"|"库存管理"|"生产入库"|"产成品入库单"，进入后单击"增加"|"空白单据"按钮，录入实验资料信息后如图 9-2 所示。依次单击"保存""审核"按钮完成。

图 9-2 产成品入库单(创智 X 号)

┃操作提示┃

如果在选择具体产品时没有出现所需产品,可选择"基础设置"|"基础档案"|"存货"|"存货档案",检查存货档案的"存货属性"是否设置正确。

更换日期,采用同样的方法,输入扫描器产成品入库单,如图9-3所示。依次单击"保存""审核"按钮完成。

图9-3　产成品入库单(扫描器)

┃操作提示┃

产成品入库单上不用填写单价,当产成品成本分配后会自动写入。

2. 录入生产总成本并对产成品成本分配

选择"供应链"|"存货核算"|"记账"|"产成品成本分配",单击"查询"按钮,仓库选择成品库,单击"确定"按钮,返回"产成品成本分配"窗口,按照实验资料输入创智X号等产品的成本,如图9-4所示。

存货/分类编码	存货/分类名称	计量单位	数量	金额	单价
	存货 合计		230.00	180,000.00	782.61
2	产成品小计		230.00	180,000.00	782.61
201	创智一体机小计		30.00	150,000.00	5000.00
015	创智X号	台	30.00	150,000.00	5000.00
202	扫描器小计		200.00	30,000.00	150.00
017	手持扫描器	个	100.00	18,000.00	180.00
018	桌面扫描器	个	100.00	12,000.00	120.00

图9-4　产成品成本分配

单击工具栏的"分配"按钮,系统提示"分配操作完成"。

选择"供应链"|"存货核算"|"入库单"|"产成品入库单",这时单价已自动填入产成品入库单,并计算出金额,如图9-5所示。可以单击"上张"或"下张"按钮,查询其他的产成品入库单。

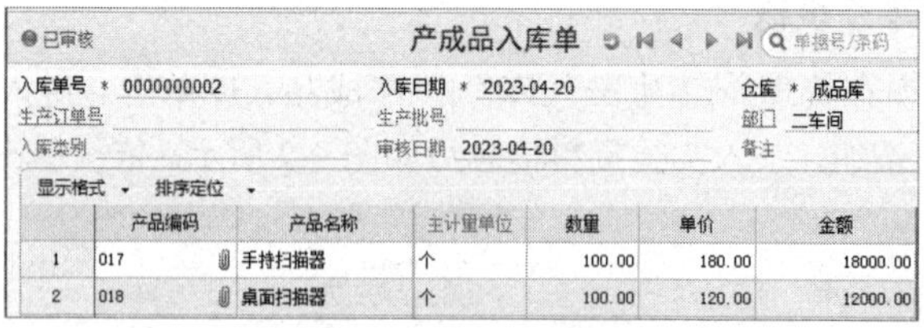

产品编码	产品名称	主计量单位	数量	单价	金额
017	手持扫描器	个	100.00	180.00	18000.00
018	桌面扫描器	个	100.00	120.00	12000.00

图9-5　产成品入库单查询

3. 产成品入库单记账并生成凭证

2023年4月26日登录系统,选择"供应链"|"存货核算"|"记账"|"正常单据记账",进入后单击"查询"按钮,仓库名称选择"成品库",单击"确定"按钮,进入后如图9-6所示。

正常单据记账列表

□	日期	存货编码	存货名称	单据类型	仓库名称	收发类别	数量	计量单位	单价	金额
□	2023-04-10	015	创智X号	产成品入库单	成品库		30.00	台	5,000.00	150,000.00
□	2023-04-20	017	手持扫描器	普通发票	成品库	销售出库	1.00	个		
□	2023-04-20	017	手持扫描器	产成品入库单	成品库		100.00	个	180.00	18,000.00
□	2023-04-20	018	桌面扫描器	产成品入库单	成品库		100.00	个	120.00	12,000.00
小计							231.00			180,000.00

图 9-6 正常单据记账列表

选择要记账的单据(全选)，单击“记账”按钮，系统提示“记账成功”。

选择“供应链”|“存货核算”|“凭证处理”|“生成凭证”，单击 “选单”按钮，进行查询条件设置，单据类型选择“产成品入库单”，单击“确定”按钮，进入“选择单据”窗口，选择要生成凭证的单据，然后单击“确定”按钮，凭证类别选择转账凭证，补充对方科目为 500101 直接材料，如图 9-7 所示。

我的桌面 | 生成凭证

打印 | 输出 | 选单 | 删除 | 制单 | 合并制单 | 联查单据 | 摘要设置 | 清理互斥

凭证类别 转 转账凭证

选择	单据类型	业务类型	摘要	科目类型	科目编码	科目名称	借方金额	贷方金额	借方数量	贷方数量	存货名称
1	产成品入库单	成品入库	产成品入库单	存货	1405	库存商品	150,000.00		30.00		创智X号
				对方	500101	直接材料		150,000.00		30.00	创智X号
				存货	1405	库存商品	18,000.00		100.00		手持扫描器
				对方	500101	直接材料		18,000.00		100.00	手持扫描器
				存货	1405	库存商品	12,000.00		100.00		桌面扫描器
				对方	500101	直接材料		12,000.00		100.00	桌面扫描器
合计							180,000.00	180,000.00			

图 9-7 生成凭证

单击“制单”按钮后单击“保存”按钮，补充核算项目，完成凭证生成，分录如下。

借：库存商品(1405)　　150 000

　　贷：生产成本/直接材料(500101)/(项目名称：创智 X 号)　　150 000

然后，用相同的方法保存下一张凭证。由于手持扫描器和桌面扫描器在同一张单据，借贷方科目均一致，系统自动合并生成一张凭证，以区分核算项目。分录如下。

借：库存商品(1405)　　30 000

　　贷：生产成本/直接材料(500101)/(项目名称：手持扫描器)　　18 000

　　　　生产成本/直接材料(500101)/(项目名称：桌面扫描器)　　12 000

也可以单击“合并制单”按钮，然后单击“保存”按钮，完成凭证生成。本实验此处涉及三个不同的产品，为方便项目核算选择分别制单。

9.1.4 物料领用业务

实验资料

2023 年 4 月 10 日，一车间向原料库领用 CN 处理器 100 盒，2TSSD 硬盘 100 盒，用于生产创智 X 号。

视频：物料领用业务

实验过程

1. 填制材料出库单

选择“供应链”|“库存管理”|“材料出库”|“材料出库单”，单击“增加”|“空白单据”按钮，录入实验资料信息，如图 9-8 所示。依次单击“保存”“审核”按钮完成。

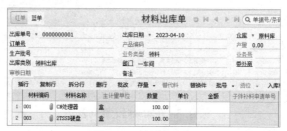

图 9-8　材料出库单

2. 材料出库单记账并生成凭证

2023 年 4 月 26 日登录系统，选择“供应链”|“存货核算”|“记账”|“正常单据记账”，进入后单击“查询”按钮，仓库名称选择“原料库”，返回“正常单据记账列表”窗口，如图 9-9 所示。

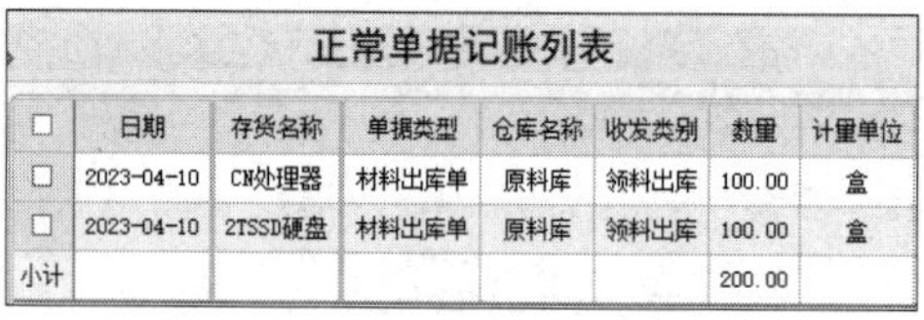
正常单据记账列表

□	日期	存货名称	单据类型	仓库名称	收发类别	数量	计量单位
□	2023-04-10	CN处理器	材料出库单	原料库	领料出库	100.00	盒
□	2023-04-10	2TSSD硬盘	材料出库单	原料库	领料出库	100.00	盒
小计						200.00	

图 9-9　正常单据记账列表

选择要记账的单据，单击“记账”按钮，系统提示“记账成功”。

选择“供应链”|“存货核算”|“凭证处理”|“生成凭证”，单击“选单”按钮进行查询，单据类型选择“材料出库单”，单击“确定”按钮，选择要生成凭证的单据，然后单击“确定”按钮，凭证类别选择转账凭证，如图 9-10 所示。

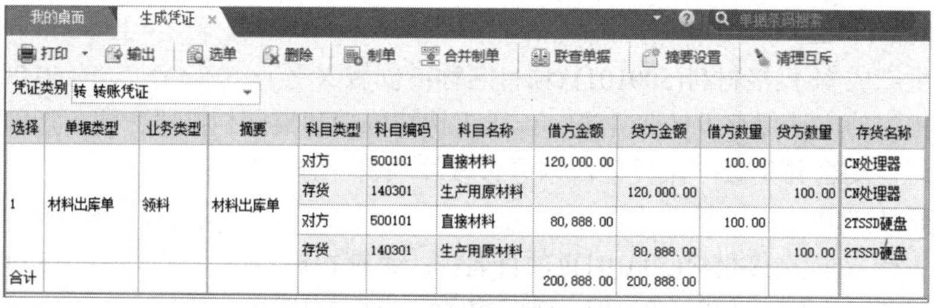

选择	单据类型	业务类型	摘要	科目类型	科目编码	科目名称	借方金额	贷方金额	借方数量	贷方数量	存货名称
1	材料出库单	领料	材料出库单	对方	500101	直接材料	120,000.00		100.00		CN处理器
				存货	140301	生产用原材料		120,000.00		100.00	CN处理器
				对方	500101	直接材料	80,888.00		100.00		2TSSD硬盘
				存货	140301	生产用原材料		80,888.00		100.00	2TSSD硬盘
合计							200,888.00	200,888.00			

图 9-10　生成凭证

单击“合并制单”按钮，合并生成凭证，分录如下。

借：生产成本/直接材料(500101)/(项目名称：创智 X 号)　　200 888

　　贷：原材料/生产用原材料(140301)　　200 888

补充输入项目名称，然后单击“保存”按钮，完成凭证生成。

9.1.5　调拨业务

实验资料

2023 年 4 月 15 日，将原料库中的 50 盒 CN 处理器调拨到配套用品库。

实验过程

1. 填制调拨单

选择“供应链”|“库存管理”|“调拨业务”|“调拨单”，单击“增加”|“空

视频：调拨业务

白单据"按钮，输入实验资料信息，如图9-11所示。

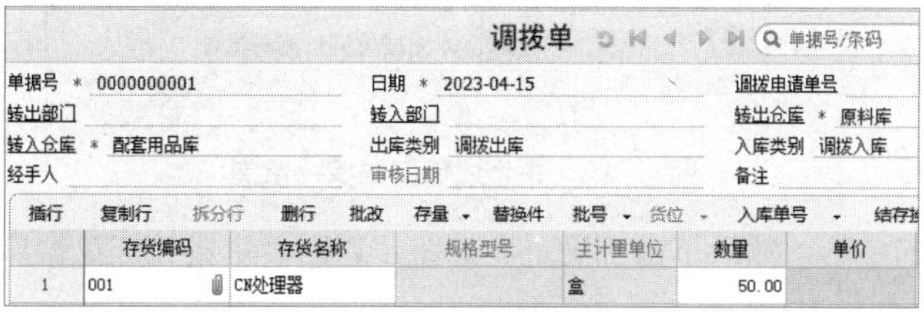

图9-11 调拨单

依次单击"保存""审核"按钮完成。

┃操作提示┃

调拨单保存后，会自动生成其他入库单和其他出库单，且由调拨单生成的其他入库单和其他出库单不能修改和删除。

2. 其他入库单、其他出库单审核

选择"供应链"|"库存管理"|"其他入库"|"其他入库单列表"，进入后单击"查询"按钮，按默认条件查询，单击"确定"按钮，返回后如图9-12所示。

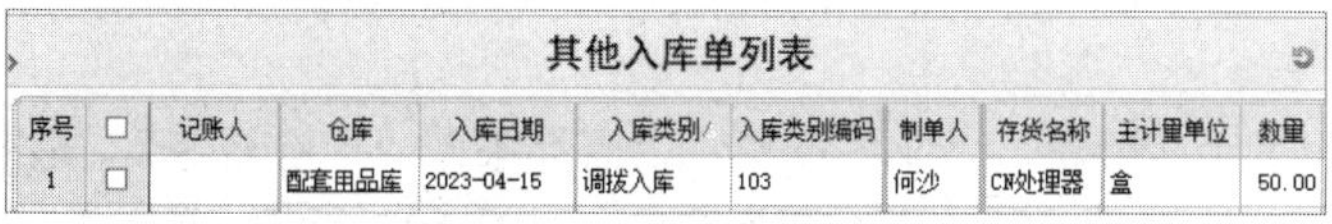

图9-12 其他入库单列表

选择要审核的单据，然后单击"审核"按钮。

选择"供应链"|"库存管理"|"其他出库"|"其他出库单列表"，进入后单击"查询"按钮，出库类别选择"调拨出库"，单击"确定"按钮，返回后如图9-13所示。选择要审核的单据，然后单击"审核"按钮完成。

图9-13 其他出库单列表

3. 调拨单记账

2023年4月26日登录系统，选择"供应链"|"存货核算"|"记账"|"特殊单据记账"，单据类型选择调拨单，单击"确定"按钮，返回"特殊单据记账"窗口，如图9-14所示。

图9-14 特殊单据记账

选择要记账的单据，然后单击"记账"按钮完成。

选择"供应链"|"存货核算"|"凭证处理"|"生成凭证"，进入后单击工具栏的"选单"按钮，单据类型选择调拨单，单击"确定"按钮，进入"选择单据"窗口，显示"未生成凭证单据一览表"如图9-15所示。

图 9-15　未生成凭证单据一览表

选择要生成凭证的单据,然后单击"确定"按钮,返回"生成凭证"窗口,凭证类别设置为转账凭证,如图 9-16 所示。

图 9-16　生成凭证

单击"合并制单"按钮生成凭证,分录如下。

借:库存商品(1405)　　　　　　　　　　　　　　　　　　　　60 000
　　贷:原材料/生产用原材料(140301)　　　　　　　　　　　　　　60 000

4. 相关账表查询

选择"供应链"|"库存管理"|"业务报表"|"库存账"|"库存台账",在查询条件中选择 CN 处理器,单击"确定"按钮,进入"库存台账"窗口,如图 9-17 所示。台账上可以看出调拨的情况。

图 9-17　库存台账

选择"供应链"|"存货核算"|"账簿"|"明细账",选择具体的存货(如 CN 处理器)和配套用品库,单击"确定"按钮,进入"明细账",如图 9-18 所示。

图 9-18　明细账(配套用品库,CN 处理器)

9.1.6　借入借出业务

▶ 实验资料

2023 年 4 月 20 日,重庆嘉陵公司向本公司借用创智 X 号 2 台,参加展览会作为样品展览,预计 2023 年 4 月 22 日归还,当日货物从成品库发出。

2023 年 4 月 22 日，因一台创智 X 号漆面刮伤影响再次销售，重庆嘉陵公司主动要求购买此台产品，不含税购买价 6 000 元；另一台由重庆嘉陵公司归还。

实验过程

1. 更改设置

选择“供应链”|“库存管理”|“设置”|“选项”，选择“通用设置”选项卡，勾选“有无借入借出业务”；选择“专用设置”选项卡，勾选“借出借用单审核自动出库”，单击“应用”按钮，然后单击“确定”按钮退出。

视频：借入借出业务

2. 填制借出借用单

选择“供应链”|“库存管理”|“借出业务”|“借出借用单”，进入后单击“增加”|“空白单据”按钮，录入实验资料信息，如图 9-19 所示。依次单击“保存”“审核”按钮完成。

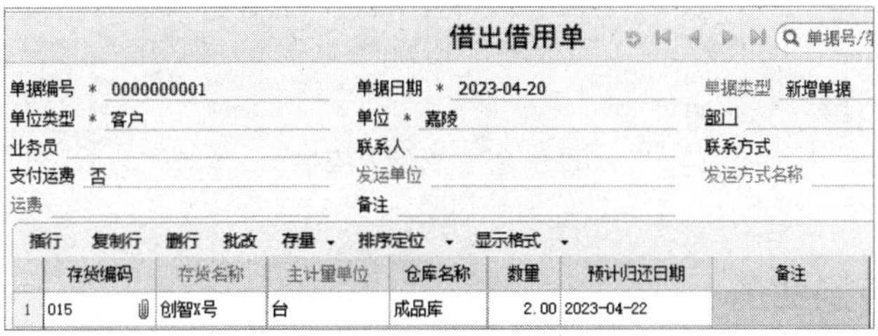
借出借用单

单据编号 * 0000000001　单据日期 * 2023-04-20　单据类型 新增单据
单位类型 * 客户　单位 * 嘉陵　部门
业务员　联系人　联系方式
支付运费 否　发运单位　发运方式名称
运费　备注

插行 复制行 删行 批改 存量 排序定位 显示格式

	存货编码	存货名称	主计量单位	仓库名称	数量	预计归还日期	备注
1	015	创智X号	台	成品库	2.00	2023-04-22	

图 9-19　借出借用单

3. 销售借入借出产品

2023 年 4 月 22 日登录系统，选择“供应链”|“库存管理”|“借出业务”|“借出转换单”，进入后单击“增加”|“借出转销售”按钮，单位选择重庆嘉陵公司，单击“确定”按钮，进入“参照生单”窗口进行选择要参照的单据，单击“确定”按钮后返回“借出转换单”窗口，补充价格信息后如图 9-20 所示。

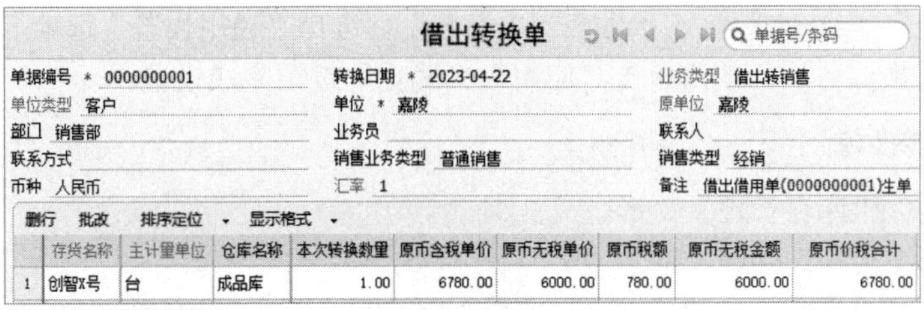
借出转换单

单据编号 * 0000000001　转换日期 * 2023-04-22　业务类型 借出转销售
单位类型 客户　单位 * 嘉陵　原单位 嘉陵
部门 销售部　业务员　联系人
联系方式　销售业务类型 普通销售　销售类型 经销
币种 人民币　汇率 1　备注 借出借用单(0000000001)生单

删行 批改 排序定位 显示格式

	存货名称	主计量单位	仓库名称	本次转换数量	原币含税单价	原币无税单价	原币税额	原币无税金额	原币价税合计
1	创智X号	台	成品库	1.00	6780.00	6000.00	780.00	6000.00	6780.00

图 9-20　借出转换单

先保存，然后审核，系统提示“已经生成其他入库单和发货单”。业务类型根据需要可选择借出转赠品、借出转耗用等。

选择“供应链”|“销售管理”|“销售发货”|“发货单列表”，可查看生成的发货单信息。选择“供应链”|“库存管理”|“其他入库”|“其他入库单列表”，可查看生成的其他入库单信息。

4. 归还借入借出产品

选择“供应链”|“库存管理”|“借出业务”|“借出归还单”，进入后单击“增加”按钮，按默认条件查询，进入“参照生单”窗口，选择需生成借出归还单的单据，单击“确定”按钮，输入实验资料信息，如图 9-21 所示。依次单击“保存”“审核”按钮完成。

图 9-21 借出归还单

选择"供应链"|"库存管理"|"其他入库"|"其他入库单",进入后单击"增加"|"借出归还单"按钮,按默认条件查询,进入"参照生单"窗口,选择需生成其他入库单的借出归还单,单击"确定"按钮,返回"其他入库单"窗口,依次单击"保存""审核"按钮完成,如图 9-22 所示。

图 9-22 其他入库单

9.1.7 产品形态转换业务

实验资料

2023 年 4 月 22 日,库管人员发现因为外力挤压,成品库有 2 个手持扫描器外壳擦伤,不影响使用。报经领导批准,将其作为次品处理。具体存放到备用仓库。备用仓库采用个别计价法。

实验过程

1. 更改设置

选择"供应链"|"库存管理"|"设置"|"选项",选择"通用设置"选项卡,勾选"有无形态转换业务",依次单击"应用""确定"按钮完成设置。

2. 填制形态转换单

选择"供应链"|"库存管理"|"形态转换"下的"形态转换"功能,进入后单击"增加"|"空白单据"按钮,输入实验资料信息,如图 9-23 所示。

依次单击"保存""审核"按钮完成。

选择"供应链"|"库存管理"|"其他出库"|"其他出库单列表",进行查询条件设置,仓库选择"成品库",可以看到生成的其他出库单。

视频:产品形态转换业务

图 9-23 形态转换单

选择"供应链"|"库存管理"|"其他入库"|"其他入库单列表",进行查询条件设置,仓库选择"备用仓库",可以看到生成的其他入库单。

9.1.8 组装业务

组装是将多个散件组装成一个配套件的过程,拆卸是将一个配套件拆卸成多个散件的过程。

配套件是由多个存货组成,但又可以拆开或销售的存货。配套件和散件之间是一对多的关系,在物料清单中设置配套件和散件之间的关系。在组装、拆卸之前应先进行物料清单定义,否则无法进行组装。

配套件与成套件不同,配套件可以组装、拆卸;而成套件不能单独使用或销售,在库存管理系统中可以对成套件进行统计,也可对成套件展开后的单件进行统计。

在组装业务中须清晰定义产品结构,即企业生产的产品由哪些材料组成。

▶ 实验资料

2023 年 4 月 26 日,应客户湖北朝华公司急需,一车间当日组装了创智 X 号 5 台(入库参考成本价 4 800 元/台),组装清单如表 9-1 所示。

表 9-1 创智 X 号组装清单

仓库	存货编码	存货名称	计量单位	基本用量	固定用量	数量	单价/元	金额/元
成品库	015	创智 X 号	台	—	—	5	4 800	24 000
原料库	001	CN 处理器	盒	1	否	5	—	—
原料库	003	2TSSD 硬盘	盒	2	否	10	—	—
原料库	006	LED 显示屏	台	1	否	5	—	—
原料库	011	有线键盘	个	1	否	5	—	—
原料库	013	有线鼠标	个	1	否	5	—	—

▶ 实验过程

1. 更改设置

选择"供应链"|"库存管理"|"设置"|"选项",选择"通用设置"选项卡,勾选"有无组装拆卸业务",依次单击"应用""确定"按钮完成设置。

2. 设置产品结构

选择"基础设置"|"基础档案"|"业务"|"产品结构",进入后单击"增加"按钮,版本说明为"1",输入实验资料,如图 9-24 所示。

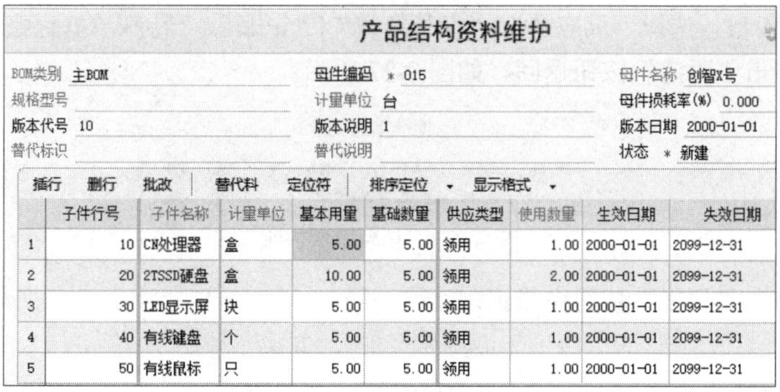

视频:组装业务

图 9-24 产品结构资料维护

依次单击"保存""审核"按钮完成。

3. 录入组装单

组装是指将多个散件组装成一个配套件的过程。组装单相当于两种单据，一种是散件出库单，一种是配套件入库单。选择“供应链”|“库存管理”|“组装拆卸”|“组装单”，进入后单击“增加”|“空白单据”按钮，输入组装单表头信息后，单击“展开”按钮，系统提示“是否展到末级”，单击“是”按钮，修改创智 X 号数量和单价，补充仓库信息，如图 9-25 所示。

组装单

单据号 * 0000000002　日期 * 2023-04-26　配套件 * 创智X号
版本号/替代标识 10　组装费　入库类别 组装入库
出库类别 组装出库　部门 一车间　经手人
审核日期　备注

复制行　删行　批改　存量　替换件　排序定位　显示格式

	类型	仓库	存货名称	主计量单位	固定用量	数量	单价	基本用量	基础数量	金额
1	套件	成品库	创智X号	台		5.00	4800.00			24000.00
2	散件	原料库	CN处理器	盒	否	5.00		5.00	5.00	
3	散件	原料库	2TSSD硬盘	盒	否	10.00		10.00	5.00	
4	散件	原料库	LED显示屏	块	否	5.00		5.00	5.00	
5	散件	原料库	有线键盘	个	否	5.00		5.00	5.00	
6	散件	原料库	有线鼠标	只	否	5.00		5.00	5.00	
合计						35.00				24000.00

图 9-25　组装单

依次单击“保存”“审核”按钮完成。

4. 审核组装入库单

选择“供应链”|“库存管理”|“其他入库”|“其他入库单列表”，进入后单击“查询”按钮，入库类别选择“组装入库”，单击“确定”按钮，返回后如图 9-26 所示。

其他入库单列表

序号	☐	记账人	仓库	入库日期	入库类别	部门	制单人	存货名称	主计量单位	数量	单价	金额
1	☐		成品库	2023-04-26	组装入库	一车间	何沙	创智X号	台	5.00	4,800.00	24,000.00
2	小计									5.00		24,000.00
3	合计									5.00		24,000.00

图 9-26　其他入库单列表

选择单据，单击“审核”按钮完成审核。

5. 特殊单据记账

2023 年 4 月 26 日，选择“供应链”|“存货核算”|“记账”|“特殊单据记账”，进入后单据类型选择组装单，单击“确定”按钮返回，如图 9-27 所示。

特殊单据记账

☐	单据日期	入库类别	出库类别	部门	套件	经手人	审核人	制单人
☐	2023-04-26	组装入库	组装出库	一车间	015		何沙	何沙

图 9-27　特殊单据记账

选择单据，单击“记账”按钮完成记账。

6. 生成凭证

选择“供应链”|“存货核算|“凭证处理”|“生成凭证”，进入后单击“选单”按钮，单据类型选择“组装单”，单击“确定”按钮，进入“选择单据”窗口，依次单击“全选”“确定”按钮，凭证类别选择转账凭证，如图 9-28 所示。

凭证类别 转 转账凭证

选择	单据类型	业务类型	摘要	科目类型	科目编码	科目名称	借方金额	贷方金额	借方数量	贷方数量	存货名称
1	组装单	组装出库	组装单	存货	140301	生产用原材料		6,000.00		5.00	CN处理器
				存货	140301	生产用原材料		8,088.90		10.00	2TSSD硬盘
				存货	140301	生产用原材料		6,000.00		5.00	LED显示屏
				存货	140301	生产用原材料		475.00		5.00	有线键盘
				存货	140301	生产用原材料		250.10		5.00	有线鼠标
		组装入库		存货	1405	库存商品	20,814.00		5.00		创智X号
合计							20,814.00	20,814.00			

图 9-28 生成凭证

单击“合并制单”按钮生成凭证，分录如下。

借：库存商品(1405)　　　　　　　　　　20 814

　　贷：原材料/生产用原材料(140301)　　　　20 814

9.1.9 盘点业务

实验资料

2023 年 4 月 26 日，对原料库的有线键盘进行盘点，盘点后发现有线键盘多出 1 个。经确认，该键盘的成本为 95 元/个，为管理不善造成。

实验过程

1. 输入盘点单

选择“供应链”|“库存管理”|“盘点业务”|“盘点单”，单击“增加”|“普通仓库盘点”按钮，输入盘点仓库为“原料库”，单击工具栏的“盘库”按钮，系统提示“盘库将删除未保存的所有记录，是否继续”，单击“是”按钮，打开“盘点处理”窗口。盘点方式选择“按仓库盘点”，单击“确定”按钮，系统将账面盘点结果自动填入“盘点单”，输入新的盘点数，如图 9-29 所示。

视频：盘点业务

盘点类型 普通仓库盘点　　盘点单　　单据号/条码

盘点会计期间　　盘点单号 * 0000000001　　盘点日期 * 2023-04-26

账面日期 * 2023-04-26　　盘点仓库 * 原料库　　出库类别

入库类别 盘盈入库　　部门　　经手人

备注

插行　复制行　删行　批改　存量　替换件　批号　入库单号　条码扫描　清零　排序定位　显示格式

	存货名称	主计量单位	账面数量	单价	账面金额	账面调节数量	盘点数量	盘点金额	盈亏数量	盈亏金额	盈亏比例(%)	原因
1	CN处理器	盒	445.00			445.00	445.00		0.00			
2	2TSSD硬盘	盒	290.00			290.00	290.00		0.00			
3	LED显示屏	块	45.00			45.00	45.00		0.00			
4	有线键盘	个	291.00	95.00	27645.00	291.00	292.00	27740.00	1.00	95.00	0.34	管理不善
5	有线鼠标	只	415.00			415.00	415.00		0.00			
合计			1486.00		27645.00	1486.00	1487.00	27740.00	1.00	95.00		

图 9-29 盘点单

盘亏数量正数表示盘盈，负数表示盘亏。依次单击“保存”“审核”按钮，系统提示该单据审核成功。

操作提示

盘点单审核后会自动生成相应的其他入库单或其他出库单。

盘点单记账后，不能再取消记账。

2. 其他入库单、其他出库单审核

选择"供应链"|"库存管理"|"其他入库"|"其他入库单列表",进入后单击"查询"按钮,仓库选择"原料库",单击"确定"按钮,返回"其他入库单列表"窗口,如图9-30所示。

图9-30 其他入库单列表

先选择要审核的入库单,单击"审核"按钮完成操作。

如果是盘亏,要选择"供应链"|"库存管理"|"其他出库"|"其他出库单列表"进行审核。

3. 其他入库单记账并生成凭证

选择"供应链"|"存货核算"|"记账"|"正常单据记账",进入后单击"查询"按钮,仓库选择原料库,单击"确定"按钮,返回后如图9-31所示。

图9-31 正常单据记账列表

选择要记账的单据,单击"记账"按钮完成。

选择"供应链"|"存货核算"|"凭证处理"|"生成凭证",进入后单击工具栏的"选单"按钮,单据类型选择"其他入库单",单击"确定"按钮,进入"未生成凭证单据一览表"窗口。选择盘盈入库的单据,单击"确定"按钮,其他入库单的数据被复制到凭证中,凭证类别选择转账凭证,如图9-32所示。

图9-32 生成凭证

单击"制单"按钮生成凭证,分录如下。

借:原材料/生产用原材料(140301)　　　　　　　　95
　　贷:待处理财产损溢/待处理流动资产损溢(190101)　　95

9.1.10 其他出库业务

▶ 实验资料

2023年4月26日,销售部从成品库领取8台创智X号样品,用于捐助西部贫困地区。

▶ 实验过程

1. 录入其他出库单

选择"供应链"|"库存管理"|"其他出库"|"其他出库单",进入后单击"增加"|"空白单据"按钮,输入实验资料信息,如图9-33所示。

依次单击"保存""审核"按钮完成。

视频:其他出库业务

2. 其他出库单记账

选择"供应链"|"存货核算"|"记账"|"正常单据记账",进入后单击"查询"按钮,仓库名称选择"成品库",存货名称选择"创智 X 号",单击"确定"按钮,返回"正常单据记账列表"窗口,如图 9-34 所示。

图 9-33 其他出库单

图 9-34 正常单据记账列表

选择要记账的其他出库单,单击"记账"按钮完成。

9.1.11 假退料业务

实验资料

2023 年 4 月 26 日,根据生产部门的统计,一车间本月生产任务完成,还有 10 个 CN 处理器当月未用完。先做假退料处理,下个月再继续使用。

实验过程

1. 填制假退料单

选择"供应链"|"存货核算"|"出库单"|"假退料单",单击"增加"|"空白单据"按钮,输入假退料资料,如图 9-35 所示。单击"保存"按钮完成。

视频:假退料业务

图 9-35 假退料单

2. 假退料单记账

选择"供应链"|"存货核算"|"记账"|"正常单据记账",进入后单击"查询"按钮,仓库名称选择"原料库",存货名称选择"CN 处理器",进入后如图 9-36 所示。

图 9-36 正常单据记账列表

选择假退料行的单据,单击"记账"按钮完成。

3. 查询假退料相关的明细账

选择"供应链"|"存货核算"|"账簿"|"明细账",进入后进行条件设置,仓库选择原料库,存货选择"CN 处理器",单击"确定"按钮,进入后如图 9-37 所示。从明细账可以看到假退料数据已显示。

记账日期	2023年 月 日	凭证号	摘要 凭证摘要 收发类别	发出 数量 单价 金额			结存 数量 单价 金额		
			期初结存				700.00	1,200.00	840,000.00
2023-04-25	4 25	转 46	专用发票 销售出库	100.00	1,200.00	120,000.00	600.00	1,200.00	720,000.00
2023-04-26	4 26	转 64	材料出库单 领料出库	100.00	1,200.00	120,000.00	500.00	1,200.00	600,000.00
2023-04-26	4 26	转 65	调拨单 调拨出库	50.00	1,200.00	60,000.00	450.00	1,200.00	540,000.00
2023-04-26	4 26	转 66	组装单 组装出库	5.00	1,200.00	6,000.00	445.00	1,200.00	534,000.00
2023-04-26	4 26		其他出库	-10.00	1,200.00	-12,000.00	455.00	1,200.00	546,000.00
			4月合计	245.00		294,000.00	455.00	1,200.00	546,000.00
			本年累计	245.00		294,000.00			

图 9-37　明细账

4. 生成假退料凭证

选择"供应链"|"存货核算"|"凭证处理"|"生成凭证",进入后单击"选单"按钮,进行查询条件设置,业务类型选择"假退料",单击"确定"按钮,进入"选择单据"窗口,选择假退料单,单击"确定"按钮,凭证类别选择转账凭证,补充对方科目(500101)后如图 9-38 所示。

凭证类别	转 转账凭证										
选择	单据类型	业务类型	摘要	科目类型	科目编码	科目名称	借方金额	贷方金额	借方数量	贷方数量	存货名称	部门名称
1	假退料单	假退料	假退料单	对方	500101	直接材料	-12,000.00		-10.00		CM扫描器	一车间
				存货	140301	生产用原材料		-12,000.00		-10.00	CM扫描器	一车间
合计							-12,000.00	-12,000.00				

图 9-38　生成凭证

单击"合并制单"按钮,生成凭证,分录如下。

借:生产成本/直接材料(500101)/(项目名称:创智 X 号)　　　　　　　-12 000
　　贷:原材料/生产用原材料(140301)　　　　　　　　　　　　　　　　-12 000

9.1.12　计提存货跌价准备业务

📌 实验资料

2023 年 4 月 26 日,根据市场反馈情况,桌面扫描器用户采用度较低,销量大幅减少,经研究决定下月将以 110 元(不含税价格)的价格销售(含税价 124.3 元),以减少库存。

📌 实验过程

1. 跌价准备设置

选择"供应链"|"存货核算"|"跌价准备"|"跌价准备设置",进入后单击"增加"按钮,输入实验资料信息,如图 9-39 所示。单击"保存"按钮完成。

跌价准备设置							
存货编码	存货名称	计量单位	可变现价格	跌价准备科目编码	跌价准备科目名称	计提费用科目编码	计提费用科目名称
018	桌面扫描器	个	110.00	1471	存货跌价准备	6701	资产减值损失

图 9-39　跌价准备设置

视频:计提存货跌价准备业务

2. 计提存货跌价准备

选择"供应链"|"存货核算"|"跌价准备"|"计提跌价准备",进入"计提跌价处理单"窗口,单击"增加"按钮,输入资料后如图 9-40 所示。依次单击"保存""审核"按钮完成审核。

图 9-40　计提跌价处理单

3. 生成凭证

选择"供应链"|"存货核算"|"跌价准备"|"跌价准备制单",单击"选单"按钮,进入"选择单据"窗口。选择单据,单击"确定"按钮,返回后凭证类别选择转账凭证,如图9-41所示。

凭证类别	转 转账凭证							
选择	单据类型	摘要	科目类型	科目编码	科目名称	借方金额	贷方金额	存货名称
1	跌价准备	跌价准备	对方	6701	资产减值损失	9,250.00		桌面扫描器
			计提	1471	存货跌价准备		9,250.00	桌面扫描器
合计						9,250.00	9,250.00	

图 9-41　生成凭证

单击"制单"按钮,进入"填制凭证"窗口,单击"保存"按钮,完成凭证生成,分录如下。

借:资产减值损失(6701)　　　　　　　　　　　　　　　　　　　9 250
　　贷:存货跌价准备(1471)　　　　　　　　　　　　　　　　　　　　9 250

9.1.13　月末结账

月末处理一般在本月报表编制完成后,确认当期业务完成,才进行相关的月末结账等处理,这里是说明具体的方法。

(1) 月末结账前,须先审核出库、入库的单据,然后才能进行结账。
(2) 月末结账处理之前,应先对库存数据进行备份处理。
(3) 选择"供应链"|"库存管理"|"月末处理"|"月末结账",在弹出的"结账"窗口中,选择要结账的月份,单击"结账"按钮,完成库存系统月末结账。

> **操作提示**
>
> 如果库存管理系统和采购、销售管理系统集成使用,则必须在采购管理系统和销售管理系统结账后,库存管理系统才能进行结账。如果采购管理系统提示有订单未关闭,选择不关闭即可。
> 月末结账之前一定要进行数据备份,否则数据一旦发生错误,将造成无法挽回的后果。
> 月末结账后将不能再做当前会计月的业务,只能做下个会计月的日常业务。
> 当某月结账后发现错误时,可用"取消结账"功能取消结账状态,再进行该月业务处理并结账。
> 如果库存管理系统和存货核算系统集成使用,则必须在存货核算系统当月未结账或取消结账后,库存管理系统才能取消结账。

9.2　存货核算

9.2.1　存货核算功能概述

存货核算系统主要针对企业收、发业务,核算企业存货的入库成本、出库成本和结存成本,反映和监督存货的收发、领退和保管情况,以及存货资金的占用情况,具体内容可扫描二维码阅读。

存货核算
功能概述

9.2.2 调整存货入库成本

实验资料

2023 年 4 月 26 日，财务部将 2023 年 4 月 4 日发生的采购有线鼠标的入库成本增加 720 元。

实验过程

1. 录入调整单据

选择“供应链”|“存货核算”|“调整单”|“入库调整单”，进入后单击“增加”按钮，输入实验资料信息，如图 9-42 所示。

视频：调整存货入库成本

依次单击“保存”“记账”按钮完成保存和记账。

入库调整单可以针对单据调整，也可针对存货调整。

入库调整单

仓库 * 原料库　日期 * 2023-04-26　单据号 0000000001

收发类别 采购入库　部门 采购部　供应商

业务员　备注

先进先出法调整结存…　是否调整对应出库单

删行　显示格式　排序定位

	存货编码	存货名称	计量单位	被调整单据号	金额	记账人
1	013	有线鼠标	只		720.00	

图 9-42　入库调整单

2. 生成入库调整凭证

选择“供应链”|“存货核算”|“凭证处理”|“生成凭证”，进入后单击工具栏的“选单”按钮，单据类型选择“入库调整单”，单击“确定”按钮，进入“选择单据”窗口，选择入库调整单，单击“确定”按钮，返回后凭证类别选择转账凭证，如图 9-43 所示。

凭证类别 转 转账凭证

选择	单据类型	摘要	科目类型	科目编码	科目名称	借方金额	贷方金额	存货名称	部门名称	单据日期
1	入库调整单	入库调整单	存货	140301	生产用原材料	720.00		有线鼠标	采购部	2023-04-26
			对方	1402	在途物资		720.00	有线鼠标	采购部	2023-04-26
合计						720.00	720.00			

图 9-43　生成凭证

单击“制单”按钮生成凭证，分录如下。

借：原材料/生产用原材料(140301)　　720

　　贷：在途物资(1402)　　720

3. 查询账簿

选择“供应链”|“存货核算”|“账簿”|“明细账”，进入后仓库选择原料库，存货选择有线鼠标，单击“确定”按钮显示“明细账”，如图 9-44 所示。

记账日期:	2023年		凭证号	摘要		收入			发出			结存		
	月	日		凭证摘要	收发类别	数量	单价	金额	数量	单价	金额	数量	单价	金额
				期初结存								0.00		0.00
2023-04-04	4	4	转 20	采购入库单	采购入库	360.00	50.00	18,000.00				360.00	50.00	18,000.00
2023-04-06	4	6	转 22	采购入库单	采购入库	60.00	50.17	3,010.38				420.00	50.02	21,010.38
2023-04-26	4	26	转 66	组装单	组装出库				5.00	50.02	250.10	415.00	50.02	20,760.28
2023-04-26	4	26	转 70	入库调整单	采购入库			720.00				415.00	51.76	21,480.28
				4月合计		420.00		21,730.38	5.00		250.10	415.00	51.76	21,480.28
				本年累计		420.00		21,730.38	5.00		250.10			

图 9-44　明细账

从明细账看出，调整数据已经入账，并影响单价。

4. 逆向纠错法

在实际业务处理中，有多种因素可能导致数据出错，而且往往在最后阶段才发现错误。出现问题后的纠错措施，也是必须掌握的。逆向纠错法就是按照前面的操作顺序，从后面一步步往前取消操作，一直到出现错误的那一步，纠正后再向后一步步完成操作。

以本实验为例，如在查询账簿时发现没有入库调整单，仔细查阅前面的单据后发现将“有线鼠标”误输入为“有线键盘”了。逆向纠错法的操作过程如下。

(1) 选择“供应链”|“存货核算”|“凭证处理”|“查询凭证”，删除本次生成的凭证。再选择“财务会计”|“总账”|“凭证”|“填制凭证”，单击“整理”按钮，将已经删除的凭证彻底清除。

(2) 选择“供应链”|“存货核算”|“记账”|“恢复记账”，选择本次的入库调整单，取消记账。

(3) 选择“供应链”|“存货核算”|“调整单”|“入库调整单”，将错误输入的“有线键盘”改为“有线鼠标”，然后一步步往后完成操作。

9.2.3 调整存货出库成本

实验资料

2023 年 4 月 26 日，调整 2023 年 4 月 8 日出售给天津大华公司的创智 X 号的出库成本，增加 1 000 元。

实验过程

视频：调整存货出库成本

1. 录入调整单据

选择“供应链”|“存货核算”|“调整单”|“出库调整单”，进入后单击“增加”按钮，输入实验资料信息，如图 9-45 所示。依次单击“保存”“记账”按钮完成。

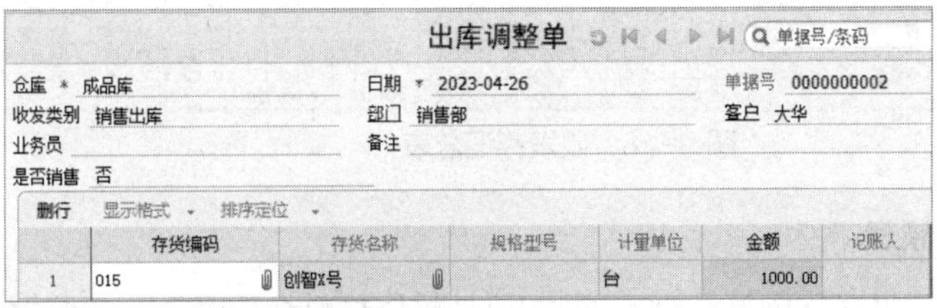

图 9-45 出库调整单

2. 生成出库调整凭证

选择“供应链”|“存货核算”|“凭证处理”|“生成凭证”，进入后单击工具栏的 “选单”按钮，单据类型选择“出库调整单”，单击“确定”按钮，进入“未生成凭证单据一览表”窗口。选择单据，单击“确定”按钮后返回，凭证类别选择转账凭证，如图 9-46 所示。

凭证类别 转 转账凭证

选择	单据类型	摘要	科目类型	科目编码	科目名称	借方金额	贷方金额	存货名称	部门名称	单据日期
1	出库调整单	出库调整单	对方	6401	主营业务成本	1,000.00		创智X号	销售部	2023-04-26
			存货	1405	库存商品		1,000.00	创智X号	销售部	2023-04-26
合计						1,000.00	1,000.00			

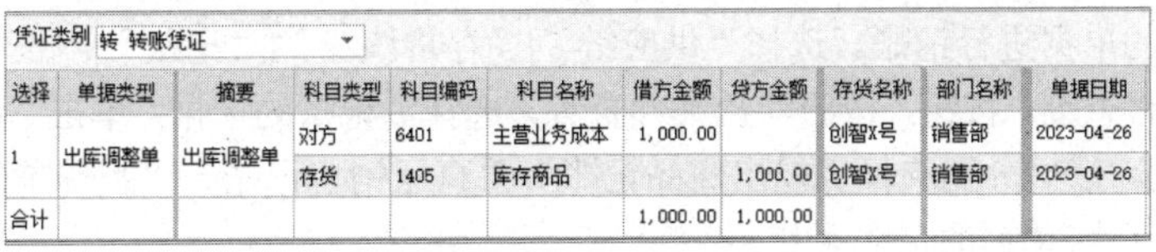

图 9-46 生成凭证

单击“制单”按钮生成凭证，分录如下。

借：主营业务成本(6401)　　1 000

　　贷：库存商品(1405)　　1 000

3. 查询账簿

选择“供应链”|“存货核算”|“账簿”|“明细账”，进行条件设置，仓库选择成品库，存货选择创智 X 号，单击“确定”按钮显示“明细账”，如图 9-47 所示。 从明细账看出，调整数据已经入账。

记账日期:	2023年		凭证号	摘要		收入			发出			结存		
	月	日		凭证摘要	收发类别	数量	单价	金额	数量	单价	金额	数量	单价	金额
				期初结存								580.00	4,800.00	2,784,000.00
2023-04-25	4	25			销售出库				20.00			560.00	4,971.43	2,784,000.00
2023-04-25	4	25			销售出库				10.00			550.00	5,061.82	2,784,000.00
2023-04-25	4	25			销售出库				50.00			500.00	5,568.00	2,784,000.00
2023-04-25	4	25			销售出库				160.00			340.00	8,188.24	2,784,000.00
2023-04-25	4	25			销售出库				30.00			310.00	8,980.65	2,784,000.00
2023-04-25	4	25			销售出库				10.00			300.00	9,280.00	2,784,000.00
2023-04-26	4	26	转 62	产成品入库单		30.00	5,000.00	150,000.00				330.00	8,890.91	2,934,000.00
2023-04-26	4	26	转 66	组装单	组装入库	5.00	4,162.80	20,814.00				335.00	8,820.34	2,954,814.00
2023-04-26	4	26			其他出库				8.00			327.00	9,036.13	2,954,814.00
2023-04-26	4	26	转 71	出库调整单	销售出库						1,000.00	327.00	9,033.07	2,953,814.00
				4月合计		35.00		170,814.00	288.00		1,000.00	327.00	9,033.07	2,953,814.00
				本年累计		35.00		170,814.00	288.00		1,000.00			

图 9-47　明细账

9.2.4 核算资料查询

1. 收发存汇总表

选择“供应链”|“存货核算”|“汇总表”|“收发存汇总表”，按照默认条件设置，进入收发存汇总表，如图 9-48 所示。

视频：核算资料查询

存货		期初			收入			发出			结存		
名称	单位	数量	单价	金额	数量	单价	金额	数量	单价	金额	数量	单价	金额
CN处理器	盒	700.00	1,200.00	840,000.00	50.00	1,200.00	60,000.00	245.00	1,200.00	294,000.00	505.00	1,200.00	606,000.00
2TSSD硬盘	盒	200.00	820.00	164,000.00	200.00	797.77	159,553.62	110.00	808.88	88,976.90	290.00	808.89	234,576.72
LED显示屏	块				50.00	1,200.00	60,000.00	5.00	1,200.00	6,000.00	45.00	1,200.00	54,000.00
有线键盘	个				297.00	95.00	28,215.00	5.00	95.00	475.00	292.00	95.00	27,740.00
有线鼠标	只				420.00	51.74	21,730.38	5.00	50.02	250.10	415.00	51.76	21,480.28
创智X号	台	580.00	4,800.00	2,784,000.00	35.00	4,880.40	170,814.00	288.00	3.47	1,000.00	327.00	9,033.07	2,953,814.00
手持扫描器	个	250.00	150.00	37,500.00	100.00	180.00	18,000.00	231.00			119.00	466.39	55,500.00
桌面扫描器	个	275.00	100.00	27,500.00	100.00	120.00	12,000.00	100.00			275.00	143.64	39,500.00
HP打印机	台	400.00	1,800.00	720,000.00	50.00	1,500.00	75,000.00	172.00			278.00	2,859.71	795,000.00
摄像头	台				20.00	300.00	6,000.00	20.00	300.00	6,000.00			

图 9-48　收发存汇总表

2. 暂估材料余额表

选择“供应链”|“存货核算”|“汇总表”|“暂估材料余额表”，按照默认条件设置，进入暂估材料余额表。

9.2.5 期末处理

1. 存货核算系统期末处理

视频：期末处理

(1) 对未记账的单据进行记账。选择“供应链”|“存货核算”|“记账”|“正常单据记账”，单击“查询”按钮，按照默认条件查询，选择需记账的单据，单击“记账”按钮完成记账。然后分别选择“发出商品记账”“直运销售记账”“特殊单据记账”完成相关未记账单据的记账工作。

(2) 结转库存单价。选择“供应链”|“存货核算”|“记账”|“期末处理”，进入“期末处理”窗口。选择全部仓库，如图 9-49 所示。

单击左边的“处理”按钮，进入“仓库平均单价计算表”窗口，如图 9-50 所示。

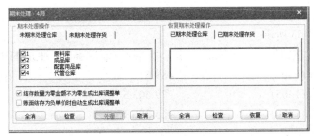

图 9-49 期末处理(选择仓库)

仓库平均单价计算表

存货名称	期初数量	期初金额	入库数量	入库金额	有金额出库成本	平均单价	无金额出库数量	无金额出库成本	出库合计成本
创智X号	580.00	2,784,000.00	35.00	170,814.00	1,000.00	4,802.95	288.00	1,383,249.48	1,384,249.48
HP打印机	400.00	720,000.00	50.00	75,000.00	0.00	1,766.67	172.00	303,866.67	303,866.67
手持扫描器	250.00	37,500.00	100.00	18,000.00	0.00	158.57	233.00	36,947.14	36,947.14
桌面扫描器	275.00	27,500.00	100.00	12,000.00	0.00	105.33	100.00	10,533.33	10,533.33
	1,505.00	3,569,000.00	285.00	275,814.00	1,000.00		793.00	1,734,596.62	1,735,596.62

图 9-50 仓库平均单价计算表

由于原料库是使用的移动平均法，已经在业务处理过程中计算了单价，所以表上没有这部分内容。单击工具栏的“确定”按钮，系统提示“期末处理完毕”。期末处理后，相关以全月平均法计价的物料，其发出的价格将确定，并进行相应的计算。

(3) 查看结转库存单价后的明细账。选择“供应链”|“存货核算”| “账簿”|“明细账”，仓库选择成品库，存货选择创智 X 号，单击“确定”按钮返回“明细账”，如图 9-51 所示。

2023年		凭证号	摘要		收入			发出			结存		
月	日		凭证摘要	收发类别	数量	单价	金额	数量	单价	金额	数量	单价	金额
			期初结存								580.00	4,800.00	2,784,000.00
4	25			销售出库				20.00	4,802.95	96,059.00	560.00	4,799.89	2,687,941.00
4	25			销售出库				10.00	4,802.95	48,029.50	550.00	4,799.84	2,639,911.50
4	25			销售出库				50.00	4,802.95	240,147.50	500.00	4,799.53	2,399,764.00
4	25			销售出库				160.00	4,802.95	768,472.00	340.00	4,797.92	1,631,292.00
4	25			销售出库				30.00	4,802.95	144,088.50	310.00	4,797.43	1,487,203.50
4	25			销售出库				10.00	4,802.95	48,029.50	300.00	4,797.25	1,439,174.00
4	26	转 62	产成品...		30.00	5,000.00	150,000.00				330.00	4,815.68	1,589,174.00
4	26	转 66	组装单	组装入库	5.00	4,162.80	20,814.00				335.00	4,805.93	1,609,988.00
4	26			其他出库				8.00	4,802.95	38,423.60	327.00	4,806.01	1,571,564.40
4	26	转 71	出库调...	销售出库						1,000.00	327.00	4,802.95	1,570,564.40
			4月合计		35.00		170,814.00	288.00		1,384,249.60	327.00	4,802.95	1,570,564.40
			本年累计		35.00		170,814.00	288.00		1,384,249.60			

图 9-51 明细账(创智 X 号)

从明细账中看出，平均单价已经填入，并进行了相关计算。

(4) 结转销售出库成本。选择“供应链”|“存货核算”|“凭证处理”|“生成凭证”，进入后单击工具栏的“选单”按钮，单据类型选择“专用发票”，单击“确定”按钮，进入“未生成凭证单据一览表”窗口，如图 9-52 所示。

☐ 已结算采购入库单自动选择全部结算单上单据(包括入库单、发票、付款单),非本月采购入库单按蓝字报销单制单

未生成凭证单据一览表

选择	记账日期	单据日期	单据类型	仓库	收发类别	业务类型	计价方式	备注	摘要	客户
	2023-04-25	2023-04-08	专用发票	成品库	销售出库	普通销售	全月平均法		专用发票	天津大华公司
	2023-04-25	2023-04-08	专用发票	成品库	销售出库	普通销售	全月平均法	销售手持和	销售手持和	天津大华公司
	2023-04-25	2023-04-12	专用发票	成品库	销售出库	普通销售	全月平均法	销售手持和	销售手持和	天津大华公司
	2023-04-25	2023-04-12	专用发票	配套用品库	销售出库	普通销售	全月平均法		专用发票	天津大华公司
	2023-04-25	2023-04-15	专用发票	成品库	销售出库	普通销售	全月平均法		专用发票	湖北朝华公司
	2023-04-25	2023-04-15	专用发票	成品库	销售出库	普通销售	全月平均法		专用发票	天津大华公司
	2023-04-25	2023-04-16	专用发票	成品库	销售出库	普通销售	全月平均法		专用发票	辽宁飞鸽公司
	2023-04-25	2023-04-16	专用发票	配套用品库	销售出库	普通销售	全月平均法		专用发票	辽宁飞鸽公司
	2023-04-25	2023-04-17	专用发票	配套用品库	销售出库	普通销售	全月平均法		专用发票	重庆嘉陵公司
	2023-04-25	2023-04-17	专用发票	配套用品库	销售出库	普通销售	全月平均法		专用发票	重庆嘉陵公司
	2023-04-25	2023-04-17	专用发票	配套用品库	销售出库	普通销售	全月平均法		专用发票	上海长江公司
	2023-04-25	2023-04-17	专用发票	成品库	销售出库	普通销售	全月平均法		专用发票	湖北朝华公司
	2023-04-25	2023-04-20	专用发票	成品库	销售出库	委托	全月平均法		专用发票	辽宁飞鸽公司
	2023-04-25	2023-04-21	专用发票	成品库	销售出库	普通销售	全月平均法		专用发票	湖北朝华公司
	2023-04-25	2023-04-25	专用发票	成品库	销售出库	分期收款	全月平均法		专用发票	上海长江公司
	2023-04-26	2023-04-21	专用发票	成品库	销售出库	委托	全月平均法		专用发票	辽宁飞鸽公司

图 9-52 未生成凭证单据一览表

单击"全选"按钮，然后单击"确定"按钮，返回"生成凭证"窗口，凭证选择选择转账凭证，补充贷方科目，如图9-53所示。

单击"合并制单"按钮生成一张凭证，进入"填制凭证"窗口，生成的凭证分录如下。

借：主营业务成本(6401)　　　1 245 489.65
　　贷：库存商品(1405)　　　　779 603.5
　　　　发出商品(1406)　　　　465 886.15

单击"保存"按钮完成。

选择	单据类型	业务类型	摘要	科目类型	科目编码	科目名称	借方金额	贷方金额
1	专用发票	普通销售	专用发票	对方	6401	主营业务成本	96,059.00	
				存货	1405	库存商品		96,059.00
				对方	6401	主营业务成本	7,928.50	
				存货	1405	库存商品		7,928.50
			销售手…	对方	6401	主营业务成本	5,266.50	
				存货	1405	库存商品		5,266.50
				对方	6401	主营业务成本	7,928.50	
				存货	1405	库存商品		7,928.50
				对方	6401	主营业务成本	17,666.70	
				存货	1405	库存商品		17,666.70
				对方	6401	主营业务成本	14,271.30	
				存货	1405	库存商品		14,271.30
				对方	6401	主营业务成本	5,266.50	
				存货	1405	库存商品		5,266.50
				对方	6401	主营业务成本	48,029.50	
				存货	1405	库存商品		48,029.50
				对方	6401	主营业务成本	240,147.50	
				存货	1405	库存商品		240,147.50
				对方	6401	主营业务成本	88,333.50	
				存货	1405	库存商品		88,333.50
				对方	6401	主营业务成本	70,666.80	
				存货	1405	库存商品		70,666.80
				对方	6401	主营业务成本	35,333.40	
				存货	1405	库存商品		35,333.40
				对方	6401	主营业务成本	88,333.50	
				存货	1405	库存商品		88,333.50
		分期收款		对方	6401	主营业务成本	384,236.00	
				发出商品	1406	发出商品		384,236.00
		普通销售		对方	6401	主营业务成本	6,342.80	
				存货	1405	库存商品		6,342.80
		委托		对方	6401	主营业务成本	96,059.00	
				发出商品	1406	发出商品		96,059.00
		普通销售		对方	6401	主营业务成本	48,029.50	
				存货	1405	库存商品		48,029.50
		委托		对方	6401	主营业务成本	-14,408.85	
				发出商品	1406	发出商品		-14,408.85
合计							1,245,489.65	1,245,489.65

图9-53　生成凭证1

(5) 结转分期收款委托代销发出商品。选择"供应链"|"存货核算"|"凭证处理"|"生成凭证"，进入后单击工具栏的"选单"按钮，在查询条件中，单据类型选择"发货单"，单击"确定"按钮，进入"未生成凭证单据一览表"窗口。选择要生成凭证的行，单击"确定"按钮，返回"生成凭证"窗口，凭证类别选择转账凭证，补充借方科目，如图9-54所示。

图 9-54　生成凭证 2

单击"合并制单"按钮生成凭证，分录如下。

借：发出商品(1406)　　　　　　　　　　　　　　　　　　912 560.5
　　贷：库存商品(1405)　　　　　　　　　　　　　　　　　912 560.5

(6) 其他未生成凭证的业务生成凭证。选择"供应链"|"存货核算"|"凭证处理"|"生成凭证"，进入后单击工具栏的"选单"按钮，进入"查询条件"窗口，单据类型选择为空，其他保持默认设置，单击"确定"按钮，返回后如图 9-55 所示。

选择单据，单击"确定"按钮，进入"生成凭证"窗口，凭证类别选择转账凭证，修改并补充科目，如图 9-56 所示。

图 9-55　未生成凭证单据一览表

图 9-56　生成凭证

单击"合并制单"按钮，进入"填制凭证"窗口，生成的凭证分录如下。

借：库存商品(1405)　　　　　　　　　　　　　　　　　　6 000.00
　　主营业务成本(6401)　　　　　　　　　　　　　　　　48 115.51
　　贷：在途物资(1402)　　　　　　　　　　　　　　　　6 000.00
　　　　库存商品(1405)　　　　　　　　　　　　　　　　48 115.51

(7) 月末检查单据完成剩余凭证生成。选择"供应链"|"存货核算"|"记账"|"月末结账"，单击"月结检查"按钮，系统提示尚有其他出库单未生成凭证，返回继续生成凭证。

选择"供应链"|"存货核算"|"凭证处理"|"生成凭证"，进入后单击工具栏的"选单"按钮，进入"查询条件"窗口，单据类型选择"其他出库单"，其他保持默认设置，单击"确定"按钮，返回后如图 9-57 所示。

已结算采购入库单自动选择全部结算单上单据(包括入库单、发票、付款单),非本月采购入库单按蓝字报销单制单　**未生成凭证单据一览表**

选择	记账日期	单据日期	单据类型	仓库	记账人	业务类型	计价方式	摘要
	2023-04-26	2023-04-22	其他出库单	成品库	何沙	转换出库	全月平均法	其他出库单

图 9-57　未生成凭证单据一览表

选择单据，单击“确定”按钮，进入“生成凭证”窗口，凭证类别选择转账凭证，修改并补充科目，如图 9-58 所示。

凭证类别　转 转账凭证

选择	单据类型	业务类型	摘要	科目类型	科目编码	科目名称	借方金额	贷方金额
1	其他出库单	转换出库	其他出库单	对方	6401	主营业务成本	317.14	
				存货	1405	库存商品		317.14
合计							317.14	317.14

图 9-58　生成凭证

单击“合并制单”按钮，进入“填制凭证”窗口，生成的凭证分录如下。

借：主营业务成本(6401)　　317.14

　　贷：库存商品(1405)　　317.14

2. 存货与总账系统对账

选择“供应链”|“存货核算”|“对账”|“存货与总账对账”，按默认条件查询，进入“存货核算与总账对账”窗口，可查看相关数据。对账之前，应将凭证进行记账。

3. 月末结账

月末处理一般在本月报表编制完成后，确认当期业务完成，才进行相关的月末结账等处理，这里是说明具体的方法。

选择“供应链”|“存货核算”|“记账”|“月末结账”，选择要结账的月份，单击“结账”按钮，进行结账。

即测即评

请扫描二维码进行在线测试。

本章测评

第 10 章

期末业务与报表编制

10.1 期末业务

10.1.1 期末业务处理

期末业务处理是指将企业本月所发生的日常业务处理全部记账后，在每个会计期末都需要执行的一些特定的会计工作，如期末转账、对账、结账工作等。期末业务处理的相关内容可扫描二维码阅读。

期末业务处理

10.1.2 处理未审核和未记账凭证

1. 审核凭证

以审核员(03-孙胜业)身份登录，日期为 2023 年 4 月 30 日。选择“财务会计”|“总账”|“凭证”|“审核凭证”，按默认条件查询， 进入“凭证审核列表”窗口，进行凭证审核。勾选有错的凭证，单击“标错”按钮，输入凭证错误原因。

对于审核中不能通过的凭证，应查找该凭证的原业务，查清错误原因。以该凭证制单人身份登录系统，选择“财务会计”|“总账”|“凭证”|“查询凭证”，进入“查询凭证列表”窗口，找到该凭证。如果是通过总账系统录入的凭证，可以在这里修改。如果是业务系统生成的凭证，须返回相应业务系统修改。通过在总账里查询到有错的凭证，可以看到生成凭证的系统名称和制单人，如图 10-1 所示。

视频：处理未审核和未记账凭证

查询凭证列表

制单日期	凭证编号	摘要	借方金额合计	贷方金额合计	制单人	备注	年度
2023-04-21	收 - 0021	微信自动转账收款	848.00	848.00	何沙	有错	2023
合计			848.00	848.00			

图 10-1 有错凭证

出错信息中标明生成凭证的系统是“应收系统”，制单人是“何沙”。

以账套主管(01-何沙)身份登录，选择“财务会计”|“应收款管理”|“凭证处理”|“查询凭证”，进入“查询凭证”窗口。查到该凭证后，将当前行移到该凭证，双击工具栏的“修改”按钮进入修改状态，对凭证进行修改，最后以审核员(03-孙胜业)身份登录总账系统审核。

涉及现金和银行的凭证以出纳身份登录，对相关凭证进行出纳签字。

2. 凭证记账

以记账员(03-孙胜业)身份登录,选择"财务会计"|"总账"|"凭证"|"记账",完成记账。

10.1.3 社会保险费自动计提

▶ **实验资料**

按当月应发工资总额的16%(关于具体的比例,各地有可能不一致,相应的政策也在不断的变化,这里重点在于学会这种处理方法),计提单位应交的职工养老保险。根据职工所属的部门决定费用计入管理费用、销售费用或者是制造费用。与此相关的还有医疗保险、失业保险、工伤保险等,处理方法类同,使用自动转账凭证完成。

▶ **实验过程**

1. 定义转账凭证

(1) 选择"财务会计"|"总账"|"期末"|"转账定义"|"自定义转账",进入"自定义转账设置"窗口。单击"增加"按钮,添加转账目录,凭证类别选择转账凭证,如图10-2所示。

单击"确定"按钮,继续定义转账凭证的分录信息。

(2) 设置公式。单击"增行"按钮,在科目编码栏中,输入66020103(管理费用/职工薪酬/社会保险费),部门为"行政部",方向"借"。将光标移到"金额公式"栏目下,按F2键进入"公式向导"窗口,选择FS()(借方发生额),如图10-3所示。

视频:社会保险费自动计提

图 10-2 转账目录定义(社会保险费)

图 10-3 公式向导1

单击"下一步"按钮,科目输入66020101(管理费用/职工薪酬/工资),勾选运算符"*(乘)",勾选"继续输入公式",如图10-4所示。

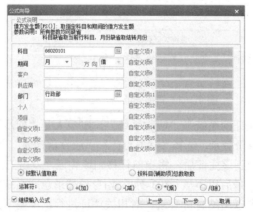

图 10-4 公式向导2

单击"下一步"按钮,返回"公式向导"窗口,在公式名称中选择"常数"(在公式名称最后一行)，再单击“下一步”按钮，常数输入 0.16(16%)，如图 10-5 所示。

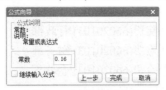

图 10-5　公式向导 3

单击“完成”按钮，返回金额公式栏。完成本公式定义：FS(66020101,月,借,101)*0.16。

其他公式设置方法类似，也可以通过复制公式修改。计提社会保险费的公式定义如表 10-1 所示。

表 10-1　计提社会保险费的公式定义

科目	科目编码	部门	方向	金额公式
管理费用/职工薪酬/社会保险费	66020103	行政部	借	FS(66020101,月,借,101)*0.16
管理费用/职工薪酬/社会保险费	66020103	财务部	借	FS(66020101,月,借,102)*0.16
管理费用/职工薪酬/社会保险费	66020103	仓储部	借	FS(66020101,月,借,201)*0.16
管理费用/职工薪酬/社会保险费	66020103	采购部	借	FS(66020101,月,借,202)*0.16
销售费用/职工薪酬/社会保险费	66010103	销售部	借	FS(66010101,月,借,401)*0.16
销售费用/职工薪酬/社会保险费	66010103	服务部	借	FS(66010101,月,借,402)*0.16
制造费用/职工薪酬/社会保险费	51010103	一车间	借	FS(51010101,月,借,301)*0.16
制造费用/职工薪酬/社会保险费	51010103	二车间	借	FS(51010101,月,借,302)*0.16
应付职工薪酬/职工薪酬/社会保险费	22110103		贷	FS(66010101,月,借,*)*0.16+FS (66020101,月,借,*)*0.16+FS(51010101,月,借,*)*0.16

自定义转账设置完成后，如图 10-6 所示。

摘要	科目编码	部门	方向	金额公式
计提职工社会保险费	66020103	行政部	借	FS(66020101,月,借,101)*0.16
计提职工社会保险费	66020103	财务部	借	FS(66020101,月,借,102)*0.16
计提职工社会保险费	66020103	仓储部	借	FS(66020101,月,借,201)*0.16
计提职工社会保险费	66020103	采购部	借	FS(66020101,月,借,202)*0.16
计提职工社会保险费	66010103	销售部	借	FS(66010101,月,借,401)*0.16
计提职工社会保险费	66010103	服务部	借	FS(66010101,月,借,402)*0.16
计提职工社会保险费	51010103	一车间	借	FS(51010101,月,借,301)*0.16
计提职工社会保险费	51010103	二车间	借	FS(51010101,月,借,302)*0.16
计提职工社会保险费	22110103		贷	FS(66010101,月,借,*)*0.16+ FS(66020101,月,借,*)*0.16+FS(51010101,月,借,*)*0.16

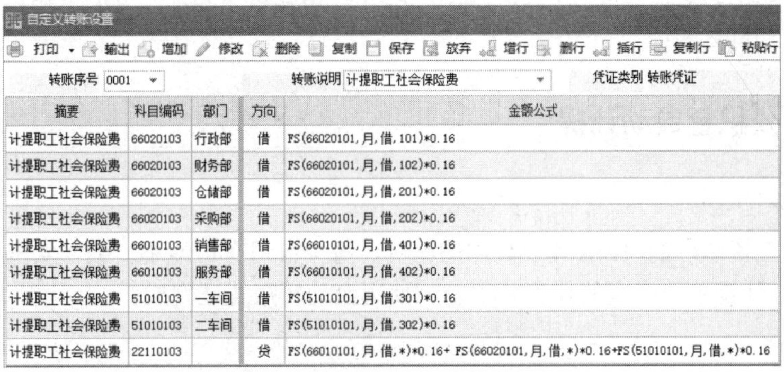

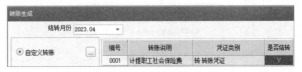

图 10-6　自定义转账凭证设置

单击“保存”按钮后退出。

2. 生成转账凭证

(1) 生成凭证。选择“财务会计”|“总账”|“期末”|“转账生成”，进入“转账生成”窗口。勾选“自定义转账”，在“计提职工社会保险费”行的“是否结转”下双击设置为“Y”，如图 10-7 所示。

图 10-7　转账生成

单击"确定"按钮,系统根据定义的转账公式生成凭证(如果提示有未记账凭证,则必须先将全部凭证记账),分录如下。

借:管理费用/职工薪酬/社会保险费(66020103)/行政部	4 464
管理费用/职工薪酬/社会保险费(66020103)/财务部	4 896
管理费用/职工薪酬/社会保险费(66020103)/仓储部	1 696
管理费用/职工薪酬/社会保险费(66020103)/采购部	3 392
销售费用/职工薪酬/社会保险费(66010103)/销售部	3 376
销售费用/职工薪酬/社会保险费(66010103)/服务部	1 688
制造费用/职工薪酬/社会保险费(51010103)/一车间	6 200
制造费用/职工薪酬/社会保险费(51010103)/二车间	8 252
贷:应付职工薪酬/职工薪酬/社会保险费(22110103)	33 964

(2) 数据验证。按照数据计算关系,要对生成的凭证进行验证,以保证准确。具体可根据涉及的科目余额表、部门科目总账等,对计算公式进行还原。如选择"财务会计"|"总账"|"账表"|"部门辅助账"|"部门科目总账",进入"部门科目总账"窗口。科目选择"66010101 工资",如图 10-8 所示。

图 10-8 部门科目总账

如销售部的职工养老保险为 21 100×0.16=3 376,据此可与凭证生成的数据进行核对。其他数据均可按照本方法进行验证。

10.1.4 住房公积金自动计提

▶ **实验资料**

按当月应发工资总额的 12%(关于具体的比例,每个公司有可能不一致,实务中计提比例介于 7%~12%之间),计提单位应交的住房公积金。使用自动转账凭证完成。

▶ **实验过程**

1. 定义转账凭证

由于有自动计提社会保险费的基础,自动计提住房公积金就可以在此基础上进行复制、修改、保存的操作。具体操作步骤如下。

选择"财务会计"|"总账"|"期末"|"转账定义"|"自定义转账",进入"自定义转账设置"窗口,如图 10-6 所示。单击工具栏"复制"按钮,系统弹出"转账目录"窗口,录入转账信息及转账说明,如图 10-9 所示。

视频:住房公积金自动计提

图 10-9 转账目录定义(住房公积金)

单击"确定"按钮,系统复制自定义转账凭证,转账序号为0002。

计提住房公积金的公式定义如表10-2所示。

表10-2 计提住房公积金的公式定义

科目	科目编码	部门	方向	金额公式
管理费用/职工薪酬/住房公积金	66020104	行政部	借	FS(66020101,月,借,101)*0.12
管理费用/职工薪酬/住房公积金	66020104	财务部	借	FS(66020101,月,借,102)*0.12
管理费用/职工薪酬/住房公积金	66020104	仓储部	借	FS(66020101,月,借,201)*0.12
管理费用/职工薪酬/住房公积金	66020104	采购部	借	FS(66020101,月,借,202)*0.12
销售费用/职工薪酬/住房公积金	66010104	销售部	借	FS(66010101,月,借,401)*0.12
销售费用/职工薪酬/住房公积金	66010104	服务部	借	FS(66010101,月,借,402)*0.12
制造费用/职工薪酬/住房公积金	51010104	一车间	借	FS(51010101,月,借,301)*0.12
制造费用/职工薪酬/住房公积金	51010104	二车间	借	FS(51010101,月,借,302)*0.12
应付职工薪酬/职工薪酬/住房公积金	22110104		贷	FS(66010101,月,借,*)*0.12+FS(66020101,月,借,*)*0.12+FS(51010101,月,借,*)*0.12

根据计提住房公积金公式定义对复制的自定义转账设置进行修改,步骤如下:

双击科目编码,修改科目编码,将所有社会保险科目变更为住房公积金科目,公式中的常数由0.16变更为0.12。修改完毕,单击"保存"按钮完成定义后退出。

2. 生成转账凭证

(1) 生成凭证。选择"财务会计"|"总账"|"期末"|"转账生成",进入"转账生成"窗口。勾选"自定义转账",在"计提职工住房公积金"行的"是否结转"下双击设置为"Y",单击"确定"按钮,系统根据定义的转账公式生成凭证,分录如下。

```
借:管理费用/职工薪酬/住房公积金(66020104)//行政部          3 348
    管理费用/职工薪酬/住房公积金(66020104)//财务部          3 672
    管理费用/职工薪酬/住房公积金(66020104)/仓储部           1 272
    管理费用/职工薪酬/住房公积金(66020104)/ 采购部          2 544
    销售费用/职工薪酬/住房公积金(66010104)/ 销售部          2 532
    销售费用/职工薪酬/住房公积金(66010104)/ 服务部          1 266
    制造费用/职工薪酬/住房公积金(51010104)/一车间           4 650
    制造费用/职工薪酬/住房公积金(51010104)/二车间           6 189
    贷:应付职工薪酬/职工薪酬/住房公积金(22110104)            25 473
```

(2) 数据验证。按照数据计算关系,要对生成的凭证进行验证,以保证准确。具体可根据涉及的科目余额表、部门科目总账等,对计算公式进行还原。如选择"财务会计"|"总账"|"账表"|"部门辅助账"|"部门科目总账",进入"部门科目总账"窗口。科目选择"66010101 工资",如销售部的职工住房公积金为 21 100×0.12=2 532,据此可与凭证生成的数据进行核对。其他数据均可按照本方法进行验证。

10.1.5 增值税及各项附加税结转

月末,为缴纳各项税金做准备,须对增值税进行月末结转。税法规定企业应当将当月应交未交或多交的增值税自"应交增值税"明细科目转入"未交增值税"明细科目,并计提与之对应的各项附加税。

📌 实验资料

2023 年 4 月 30，结转增值税并计提各项附加税。公司所在地两江新区属于市区，按 7%计提城市维护建设税；按 3%计提教育费附加；按 2%计提地方教育费附加。

在系统中设置应交增值税期末结转、计提税金及附加转账凭证并生成分录。

📌 实验过程

1. 增值税结转

1) 定义转账凭证

视频：增值税及各项附加税结转

(1) 选择"财务会计"|"总账"|"期末"|"转账定义"|"自定义转账"，单击"增加"按钮，添加转账目录，凭证类别选择"转账凭证"，转账说明为"增值税结转"。

(2) 设置公式。单击"增行"按钮，在科目编码栏中，输入 22210103(应交税费/应交增值税/转出未交增值税)，方向"借"。将光标移到"金额公式"栏目下，按 F2 键进入"公式向导"窗口，选择 QM()(期末余额)。

单击"下一步"按钮，科目选择 222101(应交税费/应交增值税)，然后选择"按科目(辅助项)总数取数"复选框，单击"完成"按钮完成凭证定义，如图 10-10 所示。

2) 生成转账凭证

(1) 生成凭证。选择"财务会计"|"总账"|"期末"|

图 10-10 自定义转账凭证设置

"转账生成"，勾选"自定义转账"，在"增值税结转"行的"是否结转"下双击设置为"Y"，单击"确定"按钮生成凭证，分录如表 10-3 所示。

表 10-3 增值税结转转账凭证分录

科目	方向	金额/元
应交税费/应交增值税/转出未交增值税(22210103)	借	187148.10
应交税费/未交增值税(222102)	贷	187148.10

(2) 数据验证。具体可根据涉及的科目余额表、科目明细账等进行验证。如选择"财务会计"|"总账"|"账表"|"科目账"|"明细账"，科目选择"222101 应交税费/应交增值税"，根据数据进行核对。如应交税费/应交增值税的期末贷方余额为 187 148.1 元，据此可与凭证生成的数据进行核对。

2. 计提税金及附加

1) 定义转账凭证

(1) 选择"财务会计"|"总账"|"期末"|"转账定义"|"自定义转账"，单击"增加"按钮，添加转账目录，转账序号 0004，转账说明为"计提税金及附加"，凭证类别选择"转账凭证"。

(2) 设置公式。单击"增行"，在科目编码栏中，输入 640301(税金及附加/城市维护建设税)，方向"借"。将光标移到"金额公式"栏目下，按 F2 键进入"公式向导"窗口，选择 FS()(贷方发生额)。

单击"下一步"按钮，科目输入 222102(应交税费/未交增值税)，勾选运算符"*(乘)"，勾选"继续输入公式"。

单击"下一步"按钮，进入"公式向导"窗口，在公式名称中选择"常数"(在公式名称最后一行)，再单击"下一步"按钮，常数输入 0.07(7%)。完成本公式定义"FS(222102,月,贷)*0.07"。

教育费附加、地方教育费附加的公式设置方法类似，可以通过复制公式修改，也可以通过复制粘贴后修改科目编码完成。具体公式如表 10-4 所示。

表 10-4 公式定义

科目	科目编码	方向	金额公式
税金及附加/应交城市维护建设税	640301	借	FS(222102,月,贷)*0.07
应交税费/应交城市维护建设税	222106	贷	FS(222102,月,贷)*0.07
税金及附加/应交教育费附加	640302	借	FS(222102,月,贷)*0.03
应交税费/应交教育费附加	222107	贷	FS(222102,月,贷)*0.03
税金及附加/应交地方教育费附加	640303	借	FS(222102,月,贷)*0.02
应交税费/应交地方教育费附加	222108	贷	FS(222102,月,贷)*0.02

2) 生成转账凭证

(1) 生成凭证。选择"财务会计"|"总账"|"期末"|"转账生成"，勾选"自定义转账"，在"计提税金及附加"行的"是否结转"下双击设置为"Y"。

单击"确定"按钮，系统根据定义的转账公式生成凭证，分录如表 10-5 所示。

表 10-5 计提税金及附加转账凭证分录

科目	方向	金额/元
税金及附加/应交城市维护建设税	借	13 100.37
应交税费/应交城市维护建设税	贷	13 100.37
税金及附加/应交教育费附加	借	5 614.44
应交税费/应交教育费附加	贷	5 614.44
税金及附加/应交地方教育费附加	借	3 742.96
应交税费/应交地方教育费附加	贷	3 742.96

(2) 数据验证。如选择"财务会计"|"总账"|"账表"|"科目账"|"明细账"，进入"明细账"窗口。科目选择"222101 应交税费/应交增值税"。应交税费/应交增值税的期末贷方余额为 187 148.1 元，城市维护建设税应计提金额为 187 148.1×7%=13 100.37 元，据此可与凭证生成的数据进行核对。其他数据均可按照本方法进行验证。

10.1.6 汇兑损益

> **实验资料**

2023 年 4 月末，期末汇率调整，期末汇率为 1 美元＝6.95 元人民币。
结算方式为其他，票号自定。(现金流量：23 汇率变动对现金的影响)

> **实验过程**

1. 汇兑损益凭证设置

选择"财务会计"|"总账"|"期末"|"转账定义"|"汇兑损益"，进入"汇兑损益结转设置"窗口。汇兑损益入账科目选择科目编码"660303"，凭证类别选择付款凭证，然后双击中行存款"是否计算汇兑损益"栏，使该栏显示"Y"，如图 10-11 所示。

视频：汇兑损益

图 10-11 汇兑损益结转凭证设置

2. 月末汇率设置

选择"基础设置"|"基础档案"|"财务"|"外币设置",选中外币"美元",在月份"2023.04"对应的"调整汇率"栏中输入 6.95,如图 10-12 所示。

图 10-12 调整汇率

3. 汇兑损益凭证生成

选择"财务会计"|"总账"|"期末"|"转账生成",勾选左侧的"汇兑损益结转",双击中行美元科目行的"是否结转"列下空白单元格,设置为"Y",如图 10-13 所示。

图 10-13 汇兑损益凭证生成设置

单击"确定"按钮,系统弹出"汇兑损益试算表"窗口,显示外币余额、本币余额等信息,如图 10-14 所示。

图 10-14 汇兑损益试算表

单击"确定"按钮,生成的凭证分录如下。

借:财务费用/汇兑损益(660303)　　　　　　　　　　　　　　　　5 500
　　贷:银行存款/中行存款(100202)　　　　　　　　　　　　　　　　5 500

结算方式和票号自定输入,补充现金流量,单击"保存"按钮完成。

数据正确性验证方法如下:

选择"财务会计"|"总账"|"出纳"|"银行日记账",科目选择"100202 中行",勾选包含未记账凭证,单击"确定"按钮,进入"银行日记账"窗口,右上角选择"外币金额式",如图 10-15 所示。

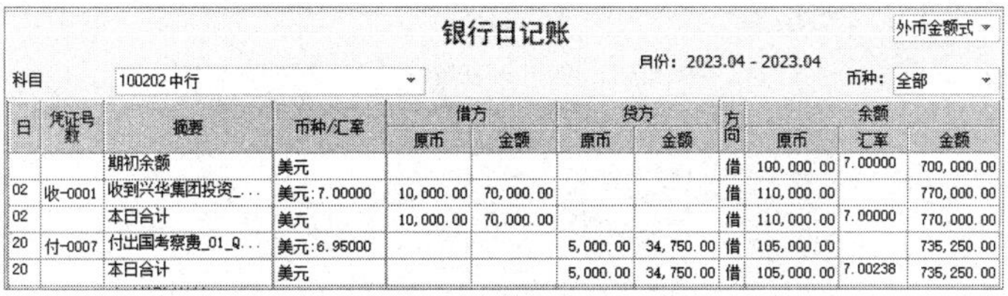

银行日记账

外币金额式

科目 100202 中行　　月份：2023.04 - 2023.04　　币种：全部

日	凭证号数	摘要	币种/汇率	借方		贷方		方向	余额		
				原币	金额	原币	金额		原币	汇率	金额
		期初余额	美元					借	100,000.00	7.00000	700,000.00
02	收-0001	收到兴华集团投资_...	美元:7.00000	10,000.00	70,000.00			借	110,000.00		770,000.00
02		本日合计	美元	10,000.00	70,000.00			借	110,000.00	7.00000	770,000.00
20	付-0007	付出国考察费_01_Q...	美元:6.95000			5,000.00	34,750.00	借	105,000.00		735,250.00
20		本日合计	美元			5,000.00	34,750.00	借	105,000.00	7.00238	735,250.00

图 10-15　银行日记账

期初 100 000 美元，汇率 7.00。收到投资 10 000 美元，汇率 7.00。

行政部报销出国经费 5 000 美元，汇率 6.95。汇兑损益：5 000×(7.00−6.95)=250 元。

期末美元余额 105 000，汇率 6.95。汇兑损益：105 000×(7.00−6.95)=5 250 元。

合计汇兑损益：250+5 250=5 500 元。

汇兑损益结转生成的凭证，涉及银行科目，因此记账前须进行出纳签字。

10.1.7　销售成本结转

销售成本结转的相关内容，可扫描二维码阅读。

销售成本结转

10.1.8　损益结转

实验资料

月末，结转损益。注意：在采购、销售、核算、薪资、固定资产系统生成的凭证，以及总账手工填制的凭证，均记账完成后，再进行本实验。

实验过程

视频：损益结转

1. 期间损益结转设置

先将未记账的凭证进行审核、记账。选择“财务会计”|“总账”|“期末”|“转账定义”|“期间损益”，进入“结转设置”窗口。选择本年利润科目编码为 4103，凭证类别选择“转账凭证”。

2. 期间损益结转

选择“财务会计”|“总账”|“期末”|“转账生成”，进入后勾选“期间损益结转”，单击“全选”按钮。

单击“确定”按钮，生成转账凭证，单击“保存”按钮完成。

选择“财务会计”|“总账”|“账表”|“科目账”|“序时账”，未记账则须勾选“未记账凭证”，其余保持默认设置。单击“确定”按钮，其中显示的损益结转凭证分录(部分)，如图 10-16 所示。

序时账

日期：2023-04-01 - 2023-04-30　　币种：全部

日期	凭证号数	科目编码	科目名称	摘要	币种	方向	金额
2023-04-30	转-0080	66020106	职工教...	*期间损益结转_财务部		贷	2,448.00
2023-04-30	转-0080	66020106	职工教...	*期间损益结转_仓储部		贷	848.00
2023-04-30	转-0080	66020106	职工教...	*期间损益结转_采购部		贷	1,696.00
2023-04-30	转-0080	660202	折旧费	*期间损益结转_行政部		贷	6,738.21
2023-04-30	转-0080	660202	折旧费	*期间损益结转_财务部		贷	1,293.13
2023-04-30	转-0080	660202	折旧费	*期间损益结转_仓储部		贷	810.00
2023-04-30	转-0080	660202	折旧费	*期间损益结转_采购部		贷	3,690.00
2023-04-30	转-0080	660203	办公费	*期间损益结转_行政部		贷	1,200.00
2023-04-30	转-0080	660203	办公费	*期间损益结转_采购部		贷	350.00
2023-04-30	转-0080	660205	差旅费	*期间损益结转_行政部		贷	36,878.00
2023-04-30	转-0080	660210	业务招待费	*期间损益结转_行政部		贷	1,500.00
2023-04-30	转-0080	660299	其他	*期间损益结转_行政部		贷	250.00
2023-04-30	转-0080	660299	其他	*期间损益结转_财务部		贷	2,437.50
2023-04-30	转-0080	660299	其他	*期间损益结转_服务部		贷	75,471.70
2023-04-30	转-0080	660301	利息支出	*期间损益结转		贷	2,000.00
2023-04-30	转-0080	660302	利息收入	*期间损益结转		贷	-3,000.00
2023-04-30	转-0080	660303	汇兑损益	*期间损益结转		贷	5,500.00
2023-04-30	转-0080	660304	手续费	*期间损益结转		贷	464.17
2023-04-30	转-0080	6701	资产减...	*期间损益结转		贷	9,640.13
2023-04-30	转-0080	6901	以前年...	*期间损益结转		贷	-10,000.00
2023-04-30	转-0080	4103	本年利润	*期间损益结转		贷	272,638.51
				合计		借	10,169,340.83
						贷	10,169,340.83

图 10-16　期间损益结转凭证分录(部分)

操作提示

期间损益结转前，系统内所有凭证都必须记账完毕。通过期间损益结转生成的凭证，也要进行审核、记账。否则，在查询时须勾选“包含未记账凭证”。

如果凭证生成错误，选择“财务会计”|“总账”|“凭证”|“查询凭证”，双击要删除的凭证，进入“查询凭证”窗口，单击“作废”按钮，再重新进入“填制凭证”窗口，单击“整理”按钮，将凭证彻底清除。

10.2 报表编制

10.2.1 报表编制的一般方法

手工记账模式下，编制报表是一项非常复杂的工作。在实现会计信息化后，编制报表就变简单了。用友新道 U8+V15.0 系统提供丰富的报表模板，只需利用系统提供的报表模板，设置相应参数，定义相关的公式，便可完成报表编制工作，具体操作方法可扫描二维码阅读。

报表编制的一般方法

10.2.2 用友新道 U8+V15.0 报表管理功能概述

1. 报表的基本功能

财务报表集成在用友新道 U8+V15.0 系统中，利用报表系统的功能既可以编制各种对外报表，也可以编制内部报表。

报表系统的主要功能是对报表文件进行管理，设计报表格式，定义报表公式，从总账系统和其他业务系统中取得有关数据，自动编制会计报表；对报表进行审核、汇总，生成各种分析图，并按预定格式输出各种报表。

2. 报表制作流程

要完成一般的报表处理，其流程一般为：第一步，启动报表系统，建立报表；第二步，设计报表的格式；第三步，定义各类公式；第四步，报表数据处理；第五步，报表图形处理；第六步，打印报表；第七步，退出报表系统。

实际应用时，具体的操作步骤应视情况而定，但以上步骤中的第一、二、四、七步是必需的。

制作报表的一个关键就是要明确数据的来源，实际上报表系统就是将各种来源的数据采集到所需的报表中，然后进行计算、汇总等。其报表数据的来源如图10-17所示。

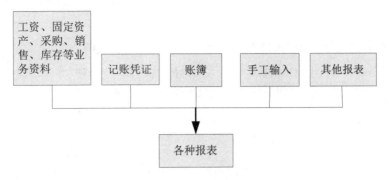

图 10-17　报表数据来源

3．报表公式定义

1) 公式定义类型

财务报表有三类公式：计算公式(单元公式)、审核公式、舍位平衡公式。公式的定义在格式状态下进行。

计算公式定义了报表数据之间的运算关系，在报表数值单元中输入"="就可直接定义计算公式，所以称为单元公式。

审核公式用于审核报表内或报表之间的勾稽关系是否正确，需要用"审核公式"菜单项定义。

舍位平衡公式用于报表数据进行进位或小数取整时调整数据，避免破坏原数据平衡，需要用"舍位平衡公式"菜单项定义。

2) 财务函数基本说明

企业会计报表数据一般来自总账系统，而财务函数则是总账系统与财务报表之间的联系桥梁，通过定义财务函数，将总账系统数据取出放在定义的报表单元格中，生成报表。财务函数的基本格式为

函数名("科目编码",会计期间,["方向"],[账套号],[会计年度],[编码1],[编码2])

其中，科目编码可以是科目名称，并且使用英文字符的双引号括起来；会计期间可以是年、月等变量，也可以是具体的某年数值；方向指借或贷，可以省略；账套号指取数账套的代号，可以省略，如果省略，表示从默认账套中取数，可以利用"数据"菜单中的"计算时提示选择账套"功能指定账套；会计年度即数据取数时的年度，可以省略；编码1、编码2是可选科目的相关辅助项，如部门、个人等，如果科目没有辅助核算项，也可以省略。

在公式定义中，如省略的参数后无内容，则可不写逗号；如省略的参数后有内容，则必写逗号，把位置留出来。

具体函数内容和使用方法见系统中的帮助说明。

4．报表模板

在财务报表系统中，除了可以自定义报表格式外，系统还提供了包括多个行业的标准财务报表的报表模板，可以根据报表模板快速建立一张标准财务报表，或以此为基础进行调整。

10.2.3 制作常规报表

➡ 实验资料

根据报表模板制作 4 月份资产负债表；根据报表模板制作 4 月份利润表；根据报表模板制作 4 月份现金流量表。

➡ 实验过程

1. 利用报表模板制作资产负债表

选择"财务会计"|"UFO 报表"，进入后选择"文件"|"新建"，系统创建新的空白表格，选择"格式"|"报表模板"，设置如图 10-18 所示。

视频：资产负债表

图 10-18 报表模板(资产负债表)

单击"确定"按钮，系统提示"模板格式将覆盖本表格式！是否继续？"，单击"确定"按钮，系统生成"资产负债表"，如图 10-19 所示。

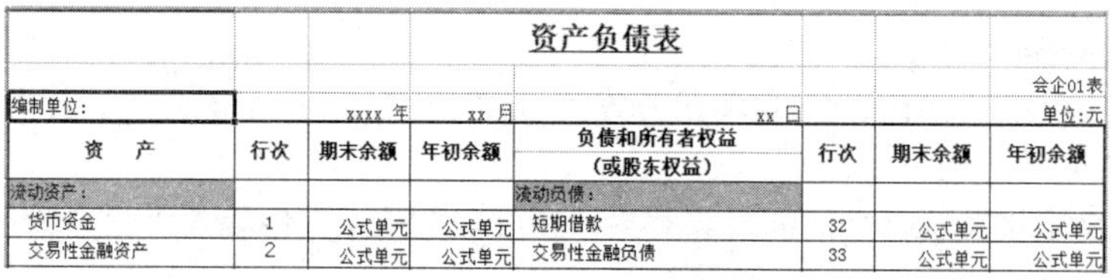

图 10-19 生成的报表目录

在报表的左下角显示"格式"(红色)，表示此时报表为"格式"状态，如图 10-20 所示。

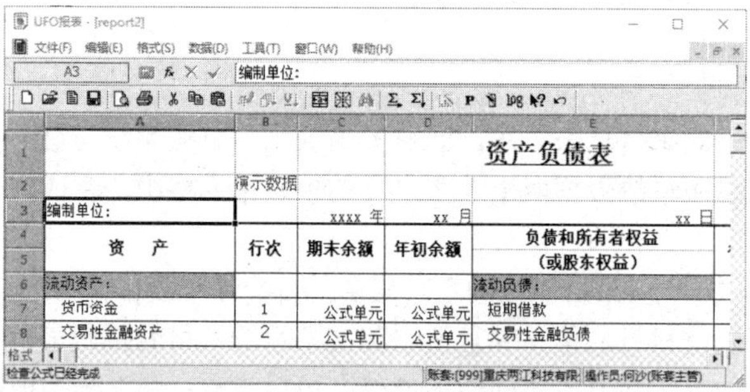

图 10-20 报表的"格式"状态

|操作提示|

报表在"格式"状态下，专门进行报表的格式设计，如设置表尺寸、行高列宽、单元属性、关键字、公式定义等。在"格式"状态下，不能进行数据输入及计算操作。

报表还有一种状态就是"数据"状态，在"数据"状态下可进行数据录入、审核、计算。转换的方法是单击"格式"即转换为"数据"状态。

单击显示有"公式单元"的单元格，在窗口上部的编辑框中会显示出当前单元格的公式，如果要修改公式，可以单击工具栏上的"fx"按钮或双击单元格，在弹出的"定义公式"窗口中，通过"函数向导…"按钮进行函数定义，或者直接手工输入公式，如图 10-21 所示。

图 10-21 定义公式

根据企业的实际情况,调整资产负债表的公式定义、报表格式。

报表关键字的录入设置,在此处可进行年、季、月、日的设置。在报表"格式"状态下,选定"××月"所在的单元格,选择"数据"|"关键字"|"设置",勾选"月",如图 10-22 所示。

单击"确定"按钮,然后单击左下角的"格式",系统提示"是否确定全表重算",选择"是",转变为"数据"状态。

可设置报表的取数月份。选择"数据"|"关键字"|"录入",录入关键字,如图 10-23 所示。

图 10-22 设置关键字

图 10-23 录入关键字

单击"确认"按钮,系统弹出提示"是否重算第 1 页",选择"是",系统自动根据单元公式计算报表数据。调整前的资产负债表如图 10-24 所示。

资产负债表

会企01表
单位:元

编制单位:　　　　　　　　2023 年　　4 月　　30 日

资产	行次	期末余额	年初余额	负债和所有者权益(或股东权益)	行次	期末余额	年初余额
流动资产:				流动负债:			
货币资金	1	1,909,341.23	1,150,542.00	短期借款	32	200,000.00	
交易性金融资产	2			交易性金融负债	33		
应收票据	3	20,000.00		应付票据	34	20,000.00	
应收账款	4	1,516,736.87	290,600.00	应付账款	35	538,990.60	367,407.00
预付款项	5			预收款项	36		
应收利息	6			应付职工薪酬	37	330,858.00	4,800.00
应收股利	7			应交税费	38	209,605.87	4,400.00
其他应收款	8	3,800.00	2,100.00	应付利息	39		
存货	9	3,502,933.30	4,309,678.00	应付股利	40		
一年内到期的非流动资产	10			其他应付款	41	2,100.00	
其他流动资产	11			一年内到期的非流动负债	42		
流动资产合计	12	6,952,811.40	5,752,920.00	其他流动负债	43		
非流动资产:				流动负债合计	44	1,301,554.47	376,607.00
可供出售金融资产	13			非流动负债:			
持有至到期投资	14			长期借款	45		
长期应收款	15		演示数据	应付债券	46		
长期股权投资	16			长期应付款	47		
投资性房地产	17			专项应付款	48		
固定资产	18	3,585,499.17	3,621,376.00	预计负债	49		
在建工程	19			递延所得税负债	50		
工程物资	20			其他非流动负债	51		
固定资产清理	21	4,990.90		非流动负债合计	52		
生产性生物资产	22			负债合计	53	1301554.47	376607.00
油气资产	23			所有者权益(或股东权益):			
无形资产	24	56,062.50	117,000.00	实收资本(或股本)	54	7,840,444.00	7,770,444.00
开发支出	25			资本公积	55		
商誉	26			减:库存股	56		
长期待摊费用	27			盈余公积	57		
递延所得税资产	28			未分配利润	58	1,631,616.51	1,362,820.00
其他非流动资产	29			所有者权益(或股东权益)合计	59	9,472,060.51	9,133,264.00
非流动资产合计	30	3646552.57	3738376.00				
资产总计	31	10599363.97	9491296.00	负债和所有者权益(或股东权益)总计	60	10,773,614.98	9,509,871.00

图 10-24 调整前的资产负债表

单击"保存"按钮,报表名称存为"两江资产负债表",具体保存路径可自行选择。

┃操作提示┃

在运行报表前首先确认所有凭证均已进行审核和记账。

在首次使用时，要对报表的某个单元数据，按照科目余额表和其他有关数据进行验证，以确保数据的正确性。在具体处理业务时，往往都有所差异，有时也因为忘记某些月末应该处理的业务，而导致报表数据不准确或者错误。

在本实验生成的资产负债表中，期初、期末均是不平衡的。通过查询余额表数据对照资产负债表项目金额，分析数据差异的原因。

操作提示

选择"财务会计"|"总账"|"账表"|"科目账"|"余额表"，查询发生额及余额表，分析对照数据后，发现造成数据不平衡的原因如下：

实务中制造费用科目期末应无余额，本实验制造费用期末借方余额 171 743.01 元，月末未结转待处理财产损溢期末贷方余额 95 元，期末未进行处理。

生产成本科目的借方余额 76 053 元未列示在资产负债表的项目中。

合同负债科目的贷方余额 73 450 元未列示在资产负债表的项目中。

实务中本年利润科目期末应无余额，本实验本年利润科目未结转到未分配利润科目，其期末余额与科目余额表的期末余额不符。

解决方法：如果期末还未结账，可以制作相关月末处理凭证，然后再生成报表；如果月末已结账，则可以直接调整报表公式，使报表数据正确，下月再处理相关调整业务。

报表的格式和内容在实际工作中都在发生变化，因此要根据实际需要进行调整。

根据新会计准则规定，待处理流动资产损溢根据流动性分类列示于资产负债表中的"其他流动资产"项目下。本实验采用直接调整报表公式，在其他流动资产的期末余额中输入公式：QM("190101",月,,,年,,)；在其他流动资产的期初余额中输入公式：QC("190101",全年,,,年,,)。

反之，待处理固定资产损溢根据流动性分类列示于资产负债表中的"其他非流动资产"项目下。

本期制造费用借方余额 171 743.01 元，应在月末转入生产成本，本实验未结转，视同结转计入存货成本。本期生产成本借方余额 76 053 元，应计入存货。调整后存货期末余额的公式为：QM("1401",月,,,年,,)+QM("1402",月,,,年,,)+QM("1403",月,,,年,,)+QM("1404",月,,,年,,)+QM("1405",月,,,年,,)+QM("1406",月,,,年,,)−QM("1407",月,,,年,,)+QM("1408",月,,,年,,)+QM("1411",月,,,年,,)+QM("1421",月,,,年,,)−QM("1471",月,,,年,,)+QM("5001",月,,,年,,)+QM("5101",月,,,年,,)；调整后存货期初余额的公式为：QC("1401",全年,,,年,,)+QC("1402",全年,,,年,,)+QC("1403",全年,,,年,,)+QC("1404",全年,,,年,,)+QC("1405",全年,,,年,,)+QC("1406",全年,,,年,,)−QC("1407",全年,,,年,,)+QC("1408",全年,,,年,,)+QC("1411",全年,,,年,,)+QC("1421",全年,,,年,,)−QC("1471",全年,,,年,,)+QC("5001",全年,,,年,,)+QC("5101",全年,,年,,)。

资产期末余额调整额=171 743.01+76 053−95=247 701.01 元，调整后的资产期末余额=10 599 363.97+247 701.01=10 847 064.98 元。

合同负债科目，期末余额在贷方的，根据流动性分类，在资产负债表中分别列示"合同负债"，如果报表中没有该项目，可以根据流动性分别放在"其他流动负债"或者是"其他非流动负债"项目下。本实验合同负债贷方余额 73 450 元，未在资产负债表中显示，根据合同性质判定该合同负债放在资产负债表中的"其他流动负债"项目下。在其他流动负债的期末余额中输入公式：QM("2204",月,,,年,,)；在其他流动负债的期初余额中输入公式：QC("2204",全年,,,年,,)。

负债和所有者权益总计期末余额调整额=73450 元，调整后资产期末余额=10 773 614.98+73 450=10 847 064.98 元。

调整后的资产负债表如图 10-25 所示。

资产负债表

会企01表

编制单位：　　2023 年　4 月　30 日　　单位:元

资　产	行次	期末余额	年初余额	负债和所有者权益（或股东权益）	行次	期末余额	年初余额
流动资产：				流动负债：			
货币资金	1	1,909,341.23	1,150,542.00	短期借款	32	200,000.00	
交易性金融资产	2			交易性金融负债	33		
应收票据	3	20,000.00		应付票据	34	20,000.00	
应收账款	4	1,516,736.87	290,600.00	应付账款	35	538,990.60	367,407.00
预付款项	5			预收款项	36		
应收利息	6			应付职工薪酬	37	330,858.00	4,800.00
应收股利	7			应交税费	38	209,605.87	4,400.00
其他应收款	8	3,800.00	2,100.00	应付利息	39		
存货	9	3,750,729.31	4,328,253.00	应付股利	40		
一年内到期的非流动资产	10			其他应付款	41	2,100.00	
其他流动资产	11	-95.00		一年内到期的非流动负债	42		
流动资产合计	12	7,200,512.41	5,771,495.00	其他流动负债	43	73450.00	
非流动资产：				流动负债合计	44	1,375,004.47	376,607.00
可供出售金融资产	13			非流动负债：			
持有至到期投资	14			长期借款	45		
长期应收款	15			应付债券	46		
长期股权投资	16			长期应付款	47		
投资性房地产	17			专项应付款	48		
固定资产	18	3,585,499.17	3,621,376.00	预计负债	49		
在建工程	19			递延所得税负债	50		
工程物资	20			其他非流动负债	51		
固定资产清理	21	4,990.90		非流动负债合计	52		
生产性生物资产	22			负债合计	53	1375004.47	376607.00
油气资产	23			所有者权益（或股东权益）：			
无形资产	24	56,062.50	117,000.00	实收资本（或股本）	54	7,840,444.00	7,770,444.00
开发支出	25			资本公积	55		
商誉	26			减：库存股	56		
长期待摊费用	27			盈余公积	57		
递延所得税资产	28			未分配利润	58	1,631,616.51	1,362,820.00
其他非流动资产	29			所有者权益（或股东权益）合计	59	9,472,060.51	9,133,264.00
非流动资产合计	30	3646552.57	3738376.00				
资产总计	31	10847064.98	9509871.00	负债和所有者权益（或股东权益）总计	60	10,847,064.98	9,509,871.00

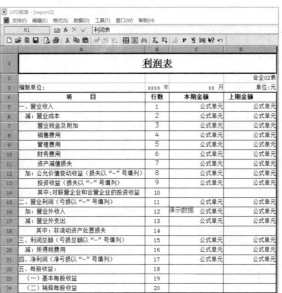

图 10-25　调整后的资产负债表

2. 利用报表模板制作利润表

与利用模板制作资产负债表步骤相似，选择利润表的模板，如图 10-26 所示。

视频：利润表

UFO报表 - [report2]

文件(F)　编辑(E)　格式(S)　数据(D)　工具(T)　窗口(W)　帮助(H)

A1　利润表

	A	B	C	D
1	利润表			
2				会企02表
3	编制单位：	xxxx 年	xx 月	单位:元
4	项　目	行数	本期金额	上期金额
5	一、营业收入	1	公式单元	公式单元
6	减：营业成本	2	公式单元	公式单元
7	营业税金及附加	3	公式单元	公式单元
8	销售费用	4	公式单元	公式单元
9	管理费用	5	公式单元	公式单元
10	财务费用	6	公式单元	公式单元
11	资产减值损失	7	公式单元	公式单元
12	加：公允价值变动收益（损失以“-”号填列）	8	公式单元	公式单元
13	投资收益（损失以“-”号填列）	9	公式单元	公式单元
14	其中：对联营企业和合营企业的投资收益	10		
15	二、营业利润（亏损以“-”号填列）	11	公式单元	公式单元
16	加：营业外收入	12	演示数据　公式单元	公式单元
17	减：营业外支出	13	公式单元	公式单元
18	其中：非流动资产处置损失	14		
19	三、利润总额（亏损总额以“-”号填列）	15	公式单元	公式单元
20	减：所得税费用	16	公式单元	公式单元
21	四、净利润（净亏损以“-”号填列）	17	公式单元	公式单元
22	五、每股收益：	18		
23	（一）基本每股收益	19		
24	（二）稀释每股收益	20		

图 10-26　利润表(格式)

选定“××月”所在的单元格，选择“数据”|“关键字”|“设置”，勾选“月”，单击“确定”按钮。单击左下角的“格式”，系统提示“是否确定全表重算”，选择“是”，转变为“数据”状态。选择“数据”|“关键字”|“录入”，月份输入“4”，即 4 月，利润表显示如图 10-27 所示。

图 10-27 利润表(数据)

单击"文件"|"保存"按钮,报表名称存为"两江利润表"。报表生成后,也需要进行数据验证,并根据账务处理的情况进行调整。

如果从本表中看出营业成本极低,说明可能存在成本结转不到位的情况,实务中需返回系统重新检查营业成本结转情况后再重新生成利润表。

视频:现金流量表

3. 利用报表模板制作现金流量表

利用模板制作现金流量表的方式与制作资产负债表、利润表步骤相似,选择现金流量表模板,如图 10-28 所示。

图 10-28 现金流量表(格式)

由于用友新道 U8+V15.0 系统的现金流量表不预置公式,所以现金流量表须手动设置公式。现金流量表公式设置如表 10-6 所示。

表 10-6 现金流量表公式设置

项 目	行次	本期金额公式设置	本期累计金额公式设置
一、经营活动产生的现金流量:			
销售商品、提供劳务收到的现金	1	XJLL(,,"流入","01",,,,月,,,,,)	LJXJLL("月","01","流入",,,,,,,,,)
收到的税费返还	2	XJLL(,,"流入","02",,,,月,,,,,)	LJXJLL("月","02","流入",,,,,,,,,)
收到其他与经营活动有关的现金	3	XJLL(,,"流入","03",,,,月,,,,,)	LJXJLL("月","03","流入",,,,,,,,,)
经营活动现金流入小计	4	ptotal(?C6:?C8)	ptotal(?D6:?D8)
购买商品、接受劳务支付的现金	5	XJLL(,,"流出","04",,,,月,,,,,)	LJXJLL("月","04","流出",,,,,,,,,)
支付给职工及为职工支付的现金	6	XJLL(,,"流出","05",,,,月,,,,,)	LJXJLL("月","05","流出",,,,,,,,,)
支付的各项税费	7	XJLL(,,"流出","06",,,,月,,,,,)	LJXJLL("月","06","流出",,,,,,,,,)
支付其他与经营活动有关的现金	8	XJLL(,,"流出","07",,,,月,,,,,)	LJXJLL("月","07","流出",,,,,,,,,)
经营活动现金流出小计	9	ptotal(?C10:?C13)	ptotal(?D10:?D13)
经营活动产生的现金流量净额	10	?C9-?C14	?D9-?D14
二、投资活动产生的现金流量:			
收回投资收到的现金	11	XJLL(,,"流入","08",,,,月,,,,,)	LJXJLL("月","08","流入",,,,,,,,,)
取得投资收益收到的现金	12	XJLL(,,"流入","09",,,,月,,,,,)	LJXJLL("月","09","流入",,,,,,,,,)
处置固定资产、无形资产和其他长期资产收回的现金净额	13	XJLL(,,"流入","10",,,,月,,,,,)	LJXJLL("月","10","流入",,,,,,,,,)
处置子公司及其他营业单位收到的现金净额	14	XJLL(,,"流入","11",,,,月,,,,,)	LJXJLL("月","11","流入",,,,,,,,,)
收到其他与投资活动有关的现金	15	XJLL(,,"流入","12",,,,月,,,,,)	LJXJLL("月","12","流入",,,,,,,,,)
投资活动现金流入小计	16	ptotal(?C17:?C21)	ptotal(?D17:?D21)
购建固定资产、无形资产和其他长期资产支付的现金	17	XJLL(,,"流出","13",,,,月,,,,,)	LJXJLL("月","13","流出",,,,,,,,,)
投资支付的现金	18	XJLL(,,"流出","14",,,,月,,,,,)	LJXJLL("月","14","流出",,,,,,,,,)
取得子公司及其他营业单位支付的现金净额	19	XJLL(,,"流出","15",,,,月,,,,,)	LJXJLL("月","15","流出",,,,,,,,,)
支付其他与投资活动有关的现金	20	XJLL(,,"流出","16",,,,月,,,,,)	LJXJLL("月","16","流出",,,,,,,,,)
投资活动现金流出小计	21	ptotal(?C23:?C26)	ptotal(?D23:?D26)
投资活动产生的现金流量净额	22	?C22-?C27	?D22-?D27
三、筹资活动产生的现金流量:			
吸收投资收到的现金	23	XJLL(,,"流入","17",,,,月,,,,,)	LJXJLL("月","17","流入",,,,,,,,,)
取得借款收到的现金	24	XJLL(,,"流入","18",,,,月,,,,,)	LJXJLL("月","18","流入",,,,,,,,,)
收到其他与筹资活动有关的现金	25	XJLL(,,"流出","19",,,,月,,,,,)	LJXJLL("月","19","流出",,,,,,,,,)
筹资活动现金流入小计	26	ptotal(?C30:?C32)	ptotal(?D30:?D32)
偿还债务支付的现金	27	XJLL(,,"流出","20",,,,月,,,,,)	LJXJLL("月","20","流出",,,,,,,,,)
分配股利、利润或偿付利息支付的现金	28	XJLL(,,"流出","21",,,,月,,,,,)	LJXJLL("月","21","流出",,,,,,,,,)
支付其他与筹资活动有关的现金	29	XJLL(,,"流出","22",,,,月,,,,,)	LJXJLL("月","22","流出",,,,,,,,,)
筹资活动现金流出小计	30	ptotal(?C34:?C36)	ptotal(?D34:?D36)
筹资活动产生的现金流量净额	31	?C33-?C37	?D33-?D37
四、汇率变动对现金及现金等价物的影响	32	XJLL(,,"流入","23",,,,月,,,,,) - XJLL(,,"流出","23",,,,月,,,,,)	LJXJLL("全年","23","流入",,,,,,,,,)- LJXJLL("全年","23","流出",,,,,,,,,)

(续表)

项　　目	行次	本期金额公式设置	本期累计金额公式设置
五、现金及现金等价物净增加额	33	?C15+?C28+?C38+?C39	?D15+?D28+?D38+?D39
加：期初现金及现金等价物余额	34	QC("1001",月,,,,,,,,,)+ QC("1002",月,,,,,,,,,)+ QC("1012",月,,,,,,,,,)	QC("1001",全年,,,,,,,,,)+ QC("1002",全年,,,,,,,,,)+ QC("1012",全年,,,,,,,,,)
六、期末现金及现金等价物余额	35	?C40+?C41	?D40+?D41

具体的操作如下。

(1) 双击现金流量表中"上期金额"单元格，直接删除后重新输入"本期累计金额"完成统计列名的修改。

(2) 设置"本期金额"列各单元格公式。在现金流量表模板"格式"状态下，选定"销售商品、提供劳务收到的现金"行与"本期金额"交叉的单元格，单击"f$_x$"按钮，进入"定义公式"窗口。单击"函数向导…"按钮，进入"函数向导"窗口，选择如图 10-29 所示。

单击"下一步"按钮，进入"用友账务函数"窗口，如图 10-30 所示。

图 10-29　函数向导(XJLL)

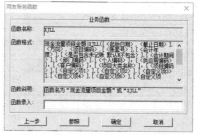

图 10-30　用友账务函数(XJLL)

单击"参照"按钮，进入"账务函数"窗口，设置如图 10-31 所示。

单击"确定"按钮，系统将公式",,"流入","01",,,,月,,,,,,"带入函数录入单元格，单击"确定"按钮，系统返回"定义公式"窗口，继续单击"确定"按钮，该单元格显示"公式单元"，公式设置完成。

根据表 10-6 现金流量表公式设置表中的公式继续完成剩余的"本期金额"列公式单元的输入。

(3) 设置"本期累计金额"列各单元格公式。在现金流量表模板"格式"状态下，选定"销售商品、提供劳务收到的现金"行与"本期累计金额"交叉的单元格，单击"f$_x$"按钮，进入"定义公式"窗口。单击"函数向导…"按钮，进入"函数向导"窗口，选择如图 10-32 所示。

单击"下一步"按钮，进入"用友账务函数"窗口，如图 10-33 所示。

图 10-31　账务函数设置(本期金额)

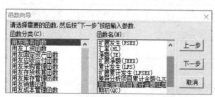

图 10-32　函数向导(LJXJLL)

图 10-33　用友账务函数(LJXJLL)

单击"参照"按钮,进入"账务函数"窗口,设置如图10-34所示。

单击"确定"按钮,系统将公式""月","01","流入",,,,,,,,"带入函数录入单元格,单击"确定"按钮,系统返回"定义公式"窗口,继续单击"确定"按钮,该单元格显示"公式单元",公式设置完成。

根据表10-6现金流量表公式设置表中的公式继续完成剩余的"本期累计金额"列公式单元的输入。

其中:"加:期初现金及现金等价物余额"行的"本期金额"单元格公式设置时,公式选择从库存现金、银行存款、其他货币资金科目取数,"财务函数"窗口中期间默认为"月"。

"加:期初现金及现金等价物余额"行的"本年累计金额"单元格公式设置时,"财务函数"窗口中期间选择"全年",如图10-35所示。其他参数同"本期金额"设置。

图10-34 账务函数设置(本期累计金额)

图10-35 账务函数

公式设置成功后,单击左下角"数据"按钮,转换为报表数据,如图10-36所示。

现金流量表

编制单位:　　　　　　　　　　　2023年　　4月　　　　　　会企03表
单位:元

项目	行次	本期金额	本期累计金额
一、经营活动产生的现金流量:			
销售商品、提供劳务收到的现金	1	1021274.83	1021274.83
收到的税费返还	2		
收到其他与经营活动有关的现金	3	4800.00	4800.00
经营活动现金流入小计	4	1,026,074.83	1,026,074.83
购买商品、接受劳务支付的现金	5	303397.60	303397.60
支付给职工以及为职工支付的现金	6		
支付的各项税费	7		
支付其他与经营活动有关的现金	8	61178.00	61178.00
经营活动现金流出小计	9	364,575.60	364,575.60
经营活动产生的现金流量净额	10	661,499.23	661,499.23
二、投资活动产生的现金流量:			
收回投资收到的现金	11		
取得投资收益收到的现金	12		
处置固定资产、无形资产和其他长期资产收回的现金净	13	100.00	100.00
处置子公司及其他营业单位收到的现金净额	14		
收到其他与投资活动有关的现金	15		
投资活动现金流入小计	16	100.00	100.00
购建固定资产、无形资产和其他长期资产支付的现金	17	32600.00	32600.00
投资支付的现金	18		
取得子公司及其他营业单位支付的现金净额	19		
支付其他与投资活动有关的现金	20		
投资活动现金流出小计	21	32,600.00	32,600.00
投资活动产生的现金流量净额	22	-32,500.00	-32,500.00
三、筹资活动产生的现金流量:			
吸收投资收到的现金	23	70000.00	70000.00
取得借款收到的现金	24		
收到其他与筹资活动有关的现金	25		
筹资活动现金流入小计	26	70,000.00	70,000.00
偿还债务支付的现金	27		
分配股利、利润或偿付利息支付的现金	28	2000.00	2000.00
支付其他与筹资活动有关的现金	29		
筹资活动现金流出小计	30	2,000.00	2,000.00
筹资活动产生的现金流量净额	31	68,000.00	68,000.00
四、汇率变动对现金及现金等价物的影响	32	-5,500.00	-5,500.00
五、现金及现金等价物净增加额	33	691,499.23	691,499.23
加:期初现金及现金等价物余额	34	1217842.00	1150542.00
六、期末现金及现金等价物余额	35	1,909,341.23	1,842,041.23

图10-36 现金流量表

执行"文件"|"保存"命令，报表名称存为"两江现金流量表"。报表生成后，也需要进行数据验证。选择"财务会计"|"总账"|"现金流量表"|"现金流量统计表"，可查看现金流量统计表，如表10-7所示。

表10-7 现金流量统计表

序号	现金流量项目	方向	金额/元
1	销售商品、提供劳务收到的现金(01)	流入	1 021 274.83
2	收到的其他与经营活动有关的现金(03)	流入	4 800.00
3	现金流入(0101)(分类小计)	净流入	1 026 074.83
4	购买商品、接受劳务支付的现金(04)	流出	303 397.60
5	支付的与其他经营活动有关的现金(07)	流出	61 178.00
6	现金流出(0102)(分类小计)	净流出	364 575.60
7	经营活动(01)(分类小计)	净流入	661 499.23
8	处置固定资产、无形资产和其他长期资产所收回的现金净额(10)	流入	100.00
9	现金流入(0201)(分类小计)	净流入	100.00
10	购建固定资产、无形资产和其他长期资产所支付的现金(13)	流出	32 600.00
11	现金流出(0202)(分类小计)	净流出	32 600.00
12	投资活动(02)(分类小计)	净流出	32 500.00
13	吸收投资所收到的现金(17)	流入	70 000.00
14	现金流入(0301)(分类小计)	净流入	70 000.00
15	分配股利、利润或偿还利息所支付的现金(21)	流出	2 000.00
16	现金流出(0302)(分类小计)	净流出	2 000.00
17	筹资活动(03)(分类小计)	净流入	68 000.00
18	汇率变动对现金的影响(23)	流入	-5 500.00
19	汇率变动(0401)(分类小计)	净流入	5 500.00
20	汇率变动(04)(分类小计)	净流出	5 500.00

经核对，两者数据一致。

10.2.4 自定义报表制作

实验资料

自定义费用统计表，按照销售费用和管理费用对应二级科目进行合计，公式设置如表10-8所示。

表10-8 费用统计表公式设置

单位名称： 年 月

项目	行次	本期金额公式设置	本年累计金额公式设置
工资	1	FS("66010101",月," 借 ",,"",,)+FS("66020101",月,"借",,,"",,)+FS("51010101",月,"借",,,"",,)	LFS("51010101",月,"借",,,"",,)+LFS("66010101",月,"借",,,"",,)+LFS("66020101",月,"借",,,"",,)
福利费	2	FS("51010102",月," 借 ",,,"",,)+FS("66020102",月,"借",,,"",,)+FS("66010102",月,"借",,,"",,)	LFS("51010102",月,"借",,,"",,)+LFS("66010102",月,"借",,,"",,)+LFS("66020102",月,"借",,,"",,)
办公费	3	FS("660104",月,"借",,,"",,)+FS("660203",月,"借",,,,"",,)	LFS("660104",月,"借",,,"",,)+LFS("660203",月,"借",,,"",,)

(续表)

项目	行次	本期金额公式设置	本年累计金额公式设置
差旅费	4	FS("660105",月,"借",,,"",,)+FS("660205",月,"借",,,"",,)	LFS("660105",月,"借",,,"",,)+LFS("660205",月,"借",,,"",,)
招待费	5	FS("660102",月,"借",,,"",,)+FS("660210",月,"借",,,"",,)	LFS("660102",月,"借",,,"",,)+LFS("660210",月,"借",,,"",,)
折旧费	6	FS("510102",月,"借",,,"",,)+FS("660202",月,"借",,,"",,)+FS("660103",月,"借",,,"",,)	LFS("510102",月,"借",,,"",,)+LFS("660202",月,"借",,,"",,)+LFS("660103",月,"借",,,"",,)
保险费	7	FS("660207",月,"借",,,"",,)	LFS("660207",月,"借",,,"",,)
其他	8	FS("510199",月,"借",,,"",,)+FS("660199",月,"借",,,"",,)+FS("660299",月,"借",,,"",,)	LFS("510199",月,"借",,,"",,)+LFS("660199",月,"借",,,"",,)+LFS("660299",月,"借",,,"",,)
合计		TOTAL (C4:C11)	TOTAL (D4:D11)

▶ 实验过程

1. 格式定义

进入报表系统，选择"财务会计"|"UFO 报表"，进入后执行"文件"|"新建"命令，创建一张空白的报表。查看报表左下角的"格式/数据"按钮，让报表处于"格式"状态。执行"格式"|"表尺寸"命令，设置报表行列数，行数 12 行，列数 4 列。

选择单元格区域 A1:D1，执行"格式"|"组合单元"命令，在"组合单元"窗口中单击"整体组合"按钮，将所选择的单元格组合成一个单元格。执行"格式"|"单元属性"命令，将设置的组合单元格设为字符型，字体为宋体，字号为 18，在"对齐"选项卡中水平、垂直方向均设置为"居中"，如图 10-37 所示。

视频：自定义报表制作

在整体组合单元格中输入"费用统计表"，选择 A2 单元格，执行"数据"|"关键字"|"设置"命令，打开"设置关键字"窗口。选择"单位名称"复选框，在 C2 单元格设置关键字"年"，用同样的方法在 D2 单元格设置关键字"月"，列宽适当调整。

选中 A3:D12 单元格区域，执行"格式"|"区域画线"命令，在弹出的"区域画线"窗口中选择"网线"，输入相关内容后如图 10-38 所示。

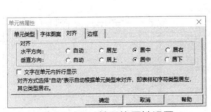

图 10-37　单元格属性设置　　　　图 10-38　费用统计表格式定义

2. 公式定义

选中 C4 单元格，单击工具栏的"f_x"按钮，弹出的"定义公式"窗口，如图 10-39 所示。

单击"函数向导…"按钮，打开"函数向导"窗口。在"函数分类"列表下选择"用友账务函数"，"函数名"列表下选择"发生(FS)"函数。

单击"下一步"按钮，在"用友账务函数"窗口，单击"参照"按钮，在弹出的"账务函数"

窗口中,选择科目代码 66010101,其他参数按默认设置,如图 10-40 所示。

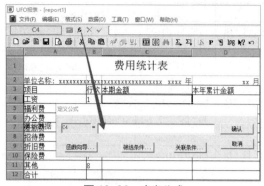

图 10-39 定义公式

图 10-40 账务函数定义

通过单击"确定"按钮返回"定义公式"窗口,在已有的公式基础上增加输入"+",再增加另一个公式,完成 C4 单元格的公式定义,结果为 FS("66010101",月," 借 ",,,"",,)+FS("66020101",月," 借 ",,,"",,)+FS("51010101",月,"借",,,"",,),如图 10-41 所示。单击"确认"按钮完成定义。后面的公式相近,也可复制前一公式,通过修改完成。

图 10-41 取数公式

以同样的方式设置本年累计金额,LFS()函数是取科目的累计发生额。

选中 C12 单元格,单击工具栏的"fx"按钮,系统弹出"定义公式"窗口,通过"函数向导"选择统计函数中的 PTOTAL 函数,单元格区域为 C4:C11,定义完成的公式为 PTOTAL (C4:C11)。用同样方法,定义 D12 单元格的公式为 PTOTAL (D4:D11)。定义完成后,在格式状态下如图 10-42 所示。

3. 数据取数

单击左下角的"格式"按钮,切换报表状态至"数据"。执行"数据"|"关键字"|"录入"命令,输入报表的关键字"4"月,进行报表计算,完成报表编制,如图 10-43 所示。

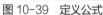

图 10-42 费用统计表公式定义　　　　　　图 10-43 自定义报表

执行"文件"|"保存"命令,报表名称存为"两江费用统计表"。

4. 报表公式

报表公式是编制报表的关键一步,需要非常熟悉系统提供的公式语法。使用 UFO 报表可以从各个产品模块中提取数据,包括账务、应收应付、工资、固定资产、财务分析、采购、存货、库存、销售、成本、资金管理。具体公式务必参考用户手册和软件帮助,做到非常熟悉。

10.2.5 期末调账

在编制报表过程中，可能会发现少数凭证有误，需要调整。基本方法是，根据出错凭证的情况，编制更正凭证，然后再审核、记账，并结转损益等。根据已经定义好的报表，再逐一重新取数，生成新的报表。

10.3 期末结账

10.3.1 供应链期末处理

1. 采购管理月末结账

选择"供应链"|"采购管理"|"月末结账"|"月末结账"，单击"结账"按钮，系统提示"是否关闭订单"，如果关闭订单，选择"是"；如果不关闭相关订单，选择"否"，完成结账工作。

2. 销售管理月末结账

选择"供应链"|"销售管理"|"月末结账"|"月末结账"，销售管理月末结账方式参照采购管理月末结账方式。

3. 库存管理月末结账

选择"供应链"|"库存管理"|"月末处理"|"月末结账"，选择结账月份，单击"结账"按钮，系统提示"库存启用月份结账后将不能修改期初数据，是否继续结账？"，单击"是"按钮，如果系统继续提示有未审核的单据，在实务工作中需进入具体的单据页面进行审核操作，本实验为保证业务处理的完整性，可以选择"是"按钮，完成实验结账。

4. 存货核算月末结账

选择"供应链"|"存货核算"|"记账"|"期末处理"，选择全部库房，单击"确定"按钮，处理后系统提示"处理完成"。

选择"供应链"|"存货核算"|"记账"|"月末结账"，单击"结账"按钮，系统提示"月末结账完成！"。

10.3.2 期末对账

选择"财务会计"|"总账"|"期末"|"对账"，选择对账月份。单击"试算"按钮，可查看本期的试算平衡结果。

对账是对账簿数据进行核对，以检查记账是否正确，以及账簿是否平衡。它主要是通过核对总账与明细账、总账与辅助账数据来完成账账核对。月末结账前进行对账。

10.3.3 月末结账

结账是一种批量数据处理工作，每月只结账一次，主要是对当月日常处理的终止和对下月账簿的初始化，由系统自动完成。

1. 结账前检查工作

(1) 检查上月是否已结账，如果上月未结账，则本月不能记账。
(2) 检查本月业务凭证是否全部记账，如有未记账凭证不能结账。
(3) 月末结转必须全部生成并记账，否则本月不能结账。
(4) 核对总账与明细账、主体账与辅助账、总账系统与其他子系统数据是否一致，如不一致不能结账。
(5) 检查损益类账户是否全部结转完毕，如未完成则本月不能结账。
(6) 若与其他子系统联合使用，应检查其他子系统是否已结账，若没有则本月不能结账。

2. 结账与反结账

结账处理就是计算本月各账户发生额合计和本月账户期末余额，并将余额结转到下月作为下月月初余额。结账完成后不得再录入本月凭证。

3. 执行结账

选择"财务会计"|"总账"|"期末"|"结账"，进入"结账"窗口，如图 10-44 所示。

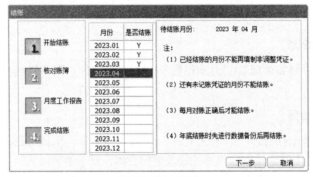

图 10-44 结账

单击"下一步"按钮，系统进行账簿核对，单击"对账"按钮，完成后单击"下一步"按钮，系统显示本月工作报告。

单击"下一步"按钮，然后单击"结账"按钮，进行结账处理。

本月还有未记账凭证时，不能结账。结账必须按月进行，上月未结账，本月不能结账。

如果与其他系统联合使用，其他子系统未结账，本月也不能结账。

结账后，除查询外，不得对本月业务进行任何操作。

如果在结账时，系统提示"2023 年 4 月未通过工作检查，不可以结账"，则返回各系统进行工作检查，修改相应的内容后重新结账即可。

即测即评

请扫描二维码进行在线测试。

本章测评

参考文献

[1] 毛华扬,张砾,田甜. 用友 ERP 业财一体化应用(新道 U8+V15.0 版)[M]. 北京:人民邮电出版社,2022.

[2] 王伯平,陈自洪,陈聪. ERP 业财一体信息化应用教程(用友 ERP-U8+版)[M]. 北京:清华大学出版社,2022.

[3] 新道科技股份有限公司. 业财一体信息化应用(中级)[M]. 北京:高等教育出版社,2020.